21世纪高等院校财政学专业教材新系

税务会计

（第三版）

TAX ACCOUNTING

艾华 主编

东北财经大学出版社
Dongbei University of Finance & Economics Press
大连

图书在版编目（CIP）数据

税务会计／艾华主编．—3版．—大连：东北财经大学出版社，2015.2

（21世纪高等院校财政学专业教材新系）

ISBN 978-7-5654-1807-5

Ⅰ．税…　Ⅱ．艾…　Ⅲ．税收会计-高等学校-教材　Ⅳ．F810.42

中国版本图书馆CIP数据核字（2015）第015015号

东北财经大学出版社出版

（大连市黑石礁尖山街217号　邮政编码　116025）

教学支持：（0411）84710309

营 销 部：（0411）84710711

总 编 室：（0411）84710523

网　　址：http：//www.dufep.cn

读者信箱：dufep@dufe.edu.cn

大连华伟印刷有限公司印刷　　东北财经大学出版社发行

幅面尺寸：185mm×260mm　　字数：484千字　　印张：20 1/2

2015年2月第3版　　2015年2月第8次印刷

责任编辑：孙晓梅　　责任校对：众 校

封面设计：冀贵收　　版式设计：钟福建

定价：38.00元

第三版前言

税务会计是市场经济的产物，随着我国市场经济体制的建立和完善，各种性质的企业都将成为自主经营、独立核算、自负盈亏、照章纳税的独立的经济实体。作为纳税义务人的企业，既要依法履行纳税义务，又要充分享受纳税人的合法权益。在生产经营过程中，不但要通过财务会计来核算自己生产经营的会计成果，也要按照国家税收法规的规定，通过税务会计的核算，依法缴纳国家税款和维护自身的合法权益。

税收是政府财政收入的主要来源，作为组织财政收入的一种主要手段，其分配的对象是国民收入。创造和取得国民收入的单位和个人是税收的纳税人，税收分配是否合理，直接体现着政府与纳税人的利益分配关系。税务会计的正确核算，就是这种分配关系依法得以实现的保证。因此，广大纳税人，尤其是企业财务人员和税务工作者，都必须掌握税务会计核算的基本知识。

近年来，我国税收制度和会计准则都发生了较大变化。就税收制度而言，经过调整和完善的消费税政策从2006年4月1日起开始执行；2007年3月16日，第十届全国人民代表大会第五次会议通过了企业所得税法，并于2008年1月1日起施行；2008年年底对增值税、消费税、营业税暂行条例进行了修订，并于2009年1月1日起施行；个人所得税工资、薪金的免征额从2011年9月1日起由2 000元提高到3 500元。就会计准则而言，财政部于2006年2月15日印发了《企业会计准则第1号——存货》等38项具体准则，并于2006年10月30日发布了《企业会计准则——应用指南》，2011年10月18日发布了《小企业会计准则》。2014年财政部修订或新增了多项会计准则和准则解释。这些变化都对税务会计产生了重大的影响。

本书以我国现行最新的税收法规和《企业会计准则》为依据，比较完整、系统地介绍了各税种的具体规定和涉税会计处理方法，对企业出口货物退税以及减免返还税款也作了详细介绍。为了便于学习和理解，各税种都给出了广泛的核算实例。在章节安排上，以货物、劳务税种和准许计入费用的税种核算在前，企业所得税和个人所得税核算在后，具有与财务会计核算和企业所得税清算的一致性。在各章内容的编写上，法律规定在先，核算方法和实务处理在后，体现了法规的准确性、核算技能的新颖性、核算方法的程序性和实用性。

本次修订最大的变化是：第二章增值税的核算，主要是“营改增”后征税范围和税率的变化；第四章营业税的核算，由于“营改增”删除了部分内容；第五章中资源税的核算；第十章企业所得税的核算，主要变化是企业所得税申报表使用2014新版。

随着我国税收制度和法规的不断变化和完善，书中引用的法规若与以后颁发的税收法规不相一致时，应以新的法律规定为依据。

本书配有电子课件，详情请登录东北财经大学出版社网站（www. dufep. cn）查询。

本书由中南财经政法大学艾华教授担任主编，各章分工如下：第一至六章由艾华教授编写，第七至九章由张延辉博士编写，第十至十一章由孙静副教授编写，本次修订由李琳博士修改完成第二章和第十章，最后由艾华教授总纂定稿。由于我们水平所限，书中难免存在不足和缺陷，敬请广大读者不吝赐教。

编　者

2015 年 1 月

目　录

第一章　税务会计概论 ······ 1
第一节　税务会计核算的意义 ······ 1
第二节　税务会计的演变和特点 ······ 5
第三节　税务会计核算的基本原则和作用 ······ 9
第四节　税务会计核算管理基础 ······ 10
第五节　税收法律责任 ······ 13
第二章　增值税的核算 ······ 16
第一节　增值税核算的基本规定 ······ 16
第二节　增值税专用发票的使用和管理 ······ 19
第三节　增值税核算的会计科目与报表 ······ 23
第四节　增值税销项税额的核算 ······ 48
第五节　增值税进项税额的核算 ······ 66
第六节　增值税应纳税额的核算 ······ 77
第七节　进口货物增值税的核算 ······ 84
第八节　出口货物退（免）增值税的核算 ······ 86
第九节　先征后返还增值税的核算 ······ 98
第三章　消费税的核算 ······ 100
第一节　消费税核算的基本规定 ······ 100
第二节　消费税核算的会计科目与报表 ······ 109
第三节　应纳消费税的核算 ······ 111
第四节　出口货物退（免）消费税与减免、返还消费税的核算 ······ 123
第四章　营业税的核算 ······ 127
第一节　营业税核算的基本规定 ······ 127
第二节　营业税核算的会计科目与报表 ······ 137
第三节　应纳营业税的核算 ······ 142
第五章　资源税、城市维护建设税、教育费附加的核算 ······ 150
第一节　资源税的核算 ······ 150
第二节　城市维护建设税的核算 ······ 158
第三节　教育费附加的核算 ······ 160
第六章　土地增值税的核算 ······ 162
第一节　土地增值税核算的基本规定 ······ 162
第二节　土地增值税核算的会计科目与报表 ······ 169

第三节　应纳土地增值税的核算……………………………………………… 173
第七章　印花税、房产税、城镇土地使用税、车船税的核算………………………… 177
第一节　印花税的核算………………………………………………………… 177
第二节　房产税的核算………………………………………………………… 184
第三节　城镇土地使用税的核算……………………………………………… 187
第四节　车船税的核算………………………………………………………… 191
第八章　车辆购置税、契税、耕地占用税的核算………………………………………… 195
第一节　车辆购置税的核算…………………………………………………… 195
第二节　契税的核算…………………………………………………………… 200
第三节　耕地占用税的核算…………………………………………………… 203
第九章　关税的核算………………………………………………………………… 207
第一节　关税核算的基本规定………………………………………………… 207
第二节　进口货物应纳关税的核算…………………………………………… 213
第三节　出口货物应纳关税的核算…………………………………………… 217
第十章　企业所得税的核算………………………………………………………… 219
第一节　企业所得税核算的基本规定………………………………………… 219
第二节　企业所得税核算的会计科目与报表………………………………… 225
第三节　企业所得税核算……………………………………………………… 253
第四节　特殊事项的税务处理………………………………………………… 262
第十一章　个人所得税的核算……………………………………………………… 284
第一节　个人所得税核算的基本规定………………………………………… 284
第二节　个人所得税的计算…………………………………………………… 290
第三节　个人所得税核算及会计处理………………………………………… 314

第一章 税务会计概论

第一节 税务会计核算的意义

一、税务会计的概念

新中国成立以来，我国在很长一段时间内施行的是财务会计制度和税收法规的一体化，财务会计的核算代替了税务会计的核算。随着社会生产力的提高和社会经济的发展变化，以为国家服务为主的税收法规与以为企业服务为主的财务制度之间的差异越来越大。1994 年 5 月，国家颁发了《所得税会计处理暂行规定》，从此我国步入了税务会计核算的起步阶段。随着市场经济体制的不断完善，税务会计的核算将与财务会计的核算处于同等重要的地位。

税务会计是指纳税人以税收法规为依据，以货币为基本计量单位，运用会计核算原理和方法，对国家税收资金的产生和计算，以及缴入国库的全过程进行核算、反映和监督的一种专业会计。

税务会计是近代兴起的一门边缘学科，是融税收法规和会计核算为一体的专业会计，其概念包含以下几层意思：

（一）明确了税务会计核算的依据

税务会计核算的依据是国家各种税收法律、法规。税务会计是执行国家税法、组织税收收入的会计，是国家管理税收的重要工具。纳税人一旦发生纳税义务，就必须按照国家税收法律、法规的规定，及时地进行税款的核算并缴纳入库。

（二）明确了税务会计的计量单位

税务会计以货币为基本计量单位。从历史上看，可以将税收的征收实体分为劳役税、实物税及货币税。

劳役税是以提供自身的劳动代替税款缴纳的一种税。这是在商品经济极不发达的情况下，国家征收最原始的税收的一种形式，主要为奴隶社会和封建社会前期所采用。

实物税是以各种实物充当税款的一种税。这是在商品经济不发达的时期，国家所采用的一种征收形式。如我国古代征收的“布帛之征”和“粟米之征”等，就是实物税。在商品经济比较发达的国家，除了要掌握某些特定的实物外，一般不再征收实物税。

货币税是以货币形式缴纳税款的一种税。这是商品经济发展的必然产物，目前已成为世界各国征收税款的主要形式。这种缴税方式不仅方便纳税人纳税，而且也便于国家进行收支管理。

（三）明确了税务会计核算的对象

税务会计核算的对象是国家税收资金。税收资金的形成、计算和缴纳过程，虽然存在于纳税人的整个生产过程中，但是，税务会计并不核算纳税人的全部资金运动，而是只核算纳税人有关税款的形成、计算、申报缴纳及有关的财务活动。具体地讲，税务会计核算的对象涉及纳税人的经营收入、成本和费用、经营成果、税款计算、税收减免以及税款缴纳的全过程。我们简要介绍如下：

1. 经营收入。经营收入是指纳税人在生产经营过程中，销售商品或提供劳务所取得的收入。一般情况下，纳税人的经营收入越多，其缴纳的税款就越多；相反，纳税人的经营收入越少，其缴纳的税款就越少。经营收入不但是计算增值税、消费税、营业税等的重要计税依据，也是计算应纳税所得额的最重要的因素之一。

2. 成本和费用。费用是指企业为销售商品、提供劳务等日常活动所发生的经济利益的流出，与一定的会计期间相联系。成本是指企业为生产产品、提供劳务而发生的各种耗费。纳税人在生产经营过程中所发生的各种耗费，是对象化了的费用，它与一定种类和数量的产品或商品相联系，而不论其发生在哪一个会计期间。费用包括直接费用、间接费用和期间费用三大类。直接费用是指能够直接计入生产产品或销售商品中的直接材料、直接人工和购进商品的进价费用；间接费用是指不能直接计入生产产品或销售商品中的费用，是要通过一定的核算方法进行分配后计入产品成本中的一种费用；期间费用是指在生产经营的本期内发生，不计入产品或商品的成本中，而是直接转入本期损益的一种费用。成本和费用的高低是决定商品（劳务）价格的最低界限，是补偿生产经营活动中各种耗费的尺度，也是考核纳税人经济效益最重要的指标之一。在纳税人的收入及其他因素一定的情况下，成本和费用的高低与纳税人的会计所得（会计利润）呈反方向变化，而会计所得又是应税所得的基础，因此，成本和费用是税务会计核算和监督的重要内容。

3. 经营成果。经营成果是纳税人在一个会计期间的利润总额，包括营业利润、投资收益和营业外收支净额三个部分。营业利润是纳税人在一个会计期间的营业收入总额扣除营业成本、期间费用、营业税金和附加等后的余额，是经营成果的主要部分；投资收益是纳税人在经营期间对外投资而取得的收益总额扣除投资损失后的净额；营业外收支净额是指纳税人在经营期间取得的与其生产经营无直接关系的营业外收入减去营业外支出后的余额。按照我国现行税收法规和财务制度的规定，纳税人计算的会计利润并不等于其应纳税所得额，两者的差异主要是因为财务制度的规定与税收法规的规定在计算内容和口径上的不一致所带来的永久性差异，以及两者在计算时间口径上的不一致所形成的暂时性差异。为了使国家的税款能真实、准确地计算和入库，在计算企业所得税应纳税所得额时，就必须按照税收法律、法规的规定，对企业实现的会计利润进行必要的调整。因此，正确核算纳税人的经营成果，是税务会计核算的重要基础。

4. 税款的减免。税款的减免是指按照国家税收法规的规定，对纳税人应缴纳的税款给予少征或者免征的优惠规定。减免税是国家为了实施一定的政治、经济政策，给予纳税人的鼓励或者照顾措施，是税收法规严肃性和灵活性的具体表现。国家之所以在税收法规中规定减免税项目，其目的一是对遭受风、水、雷、电等自然灾害的纳税人给予政策性照顾；二是激励纳税人将这部分减免税资金用于扩大再生产和经营规模，为国家创造更多的税收资金。因此，税务会计必须对税款的减免加强核算和监督，以实现国家减免税之目的。

（四）明确了税务会计核算的任务

税务会计核算的主要任务是对纳税人应纳税款的核算和监督，而这种核算和监督活动主要是由纳税人内部的财务人员和有关领导具体实施和管理的。税款的缴纳涉及纳税人的切身利益，这就使得在税务会计核算过程中难免产生人为因素。因此，要完成税务会计核算和监督的任务，除纳税人的内部监管外，还必须实施外部管理，即税务机关依照国家税收法规对纳税人的经营核算行为进行监督管理，使纳税人对税款的核算行为更符合税收法规的要求，使税务会计核算的任务得以顺利实现。

（五）表明了税务会计核算的目的

税务会计核算的目的是保证国家的税款得以正确计算并及时、足额入库。所谓“正确计算”，是指按照税收法律、法规的规定，准确合理地计算应纳税款，做到依法办事，依率计征，既不多算，也不少计。所谓“及时”，是指按照税法规定的缴款期限，不拖欠，不挤占，及时解缴入库。税款的正确计算，及时、足额入库，不论是对纳税人还是对税务机关的工作人员都非常必要。对于纳税人而言，这是自己应当履行的义务；对于税务机关而言，这是税收工作的首要环节。

要达到税务会计核算的目的，一方面需要纳税人增强纳税观念，自觉遵守税收法规的规定，认真履行纳税义务；另一方面需要税务机关加强征收管理和监督，提高业务水平，严格执行税收法规的规定。税务会计是纳税人及时、足额缴纳税款的有效手段，无论是企业内部的财务人员还是税务机关的工作人员，都应熟练掌握。

二、建立和加强税务会计核算的意义

（一）建立和加强税务会计核算，有利于反映国家和纳税人的利益分配关系

税收是国家凭借政治权力，依照税收法律、法规的标准，强制性地参与社会总产品和国民收入再分配所形成的分配关系。税收作为财政收入的一种手段，其分配的对象是国民收入。因此，国民收入是税收的基本源泉，创造和取得国民收入的单位和个人是税收的纳税人。这种分配是依照法律规定的标准进行的，分多分少，体现了国民经济中的重大比例关系，主要体现在国家的总积累与总消费的关系上。在税法执行过程中，要按规定的标准进行分配，就需要通过会计来如实地进行记账、算账、报账、反映和监督。税务会计就是适应和体现国家与纳税人的这种利益分配关系，伴随着税收分配活动的每一个环节，反映和监督这种分配依法正常实现。所以说，税务会计核算的建立和加强，有利于反映税收分配关系。按照税法规定，纳税人在纳税义务发生后，就必须向国家申报并缴纳税款。这种行为，对纳税人是资金所有权的转移，对税务部门是国家财政资金的形成。就会计业务而言，这是一种债权债务关系，税收的征收管理从这里开始，同时，这也是税收资金运动的起点。税务会计作为全面、系统地反映税收资金运动的专门手段，应该伴随着税收征收管理活动，核算应包括税收资金运动的全过程。

（二）建立和加强税务会计核算，有利于现代企业制度的建立

在市场经济条件下，企业是市场经济的主体，各种类型的企业都将成为自主经营、独立核算、自负盈亏、照章纳税的独立经济实体。国家依法征税，完全体现了国家与纳税人对国民收入进行分配的比例。企业为了取得合法经营的最佳成果，不但要通过财务会计来核算其生产经营的会计成果，还要按照国家的税收法规的规定，通过税务会计的核算，一方面正确履行纳税义务，依法维护自身的合法权益，另一方面还要选择投资方向，优化经营项目，取得最好的投资效果。

在市场经济条件下，政府不再直接干预企业的生产经营行为，政府的职能主要是通过制定一系列配套的宏观调控政策，运用经济手段、法律手段和必要的行政手段来间接地干预企业的经营行为，使其按市场规则进行经营活动。政府的这种间接干预是以承认市场规则和企业间自由竞争为前提的，是对市场运行出现偏差的一种纠正。企业作为市场经济的竞争主体，生产经营什么，政府不再直接过问。企业在生产过程中，只要照章纳税，不违反法律的规定，国家会充分保护其合法权益。

同时，税务会计核算的建立为企业实行“自核自缴”和自行计算、申报纳税，形成自我管理机制，创造了有利条件，提供了一套系统的纳税核算方法，能够更好地为纳税人计算和缴纳各种税款服务。

（三）建立和加强税务会计核算，有利于我国新税制的实施和完善

我国传统的税收制度是与高度集中的计划经济体制配套运行的。在计划经济体制下，企业生产什么、生产多少，完全按照国家下达的计划指标来执行，很自然地形成了一套有计划的统收统支的收入分配模式，企业创造的利润全部上交国家，然后，国家再按计划、有步骤地下拨。在这种情况下，国家财务会计制度的规定与国家税收制度的规定完全一致。纳税人按会计制度规定计算的结果，实际上就是按税收制度规定计算的结果，两者没有任何差别。可以看出，在这种情况下，企业的生产经营活动和财务会计的核算，完全是按照国家税收制度的规定在运行，企业缺乏自主权。

1994 年，我国税制全面改革，新税制的基本框架是增值税普遍征收、消费税特殊调节、营业税配合的流转税制度。同时，还统一了企业所得税和个人所得税制度，充实和完善了其他税收制度。增值税和企业所得税两大税种，几乎涉及所有的企业，成为调节经济和组织收入的主要税种。改革后的增值税扩大了课税范围，增强了调节功能，将价内税改为价外税，并采取凭专用发票注明税款抵扣的办法，在会计处理上增加了较为复杂的核算内容，在购销业务中要对进项税额和销项税额进行专户核算。进项税额和销项税额除了一般规定外，在具体操作上还有不少特殊规定。如进项税额中的购进免税农产品进项税额的核算、运输费用和收购废旧物资进项税额的核算，销项税额中的视同销售行为销项税额的核算、商品流通企业零售业务含税销售额销项税额的核算等。

除有较复杂的增值税核算外，新的企业所得税的实施标志着我国税收制度的规定和财务会计制度的规定开始独立开来，应税所得和会计所得成为两个独立的经济范畴。应税所得与会计所得由于计算口径和方法不同，存在两种差异——永久性差异和暂时性差异，企业应当根据具体情况，选择采用“应付税款法”或“纳税影响会计法”进行所得税的核算。2006 年会计制度改革，进一步明确了所得税会计处理方法实行“资产负债表债务法”。所有这些，都要求将企业财务会计中有关税务核算的部分分离出来，成为独立的税务会计，只有这样才能准确地将应缴纳的税款及时、足额地缴入国库。

我国在 1994 年的税制改革中，不但确定了所得税会计和增值税的税务处理，而且在其他各税种的会计核算上也采用了国外的一些通行做法。这样做，对新税制的运行和监督管理有着积极的促进作用。

（四）建立和加强税务会计核算，有利于我国税收征管改革

1994 年的税制改革标志着我国已经建立起接近国际水平的新的税制体系，然而，我国税收征管水平及征管手段严重滞后。借鉴世界上一些先进国家在税收征管上的先进做法，我国税收征管应加速深化改革，建立纳税人自行申报、税务稽查、微机监控为一体的与国际先进水平相适应的税收征管新格局。同时，借助现代科学技术，运用量化数控理论，把税收征管纳入严密的税务会计核算中，用会计核算的科学方法严格进行税收征收管理。在税收征管手段上，运用电子计算机技术管理税收，提高电算化和网络化水平。

税务会计核算的建立和加强，非常适应新的税收征管模式的要求，给税务征管人员、稽查人员以及税务代理人员提供了翔实的征税计算方法和查账验证实务。同时，税务会计核算的建立，实现了财务会计、税务会计和预算总会计的接轨，为税收征收管理实行电算化创造了条件，有利于合理配置税务部门的人力、物力和财力，以便以最小的投入取得最大的税收收入。

（五）建立和加强税务会计核算，有利于纳税人增强纳税观念，提高经济效益

税收分配是社会总产品的分配，主要来源于国民收入。在纳税人的收入和成本费用一定的情况下，税收的增加必然引起净利润的减少。相反，税收的减少将会带来净利润的增加。按照我国宪法的规定，每个公民都负有纳税的义务。作为取得经营收入的单位和个人，按照国家税法的规定向国家缴纳税款，是履行宪法的具体表现。但也有少数纳税人纳税观念淡薄，想方设法隐瞒收入、扩大费用，以达到少缴税款的目的。

要使纳税人增强纳税观念，就必须使其不断地学习国家税收法规的规定和国家的经济政策。税务会计就是按照国家税收法规的规定，不断地参与纳税人生产经营的核算过程。通过税务会计的核算和监督，可以促使纳税人经常学习、掌握和运用国家的税收政策，必然会提高纳税人的纳税观念。同时，税收在国民收入中占有较大的比重，就增值税、消费税、营业税而言，它们的平均税负要占纳税人生产经营收入的8%以上。如果纳税人在生产经营过程中，不充分考虑税收这个因素，很可能按规定纳税以后，其收入难以保本。另外，现行企业所得税税率为25%，占纳税人生产经营成果的1/4。可见，税收在纳税人生产经营过程中的支出项目中，占有较大的比重。因此，纳税人在市场经济、法制经济条件下，要提高经济效益，正确核算经营成果，其决策者们就必须考虑税收因素。

第二节　税务会计的演变和特点

一、税务会计的产生和发展

（一）税务会计的产生

税收是一个经济范畴，也是一个历史范畴，它是人类社会和生产力发展到一定时期的必然产物。物质资料的生产是人类社会存在和发展的基础，人们为了更好地发展生产，就必须关心生产的耗费和生产的成果。在原始社会，由于生产力水平低下，全体社会成员齐心协力从事生产活动，以获取维持生活需要的物质资料。这时的生产比较简单，劳动成果除满足基本生活消费外，基本上没有剩余。因而，人们对生产的耗费和生产的成果的关心是通过头脑记忆的。由于生产力的发展，人们对生产的耗费和生产的成果逐渐采取了一些简单的方式进行记载。例如，我国古代的“结绳记事”、“甲骨书契”、“竹木简册”等，就是会计的雏形。会计的产生为税务会计的产生奠定了基础，是税务会计产生的一个前提条件。随着社会生产力的发展、生产工具的更新，人们开始使用石器和铁器，征服自然和改造自然的能力有了很大提高，谋取的物质产品除满足人们的基本生活需要外，还有了剩余，从而使一部分人将剩余产品占为私有。同时，社会分工出现了，这使得各个部门也产生了，需要吸收更多的劳动力，而各部落之间的战争为生产部门提供了条件，战俘变成了奴隶。于是，奴隶与奴隶主两大阶级产生了。阶级矛盾日益尖锐，达到不可调和的时候即产生了国家。国家是经济上占统治地位的阶级进行暴力统治的工具，由暴力机构和一些常设公职人员所组成。为了维持国家机构正常运转的庞大支出和不从事物质资料生产的常设公职人员的生活消费，统治阶级凭借国家的政治权力，强制课征一部分剩余产品。于是，以国家为主体的税收分配形式出现了。税收分配形式的出现，使税务会计的产生由可能转化为现实。据有关历史资料考证，在公元前 18 世纪，巴比伦王国征收各种赋税就要有应纳税通知和支付凭据，纳税人的赋税与会计记录相融合，产生了最早的税务会计。尽管它还很不成熟，但它毕竟是把税务中的会计问题或者说会计中的税务问题融为一体了。因此，税务会计是社会发展的必然结果，是税收和会计共同作用的产物。

在我国的奴隶社会，为了计算和记录国家赋税实物或货币的收入和支出情况，有了“官厅会计”。我国西周时，在总揽财政大权的天官冢宰之下，设置“司会”为计官之长，主管朝廷财政经济收支的全面核算。由于当时税制简单，不可能对纳税人的会计核算提出具体的要求，而且当时的纳税人也不具备正式会计核算的条件。在会计方面，当时仅限于对征收结果从国家的角度进行较为健全、完整的核算和监督，但核算和监督的内容基本上属于税务会计核算的范畴。

在中国会计发展史上，官厅会计早于民间会计，它包含现在的预算会计、税务会计的某些因素。世界其他各国和我国的历史足以证明，税务会计是在税收和财务会计产生和发展的基础上逐步产生和发展起来的。

（二）税务会计的发展

随着社会生产力的进一步发展，各国的税收制度日趋成熟化，税收收入在国家财政收入中占有绝对的比重。作为主要纳税人的企业，依法纳税已经成为其进行生产经营决策的一个重要因素。在人们对生产的耗费和生产的成果及分配的关心程度日益提高的情况下，客观上要求企业在会计凭证、会计账簿和会计报表中提供反映收入的形成和物化劳动转移的价值，以及其他转移价值中所包括的已纳税金情况的信息。只有这样，才能正确地预测和真实地反映自身的经营成果。在税务会计的产生和发展过程中，所得税的出现和不断完善表现出极大的推动力，这是因为所得税的形成和计税依据直接涉及纳税人产、供、销的全过程。目前，西方各国对所得税会计的理论研究和处理方法均已达到相当科学的程度，其中许多国家都有专门规范所得税会计的文告，如英国的《递延所得税》、澳大利亚的《公司所得税会计》、美国财务会计准则 96 号公告中表述的所得税会计的处理原则等。另外，美国还有不少涉及所得税会计处理的有效文告，如美国会计原则委员会（APB，即美国财务会计准则委员会 FASB 的前身）意见书第 2 号、第 3 号、第 4 号、第 10 号、第 23 号和第 28 号。由于各国会计核算方法和税收制度各有差异，所得税会计的处理方法也有所不同，为了协调这一会计处理程序，1979 年 7 月，国际会计准则委员会公布了《国际会计准则 12 号——所得税会计》，它在一定程度上统一了所得税会计处理标准，为其走向国际化起到推动作用，并得到各国会计界的广泛认可。

（三）税务会计的现状

当今世界上大多数发达国家的税务会计都是相对独立、自成体系的。在国际范围内，税务会计受到普遍重视，已经发展成为一门重要的专业会计分支，它与财务会计、管理会计是会计学科的三大组成部分。在我国，税务会计起步的时间不长，原因是新中国成立以后，在相当长的一段时间内，我国奉行高度集中的计划经济体制，国家作为所有者和管理者的身份合二为一。与此相适应，企业实行财务会计与税务会计合二为一的会计管理模式。在当时的情况下，一致的会计管理模式既有利于国家对企业实施综合、全面的管理，也有利于计算上缴国家的财政收入，为监督企业上缴利润提供了制度上的保证，同时，这也便于统一会计制度的制定和施行。

随着我国社会主义市场经济体制的建立，财务会计与税务会计合二为一的管理模式所固有的局限性越来越突出。从国家角度来看，我国是以公有制为主体的社会主义国家，国家一方面是政治权力的主体，另一方面又是国家资产的所有者，因而具有双重身份。过去财务会计与税务会计合二为一的做法，势必模糊了税收和利润的不同内涵、性质和作用，从而影响了政府的双重身份，不利于在政企分开的前提下，科学地界定政府的职能和权限。从企业角度来看，财务会计与税务会计合二为一的管理模式束缚了企业的经营自主权，使企业的理财行为和会计核算难以适应市场经济的客观要求。传统的财务制度和会计制度中的某些规定过细、过死，在很大程度上是因为其中包含了税法的基本要求。因此，为了适应我国社会主义市场经济的需要，1994 年我国颁布了税务会计的有关规定，并不断地进行修订和完善，与国际接轨的趋势越来越明显。

二、税务会计的特点

税务会计与其他专业会计相比较，有其自身的特点，主要表现为：

（一）法规性

税务会计核算主要以国家的税收法规为准绳，这是它区别于其他专业会计的主要标志。在税收应纳税额的计算过程中，也可能依据某些财务制度的规定进行计算，但必定是在财务会计制度与税法规定不矛盾的前提下进行的。财务会计制度的规定与税法的规定不一致时，我国税法明确规定，必须以税收法规为标准。如企业所得税应纳税所得额的计算，就必须按照税法的规定，对纳税人核算的会计利润进行必要的调整。

（二）专业性

税务会计运用特有的专门方法对与纳税有关的经济业务进行核算和监督，包括税款的计算、税款的记录、账务处理、纳税申报，以及办理补、退税款等。如每个纳税人按照当地主管税务机关规定的纳税期限填写并申报的纳税申报表，就具有很强的专业性。对纳税人在生产经营过程中不涉及税收的经营业务，不作为核算的内容。

（三）统一性

税务会计是融各类会计和税法为一体的专业会计，税法的统一性决定了税务会计的统一性。就纳税主体而言，只要是同一税种，不论是国有企业、集体企业、私营企业、股份制企业或者是纳税个人，其缴纳税款的规定都是相同的，不分经济性质，也不分隶属关系。就纳税人的生产经营地点而言，无论是城镇还是乡村，只要属于我国税收征收管辖权限的范围，除国家某些特殊优惠政策外，其规定就是相同的。

（四）广泛性

按照我国宪法的规定，中华人民共和国每个公民都负有纳税的义务，不分行业，不分单位和个人，也不分城镇或乡村，所有的法人和自然人，只要有生产经营收入，都可能成为纳税义务人。在生产经营过程中，不论是财务会计制度健全的企业单位，还是财务制度不健全的个体工商户，均要按照税法的规定缴纳税款。在某种意义上讲，税务会计的核算范围比财务会计更广泛。

三、税务会计与财务会计的关系

税务会计作为一项实务性工作并不是独立存在的，而是企业会计的一个特殊领域，要以财务会计的核算为基础。税务会计的核算并不要求企业在财务会计的凭证、账簿、报表之外再单独设置一套会计凭证、账簿和报表（纳税申报表除外），也不要求专门设置税务会计核算机构。在平时生产经营的核算过程中，财务会计核算和税务会计核算是融为一体的，它们之间存在相互影响、相互制约、相互促进的关系。

（一）税务会计与财务会计的相同点

1. 核算的主体相同。作为从事生产经营的单位和个人，为了核定一定期间的生产经营成果，就必须建立健全财务会计核算制度。同时，取得生产经营收入的单位和个人，又是缴纳税款的纳税人，为了正确计算和缴纳税款，又必须加强税务会计核算。因此，从事生产经营的单位和个人既是财务会计核算的主体，又是税务会计核算的主体。

2. 核算的基本原理和方法相同。财务会计核算和税务会计核算都统一于会计核算的原理和核算方法之中。两者都必须通过设置账户、编制凭证，运用借、贷的复式记账方法来登记账簿，据以充分反映每一笔经济业务的真实性和正确性。

3. 核算的基本前提相同。无论是财务会计还是税务会计，它们的核算工作都必须具备会计主体、持续经营、会计分期和货币计量4个基本前提。这样才能记录和反映每个纳税人本身的各项经济业务，核算以货币表现的一定期间的收入、费用、利润以及应缴纳的税款。如果没有这些基本前提，会计工作就无法进行。

（二）税务会计与财务会计的差异

1. 核算的范围不同。税务会计只核算纳税人所进行的生产经营活动中与税收有关的内容，如计税依据的核定，应纳税额的计算，在一定期间应补、退税款的清算，与纳税无关的内容不予核算。税务会计核算的内容主要是充分反映纳税人的纳税情况，以利于纳税人自行申报纳税和税务部门的检查。

财务会计核算的范围是纳税人所进行的生产经营活动中能够用货币表现的各个方面，包括纳税人的资产、负债、所有者权益、收入、费用、利润，最后编制财务报表。财务会计核算的内容主要是充分反映纳税人的财务状况和经营成果，以满足宏观调控部门、投资者、债权人、企业经营决策者对会计信息的需要。

2. 核算的主要依据不同。税务会计核算的主要依据是税收法规，财务会计核算的主要依据是财务会计制度。税收法规不同于财务会计制度，主要表现为以下两点：

一是法规级次不同。税收法规主要是经过全国人民代表大会和全国人民代表大会常务委员会制定或者是全国人民代表大会及其常务委员会授权国务院制定。财政部和国家税务总局虽能对税收法规作具体解释或者制定一些规章制度，但不得与税收法规相抵触。财务会计制度主要是由财政部制定，其法规级次明显低于税收法规。因此，财务会计制度与税收法规不一致时，应按照税收法规的规定计算缴纳税款。

二是收益实现的时间和费用的扣减情况不同。税收法规采用的是收付实现制与权责发生制相结合，因为计算应纳税额要考虑纳税人立即支付货币资金的能力，管理上的方便性和征收当期收入的必要性是与财务会计所依据的持续经营假定相矛盾的。财务会计只遵循会计准则，采用权责发生制，依照财务制度处理各种经济业务和计算经营成果。

3. 核算的目的不同。税务会计核算的目的是依法正确计算纳税人的应纳税额，确保国家财政资金得以实现。税务会计的正确核算不但有利于税务机关对税收的征收管理，也有利于纳税人正确履行纳税义务，充分享受纳税人应有的权利。财务会计核算的目的主要是计算一定期间的经营成果，为有关部门、投资者、债权人、企业经营决策者提供会计信息。

第三节　税务会计核算的基本原则和作用

一、税务会计核算的基本原则

税务会计是一门具有法律效力的专业会计，其核算的内容直接关系到国家与纳税人的经济利益。税务会计的正确核算既有利于国家税款的征收管理，又利于纳税人正确履行纳税义务。若税务会计核算不准确，则不但国家应收的税款将遭受损失，而且纳税人也难以充分享受税法所赋予的应有权益。税务会计的核算必须遵循以下原则：

（一）法规性原则

法规性原则是指税务会计核算必须依法办事、依率计征，严格按照税收法规的规定对纳税人生产经营活动中所涉及的税收事项进行核算。税收收入是生产经营者从事生产经营活动所创造的国民收入的组成部分，对于纳税人而言，只有依法正确核算，才能正确履行纳税义务，保证国家收入顺利实现。如果不按照税收法规办事，就可能多缴或少缴税款，这将损害国家或纳税人的利益。同时，税收法规是国家法律的一部分，是处理国家和纳税人分配关系的法律保证。税务会计的核算失去了法规性，也就失去了其特殊性。

（二）及时性原则

及时性原则是指税务会计核算要按照税收法规的规定及时处理各项税收事宜。其具体内容包括三个方面：一是各种税款的纳税义务一旦发生，就必须及时进行账务处理，以免遗漏；二是在当地主管税务机关规定的纳税期限内，及时办理和申报有关纳税手续，不拖延，不少报；三是将应缴纳的税款及时缴入国家金库，以利于国家统一安排使用。

（三）准确性原则

准确性原则是指税务会计核算应做到正确无误，充分反映真实情况。在核算过程中做到账证相符、账账相符、账表相符和账实相符。

二、税务会计核算的作用

税务会计是按照国家税收法规，反映和监督税收资金的一种专业会计。它的作用主要表现在以下三个方面：

（一）贯彻执行国家税收政策，保证国家的财政收入

税务会计是以国家税收法规为其核算依据的，依法核算是税务会计的首要特点。实际上，税务会计核算过程就是国家税收法规的贯彻和执行过程。纳税人做到依法进行核算，就能真实、正确地反映其应缴纳的税款，从而保证国家税收收入得以实现。

（二）维护纳税人的合法权益，提高全民纳税意识

依法纳税是纳税人应尽的义务，但同时纳税人也应享有相应的合法权利，在法律关系上，权利与义务是对等的。纳税人通过税务会计核算享受的合法权利主要表现为：一是享受国家给予的税收优惠政策，无论是法定减免还是特殊性减免，政策一定用足；二是依法纳税、按期纳税，没有法规依据的税款不缴，未到期的税款不缴。纳税人要维护自身的合法权益，就必须提高纳税意识，关心税收，学习国家的税收政策和税收法律规定，加强税务会计核算。

（三）加强经营管理，提高纳税人的经济效益

税收收入是国民收入的组成部分，涉及纳税人生产经营的各个环节，每一项生产经营活动都包含税收的因素。纳税人只有加强经营管理，努力扩大收入，降低成本、费用，并依法纳税后，才能提高其自身的经济效益。纳税人通过税务会计核算，能够充分认识税收的基本特征，将依法纳税的因素置于生产经营的决策之中。

第四节　税务会计核算管理基础

税务会计核算的内容主要是应纳税额的计算和账务处理，以及应纳税额的申报和缴纳（这些内容在以后各章分别叙述），除此之外，税务会计核算管理的基础工作如下：

一、税务登记

（一）开业登记

从事生产经营的纳税人，应当自领取营业执照之日起 30 日内，向生产经营地或者纳税义务发生地的主管税务机关申报办理税务登记，如实填写税务登记表，并按照税务机关的要求提供有关证件、资料。

上述以外的其他纳税人，除国家机关和个人外，应当自纳税义务发生之日起 30 日内，持有关证件向所在地主管税务机关申报办理税务登记。

（二）变更登记

税务登记内容发生变化时，应自工商行政管理机关办理营业执照变更登记之日起 30 日内，向原税务机关办理变更税务登记；纳税人不需在工商行政管理机关办理变更登记的，应自有关机关批准变更之日起 30 日内，向原税务机关办理变更税务登记。

（三）注销登记

纳税人发生解散、破产等依法终止的，应在工商行政管理机关办理营业执照注销前向原税务机关办理注销税务登记；不需办理工商行政管理机关注销登记的，应自有关单位批准或者宣告终止之日起 15 日内，向原税务机关办理注销税务登记；被工商行政管理机关吊销营业执照的，应自营业执照吊销之日起 15 日内办理注销税务登记。

（四）停业、复业登记

实行定期定额征收方式的纳税人，在营业执照核准的经营期限内需要停业的，应当向税务机关提出停业登记，说明停业的理由、时间、停业前的纳税情况和发票的领、用、存情况，并如实填写申请停业登记表。税务机关经过审核（必要时可实地审查），应当责成申请停业的纳税人结清税款并收回税务登记证件、发票领购簿和发票，办理停业登记。纳税人停业期间发生纳税义务，应当及时向主管税务机关申报，依法补缴应纳税款。

二、账簿、凭证和发票的管理

（一）设置账簿的期限和范围

《中华人民共和国税收征收管理法》（简称《税收征收管理法》）及其实施细则规定，从事生产经营的纳税人应当自领取营业执照或者发生纳税义务之日起15日内设置账簿。

扣缴义务人应当自税收法律、行政法规规定的扣缴义务发生之日起10日内，按照所代扣、代收的税种，分别设置代扣代缴、代收代缴税款账簿。

账簿、记账凭证、报表、完税凭证、发票、出口凭证以及其他有关涉税资料的保管期限，除法律、行政法规另有规定外，应当保存10年。

（二）财务会计制度及处理办法

从事生产经营的纳税人应当自领取税务登记证件之日起15日内，将财务会计制度或财务会计处理办法报税务机关备案。财务会计制度的规定与税法的规定不一致的，应按照税法的规定计算纳税。

（三）发票的印制和领购

普通发票由省、自治区、直辖市税务机关指定的企业印制；增值税专用发票由国家税务总局指定的企业统一印制。发票套印的全国统一发票监制章的式样和发票版面印刷的要求，由国家税务总局规定。

（四）违反发票管理的处罚规定

1. 未按规定印制发票和生产发票防伪专用品的、未按照规定领购发票的、未按照规定开具发票的、未按照规定取得发票的、未按照规定保管发票的、未按照规定接受税务机关检查的，由税务机关责令限期改正，没收非法所得，可以并处10 000元以下的罚款。如违反两种以上行为的，可以分别处罚。

2. 对非法携带、邮寄、运输或者存放空白发票的，由税务机关收缴发票，没收非法所得，可以并处10 000元以下的罚款。

3. 私自印制、伪造变更、倒买倒卖发票，私自制作发票监制章、发票防伪专用品的，由税务机关依法予以查封、扣押或者销毁，没收非法所得和作案工具，可以并处10 000元以上30 000元以下的罚款；构成犯罪的，依法追究刑事责任。

4. 违反发票管理法规，导致其他单位或个人未缴、少缴或骗取税款的，由税务机关没收非法所得，可以并处未缴、少缴或者骗取税款一倍以下的罚款。

三、纳税申报

纳税申报是指纳税人按照税法的规定，定期就计算缴纳税款的有关事项向税务机关提出书面报告，这是税务管理的一项重要内容。

（一）办理纳税申报的对象

负有纳税义务的单位和个人，应在发生纳税义务之后，按税务机关规定的申报期限，如实向税务机关办理纳税申报。临时取得应税收入或发生应税行为的纳税人，在发生纳税义务之后，应立即向经营地税务机关办理纳税申报并缴纳税款。

扣缴义务人应该按照规定履行代扣代缴、代收代缴税款的申报手续。

纳税人享受减税、免税待遇的，在减税、免税期间应当按照规定办理纳税申报。

（二）纳税申报的时间和期限

纳税人纳税申报的时间和扣缴义务人申报、结报、代扣代缴、代收代缴税款的时间，由县（市）税务机关按照税法规定和纳税人、扣缴义务人的具体情况确定。税务机关规定的申报期限的最后一天，如遇国家法定公休假日，可以顺延。

纳税人到税务机关办理纳税申报有困难的，经税务机关批准，可以邮寄申报。邮寄申报以寄出地的邮戳日期为实际申报日期。

四、税款的征收

税款的征收是税务机关按照税收法律、法规的规定将纳税人应当缴纳的税款组织征收入库的一系列活动的总称。税款的征收有以下几方面内容：

（一）延期纳税

纳税人因有特殊困难，不能按期缴纳税款的，经省、自治区、直辖市国家税务局、地方税务局批准，可以延期缴纳税款，但最长不得超过 3 个月。经税务机关批准延期缴纳税款的，在批准的期限内不加收滞纳金。

（二）滞纳金

纳税人、扣缴义务人未按照税法、行政法规的规定或者税务机关依照法律、法规规定确定的期限缴纳税款，税务机关除责令限期缴纳税款外，从滞纳税款之日起，按日加收滞纳税款万分之五的滞纳金。

（三）税款退还

纳税人超过应纳税额多缴纳的税款，税务机关发现后应立即退还；纳税人自结算缴纳税款之日起 3 年内发现的，可向税务机关要求退还多缴的税款并加算银行同期存款利息，税务机关及时查实后应当立即退还；涉及从国库中退库的，依照法律、行政法规有关国库管理的规定退还。

（四）税款的补缴和追征

税款的补缴和追征，具体规定如下：一是因税务机关的责任，致使纳税人、扣缴义务人未缴或者少缴税款的，税务机关在 3 年内可以要求纳税人、扣缴义务人补缴税款，但不得加收滞纳金。二是因纳税人、扣缴义务人计算错误等失误，未缴或少缴税款的，税务机关在 3 年内可以追征税款、滞纳金；如纳税人或者扣缴义务人因计算错误等失误，未缴或者少缴、未扣或者少扣、未收或者少收税款，累计数额在 10 万元以上的，追征期可以延长到 5 年。三是纳税人、扣缴义务人和其他当事人因偷税未缴或少缴税款、滞纳金，以及骗取税款的，税务机关可以无限期追征。

（五）税收保全措施

税务机关有根据认为从事生产经营的纳税人有逃避纳税义务行为的，可以在规定的纳税期限之前，责令限期缴纳税款；在限期内发现纳税人有明显的转移、隐匿其应纳税的商品、货物以及其他财产迹象的，税务机关应责令其提供纳税担保。如果纳税人不能提供纳税担保，经县以上税务局（分局）局长批准，税务机关可以采取下列税收保全措施：

1. 书面通知纳税人开户银行或者其他金融机构冻结纳税人的金额相当于应纳税款的存款；

2. 扣押、查封纳税人的价值相当于应纳税款的商品、货物或者其他财产。

纳税人在税务机关采取税收保全措施后，按照税务机关规定的期限缴纳税款的，税务机关应当自收到税款或者银行转回完税凭证之日起 1 日内解除税收保全；限期期满仍未缴纳税款的，经县以上税务局（分局）局长批准，税务机关可以书面通知纳税人开户银行或者其他金融机构从其存款中扣缴税款，或者拍卖所扣押的商品、货物或其他财产，以拍卖所得抵缴税款。

税务机关采取税收保全措施不当，或者纳税人在纳税期限内已缴纳税款，税务机关未立即解除税收保全措施，使纳税人的合法利益遭受损失的，税务机关应当承担赔偿责任。

（六）税收强制执行措施

从事生产经营的纳税人、扣缴义务人未按规定的期限缴纳或者解缴税款，纳税担保人未按规定的期限缴纳所担保的税款，由税务机关责令限期缴纳，逾期仍未缴纳的，经县以上税务局（分局）局长批准，税务机关可以采取下列强制执行措施：

1. 书面通知其开户银行或其他金融机构从其存款中扣缴税款；

2. 扣押、查封、拍卖其价值相当于应纳税款的商品、货物或其他财产，以拍卖所得抵缴税款。

税务机关采取强制执行措施时，对前款所列纳税人、扣缴义务人、纳税担保人未缴纳的滞纳金同时强制执行。

第五节　税收法律责任

一、纳税人、扣缴义务人违反税收管理规定的法律责任

违反税收管理规定的法律责任是指纳税人和扣缴义务人违反了《税收征收管理法》的规定而应承担的处罚。

1. 纳税人有下列行为之一的，由税务机关责令限期改正，可处 2 000 元以下的罚款；情节严重的，处 2 000 元以上 10 000 元以下的罚款：

（1）未按照规定的期限申报办理税务登记、变更或注销登记的；

（2）未按照规定设置、保管账簿或者保管记账凭证和其他核算资料的；

（3）未按照规定将财务会计制度或者财务会计处理办法报送税务机关备查的；

（4）未按照规定将其全部银行账号向税务机关报告的；

（5）未按照规定安装、使用税控装置，或者损毁或擅自改动税控装置的。

2. 纳税人不办理税务登记的，由税务机关责令限期改正；逾期不改正的，由工商行政管理机关吊销其营业执照。

3. 纳税人未按照规定使用税务登记证件，或者转借、涂改、损毁、买卖、伪造税务

登记证件的，处2 000元以上10 000元以下的罚款；情节严重的，处10 000元以上50 000元以下的罚款。

4. 扣缴义务人未按照规定设置、保管代扣代缴、代收代缴税款账簿或者保管代扣代缴、代收代缴税款记账凭证及有关资料的，由税务机关责令限期改正，可处2 000元以下的罚款；情节严重的，处2 000元以上5 000元以下的罚款。

5. 纳税人未按照规定的期限办理纳税申报和报送纳税资料的，或者扣缴义务人未按照规定的期限向税务机关报送代扣代缴、代收代缴税款报表的，由税务机关责令改正，可以处2 000元以下的罚款；情节严重的，可处2 000元以上10 000元以下的罚款。

二、偷税、欠税、抗税、骗取出口退税的法律责任

（一）偷税行为的法律责任

偷税是指纳税人采取伪造、变更、隐匿、擅自销毁账簿、记账凭证，在账簿上多列支出或者不列、少列收入，或者进行虚假的纳税申报等手段，不缴或者少缴应纳税款的行为。对纳税人偷税的，偷税数额占应纳税额不到10%且偷税数额不满1万元的，由税务机关追缴其所偷税款、滞纳金，并处以不缴或者少缴税款50%以上5倍以下的罚款。

2009年2月28日，第十一届全国人民代表大会常务委员会第七次会议通过的《中华人民共和国刑法修正案（七）》规定：纳税人采取欺骗、隐瞒手段进行虚假纳税申报或者不申报，逃避缴纳税款数额较大并且占应纳税额10%以上的，处3年以下有期徒刑或者拘役，并处罚金；数额巨大并且占应纳税额30%以上的，处3年以上7年以下有期徒刑，并处罚金。

（二）进行虚假申报或不进行申报行为的法律责任

《税收征收管理法》第六十四条规定：纳税人、扣缴义务人编造虚假计税依据的，由税务机关责令限期改正，并处5万元以下的罚款。纳税人不进行纳税申报，不缴或者少缴应纳税款的，由税务机关追缴其不缴或者少缴的税款、滞纳金，并处不缴或者少缴税款50%以上5倍以下的罚款。

（三）欠税行为的法律责任

欠税是指纳税人在税法或者主管税务机关规定的纳税期限内未缴纳税款的行为。纳税人欠缴应纳税款，采取转移或者隐匿财产等手段，致使税务机关无法追缴欠缴的税款，由税务机关追缴其欠缴的税款、滞纳金，并处欠缴税款50%以上5倍以下的罚款；构成犯罪的，依法追究刑事责任。

纳税人逃避追缴欠税数额在1万元以上的，除税务机关追缴其欠缴的税款外，还要移送司法机关处理。数额在1万元以上10万元以下的，处3年以下有期徒刑或者拘役，并处或者单处欠缴税款1倍以上5倍以下的罚金；数额在10万元以上的，处3年以上7年以下有期徒刑，并处欠缴税款1倍以上5倍以下的罚金。

（四）抗税行为的法律责任

抗税是指以暴力、威胁方法拒不缴纳税款的行为。抗税罪只能由具备刑事责任能力、负有纳税或扣缴义务的自然人构成，单位不能构成抗税罪。即便抗税罪是以单位行为的形式做出的，也不以单位犯罪论，而只以自然人共同犯罪处理。

构成抗税罪的，除由税务机关追缴其拒缴的税款、滞纳金外，由司法机关追究其刑事

责任，处3年以下有期徒刑或者拘役，并处拒缴税款1倍以上5倍以下的罚金；情节严重的，处3年以上7年以下有期徒刑，并处拒缴税款1倍以上5倍以下的罚金。情节轻微、未构成犯罪的，由税务机关追缴其拒缴税款、滞纳金，并处拒缴税款1倍以上5倍以下的罚款。

（五）骗税行为的法律责任

骗税是指采取虚报出口或者其他欺骗手段，骗取国家出口退税款的行为。骗取的国家出口退税款不满1万元的，由税务机关追缴其骗取的退税款，并处骗取税款1倍以上5倍以下的罚款。

骗取出口退税款在1万元以上的，除税务机关追缴其骗取的退税款外，由司法机关追究其刑事责任。犯骗取出口退税罪的，处5年以下有期徒刑或者拘役，并处骗取税款1倍以上5倍以下的罚金；骗取国家出口退税款数额巨大或者有其他严重情节的，处5年以上10年以下有期徒刑，并处骗取税款1倍以上5倍以下的罚金；数额特别巨大或者有其他特别严重情节的，处10年以上有期徒刑或者无期徒刑，并处骗取税款1倍以上5倍以下的罚金或者没收财产。

单位犯骗取出口退税罪的，对单位判处罚金，并对直接负责的主管人员和其他直接责任人员依照自然人犯骗取出口退税罪处罚。

对骗取国家出口退税款的，税务机关可以在规定期限内停止为其办理出口退税。

第二章 增值税的核算

第一节 增值税核算的基本规定

增值税是以商品生产、商品流通、劳务服务中各环节的增值额为课税对象所征收的一种间接税，它属于流转税的范畴。1993 年 12 月 13 日，国务院颁布的《中华人民共和国增值税暂行条例》确立了我国增值税征收管理的基本框架。2008 年 11 月 5 日，国务院第 34 次常务会议修订通过《中华人民共和国增值税暂行条例》（以下简称《增值税暂行条例》），自 2009 年 1 月 1 日起施行。2011 年，经国务院批准，财政部、国家税务总局联合下发营业税改增值税（以下简称“营改增”）试点方案。截至 2013 年 8 月 1 日，“营改增”范围已推广到全国。

一、增值税的征税范围

按照《增值税暂行条例》和“营改增”的规定，凡在中华人民共和国境内销售货物或者提供应税劳务和应税服务以及进口货物，均为增值税的征税范围。

（一）征税范围的一般规定

1. 销售或者进口货物。货物是指有形动产，包括电力、热力、气体在内。销售货物是指有偿转让货物的所有权。

2. 提供应税劳务。应税劳务是指纳税人提供的加工、修理修配劳务。加工是指受托加工货物，即委托方提供原料及主要材料，受托方按照委托方的要求制造货物并收取加工费的业务。经加工形成的货物，其所有权属于委托方。以委托方的名义由受托方垫付资金购买材料而加工的货物，不属于加工业务。

修理修配是指受托方将损伤或丧失功能的货物进行修复，使其恢复原状和功能的业务。

企业、单位和个人凡在我国境内提供上述劳务，不论是从委托方以货币形式收取加工费，还是从委托方获得货物或其他经济利益，均属于增值税的应税行为。但企业、单位和个体经营者聘用的员工为本单位或雇主提供的加工、修理修配劳务，不属于征税的范围。

3. 应税服务。应税服务是指陆路运输服务、水路运输服务、航空运输服务、管道运输服务、邮政普通服务、邮政特殊服务、其他邮政服务、研发和技术服务、信息技术服务、文化创意服务、物流辅助服务、有形动产租赁服务、鉴证咨询服务、广播影视服务。

（二）征税范围的特殊规定

1. 视同销售货物的行为。按照税法的规定，视同销售货物的行为均应征收增值税。视同销货行为的具体规定如下：

（1）将货物交付他人代销。

（2）销售代销货物。

（3）设有两个以上机构并实行统一核算的纳税人，将货物从一个机构移送其他机构用于销售，但相关机构设在同一县（市）的除外。统一核算的纳税人是指总机构与分支机构的关系，而不是母公司与子公司的关系。

（4）将自产或委托加工的货物用于非增值税应税项目。

（5）将自产、委托加工或购买的货物作为投资，提供给其他单位或个体工商户。

（6）将自产、委托加工或购买的货物分配给股东或投资者。

（7）将自产或委托加工的货物用于集体福利或个人消费。

（8）将自产、委托加工或购买的货物用于无偿赠送其他单位或个人。

（9）单位和个体工商户向其他单位或个人无偿提供交通运输业和部分现代服务业服务，但以公益活动为目的或者以社会公众为对象的除外。

（10）财政部和国家税务总局规定的其他情形。

2. 混合销售行为。混合销售行为是指一项销售行为既涉及增值税应税货物又涉及非增值税应税劳务。非增值税应税劳务是指应缴纳营业税的劳务。

纳税人销售自产货物的同时提供建筑业劳务的行为以及财政部、国家税务总局规定的其他情形，应当分别核算货物的销售额和非应税劳务的营业额，根据销售货物的销售额计算缴纳增值税，根据非增值税应税劳务的营业额计算缴纳营业税；未分别核算的，由主管税务机关核定货物的销售额。

3. 兼营非应税劳务行为。兼营非应税劳务行为是指增值税纳税人在从事应税货物销售或提供应税劳务的同时，还从事非增值税应税劳务（即从事征收营业税的各项劳务），且从事的非增值税应税劳务与某一项销售货物或提供的应税劳务属于无直接联系和从属关系的情况。按照《增值税暂行条例》及其实施细则的规定，纳税人兼营非应税劳务的，应分别核算货物或应税劳务的销售额和非增值税应税劳务的营业额。对货物和应税劳务的销售额按各自适用的税率征收增值税，对非增值税应税劳务的营业额征收营业税。如果不分别核算或者不能准确核算，由主管税务机关核定货物或应税劳务的销售额。

4. 混业经营。试点纳税人兼有不同税率或者征收率的销售货物、提供应税劳务或者应税服务的，应当分别核算适用不同税率或征收率的销售额；未分别核算销售额的，按照有关方法适用税率或征收率。

5. 其他销售行为。其他销售行为是指除上述销售行为外，应当征收增值税的销售行为，主要包括：

（1）货物期货应当征收增值税。货物期货是指商品期货和贵金属期货，在期货的实物交割环节纳税；金融期货不征增值税，只征营业税。

（2）银行销售金银的业务，应当征收增值税。

（3）典当业的死当销售业务和寄售业代委托人销售物品的业务，均应征收增值税。

（4）集邮商品（如邮票、首日封、邮折、明信片、集邮簿、邮盘、护邮袋及其他集邮商品等）的生产、调拨，以及邮政部门以外的其他单位和个人销售集邮商品的，均应征收增值税，邮政部门销售集邮商品征收营业税。

二、增值税的纳税人

以生产经营规模为标准，增值税纳税人分为一般纳税人和小规模纳税人。由于不同的纳税人采用不同的方法计算应纳增值税税额，所以判断纳税人的身份是计税的前提。税法规定，小规模纳税人基本的判定标准有3条：

1. 从事货物生产或提供应税劳务的纳税人，以及以从事货物生产或提供应税劳务为主并兼营货物批发或零售的纳税人，年应税销售额不超过50万元。所谓以从事货物生产或提供应税劳务为主，是指纳税人年货物生产或提供应税劳务的销售额占年应税销售额的比重为50%以上。

2. 其他纳税人，年应税销售额不超过80万元。

3. 提供应税服务的纳税人，年销售额未超过500万元。

年应税销售额超过小规模纳税人标准的其他个人（自然人）按小规模纳税人纳税；而非企业性单位和不经常发生应税行为的企业可自行选择是否按小规模纳税人纳税；小规模纳税人会计核算健全，能够提供准确税务资料的，可以向主管税务机关申请资格认定，成为一般纳税人。

除国家税务总局另有规定外，纳税人一经认定为一般纳税人，不得转为小规模纳税人。纳税人销售额超过小规模纳税人标准的，就应申请办理一般纳税人认定。未申请办理一般纳税人认定手续的，要按销售额依照增值税税率计算应纳税额，不得抵扣进项税额，也不得使用增值税专用发票。

三、增值税的税率和征收率

（一）增值税的税率

按照《增值税暂行条例》和“营改增”的规定，对不同的纳税人采用不同的税率和征收率：

1. 基本税率。基本税率为17%，增值税一般纳税人销售货物或者进口货物，提供应税劳务，提供应税服务，除低税率适用范围外，均适用基本税率。

2. 低税率。

（1）增值税一般纳税人销售或者进口下列货物，按低税率13%计征增值税：粮食、食用植物油、食用盐，其中，食用盐是指符合《食用盐》（GB5461-2000）和《食用盐卫生标准》（GB2721-2003）两项国家标准的食用盐；自来水（不含自来水生产厂）、暖气、冷气、热水、煤气、石油液化气、天然气、沼气、居民用煤炭制品；图书、报纸、杂志、音像制品、电子出版物；饲料、化肥、农药、农机（不包括农机零部件）、农膜；国务院规定的其他货物，农产品、二甲醚等。

（2）提供交通运输业服务，税率为11%。

（3）提供邮政业服务，税率为11%。

（4）提供现代服务业服务（有形动产租赁服务除外），税率为6%。

另外，增值税一般纳税人兼营不同税率的货物或应税劳务，即指纳税人生产或销售不同税率的货物，或者既销售货物又提供应税劳务。纳税人兼营不同税率的货物或者应税劳务，应当分别核算不同税率货物或者应税劳务的销售额；未分别核算销售额的，从高适用税率。

（二）增值税的征收率

3%的征收率适用于增值税小规模纳税人。由于小规模纳税人在生产经营过程中财务核算不够健全，难以核算其增值税的销项税和进项税，因此，税法规定，从2009年1月1日起，小规模纳税人适用的征收率为3%。如小规模纳税人（除其他个人外）销售自己使用过的固定资产，减按2%的征收率征收增值税。根据国家税务总局公告2014年第36号《关于简并增值税征收率有关问题的公告》，从2014年7月1日起，增值税一般纳税人销售自己使用过的且未抵扣进项税额的应税固定资产，按简易办法依3%征收率减按2%征收增值税。

第二节　增值税专用发票的使用和管理

增值税一般纳税人实行凭增值税专用发票注明的税款进行抵扣的制度。

一、专用发票领购使用范围

增值税专用发票（简称专用发票）只限于增值税一般纳税人领购使用，增值税小规模纳税人和非增值税纳税人不得领购使用。一般纳税人有下列情形之一者，不得领购使用专用发票：

1. 会计核算不健全，即不能按会计制度和税务机关的要求准确核算增值税的销项税额、进项税额和应纳税额者。

2. 不能向税务机关准确提供增值税销项税额、进项税额、应纳税额数据及其他有关增值税税务资料者。

3. 有以下行为，经税务机关责令限期改正而仍未改正者：

（1）私自印制专用发票；

（2）向个人或税务机关以外的单位买取专用发票；

（3）借用他人的专用发票；

（4）向他人提供专用发票；

（5）未按规定开具专用发票；

（6）未按规定保管专用发票；

（7）未按规定申报专用发票的购、用、存情况；

（8）未按规定接受税务机关检查。

4. 销售的货物全部属于免税项目者。

有上述情形的一般纳税人如已领购使用专用发票，税务机关应收缴其结存的专用发票。

另外，国家税务总局还规定，纳税人当月购买专用发票而未申报纳税的，税务机关不得向其发售专用发票。

二、专用发票开具的范围

一般纳税人销售货物（包括视同销售货物在内）、应税劳务，根据《增值税暂行条例》的规定，应当征收增值税的非应税劳务（以下简称销售应税项目），必须向购买方开具专用发票。下列情形不得开具专用发票：

1. 向消费者销售应税项目。

2. 销售免税货物。

3. 销售报关出口的货物、在境外销售应税劳务。

4. 将货物用于非应税项目。

5. 将货物用于集体福利或个人消费。

6. 提供非应税劳务（应当征收增值税的除外）、转让无形资产或销售不动产。

向小规模纳税人销售应税项目，可以不开具专用发票。

另外，国家税务总局还规定，对商业零售的烟、酒、食品、服装、鞋帽（不包括劳保专用的部分）、化妆品等消费品不得开具专用发票；对生产经营机器、机车、汽车、轮船、锅炉等大型机械、电子设备的工商企业，凡直接销售给使用单位的，应开具普通发票，如购货方索取增值税专用发票，销货方可开具增值税专用发票。

三、专用发票开具的时限

1. 采用预收货款、托收承付、委托银行收款结算方式的，为货物发出的当天。

2. 采用交款提货结算方式的，为收到货款的当天。

3. 采用赊销、分期收款结算方式的，为合同约定的收款日期的当天。

4. 将货物交付他人代销，为收到受托人送交的代销清单的当天。

5. 设有两个以上机构并实行统一核算的纳税人，将货物从一个机构移送其他机构用于销售，按规定应当征收增值税的，为货物移送的当天。

6. 将货物作为投资提供给其他单位或个体经营者，为货物移送的当天。

7. 将货物分配给股东，为货物移送的当天。一般纳税人必须按规定时限开具专用发票，不得提前或滞后。对已开具专用发票的销售货物，要及时足额计入当期销售额计税。凡开具了专用发票，其销售额未按规定计入销售账户核算的，一律按偷税论处。

8. 期货交易专用发票的开具。自2005年12月1日起，期货交易增值税专用发票的开具按以下规定执行：

（1）增值税一般纳税人在商品交易所通过期货交易销售货物的，无论发生升水还是贴水，均可按照标准仓单持有凭证所注明货物的数量和交割结算价开具增值税专用发票。

（2）对于期货交易中仓单注册人注册货物时发生升水的，该仓单注销（即提取货物退出期货流通）时，注册人应当就升水部分款项向注销人开具增值税专用发票，同时计提销项税额，注销人凭取得的专用发票计算抵扣进项税额。

发生贴水的，该仓单注销时，注册人应当就贴水部分款项向注销人开具负数增值税专用发票，同时冲减销项税额，注销人凭取得的专用发票调减进项税额，不得由仓单注销人向仓单注册人开具增值税专用发票。注册人开具负数专用发票时，应当取得商品交易所出具的“标准仓单注册升贴水单”或“标准仓单注销升贴水单”，按照所注明的升贴水金额向注销人开具，并将升贴水单留存，以备主管税务机关检查。

所称升水，是指按照规定的期货交易规则，所注册货物的等级、重量、类别、仓库位置等相比基准品、基准仓库为优的，交易所通过升贴水账户支付给货物注册方的一定差价金额。发生升水时，经多次交易后，标准仓单持有人提取货物注销仓单时，交易所需通过升贴水账户向注销人收取与升水额相等的金额。

所称贴水，是指按照规定的期货交易规则，所注册货物的等级、重量、类别、仓库位置等相比基准品、基准仓库为劣的，交易所通过升贴水账户向货物注册方收取的一定差价金额。发生贴水时，经多次交易后，标准仓单持有人提取货物注销仓单时，交易所需通过升贴水账户向注销人支付与贴水额相等的金额。

四、使用电子计算机开具专用发票的要求

符合下列条件的一般纳税人，可以向主管税务机关申请使用电子计算机开具专用发票：

1. 有专业电子计算机技术人员、操作人员。

2. 具备通过电子计算机开具专用发票和按月列印进货、销货及库存清单的能力。

3. 国家税务总局直属分局规定的其他条件。

另外，申请使用电子计算机开具专用发票，必须向主管税务机关提供申请报告及以下资料：

(1) 按照专用发票（机外发票）格式用电子计算机制作的模拟样张。

(2) 根据会计操作程序用电子计算机制作的最近月份的进货、销货及库存清单。

(3) 电子计算机设备的配置情况。

(4) 有关专用电子计算机技术人员、操作人员的情况。

(5) 国家税务总局直属分局要求提供的其他资料。

五、专用发票开具后，发生退货或销售折让的处理

1. 增值税一般纳税人开具增值税专用发票后，发生销货退回、销售折让以及开票有误等情况需要开具红字专用发票的，应视不同情况分别按以下规定办理：

(1) 因专用发票抵扣联、发票联均无法认证的，由购买方填报“开具红字增值税专用发票申请单”（以下简称申请单），并在申请单上填写具体原因以及相对应蓝字专用发票的信息，主管税务机关审核后出具“开具红字增值税专用发票通知单”（以下简称通知单）。购买方不作进项税额转出处理。

(2) 购买方所购货物不属于增值税扣税项目范围，取得的专用发票未经认证的，由购买方填报申请单，并在申请单上填写具体原因以及相对应蓝字专用发票的信息，主管税务机关审核后出具通知单。购买方不作进项税额转出处理。

(3) 因开票有误，购买方拒收专用发票的，销售方须在专用发票认证期限内向主管税务机关填报申请单，并在申请单上填写具体原因以及相对应蓝字专用发票的信息，同时提供由购买方出具的写明拒收理由、具体项目以及正确内容的书面材料，主管税务机关审核确认后出具通知单。销售方凭通知单开具红字专用发票。

(4) 因开具有误等原因尚未将专用发票交付购买方的，销售方须在开具有误专用发票的次月向主管税务机关填报申请单，并在申请单上填写具体原因以及相对应蓝字专用发票的信息，同时提供由销售方出具的写明具体理由、错误具体项目以及正确内容的书面材料，主管税务机关审核确认后出具通知单。销售方凭通知单开具红字专用发票。

(5) 发生销货退回或销售折让的，除按照规定进行处理外，销售方还应在开具红字专用发票后，将该笔业务的相应记账凭证复印件报送主管税务机关备案。

2. 税务机关为小规模纳税人代开专用发票需要开具红字专用发票的，比照一般纳税人开具红字专用发票的处理办法，通知单第二联交代开税务机关。

六、被盗、丢失增值税专用发票的处理规定

增值税一般纳税人在生产经营过程中，由于保管不善等原因，可能导致专用发票被盗、丢失的情况。具体处理规定如下：

1. 纳税人必须严格按照《增值税专用发票使用规定》保管使用专用发票。对违反规定发生被盗、丢失专用发票的纳税人，按《税收征收管理法》和《发票管理办法》的规定，处 10 000 元以下的罚款，并可视具体情况，对丢失专用发票的纳税人，在一定期限内（最长不超过半年）停止领购专用发票。对纳税人申报遗失的专用发票，如发现非法代开、虚开问题的，该纳税人应承担偷税、骗税的连带责任。

2. 纳税人丢失专用发票后，必须按规定程序向当地主管税务机关、公安机关报失。各地税务机关对丢失专用发票的纳税人在按规定进行处罚的同时，代收取“挂失登记费”，并将丢失专用发票的纳税人名称、发票份数、字轨号码、盖章与否等情况，统一传（寄）中国税务报社刊登“遗失声明”。传（寄）中国税务报社的“遗失声明”，必须经县（市）以上国家税务机关审核盖章、签署意见。

七、防伪税控系统开具的增值税专用发票的管理及进项税额抵扣的处理

（一）防伪税控系统开具的增值税专用发票的管理

1. 税务机关专用发票管理部门在运用防伪税控发售系统进行发票入库管理或向纳税人发售专用发票时，要认真录入发票代码、号码，并与纸质专用发票进行仔细核对，确保发票代码、号码电子信息与纸质发票的代码、号码完全一致。

2. 纳税人在运用防伪税控系统开具专用发票时，应认真检查系统中的电子发票代码、号码与纸质发票是否一致。如发现税务机关错填电子发票代码、号码的，应持纸质专用发票和税控 IC 卡到税务机关办理退回手续。

3. 对税务机关错误录入代码或号码后又被纳税人开具的专用发票，按以下办法处理：

(1) 纳税人当月发现上述问题的，应按照专用发票使用管理的有关规定，对纸质专用发票和防伪税控开票系统中专用发票电子信息同时进行作废，并及时报主管税务机关。纳税人在以后月份发现的，应按有关规定开具负数专用发票。

(2) 主管税务机关按照有关规定追究有关人员责任，同时将有关情况，如发生原因、主管税务机关名称、编号、纳税人名称、纳税人识别号、发票代码和号码（包括错误的和正确的）、发生时间、责任人以及处理意见或请求等，逐级上报至总局。

(3) 对涉及发票数量多、影响面较大的，总局将按规定程序对“全国作废发票数据库”进行修正。

4. 在未收回专用发票抵扣联及发票联，或虽已收回专用发票抵扣联及发票联但购货方已将专用发票抵扣联报送税务机关认证的情况下，销货方一律不得作废已开具的专用发票。

（二）防伪税控系统开具的增值税专用发票进项税额抵扣的处理

按照规定，增值税一般纳税人取得防伪税控系统开具的增值税专用发票，抵扣的进项税额按以下规定处理：

1. 增值税一般纳税人取得 2010 年 1 月 1 日后开具的增值税专用发票、公路内河货物运输业统一发票和机动车销售统一发票，应在开具之日起 180 日内到税务机关认证，并在认证通过的次月申报期内，向主管税务机关申报抵扣进项税额。

2. 实行海关进口增值税专用缴款书“先比对后抵扣”管理办法的增值税一般纳税人，取得 2010 年 1 月 1 日以后开具的海关缴款书，应在开具之日起 180 日内向主管税务机关报送申请稽核比对。

3. 增值税一般纳税人取得 2010 年 1 月 1 日后开具的增值税专用发票、公路内河货物运输业统一发票、机动车销售统一发票和海关缴款书，未在规定期限内到税务机关办理认证、申请抵扣或者申请稽核比对的，不得作为合法的增值税扣税凭证，不得计算进项税额抵扣。

4. 增值税一般纳税人丢失已开具的增值税专用发票、海关缴款书，应在上述 1、2 的规定期限内，向主管税务机关提出抵扣申请，经主管税务机关受理申请后按规定处理。

5. 逾期增值税扣税凭证抵扣进项税额的规定。

按照国家税务总局公告 2011 年第 50 号规定，自 2011 年 10 月 1 日起，对增值税一般纳税人发生真实交易但由于客观原因造成增值税扣税凭证逾期的，经主管税务机关审核、逐级上报，由国家税务总局认证、稽核比对后，对比对相符的增值税扣税凭证，允许纳税人继续抵扣其进项税额。

客观原因的界定，公告明确有以下 6 个方面：

（1）因自然灾害、社会突发事件等不可抗力因素造成增值税扣税凭证逾期；

（2）增值税扣税凭证被盗、抢，或者因邮寄丢失、误递导致逾期；

（3）有关司法、行政机关在办理业务或者检查中，扣押增值税扣税凭证，纳税人不能正常履行申报义务，或者税务机关信息系统、网络故障，未能及时处理纳税人网上认证数据等导致增值税扣税凭证逾期；

（4）买卖双方因经济纠纷，未能及时传递增值税扣税凭证，或者纳税人变更纳税地点，注销旧户和重新办理税务登记的时间过长，导致增值税扣税凭证逾期；

（5）由于企业办税人员伤亡、突发危重疾病或者擅自离职，未能办理交接手续，导致增值税扣税凭证逾期；

（6）国家税务总局规定的其他情形。

应特别注意的是：增值税一般纳税人除上述客观原因以外的其他原因造成增值税扣税凭证逾期的，仍应按照增值税扣税凭证抵扣期限（180 天）有关规定执行。

第三节　增值税核算的会计科目与报表

我国增值税的一个重要特点是实行“价外计税”的办法，即以不含增值税的价格为计税依据，同时以增值税专用发票的抵扣联注明的税款及按规定计算的进项税额实行税款抵扣的制度，按购进扣税法的原则计算应纳税额。

一、会计科目的设置

按照增值税的会计处理规定，纳税人在增值税的核算中应设置“应交税费”总账科目，在“应交税费”总账科目下再设“应交增值税”和“未交增值税”（一般纳税人专用）明细科目。

“应交税费——应交增值税”科目的借方发生额，反映企业购进货物或接受应税劳务支付的进项税额和实际已缴纳的增值税；其贷方发生额，反映销售货物或提供应税劳务应缴纳的增值税。如期末余额在借方，反映企业多交或尚未抵扣的增值税；如期末余额在贷方，反映企业应交而尚未缴纳的增值税。

“应交税费——未交增值税”科目，用来核算一般纳税人月终时转入的应交未交的增值税税额，转入多交的增值税也在本科目核算。

月份终了时，企业应将当月发生的应交未交的增值税税额，自“应交税费——应交增值税”科目转入“未交增值税”明细科目：借记“应交税费——应交增值税（转出未交增值税）”科目，贷记“应交税费——未交增值税”科目；将本月多交的增值税税额，自“应交税费——应交增值税”科目转入“未交增值税”明细科目：借记“应交税费——未交增值税”科目，贷记“应交税费——应交增值税（转出多交增值税）”科目。

当月上缴本月增值税时，借记“应交税费——应交增值税（已交税金）”科目，贷记“银行存款”科目；当月上缴上月应交未交增值税时，借记“应交税费——未交增值税”科目，贷记“银行存款”科目。

（一）增值税一般纳税人会计科目的设置

为了使增值税一般纳税人各项税额的来源和去向反映得更加清楚，税法规定，在“应交税费——应交增值税”科目的借方和贷方各设若干个明细专栏。

1. 借方设“进项税额”、“已交税金”、“减免税款”、“出口抵减内销产品应纳税额”、“转出未交增值税”5个专栏，见表2-1。

表2-1 **应交税费——应交增值税借方专栏**

略	借方					
	合计	进项税额	已交税金	减免税款	出口抵减内销产品应纳税额	转出未交增值税

（1）“进项税额”专栏，记录企业购入货物或接受劳务而支付的、准予从销项税额中抵扣的增值税税额。企业购入货物或接受应税劳务支付的进项税额，用蓝字登记；退回所购货物应冲销的进项税额，用红字登记。

（2）“已交税金”专栏，记录企业当月已缴纳本月的增值税税额。企业已缴纳的增值税税额用蓝字登记；退回多交的增值税税额用红字登记。

（3）“减免税款”专栏，记录企业经主管税务机关批准，实际减免的增值税税额。

（4）“出口抵减内销产品应纳税额”专栏，记录企业按国务院规定的退税率计算的出口货物的进项税额抵减内销产品的应纳税额。

（5）“转出未交增值税”专栏，记录企业月终将当月发生的应交未交增值税的转出额。

2. 贷方设置“销项税额”、“出口退税”、“进项税额转出”、“转出多交增值税”4个明细专栏，见表2-2。

表2-2　　**应交税费——应交增值税贷方专栏**

贷　方					借或贷	余额
合计	销项税额	出口退税	进项税额转出	转出多交增值税		

（1）"销项税额"专栏，记录企业销售货物或提供应税劳务应收取的增值税税额。企业销售货物或提供应税劳务应收取的销项税额，用蓝字登记；退回销售货物应冲销的销项税额，用红字登记。

（2）"出口退税"专栏，记录企业出口适用零税率的货物，向海关办理报关出口手续后，凭出口报关单等有关凭证，向税务机关申报办理出口退税而收到退回的税款。出口货物退回的增值税税额，用蓝字登记；出口货物办理退税后发生退货或者退关而补交已退的税额，用红字登记。

（3）"进项税额转出"专栏，有些企业在购进货物时不清楚其货物的具体用途，购进货物时已按照增值税专用发票上记载的进项税额记入"进项税额"专栏，以后实际使用于非应税项目或受到非正常损失等，按照税法的规定，这些进项税额不能从销项税额中抵扣，而必须由其他有关承担者承担。为了方便增值税的核算，设置了"进项税额转出"专栏。该专栏记录企业的购进货物、在产品、产成品等发生非正常损失以及因其他原因不应从销项税额中抵扣，而应按规定转出的进项税额。

（4）"转出多交增值税"专栏，记录企业月终当月多交的增值税的转出额。

（二）小规模纳税人会计科目的设置

由于小规模纳税人财务核算不健全，难以正确计算其销项税额和进项税额，按照税法的规定，对小规模纳税人采取简易办法计算征收其应纳税额。因此，小规模纳税人增值税的核算，只需设置"应交税费——应交增值税"科目。该科目的贷方记录应交的增值税税额；借方记录实际上交的增值税税额。期末余额在贷方，反映尚未上交或欠交的增值税税额；期末余额在借方，反映多交的增值税税额。

二、增值税核算账户

增值税核算账户根据增值税总账科目和明细账科目（明细专栏）进行设置。按照规定，增值税的核算在"应交税费——应交增值税"账户下设置了9个三级明细账户，并使用三栏式或多栏式明细账。部分主要明细账的格式见表2-3、表2-4、表2-5。

表2-3　　**应交税费——应交增值税（销项税额）明细账**

年		凭证号	摘要	入账发票份数		借方	贷　方									借或贷	余额
月	日			专用	普通		货物			应税劳务	应税服务		视同销售				
							17%	13%	4%	17%	11%	6%	17%	13%	4%		

表 2-4　应交税费——应交增值税（进项税额）明细账

年		凭证号	摘要	入账发票份数		借方						贷方	借或贷	余额
月	日			专用	普通	17%	13%	11%	7%	4%	3%			

表 2-5　应交税费——应交增值税（进项税额转出）明细账

年		凭证号	摘要	借方	贷方						借或贷	余额
月	日				17%	13%	11%	7%	4%	3%		

三、增值税核算报表

根据国税发［2008］1075 号文件，自 2009 年 2 月 1 日起，纳税人应根据调整后的增值税纳税申报资料，按月进行纳税申报，申报期为次月 1 日起至 15 日止，遇最后一日为法定节假日的，顺延 1 日；在每月 1 日至 15 日内有连续 3 日以上法定休假日的，按休假日天数顺延。

（一）一般纳税人的纳税申报表和申报表附列资料

增值税一般纳税人在纳税申报时，必须填报增值税纳税申报表及申报表附列资料和有关附报资料。

1. 备查资料：

（1）已开具的增值税专用发票和普通发票存根联；

（2）符合抵扣条件并且在本期申报抵扣的增值税专用发票抵扣联；

（3）海关进口货物完税凭证、购进农产品普通发票的复印件；

（4）收购凭证的存根联或报查联；

（5）代扣代缴税款凭证存根联；

（6）主管税务机关规定的其他备查资料。

备查资料是否需要在当期报送，由省级国家税务局确定。

2. 其他必报资料：

（1）使用防伪税控系统的纳税人，必须报送记录当期纳税信息的 IC 卡（明细数据备份在软盘上的纳税人，还须报送备份数据软盘）、增值税专用发票存根联明细表及增值税专用发票抵扣联明细表；

（2）资产负债表和利润表；

（3）成品油购销存情况明细表（发生成品油零售业务的纳税人填报）；

（4）主管税务机关规定的其他必报资料。

（二）增值税纳税申报表及申报表附列资料的填报要求及格式

增值税纳税申报表及申报表附列资料按填表说明的要求填写，具体的份数由省级税务局确定。税务机关签收后，一份退还纳税人，其余留存。

1. 增值税纳税申报表（适用于增值税一般纳税人）见表 2-6。

表 2-6

增值税纳税申报表

（一般纳税人适用）

根据国家税收法律法规及增值税相关规定制定本表。纳税人不论有无销售额，均应按税务机关核定的纳税期限填写本表，并向当地税务机关申报。

税款所属时间：自 年 月 日至 年 月 日 填表日期： 年 月 日 金额单位：元至角分

纳税人识别号				所属行业：	
纳税人名称	（公章）	法定代表人姓名		注册地址	生产经营地址
开户银行及账号		登记注册类型			电话号码

项目		栏次	一般货物、劳务和应税服务		即征即退货物、劳务和应税服务	
			本月数	本年累计	本月数	本年累计
销售额	（一）按适用税率计税销售额	1				
	其中：应税货物销售额	2				
	应税劳务销售额	3				
	纳税检查调整的销售额	4				
	（二）按简易办法计税销售额	5				
	其中：纳税检查调整的销售额	6				
	（三）免、抵、退办法出口销售额	7			—	—
	（四）免税销售额	8			—	—
	其中：免税货物销售额	9			—	—
	免税劳务销售额	10			—	—
税款计算	销项税额	11				
	进项税额	12				
	上期留抵税额	13				—

续表

项目		栏次	一般货物、劳务和应税服务		即征即退货物、劳务和应税服务	
			本月数	本年累计	本月数	本年累计
税款计算	进项税额转出	14				
	免、抵、退应退税额	15			—	—
	按适用税率计算的纳税检查应补缴税额	16			—	—
	应抵扣税额合计	17=12+13-14-15+16		—		—
	实际抵扣税额	18(如 17<11,则为 17,否则为 11)				
	应纳税额	19=11-18				
	期末留抵税额	20=17-18				—
	简易计税办法计算的应纳税额	21				
	按简易计税办法计算的纳税检查应补缴税额	22			—	—
	应纳税额减征额	23				
	应纳税额合计	24=19+21-23				
税款缴纳	期初未缴税额(多缴为负数)	25				
	实收出口开具专用缴款书退税额	26			—	—
	本期已缴税额	27=28+29+30+31				
	①分次预缴税额	28		—		—
	②出口开具专用缴款书预缴税额	29		—		—
	③本期缴纳上期应纳税额	30				

续表

项目		栏次	一般货物、劳务和应税服务		即征即退货物、劳务和应税服务	
			本月数	本年累计	本月数	本年累计
税款缴纳	④本期缴纳欠缴税额	31				
	期末未缴税额(多缴为负数)	32=24+25+26-27				
	其中:欠缴税额(≥0)	33=25+26-27		—		—
	本期应补(退)税额	34=24-28-29		—		—
	即征即退实际退税额	35	—	—		
	期初未缴查补税额	36			—	—
	本期入库查补税额	37			—	—
	期末未缴查补税额	38=16+22+36-37			—	—

授权声明	如果你已委托代理人申报,请填写下列资料: 为代理一切税务事宜,现授权__________(地址)________为本纳税人的代理申报人,任何与本申报表有关的往来文件,都可寄予此人。 授权人签字:	申报人声明	本纳税申报表是根据国家税收法律法规及相关规定填报的,我确定它是真实的、可靠的、完整的。 声明人签字:

主管税务机关:　　　　接收人:　　　　接收日期:

填写说明：

本纳税申报表及其附列资料填写说明（以下简称本表及填写说明）适用于增值税一般纳税人（以下简称纳税人）。

名词解释：

（1）本表及填写说明所称“应税货物”，是指增值税的应税货物。

（2）本表及填写说明所称“应税劳务”，是指增值税的应税加工、修理修配劳务。

（3）本表及填写说明所称“应税服务”，是指营业税改征增值税的应税服务。

（4）本表及填写说明所称“按适用税率计税”、“按适用税率计算”和“一般计税方法”，均指按“应纳税额=当期销项税额-当期进项税额”公式计算增值税应纳税额的计税方法。

（5）本表及填写说明所称“按简易办法计税”、“按简易征收办法计算”和“简易计税方法”，均指按“应纳税额=销售额×征收率”公式计算增值税应纳税额的计税方法。

（6）本表及填写说明所称“应税服务扣除项目”，是指纳税人提供应税服务，在确定应税服务销售额时，按照有关规定允许其从取得的全部价款和价外费用中扣除价款的项目。

（7）本表及填写说明所称“税控增值税专用发票”，包括以下三种：①增值税防伪税控系统开具的防伪税控“增值税专用发票”；②货物运输业增值税专用发票税控系统开具的“货物运输业增值税专用发票”；③机动车销售统一发票税控系统开具的税控“机动车销售统一发票”。

增值税纳税申报表（一般纳税人适用）填写说明：

（1）“税款所属时间”：指纳税人申报的增值税应纳税额的所属时间，应填写具体的起止年、月、日。

（2）“填表日期”：指纳税人填写本表的具体日期。

（3）“纳税人识别号”：填写纳税人的税务登记证号码。

（4）“所属行业”：按照国民经济行业分类与代码中的小类行业填写。

（5）“纳税人名称”：填写纳税人单位名称全称。

（6）“法定代表人姓名”：填写纳税人法定代表人的姓名。

（7）“注册地址”：填写纳税人税务登记证所注明的详细地址。

（8）“生产经营地址”：填写纳税人实际生产经营地的详细地址。

（9）“开户银行及账号”：填写纳税人开户银行的名称和纳税人在该银行的结算账户号码。

（10）“登记注册类型”：按纳税人税务登记证的栏目内容填写。

（11）“电话号码”：填写可联系到纳税人的常用电话号码。

（12）“即征即退货物、劳务和应税服务”列：填写纳税人按规定享受增值税即征即退政策的货物、劳务和应税服务的征（退）税数据。

（13）“一般货物、劳务和应税服务”列：填写除享受增值税即征即退政策以外的货物、劳务和应税服务的征（免）税数据。

（14）“本年累计”列：一般填写本年度内各月“本月数”之和。其中，第13、20、25、32、36、38栏及第18栏“实际抵扣税额”“一般货物、劳务和应税服务”列的“本年累计”分别按本填写说明第（27）、（34）、（39）、（46）、（50）、（52）、（32）条要求填写。

（15）第1栏“（一）按适用税率计税销售额”：填写纳税人本期按一般计税方法计算缴纳增值税的销售额，包含：在财务上不作销售但按税法规定应缴纳增值税的视同销售和价外费用的销售额；外贸企业作价销售进料加工复出口货物的销售额；税务、财政、审计部门检查后按一般计税方法计算调整的销售额。

营业税改征增值税的纳税人，应税服务有扣除项目的，本栏应填写扣除之前的不含税销售额。

本栏“一般货物、劳务和应税服务”列“本月数”=附列资料（一）第9列第1至5行之和-第9列第6、7行之和；本栏“即征即退货物、劳务和应税服务”列“本月数”=附列资料（一）第9列第6、7行之和。

(16) 第2栏“其中：应税货物销售额”：填写纳税人本期按适用税率计算增值税的应税货物的销售额。这包含在财务上不作销售但按税法规定应缴纳增值税的视同销售货物和价外费用销售额，以及外贸企业作价销售进料加工复出口货物的销售额。

(17) 第3栏“应税劳务销售额”：填写纳税人本期按适用税率计算增值税的应税劳务的销售额。

(18) 第4栏“纳税检查调整的销售额”：填写纳税人因税务、财政、审计部门检查，并按一般计税方法在本期计算调整的销售额。但享受增值税即征即退政策的货物、劳务和应税服务，经纳税检查发现偷税的，不填入“即征即退货物、劳务和应税服务”列，而应填入“一般货物、劳务和应税服务”列。

营业税改征增值税的纳税人，应税服务有扣除项目的，本栏应填写扣除之前的不含税销售额。

本栏“一般货物、劳务和应税服务”列“本月数”=附列资料（一）第7列第1至5行之和。

(19) 第5栏“按简易办法计税销售额”：填写纳税人本期按简易计税方法计算增值税的销售额。包含纳税检查调整按简易计税方法计算增值税的销售额。

营业税改征增值税的纳税人，应税服务有扣除项目的，本栏应填写扣除之前的不含税销售额；应税服务按规定汇总计算缴纳增值税的分支机构，其当期按预征率计算缴纳增值税的销售额也填入本栏。

本栏“一般货物、劳务和应税服务”列“本月数”≥附列资料（一）第9列第8至13行之和-第9列第14、15行之和；本栏“即征即退货物、劳务和应税服务”列“本月数”≥附列资料（一）第9列第14、15行之和。

(20) 第6栏“其中：纳税检查调整的销售额”：填写纳税人因税务、财政、审计部门检查，并按简易计税方法在本期计算调整的销售额。但享受增值税即征即退政策的货物、劳务和应税服务，经纳税检查发现偷税的，不填入“即征即退货物、劳务和应税服务”列，而应填入“一般货物、劳务和应税服务”列。

营业税改征增值税的纳税人，应税服务有扣除项目的，本栏应填写扣除之前的不含税销售额。

(21) 第7栏“免、抵、退办法出口销售额”：填写纳税人本期适用免、抵、退税办法的出口货物、劳务和应税服务的销售额。

营业税改征增值税的纳税人，应税服务有扣除项目的，本栏应填写扣除之前的销售额。

本栏“一般货物、劳务和应税服务”列“本月数”=附列资料（一）第9列第16、17行之和。

（22）第8栏“免税销售额”：填写纳税人本期按照税法规定免征增值税的销售额和适用零税率的销售额，但零税率的销售额中不包括适用免、抵、退税办法的销售额。

营业税改征增值税的纳税人，应税服务有扣除项目的，本栏应填写扣除之前的免税销售额。

本栏“一般货物、劳务和应税服务”列“本月数”=附列资料（一）第9列第18、19行之和。

（23）第9栏“其中：免税货物销售额”：填写纳税人本期按照税法规定免征增值税的货物销售额及适用零税率的货物销售额，但零税率的销售额中不包括适用免、抵、退税办法出口货物的销售额。

（24）第10栏“免税劳务销售额”：填写纳税人本期按照税法规定免征增值税的劳务销售额及适用零税率的劳务销售额，但零税率的销售额中不包括适用免、抵、退税办法的劳务的销售额。

（25）第11栏“销项税额”：填写纳税人本期按一般计税方法计税的货物、劳务和应税服务的销项税额。

营业税改征增值税的纳税人，应税服务有扣除项目的，本栏应填写扣除之后的销项税额。

本栏“一般货物、劳务和应税服务”列“本月数”=附列资料（一）（第10列第1、3行之和-10列第6行）+（第14列第2、4、5行之和-14列第7行）；

本栏“即征即退货物、劳务和应税服务”列“本月数”=附列资料（一）第10列第6行+第14列第7行。

（26）第12栏“进项税额”：填写纳税人本期申报抵扣的进项税额。

本栏“一般货物、劳务和应税服务”列“本月数”+“即征即退货物、劳务和应税服务”列“本月数”=附列资料（二）第12栏“税额”。

（27）第13栏“上期留抵税额”：

①上期留抵税额按规定须挂账的纳税人，按以下要求填写本栏的“本月数”和“本年累计”。

上期留抵税额按规定须挂账的纳税人是指试点实施之日前一个税款所属期的申报表第20栏“期末留抵税额”“一般货物、劳务及应税服务”列“本月数”大于零，且兼有营业税改征增值税应税服务的纳税人（下同）。其试点实施之日前一个税款所属期的申报表第20栏“期末留抵税额”“一般货物、劳务和应税服务”列“本月数”，以下称为货物和劳务挂账留抵税额。

本栏“一般货物、劳务和应税服务”列“本月数”：试点实施之日的税款所属期填写“0”；以后各期按上期申报表第20栏“期末留抵税额”“一般货物、劳务和应税服务”列“本月数”填写。

本栏“一般货物、劳务和应税服务”列“本年累计”：反映货物和劳务挂账留抵税额本期期初余额。试点实施之日的税款所属期按试点实施之日前一个税款所属期的申报表第20栏“期末留抵税额”“一般货物及劳务”列“本月数”填写；以后各期按上期申报表第20栏“期末留抵税额”“一般货物、劳务和应税服务”列“本年累计”填写。

本栏“即征即退货物、劳务和应税服务”列“本月数”：按上期申报表第20栏“期末留抵税额”“即征即退货物、劳务和应税服务”列“本月数”填写。

②其他纳税人，按以下要求填写本栏“本月数”和“本年累计”。

其他纳税人是指除上期留抵税额按规定须挂账的纳税人之外的纳税人（下同）。

本栏“一般货物、劳务和应税服务”列“本月数”：按上期申报表第20栏“期末留抵税额”“一般货物、劳务和应税服务”列“本月数”填写。

本栏“一般货物、劳务和应税服务”列“本年累计”：填写“0”。

本栏“即征即退货物、劳务和应税服务”列“本月数”：按上期申报表第20栏“期末留抵税额”“即征即退货物、劳务和应税服务”列“本月数”填写。

(28) 第14栏“进项税额转出”：填写纳税人已经抵扣，但按税法规定本期应转出的进项税额。

本栏“一般货物、劳务和应税服务”列“本月数”+“即征即退货物、劳务和应税服务”列“本月数”=《附列资料（二）》第13栏“税额”。

(29) 第15栏“免、抵、退应退税额”：反映税务机关退税部门按照出口货物、劳务和应税服务免、抵、退办法审批的增值税应退税额。

(30) 第16栏“按适用税率计算的纳税检查应补缴税额”：填写税务、财政、审计部门检查，按一般计税方法计算的纳税检查应补缴的增值税税额。

本栏“一般货物、劳务和应税服务”列“本月数”≤附列资料（一）第8列第1至5行之和+附列资料（二）第19栏。

(31) 第17栏“应抵扣税额合计”：填写纳税人本期应抵扣进项税额的合计数。按表中所列公式计算填写。

(32) 第18栏“实际抵扣税额”：

①上期留抵税额按规定须挂账的纳税人，按以下要求填写本栏的“本月数”和“本年累计”。

本栏“一般货物、劳务和应税服务”列“本月数”：按表中所列公式计算填写。

本栏“一般货物、劳务和应税服务”列“本年累计”：填写货物和劳务挂账留抵税额本期实际抵减一般货物和劳务应纳税额的数额。将“货物和劳务挂账留抵税额本期期初余额”与“一般计税方法的一般货物及劳务应纳税额”两个数据相比较，取二者中小的数据。

其中：货物和劳务挂账留抵税额本期期初余额=第13栏“上期留抵税额”“一般货物、劳务和应税服务”列“本年累计”；

一般计税方法的一般货物及劳务应纳税额=（第11栏“销项税额”“一般货物、劳务和应税服务”列“本月数”-第18栏“实际抵扣税额”“一般货物、劳务和应税服务”列“本月数”）×一般货物及劳务销项税额比例；

一般货物及劳务销项税额比例=（附列资料（一）第10列第1、3行之和-第10列第6行）÷第11栏“销项税额”“一般货物、劳务和应税服务”列“本月数”×100%。

本栏“即征即退货物、劳务和应税服务”列“本月数”：按表中所列公式计算填写。

②其他纳税人，按以下要求填写本栏的“本月数”和“本年累计”：

本栏“一般货物、劳务和应税服务”列“本月数”：按表中所列公式计算填写。

本栏“一般货物、劳务和应税服务”列“本年累计”：填写“0”。

本栏“即征即退货物、劳务和应税服务”列“本月数”：按表中所列公式计算填写。

(33) 第19栏“应纳税额”：反映纳税人本期按一般计税方法计算并应缴纳的增值税

额。按以下公式计算填写：

①本栏“一般货物、劳务和应税服务”列“本月数”=第11栏“销项税额”“一般货物、劳务和应税服务”列“本月数”-第18栏“实际抵扣税额”“一般货物、劳务和应税服务”列“本月数”-第18栏“实际抵扣税额”“一般货物、劳务和应税服务”列“本年累计”。

②本栏“即征即退货物、劳务和应税服务”列“本月数”=第11栏“销项税额”“即征即退货物、劳务和应税服务”列“本月数”-第18栏“实际抵扣税额”“即征即退货物、劳务和应税服务”列“本月数”。

(34) 第20栏“期末留抵税额”：

①上期留抵税额按规定须挂账的纳税人，按以下要求填写本栏的“本月数”和“本年累计”：

本栏“一般货物、劳务和应税服务”列“本月数”：反映试点实施以后，一般货物、劳务和应税服务共同形成的留抵税额。按表中所列公式计算填写。

本栏“一般货物、劳务和应税服务”列“本年累计”：反映货物和劳务挂账留抵税额，在试点实施以后抵减一般货物和劳务应纳税额后的余额。按以下公式计算填写：

本栏“一般货物、劳务和应税服务”列“本年累计”=第13栏“上期留抵税额”“一般货物、劳务和应税服务”列“本年累计”-第18栏“实际抵扣税额”“一般货物、劳务和应税服务”列“本年累计”。

本栏“即征即退货物、劳务和应税服务”列“本月数”：按表中所列公式计算填写。

②其他纳税人，按以下要求填写本栏“本月数”和“本年累计”：

本栏“一般货物、劳务和应税服务”列“本月数”：按表中所列公式计算填写。

本栏“一般货物、劳务和应税服务”列“本年累计”：填写“0”。

本栏“即征即退货物、劳务和应税服务”列“本月数”：按表中所列公式计算填写。

(35) 第21栏“简易计税办法计算的应纳税额”：反映纳税人本期按简易计税方法计算并应缴纳的增值税额，但不包括按简易计税方法计算的纳税检查应补缴税额。按以下公式计算填写：

本栏“一般货物、劳务和应税服务”列“本月数”=附列资料（一）（第10列第8至11行之和-第10列第14行）+（第14列第12行至13行之和-第14列第15行）

本栏“即征即退货物、劳务和应税服务”列“本月数”=附列资料（一）第10列第14行+第14列第15行。

营业税改征增值税的纳税人，应税服务按规定汇总计算缴纳增值税的分支机构，应将预征增值税额填入本栏。预征增值税额=应预征增值税的销售额×预征率。

(36) 第22栏“按简易计税办法计算的纳税检查应补缴税额”：填写纳税人本期因税务、财政、审计部门检查并按简易计税方法计算的纳税检查应补缴税额。

(37) 第23栏“应纳税额减征额”：填写纳税人本期按照税法规定减征的增值税应纳税额。这包含按照规定可在增值税应纳税额中全额抵减的增值税税控系统专用设备费用以及技术维护费。

当本期减征额小于或等于第19栏“应纳税额”与第21栏“简易计税办法计算的应纳税额”之和时，按本期减征额实际填写；当本期减征额大于第19栏“应纳税额”与第

21 栏“简易计税办法计算的应纳税额”之和时，按本期第 19 栏与第 21 栏之和填写。本期减征额不足抵减部分结转下期继续抵减。

（38）第 24 栏“应纳税额合计”：反映纳税人本期应缴增值税的合计数。按表中所列公式计算填写。

（39）第 25 栏“期初未缴税额（多缴为负数）”：“本月数”按上一税款所属期申报表第 32 栏“期末未缴税额（多缴为负数）”“本月数”填写。“本年累计”按上年度最后一个税款所属期申报表第 32 栏“期末未缴税额（多缴为负数）”“本年累计”填写。

（40）第 26 栏“实收出口开具专用缴款书退税额”：本栏不填写。

（41）第 27 栏“本期已缴税额”：反映纳税人本期实际缴纳的增值税额，但不包括本期入库的查补税款。按表中所列公式计算填写。

（42）第 28 栏“①分次预缴税额”：填写纳税人本期已缴纳的准予在本期增值税应纳税额中抵减的税额。

营业税改征增值税的纳税人，应税服务按规定汇总计算缴纳增值税的总机构，其可以从本期增值税应纳税额中抵减的分支机构已缴纳的税款，按当期实际可抵减数填入本栏，不足抵减部分结转下期继续抵减。

（43）第 29 栏“②出口开具专用缴款书预缴税额”：本栏不填写。

（44）第 30 栏“③本期缴纳上期应纳税额”：填写纳税人本期缴纳上一税款所属期应缴未缴的增值税额。

（45）第 31 栏“④本期缴纳欠缴税额”：反映纳税人本期实际缴纳和留抵税额抵减的增值税欠税额，但不包括缴纳入库的查补增值税额。

（46）第 32 栏“期末未缴税额（多缴为负数）”：“本月数”反映纳税人本期期末应缴未缴的增值税额，但不包括纳税检查应缴未缴的税额。按表中所列公式计算填写。“本年累计”与“本月数”相同。

（47）第 33 栏“其中：欠缴税额（≥0）”：反映纳税人按照税法规定已形成欠税的增值税额。按表中所列公式计算填写。

（48）第 34 栏“本期应补（退）税额”：反映纳税人本期应纳税额中应补缴或应退回的数额。按表中所列公式计算填写。

（49）第 35 栏“即征即退实际退税额”：反映纳税人本期因符合增值税即征即退政策规定，而实际收到的税务机关退回的增值税额。

（50）第 36 栏“期初未缴查补税额”：“本月数”按上一税款所属期申报表第 38 栏“期末未缴查补税额”“本月数”填写。“本年累计”按上年度最后一个税款所属期申报表第 38 栏“期末未缴查补税额”“本年累计”填写。

（51）第 37 栏“本期入库查补税额”：反映纳税人本期因税务、财政、审计部门检查而实际入库的增值税额，包括按一般计税方法计算并实际缴纳的查补增值税额和按简易计税方法计算并实际缴纳的查补增值税额。

（52）第 38 栏“期末未缴查补税额”：“本月数”反映纳税人接受纳税检查后应在本期期末缴纳而未缴纳的查补增值税额。按表中所列公式计算填写，“本年累计”与“本月数”相同。

2. 增值税纳税申报表附列资料（一）（本期销售情况明细）见表 2-7。

表 2-7

增值税纳税申报表附列资料（一）

（本期销售情况明细）

税款所属时间：　　年　月　日至　　年　月　日

纳税人名称：（公章）　　　　金额单位：元至角分

项目及栏次				开具税控增值税专用发票		开具其他发票		未开具发票		纳税检查调整		合计			应税服务扣除项目本期实际扣除金额	扣除后	
				销售额	销项（应纳）税额	销售额	销项（应纳）税额	销售额	销项（应纳）税额	销售额	销项（应纳）税额	销售额	销项（应纳）税额	价税合计		含税（免税）销售额	销项（应纳）税额
				1	2	3	4	5	6	7	8	9=1+3+5+7	10=2+4+6+8	11=9+10	12	13=11-12	14=13÷（100%+税率或征收率）×税率或征收率
一、一般计税方法计税	全部征税项目	17%税率的货物及加工、修理修配劳务	1											—	—	—	—
		17%税率的有形动产租赁服务	2														
		13%税率	3											—	—	—	—
		11%税率	4														
		6%税率	5														
	其中：即征即退项目	即征即退货物及加工、修理修配劳务	6	—	—	—	—	—	—	—	—			—	—	—	—
		即征即退应税服务	7	—	—	—	—	—	—	—	—						

续表

项目及栏次				开具税控增值税专用发票		开具其他发票		未开具发票		纳税检查调整		合计			应税服务扣除项目本期实际扣除金额	扣除后	
				销售额	销项（应纳）税额	销售额	销项（应纳）税额	销售额	销项（应纳）税额	销售额	销项（应纳）税额	销售额	销项（应纳）税额	价税合计		含税（免税）销售额	销项（应纳）税额
				1	2	3	4	5	6	7	8	9=1+3+5+7	10=2+4+6+8	11=9+10	12	13=11-12	14=13÷（100%+税率或征收率）×税率或征收率
二、简易计税方法计税	全部征税项目	6%征收率	8							—	—			—	—	—	—
		5%征收率	9							—	—			—	—	—	—
		4%征收率	10							—	—			—	—	—	—
		3%征收率的货物及加工、修理修配劳务	11							—	—			—	—	—	—
		3%征收率的应税服务	12							—	—						
		预征率 %	13							—	—						
	其中：即征即退项目	即征即退货物及加工、修理修配劳务	14	—	—	—	—	—	—	—	—			—	—	—	—
		即征即退应税服务	15	—	—	—	—	—	—	—	—						
三、免抵退税	货物及加工、修理修配劳务		16	—	—		—		—	—	—		—	—	—	—	—
	应税服务		17	—	—		—		—	—	—		—				—
四、免税	货物及加工、修理修配劳务		18				—		—	—	—		—	—	—	—	—
	应税服务		19	—	—		—		—	—	—		—				—

填写说明：

（1）“税款所属时间”、“纳税人名称”的填写同主表。

（2）各列说明：

①第1至2列“开具税控增值税专用发票”：反映本期开具防伪税控“增值税专用发票”、“货物运输业增值税专用发票”和税控“机动车销售统一发票”的情况。

②第3至4列“开具其他发票”：反映除上述三种发票以外本期开具的其他发票的情况。

③第5至6列“未开具发票”：反映本期未开具发票的销售情况。

④第7至8列“纳税检查调整”：反映经税务、财政、审计部门检查并在本期调整的销售情况。

⑤第9至11列“合计”：按照表中所列公式填写。

营业税改征增值税的纳税人，应税服务有扣除项目的，第1至11列应填写扣除之前的征（免）税销售额、销项（应纳）税额和价税合计额。

⑥第12列“应税服务扣除项目本期实际扣除金额”：营业税改征增值税的纳税人，应税服务有扣除项目的，按附列资料（三）第5列对应各行次数据填写；应税服务无扣除项目的，本列填写“0”。其他纳税人不填写。

营业税改征增值税的纳税人，应税服务按规定汇总计算缴纳增值税的分支机构，当期应税服务有扣除项目的，填入本列第13行。

⑦第13列“扣除后”“含税（免税）销售额”：营业税改征增值税的纳税人，应税服务有扣除项目的，本列各行次=第11列对应各行次−第12列对应各行次。其他纳税人不填写。

⑧第14列“扣除后”“销项（应纳）税额”：营业税改征增值税的纳税人，应税服务有扣除项目的，按以下要求填写本列，其他纳税人不填写。

第一，应税服务按照一般计税方法计税：

本列各行次=第13列÷（100%+对应行次税率）×对应行次税率

本列第7行“按一般计税方法计税的即征即退应税服务”不按本列的说明填写。具体填写要求见“各行说明”第2条第（2）项第③点的说明。

第二，应税服务按照简易计税方法计税：

本列各行次=第13列÷（100%+对应行次征收率）×对应行次征收率

本列第13行“预征率%”不按本列的说明填写。具体填写要求见“各行说明”第4条第（2）项。

第三，应税服务实行免抵退税或免税的，本列不填写。

（3）各行说明：

①第1至5行“一、一般计税方法计税”“全部征税项目”各行：按不同税率和项目分别填写按一般计税方法计算增值税的全部征税项目。有即征即退征税项目的纳税人，本部分数据中既包括即征即退征税项目，又包括不享受即征即退政策的一般征税项目。

②第6至7行“一、一般计税方法计税”“其中：即征即退项目”各行：只反映按一般计税方法计算增值税的即征即退项目。按照税法规定不享受即征即退政策的纳税人，不填写本行。即征即退项目是全部征税项目的其中数。

第6行“即征即退货物及加工、修理修配劳务”：反映按一般计税方法计算增值税且享受即征即退政策的货物和加工修理修配劳务。本行不包括应税服务的内容。

本行第9列“合计”“销售额”栏：反映按一般计税方法计算增值税且享受即征即退政策的货物及加工、修理修配劳务的不含税销售额。该栏不按第9列所列公式计算，应按照税法规定据实填写。

本行第10列“合计”“销项（应纳）税额”栏：反映按一般计税方法计算增值税且享受即征即退政策的货物及加工、修理修配劳务的销项税额。该栏不按第10列所列公式计算，应按照税法规定据实填写。

第7行“即征即退应税服务”：反映按一般计税方法计算增值税且享受即征即退政策的应税服务。本行不包括货物及加工、修理修配劳务的内容。

本行第9列“合计”“销售额”栏：反映按一般计税方法计算增值税且享受即征即退政策的应税服务的不含税销售额。应税服务有扣除项目的，按扣除之前的不含税销售额填写。该栏不按第9列所列公式计算，应按照税法规定据实填写。

本行第10列“合计”“销项（应纳）税额”栏：反映按一般计税方法计算增值税且享受即征即退政策的应税服务的销项税额。应税服务有扣除项目的，按扣除之前的销项税额填写。该栏不按第10列所列公式计算，应按照税法规定据实填写。

本行第14列“扣除后”“销项（应纳）税额”栏：反映按一般计税方法征收增值税且享受即征即退政策的应税服务实际应计提的销项税额。应税服务有扣除项目的，按扣除之后的销项税额填写；应税服务无扣除项目的，按本行第10列填写。该栏不按第14列所列公式计算，应按照税法规定据实填写。

③第8至12行“二、简易计税方法计税”“全部征税项目”各行：按不同征收率和项目分别填写按简易计税方法计算增值税的全部征税项目。有即征即退征税项目的纳税人，本部分数据中既包括即征即退项目，也包括不享受即征即退政策的一般征税项目。

④第13行“二、简易计税方法计税”“预征率%”：反映营业税改征增值税的纳税人，应税服务按规定汇总计算缴纳增值税的分支机构预征增值税销售额、预征增值税应纳税额。

本行第1至6列按照销售额和销项税额的实际发生数填写。

本行第14列，纳税人按“应预征缴纳的增值税=应预征增值税销售额×预征率”公式计算后据实填写。

⑤第14至15行“二、简易计税方法计税”“其中：即征即退项目”各行：只反映按简易计税方法计算增值税的即征即退项目。按照税法规定不享受即征即退政策的纳税人，不填写本行。即征即退项目是全部征税项目的其中数。

第14行“即征即退货物及加工、修理修配劳务”：反映按简易计税方法计算增值税且享受即征即退政策的货物及加工、修理修配劳务。本行不包括应税服务的内容。

本行第9列“合计”“销售额”栏：反映按简易计税方法计算增值税且享受即征即退政策的货物及加工、修理修配劳务的不含税销售额。该栏不按第9列所列公式计算，应按照税法规定据实填写。

本行第10列“合计”“销项（应纳）税额”栏：反映按简易计税方法计算增值税且享受即征即退政策的货物及加工、修理修配劳务的应纳税额。该栏不按第10列所列公式计算，应按照税法规定据实填写。

第15行“即征即退应税服务”：反映按简易计税方法计算增值税且享受即征即退政策的应税服务。本行不包括货物及加工、修理修配劳务的内容。

本行第9列“合计”“销售额”栏：反映按简易计税方法计算增值税且享受即征即退政策的应税服务的不含税销售额。应税服务有扣除项目的，按扣除之前的不含税销售额填写。该栏不按第9列所列公式计算，应按照税法规定据实填写。

本行第10列“合计”“销项（应纳）税额”栏：反映按简易计税方法计算增值税且享受即征即退政策的应税服务的应纳税额。应税服务有扣除项目的，按扣除之前的应纳税额填写。该栏不按第10列所列公式计算，应按照税法规定据实填写。

本行第14列“扣除后”“销项（应纳）税额”栏：反映按简易计税方法计算增值税且享受即征即退政策的应税服务实际应计提的应纳税额。应税服务有扣除项目的，按扣除之后的应纳税额填写；应税服务无扣除项目的，按本行第10列填写。

⑥第16行“三、免抵退税”“货物及加工、修理修配劳务”：反映适用免、抵、退税政策的出口货物、加工修理修配劳务。

⑦第17行“三、免抵退税”“应税服务”：反映适用免、抵、退税政策的应税服务。

⑧第18行“四、免税”“货物及加工、修理修配劳务”：反映按照税法规定免征增值税的货物及劳务和适用零税率的出口货物及劳务，但零税率的销售额中不包括适用免、抵、退税办法的出口货物及劳务。

⑨第19行“四、免税”“应税服务”：反映按照税法规定免征增值税的应税服务和适用零税率的应税服务，但零税率的销售额中不包括适用免、抵、退税办法的应税服务。

3. 增值税纳税申报表附列资料（二）（本期进项税额明细）见表2-8。

填写说明：

(1)“税款所属时间”、“纳税人名称”的填写同主表。

(2) 第1至12栏“一、申报抵扣的进项税额”：分别反映纳税人按税法规定符合抵扣条件，在本期申报抵扣的进项税额。

(3) 第13至23栏“二、进项税额转出额”各栏：分别反映纳税人已经抵扣但按规定应在本期转出的进项税额明细情况。

①第13栏“本期进项税额转出额”：反映已经抵扣但按规定应在本期转出的进项税额合计数。按表中所列公式计算填写。

②第14栏“免税项目用”：反映用于免征增值税项目，按规定应在本期转出的进项税额。

③第15栏“非应税项目、集体福利、个人消费用”：反映用于非增值税应税项目、集体福利或者个人消费，按规定应在本期转出的进项税额。

④第16栏“非正常损失”：反映纳税人发生非正常损失，按规定应在本期转出的进项税额。

⑤第17栏“简易计税方法征税项目用”：反映用于按简易计税方法征税项目，按规定应在本期转出的进项税额。

营业税改征增值税的纳税人，应税服务按规定汇总计算缴纳增值税的分支机构，当期应由总机构汇总的进项税额也填入本栏。

表 2-8　**增值税纳税申报表附列资料（二）**

（本期进项税额明细）

税款所属时间：　　年　月　日至　　年　月　日

纳税人名称：（公章）　　　　　　　　　　　　　　　　　　金额单位：元至角分

一、申报抵扣的进项税额				
项　　目	栏次	份数	金额	税额
（一）认证相符的税控增值税专用发票	1=2+3			
其中：本期认证相符且本期申报抵扣	2			
前期认证相符且本期申报抵扣	3			
（二）其他扣税凭证	4=5+6+7+8			
其中：海关进口增值税专用缴款书	5			
农产品收购发票或者销售发票	6			
代扣代缴税收缴款凭证	7		—	
运输费用结算单据	8			
	9	—	—	—
	10		—	
（三）外贸企业进项税额抵扣证明	11	—	—	
当期申报抵扣进项税额合计	12=1+4+11			

二、进项税额转出额		
项　　目	栏次	税额
本期进项税转出额	13=14至23之和	
其中：免税项目用	14	
非应税项目用、集体福利、个人消费	15	
非正常损失	16	
简易计税方法征税项目用	17	
免抵退税办法不得抵扣的进项税额	18	
纳税检查调减进项税额	19	
红字专用发票通知单注明的进项税额	20	
上期留抵税额抵减欠税	21	
上期留抵税额退税	22	
其他应作进项税额转出的情形	23	

续表

三、待抵扣进项税额				
项　目	栏次	份数	金额	税额
（一）认证相符的税控增值税专用发票	24	—	—	—
期初已认证相符但未申报抵扣	25			
本期认证相符且本期未申报抵扣	26			
期末已认证相符但未申报抵扣	27			
其中：按照税法规定不允许抵扣	28			
（二）其他扣税凭证	29＝30至33之和			
其中：海关进口增值税专用缴款书	30			
农产品收购发票或者销售发票	31			
代扣代缴税收缴款凭证	32		—	
运输费用结算单据	33			
	34			
四、其他				
项　目	栏次	份数	金额	税额
本期认证相符的税控增值税专用发票	35			
代扣代缴税额	36	—	—	

⑥第18栏“免抵退税办法不得抵扣的进项税额”：反映按照免、抵、退税办法的规定，由于征税税率与退税税率存在税率差，在本期应转出的进项税额。

⑦第19栏“纳税检查调减进项税额”：反映税务、财政、审计部门检查后而调减的进项税额。

⑧第20栏“红字专用发票通知单注明的进项税额”：填写主管税务机关开具的开具红字增值税专用发票通知单、开具红字货物运输业增值税专用发票通知单等注明的在本期应转出的进项税额。

⑨第21栏“上期留抵税额抵减欠税”：填写本期经税务机关同意，使用上期留抵税额抵减欠税的数额。

⑩第22栏“上期留抵税额退税”：填写本期经税务机关批准的上期留抵税额退税额。

⑪第23栏“其他应作进项税额转出的情形”：反映除上述进项税额转出情形外，其他应在本期转出的进项税额。

（4）第24至34栏“三、待抵扣进项税额”各栏：分别反映纳税人已经取得，但按税法规定不符合抵扣条件，暂不予在本期申报抵扣的进项税额情况及按税法规定不允许抵扣的进项税额情况。

①第24至28栏均包括防伪税控“增值税专用发票”、“货物运输业增值税专用发票”和税控“机动车销售统一发票”的情况。

②第25栏“期初已认证相符但未申报抵扣”：反映前期认证相符，但按照税法规定

暂不予抵扣及不允许抵扣，结存至本期的税控增值税专用发票情况。辅导期纳税人填写认证相符但未收到稽核比对结果的税控增值税专用发票期初情况。

③第26栏“本期认证相符且本期未申报抵扣”：反映本期认证相符，但按税法规定暂不予抵扣及不允许抵扣，而未申报抵扣的税控增值税专用发票情况。辅导期纳税人填写本期认证相符但未收到稽核比对结果的税控增值税专用发票情况。

④第27栏“期末已认证相符但未申报抵扣”：反映截至本期期末，按照税法规定仍暂不予抵扣及不允许抵扣且已认证相符的税控增值税专用发票情况。辅导期纳税人填写截至本期期末已认证相符但未收到稽核比对结果的税控增值税专用发票期末情况。

⑤第28栏“其中：按照税法规定不允许抵扣”：反映截至本期期末已认证相符但未申报抵扣的税控增值税专用发票中，按照税法规定不允许抵扣的税控增值税专用发票情况。

⑥第29栏“（二）其他扣税凭证”：反映截至本期期末仍未申报抵扣的除税控增值税专用发票之外的其他扣税凭证情况。具体包括：海关进口增值税专用缴款书、农产品收购发票或者销售发票、代扣代缴税收缴款凭证和运输费用结算单据。该栏应等于第30至33栏之和。

⑦第30栏“海关进口增值税专用缴款书”：反映已取得但截至本期期末仍未申报抵扣的海关进口增值税专用缴款书情况，包括纳税人未收到稽核比对结果的海关进口增值税专用缴款书情况。

⑧第31栏“农产品收购发票或者销售发票”：反映已取得但截至本期期末仍未申报抵扣的农产品收购发票和农产品销售普通发票情况。

⑨第32栏“代扣代缴税收缴款凭证”：反映已取得但截至本期期末仍未申报抵扣的代扣代缴税收缴款凭证情况。

⑩第33栏“运输费用结算单据”：反映已取得但截至本期期末仍未申报抵扣的运输费用结算单据情况。

（5）第35至36栏“四、其他”各栏：

①第35栏“本期认证相符的税控增值税专用发票”：反映本期认证相符的防伪税控“增值税专用发票”、“货物运输业增值税专用发票”和税控“机动车销售统一发票”的情况。

②第36栏“代扣代缴税额”：填写纳税人根据《中华人民共和国增值税暂行条例》第十八条扣缴的应税劳务增值税额与根据营业税改征增值税有关政策规定扣缴的应税服务增值税额之和。

4. 增值税纳税申报表附列资料（三）（应税服务扣除项目明细）见表2-9。

填写说明：

（1）本表由营业税改征增值税应税服务有扣除项目的纳税人填写。其他纳税人不填写。

（2）“税款所属时间”、“纳税人名称”的填写同主表。

（3）第1列“本期应税服务价税合计额（免税销售额）”：营业税改征增值税的应税服务属于征税项目的，填写扣除之前的本期应税服务价税合计额；营业税改征增值税的应税服务属于免抵退税或免税项目的，填写扣除之前的本期应税服务免税销售额。本列各行次等于附列资料（一）第11列对应行次。

表 2-9

增值税纳税申报表附列资料（三）

（应税服务扣除项目明细）

税款所属时间：　　年　月　日至　年　月　日

纳税人名称：（公章）　　　　　　　　　　　　　　　　　　　　　　　　金额单位：元至角分

项目及栏次	本期应税服务价税合计额（免税销售额）	应税服务扣除项目				
		期初余额	本期发生额	本期应扣除金额	本期实际扣除金额	期末余额
	1	2	3	4=2+3	5（5≤1 且 5≤4）	6=4-5
17%税率的有形动产租赁服务						
11%税率的应税服务						
6%税率的应税服务						
3%征收率的应税服务						
免抵退税的应税服务						
免税的应税服务						

营业税改征增值税的纳税人，应税服务按规定汇总计算缴纳增值税的分支机构，本列各行次之和等于附列资料（一）第 11 列第 13 行。

（4）第 2 列“应税服务扣除项目”“期初余额”：填写应税服务扣除项目上期期末结存的金额，试点实施之日的税款所属期填写“0”。本列各行次等于上期附列资料（三）第 6 列对应行次。

（5）第 3 列“应税服务扣除项目”“本期发生额”：填写本期取得的按税法规定准予扣除的应税服务扣除项目金额。

（6）第 4 列“应税服务扣除项目”“本期应扣除金额”：填写应税服务扣除项目本期应扣除的金额。

本列各行次=第 2 列对应各行次+第 3 列对应各行次

（7）第 5 列“应税服务扣除项目”“本期实际扣除金额”：填写应税服务扣除项目本期实际扣除的金额。

本列各行次≤第 4 列对应各行次且本列各行次≤第 1 列对应各行次

（8）第 6 列“应税服务扣除项目”“期末余额”：填写应税服务扣除项目本期期末结存的金额。

本列各行次=第 4 列对应各行次-第 5 列对应各行次

5. 增值税纳税申报表附列资料（四）（税额抵减情况表）见表 2-10。

填写说明：

本表第 1 行由发生增值税税控系统专用设备费用和技术维护费的纳税人填写，反映纳税人增值税税控系统专用设备费用和技术维护费按规定抵减增值税应纳税额的情况。

本表第 2 行由营业税改征增值税纳税人，应税服务按规定汇总计算缴纳增值税的总机构填写，反映其分支机构预征缴纳税款抵减总机构应纳增值税税额的情况。其他纳税人不填写本表。

表 2-10

增值税纳税申报表附列资料（四）

（税额抵减情况表）

税款所属时间：　　年　月　日至　　年　月　日

纳税人名称：（公章）　　　　金额单位：元至角分

序号	抵减项目	期初余额	本期发生额	本期应抵减税额	本期实际抵减税额	期末余额
		1	2	3=1+2	4≤3	5=3-4
1	增值税税控系统专用设备费及技术维护费					
2	分支机构预征缴纳税款					
3						
4						
5						
6						

6. 固定资产进项税额抵扣情况表见表 2-11。

表 2-11

固定资产进项税额抵扣情况表

纳税人名称：（公章）　　填表日期：　　年　月　日　　金额单位：元至角分

项目	当期申报抵扣的固定资产进项税额	申报抵扣的固定资产进项税额累计
增值税专用发票		
海关进口增值税专用缴款书		
合计		

填写说明：

本表反映纳税人在附列资料（二）“一、申报抵扣的进项税额”中固定资产的进项税额。本表按增值税专用发票、海关进口增值税专用缴款书分别填写。税控机动车销售统一发票填入增值税专用发票栏内。

7. 增值税纳税申报表（小规模纳税人适用）见表 2-12，增值税纳税申报表（小规模纳税人适用）附列资料见表 2-13。

填写说明：

本表“应税货物及劳务”与“应税服务”各项目应分别填写。

（1）“税款所属期”是指纳税人申报的增值税应纳税额的所属时间，应填写具体的起止年、月、日。

（2）“纳税人识别号”栏，填写纳税人的税务登记证号码。

（3）“纳税人名称”栏，填写纳税人单位名称全称。

（4）第 1 栏“应征增值税不含税销售额”：填写应税货物及劳务、应税服务的不含税销售额，不包括销售使用过的应税固定资产和销售旧货的不含税销售额、免税销售额、出口免税销售额、查补销售额。

表 2-12　　**增值税纳税申报表**

（小规模纳税人适用）

纳税人识别号：□□□□□□□□□□□□□□□□□□□□

纳税人名称（公章）：　　　　　　　　　　　　金额单位：元至角分

税款所属期：　年　月　日至　年　月　日　　　　填表日期：　年　月　日

	项目	栏次	本期数		本年累计	
			应税货物及劳务	应税服务	应税货物及劳务	应税服务
一、计税依据	（一）应征增值税不含税销售额	1				
	税务机关代开的增值税专用发票不含税销售额	2				
	税控器具开具的普通发票不含税销售额	3				
	（二）销售使用过的应税固定资产不含税销售额	4（4≥5）		—		—
	其中：税控器具开具的普通发票不含税销售额	5		—		—
	（三）免税销售额	6=7+8+9				
	其中：小微企业免税销售额	7				
	未达起征点销售额	8				
	其他免税销售额	9				
	（四）出口免税销售额	10（10≥11）				
	其中：税控器具开具的普通发票销售额	11				
二、税款计算	本期应纳税额	12				
	本期应纳税额减征额	13				
	本期免税额	14				
	其中：小微企业免税额	15				
	未达起征点免税额	16				
	应纳税额合计	17=12-13				
	本期预缴税额	18			—	—
	本期应补（退）税额	19=17-18			—	—

纳税人或代理人声明：	
本纳税申报表是根据国家税收法律法规及相关规定填报的，我确定它是真实的、可靠的、完整的。	如纳税人填报，由纳税人填写以下各栏： 办税人员：　　财务负责人： 法定代表人：　　联系电话： 如委托代理人填报，由代理人填写以下各栏： 代理人名称（公章）：　　经办人： 联系电话：

主管税务机关：　　　　接收人：　　　　接收日期：

应税服务有扣除项目的纳税人，本栏填写扣除后的不含税销售额，与当期增值税纳税申报表（小规模纳税人适用）附列资料第8栏数据一致。

(5) 第2栏“税务机关代开的增值税专用发票不含税销售额”：填写税务机关代开的增值税专用发票销售额合计。

(6) 第3栏“税控器具开具的普通发票不含税销售额”：填写税控器具开具的应税货物及劳务、应税服务的普通发票注明的金额换算的不含税销售额。

(7) 第4栏“销售使用过的应税固定资产不含税销售额”：填写销售自己使用过的应税固定资产和销售旧货的不含税销售额，销售额=含税销售额÷(1+3%)。

(8) 第5栏“税控器具开具的普通发票不含税销售额”：填写税控器具开具的销售自己使用过的应税固定资产和销售旧货的普通发票金额换算的不含税销售额。

(9) 第6栏“免税销售额”：填写销售免征增值税的应税货物及劳务、应税服务的销售额，不包括出口免税销售额。

应税服务有扣除项目的纳税人，填写扣除之前的销售额。

(10) 第7栏“小微企业免税销售额”：填写符合小微企业免征增值税政策的免税销售额，不包括符合其他增值税免税政策的销售额。个体工商户和其他个人不填写本栏次。

(11) 第8栏“未达起征点销售额”：填写个体工商户和其他个人未达起征点（含支持小微企业免征增值税政策）的免税销售额，不包括符合其他增值税免税政策的销售额。本栏次由个体工商户和其他个人填写。

(12) 第9栏“其他免税销售额”：填写销售免征增值税的应税货物及劳务、应税服务的销售额，不包括符合小微企业免征增值税和未达起征点政策的免税销售额。

(13) 第10栏“出口免税销售额”：填写出口免征增值税应税货物及劳务、出口免征增值税应税服务的销售额。

应税服务有扣除项目的纳税人，填写扣除之前的销售额。

(14) 第11栏“税控器具开具的普通发票销售额”：填写税控器具开具的出口免征增值税应税货物及劳务、出口免征增值税应税服务的普通发票销售额。

(15) 第12栏“本期应纳税额”：填写本期按征收率计算缴纳的应纳税额。

(16) 第13栏“本期应纳税额减征额”：填写纳税人本期按照税法规定减征的增值税应纳税额。包含可在增值税应纳税额中全额抵减的增值税税控系统专用设备费用以及技术维护费，可在增值税应纳税额中抵免的购置税控收款机的增值税税额。其抵减、抵免增值税应纳税额情况，需填报增值税纳税申报表附列资料（四）（税额抵减情况表）予以反映。无抵减、抵免情况的纳税人，不填报此表。增值税纳税申报表附列资料（四）表式见《国家税务总局关于调整增值税纳税申报有关事项的公告》（国家税务总局公告2013年第32号）。

当本期减征额小于或等于第12栏“本期应纳税额”时，按本期减征额实际填写；当本期减征额大于第12栏“本期应纳税额”时，按本期第12栏填写，本期减征额不足抵减部分结转下期继续抵减。

(17) 第14栏“本期免税额”：填写纳税人本期增值税免税额，免税额根据第6栏“免税销售额”和征收率计算。

(18) 第15栏“小微企业免税额”：填写符合小微企业免征增值税政策的增值税免税

额，免税额根据第7栏“小微企业免税销售额”和征收率计算。

(19) 第16栏“未达起点免税额”：填写个体工商户和其他个人未达起征点（含支持小微企业免征增值税政策）的增值税免税额，免税额根据第8栏“未达起征点销售额”和征收率计算。

(20) 第18栏“本期预缴税额”：填写纳税人本期预缴的增值税税额，但不包括查补缴纳的增值税税额。

表2-13　增值税纳税申报表（小规模纳税人适用）附列资料

税款所属期：　　年　月　日至　　年　月　日　　　　填表日期：　　年　月　日

纳税人名称（公章）：　　　　　　　　　　　　　　　　　　　金额单位：元至角分

应税服务扣除额计算			
期初余额	本期发生额	本期扣除额	期末余额
1	2	3（3≤1+2之和，且3≤5）	4=1+2-3
应税服务计税销售额计算			
全部含税收入	本期扣除额	含税销售额	不含税销售额
5	6=3	7=5-6	8=7÷1.03

第四节　增值税销项税额的核算

销项税额是指纳税人销售货物或应税劳务，按照销售额和规定的税率计算并向购买方收取的增值税税额。其基本计算公式是：

销项税额=销售额×税率

销项税额是专门对增值税一般纳税人而言的，对于增值税小规模纳税人来说，不存在销项税额。由于增值税属于价外税，公式中的销售额必须是不含销项税额的销售额。

一、销售额的确定

销售额的确定是计算销项税额的关键，销售额核算得是否准确，直接关系到增值税应纳税额的准确性。按照规定，销售额的确定有一般规定和特殊规定。

（一）一般规定

销售额是纳税人销售货物或者提供应税劳务向购买方或承受劳务方收取的全部价款和价外费用。

价款是指向购买货物方或承受劳务方收取的不含增值税的金额，不包括收取的销项税额。

价外费用是指在价款之外向购买方或承受劳务方收取的手续费、补贴、基金、集资费、返还利润、奖励费、违约金、延期付款利息、滞纳金、赔偿金、代收款项、代垫款项、包装费、包装物租金、储备费、优质费、运输装卸费及其他各种性质的收费，但下列项目不包括在内：

1. 受托加工应征消费税的消费品所代收代缴的消费税。

2. 同时符合以下条件的代垫运输费用：（1）承运部门的运输费用发票开具给购买方的；（2）纳税人将该项发票转交给购买方的。

3. 同时符合以下条件代为收取的政府性基金或者行政事业性收费：（1）由国务院或者财政部批准设立的政府性基金，由国务院或者省级人民政府及其财政、价格主管部门批准设立的行政事业性收费；（2）收取时开具省级以上财政部门印制的财政票据；（3）所收款项全额上缴财政。

4. 销售货物的同时代办保险等而向购买方收取的保险费，以及向购买方收取的代购买方缴纳的车辆购置税、车辆牌照费。

除上述4项外，凡随同销售货物或提供应税劳务、服务向购买方收取的价外费用，无论其会计制度如何核算，均应并入销售额计算应纳税额。

（二）特殊规定

1. 采取折扣方式销售。折扣方式销售包括商业折扣、现金折扣和销售折让三种。

（1）商业折扣（也称折扣销售）。商业折扣是指销货方在销售货物或提供应税劳务、服务时，因购货方购货数量较大等原因，销货方从规定的价格中扣减一定数额而给予购货方的价格优惠。税法规定，如果销售额和折扣额在同一张发票上分别注明的，可按折扣后的余额作为销售额计算增值税；如果将折扣额另开发票，不论其在财务上如何核算，均不得从销售额中减除折扣额。同时应注意，商业折扣只是对价格的折扣，如果销货方将自产、委托加工或购买的货物用于实物折扣，该实物的价款不能从货物销售额中扣除，而应按“视同销售货物”中的“赠送他人”计算征收增值税。

（2）现金折扣（也称销售折扣）。现金折扣是指销货方销售货物或应税劳务、服务后，为了鼓励购货方在一定时期内早日偿还货款而给予的一种折扣优待。由于现金折扣发生在销售行为以后，属于销货方一种融资性质的理财行为，因此，税法规定，现金折扣的金额不得从销售额中减除。

（3）销售折让。销售折让是指货物销售以后，由于其品种、质量等原因，购货方欲退货，销货方为了避免退货造成更大损失，而给予购货方的一种价格折让。销售折让虽然发生在销售货物以后，但销售折让的实质是原销售额的减少。《增值税暂行条例》规定，对销售折让可以用折让后的金额作为销售额。

2. 采取以旧换新方式销售。以旧换新是指纳税人在销售自己的货物时，有偿收回旧货物的行为。根据税法的规定，采取以旧换新方式销售货物的，应按新货物的同期销售价格确定销售额，不得扣减旧货物的收购价格。对金银首饰以旧换新业务，可按销货方实际收取的不含增值税的全部价款征收增值税。

3. 采取以物易物方式销售。以物易物方式销售是一种较为特殊的购销行为，是指购销双方主要不是以货币进行结算，而是以同等价款的货物或不同等价款的货物进行结算的一种销售方式。税法规定，以物易物双方都应作购销业务处理，以各自发出的货物核算其销售额并计算销项税额，以各自收到的货物核算其购货金额并计算进项税额。

4. 采取还本方式销售。还本方式销售是指纳税人在销售货物后，在一定的期限内由销货方一次或分次退还给购货方全部或部分原购货价款的一种销售行为。这种销售方式实际上是一种筹集资金，以提供货物使用换取还本不付息的方法。按照税法的规定，采取还本销售方式销售货物，销售货物的实际价格为销售额，不得从销售额中扣除还本支出的金额。

5. 销售自己使用过的固定资产。自2009年1月1日起，纳税人销售自己使用过的固定资产（以下简称已使用过的固定资产），应区分不同情形征收增值税：

（1）销售自己使用过的2009年1月1日以后购进或者自制的固定资产，按照适用税率征收增值税。

（2）2008年12月31日以前未纳入扩大增值税抵扣范围试点的纳税人，销售自己使用过的2008年12月31日以前购进或者自制的固定资产，按照4%的征收率减半征收增值税。

（3）2008年12月31日以前已纳入扩大增值税抵扣范围试点的纳税人，销售自己使用过的在本地区扩大增值税抵扣范围试点以前购进或者自制的固定资产，按照4%的征收率减半征收增值税。

销售自己使用过的在本地区扩大增值税抵扣范围试点以后购进或者自制的固定资产，按照适用税率征收增值税。

（4）小规模纳税人（除其他个人外，下同）销售自己使用过的固定资产，减按2%的征收率征收增值税。小规模纳税人销售自己使用过的除固定资产以外的物品，应按3%的征收率征收增值税。

（5）纳税人销售旧货，按照简易办法依照4%的征收率减半征收增值税。所称旧货，是指进入二次流通的具有部分使用价值的货物（含旧汽车、旧摩托车和旧游艇），但不包括自己使用过的物品。

（6）自2012年2月1日起，增值税一般纳税人销售自己使用过的固定资产，属于以下两种情形的，可按照简易办法依照4%的征收率减半征收增值税，同时不得开具增值税专用发票：

①纳税人购进或者自制固定资产时为小规模纳税人，认定为一般纳税人后销售该固定资产。

②增值税一般纳税人发生按简易办法征收增值税应税行为，销售其按照规定不得抵扣且未抵扣进项税额的固定资产。

6. 包装物押金是否计入销售额的确定。包装物是纳税人在生产经营过程中用来包装各种货物的器具。纳税人在销售货物过程中，对出租、出借包装物收取押金，目的是促使购货方尽快退回包装物以便周转使用。按照税法的规定，纳税人为销售货物而出租、出借包装物收取的押金，单独核算的，作为暂收款处理，不并入销售额征税。但对逾期未收回包装物不再退还的押金，应按所包装货物的适用税率计算销项税额。“逾期”有两层含意：一是指租、借的包装物实际已经过期；二是指以一年为期限。对收取一年以上的押金，无论是否退还均应并入销售额征税。但对于个别包装物周转使用期限较长的，报经税务机关确定后，可适当放宽逾期期限。另外，根据税法规定，从1995年6月1日起，对销售除啤酒、黄酒以外的其他酒类产品而收取的包装物押金，无论是否返还以及会计上如何核算，均应并入当期销售额征税。

对包装物收取的押金，按规定应并入销售额征税的，应先将该押金换算为不含税的金额，再计算其应纳税额。

7. 对视同销售货物行为销售额的确定。在增值税核算范围中所列视同销售的 8 种行为，由于不是以货币资金的形式反映，会出现无销售额的现象。如果纳税人申报的价格明显偏低且无正当理由的，或者是纳税人发生了视同销售货物的行为而无销售额的，按照税法的规定，税务机关有权确定其销售额。其确定的方法和顺序如下：

（1）按纳税人最近时期同类货物的平均销售价格确定。

（2）按其他纳税人最近时期同类货物的平均销售价格确定。

（3）在用以上两种方法均不能确定其销售额的情况下，可按组成计税价格确定销售额。组成计税价格有如下几种情况：

第一，该商品或产品只征增值税，不征消费税的：

$$组成计税价格=成本\times(1+成本利润率)$$

第二，该商品或产品既征增值税又征消费税，且消费税又是从价定率计征的：

$$组成计税价格=\frac{成本\times(1+成本利润率)}{1-消费税税率}$$

第三，该商品或产品既征增值税又征消费税，且消费税又是从量定额征收的：

$$组成计税价格=成本\times(1+成本利润率)+消费税税额$$

上述三个公式中的成本是指：销售自产货物的为实际生产成本；销售外购货物的为实际采购成本。公式中的成本利润率，按照规定一般为 10%，但属于从价定率征收消费税的货物，则应按《消费税若干具体问题的规定》中的全国平均成本利润率计算。

8. 价款和税款合并收取情况下的销售额。纳税人销售货物或者提供应税劳务，一般应向购买者开具增值税专用发票，并在专用发票上分别注明销售额和销项税额。但是，销售货物或者提供应税劳务给消费者，以及小规模纳税人销售货物或提供应税劳务的，只能开具普通发票，从而发生的价款和税款是合并收取的。按照规定，在这种情况下，应将含增值税的销售额换算为不含税销售额。其换算公式如下：

$$销售额=\frac{含税销售额}{1+增值税税率（或征收率）}$$

9. 混合销售的销售额。混合销售行为属于应当征收增值税的，其销售额应为货物销售额和非增值税应税劳务营业额的合计数。该混合销售行为涉及的非应税劳务所用购进货物的进项税额，凡符合条例规定的，在计算该混合销售行为增值税时，准予从销项税额中抵扣。"凡符合条例规定的"是指该混合销售行为涉及的非应税劳务所用的购进货物，属于增值税扣税凭证上注明的货物。

10. 兼营非应税项目的销售额。纳税人兼营非增值税应税项目的，应分别核算货物或者应税劳务的销售额和非增值税应税项目的营业额；未分别核算的，由主管税务机关核定货物或者应税劳务的销售额。

二、销项税额的核算

按照规定，增值税一般纳税人销售货物或应税劳务，销售收入实现时，按其实现的不含税销售额与应收取的销项税额的合计数，借记"银行存款"、"应收账款"、"应收票据"等科目；按应收取的不含税销售额，贷记"主营业务收入"、"其他业务收入"等科目；按应收取的销售额乘以其适用税率的数额，贷记"应交税费——应交增值税（销项税额）"科目。如果发生销售退回，作相反的会计分录。

（一）一般销售销项税额的核算

一般销售包括货物的销售和应税劳务的销售，主要包括以下几种情况：

1. 直接收款方式销售货物的核算。按照规定，在直接收款方式销售货物的情况下，纳税人收到货款向购货方开具增值税专用发票，并将发票账单和提货单交给购货方后确认收入实现。

【例 2-1】甲公司本期采取直接收款方式销售 A 产品一批，向购买方开具了增值税专用发票，取得销售额 20 000 元、增值税税额 3 400 元存入银行。公司的会计处理如下：

借：银行存款　　23 400

　贷：主营业务收入　　20 000

　　　应交税费——应交增值税（销项税额）　　3 400

2. 托收承付和委托银行收款方式销售货物的核算。在托收承付和委托银行收款销售方式下，企业按合同向购货方发货，然后凭发票、运单、有关账单向银行申请办理托收手续。银行受理后，即可认为该纳税人已经取得收款的权利，应确认销售收入的实现。按税法的规定，在此销售方式下，纳税义务发生时间为发出货物并办妥托收手续的当天。

【例 2-2】华伦商场本期采用托收承付方式向异地东方公司销售商品一批，商品不含税销售额 300 000 元，增值税税率 17%，应收取增值税税额 51 000 元，已开具增值税专用发票。另外，华伦商场用支票支付代垫运杂费 1 000 元，商品已经发出并办妥托收手续，代垫运费发票已转交购货方，货款尚未收到。假定本期末华伦商场如数收到该批商品的货款、增值税和代垫运费。商场应作会计处理如下：

（1）发出商品并办妥托收手续时：

借：应收账款——东方公司　　352 000

　贷：主营业务收入　　300 000

　　　应交税费——应交增值税（销项税额）　　51 000

　　　银行存款　　1 000

（2）华伦商场收到货款、增值税和代垫运费时：

借：银行存款　　352 000

　贷：应收账款——东方公司　　352 000

3. 票据结算方式销售货物的核算。在票据结算销售货物的情况下，应通过专门设置的“应收票据”科目进行核算。按照规定，纳税人收到由购货方交来的相关票据时，销售收入实现。

【例 2-3】甲公司本期采用银行承兑汇票结算方式销售 A 产品一批给乙公司，向乙公司开具增值税专用发票，产品销售金额 40 000 元、增值税税额 6 800 元；另外，随同产品出售并单独计价包装物 200 个，每个单价 11.7 元，向乙公司开具普通发票，包装物销售金额 2 340 元。当日收到乙公司签发并承兑的带息银行承兑汇票一张，合计金额 49 140 元。票据的付款期限为半年，年利息率为 6%。假定半年期到，公司如数收到货款及利息收入。

根据本题的业务内容，产品销售开具的是专用发票，包装物销售开具的是普通发票。按照规定，普通发票的销售额在会计处理前应将其换算成不含税的销售额。甲公司的会计处理如下：

（1）甲公司销售货物收到应收票据时：

包装物的不含税销售额 $=\frac{2\ 340}{1+17\%}=2\ 000$（元）

借：应收票据——银行承兑汇票（乙公司）　　49 140
　贷：主营业务收入　　40 000
　　　其他业务收入　　2 000
　　　应交税费——应交增值税（销项税额）　　7 140

（2）半年期到收到货款及利息时：

按照税法规定，收到的延期付款利息收入应作为价外费用，按规定计算缴纳增值税。利息收入扣除应缴纳的增值税后的余额，记入“主营业务收入”的贷方。

利息收入 $=49\ 140\times6\%\div12\times6=1\ 474.2$（元）

利息收入的销项税额 $=1\ 474.2\div(1+17\%)\times17\%=214.2$（元）

借：银行存款　　50 614.2
　贷：应收票据——银行承兑汇票（乙公司）　　49 140
　　　财务费用　　1 260
　　　应交税费——应交增值税（销项税额）　　214.2

4. 赊销和分期收款方式销售货物的核算。在赊销和分期收款方式销售货物的情况下，纳税人以本期收到的货款或合同约定的本期应收价款来确认销售收入的实现。这里要注意两点：一是企业应按规定在合同约定的收款日期分期开具发票；二是采取分期收款方式销售商品，如果延期收取价款时间超过3年，具有融资性质的，应当按照应收的合同或协议价款的现值来确定其公允价值。在会计处理上，按应收合同价款，借记“长期应收款”科目，按应收合同价款的公允价值，贷记“主营业务收入”科目，差额贷记“未实现融资收益”科目。应收的合同或协议价款与其公允价值之间的差额，在合同期内，按应收款项的摊余成本和实际利率计算确定的摊销金额，冲减财务费用，即借记“未实现融资收益”科目，贷记“财务费用”科目。

【例2-4】甲公司本期采取赊销和分期收款方式销售C产品40件给丙公司，每件不含税销售单价为1 000元，销售金额共计40 000元，购销合同约定分4次等额付款（3年内）。该产品单位成本为600元，成本共计24 000元。公司会计处理如下：

（1）本期发出货物时：

借：发出商品　　24 000
　贷：库存商品　　24 000

（2）按合同规定，甲公司本期内收到第一次货款时，向丙公司开具增值税专用发票。

第一次货款 $=40\ 000\div4=10\ 000$（元）

销项税额 $=10\ 000\times17\%=1\ 700$（元）

借：银行存款　　11 700
　贷：主营业务收入　　10 000
　　　应交税费——应交增值税（销项税额）　　1 700

（3）结转第一次收款主营业务成本时：

第一次应结转的主营业务成本 $=24\ 000\div4=6\ 000$（元）

借：主营业务成本　　6 000

贷：发出商品 6 000

第二、三、四次收到货款时的会计处理与上面（2）、（3）相同。

【例 2-5】2009 年 1 月 1 日，甲公司采用分期收款方式向乙公司销售一套大型设备，合同约定的销售价格为 2 000 万元，分 5 次于每年 12 月 31 日等额收取。该大型设备成本为 1 560 万元。在现销方式下，该大型设备的销售价格为 1 600 万元。假定甲公司发出商品时，其有关的增值税纳税义务尚未发生，在合同约定的收款日期，发生有关的增值税纳税义务。

根据资料，甲公司应当确认的销售商品收入金额为 1 600 万元。

根据公式：

未来 5 年收款额的现值=现销方式下应收款项金额

可以得出：

400×（P/A，r，5）=1 600（万元）

可在多次测试的基础上，用插值法计算折现率。

当 r=7%时，400×4.1002=1 640.08（万元），1 640.08>1 600。

当 r=8%时，400×3.9927=1 597.08（万元），1 597.08 <1 600。

因此，7% <r<8%。用插值法计算如下：

现值	利率
1 640.08	7%
1 600	r
1 597.08	8%

$$\frac{1\,640.08-1\,600}{1\,640.08-1\,597.08}=\frac{7\%-r}{7\%-8\%}$$

r=7.93%

每期计入财务费用的金额见表 2-14。

表 2-14 财务费用和已收本金计算表 单位：万元

年份 (t)	未收本金 $A_t=A_{t-1}-D_{t-1}$	财务费用 B=A×7.93%	收现总额 C	已收本金 D=C-B
2009 年 1 月 1 日	1 600			
2010 年 12 月 31 日	1 600	26.88	400	273.12
2011 年 12 月 31 日	1 326.88	105.22	400	294.78
2012 年 12 月 31 日	1 032.10	81.85	400	318.15
2013 年 12 月 31 日	713.95	56.62	400	343.38
2014 年 12 月 31 日	370.57	29.43*	400	370.57
总额		400	2 000	1 600

*尾数调整。

根据表 2-14 的计算结果，甲公司各期的会计分录如下：

①2009 年 1 月 1 日销售实现时：

借：长期应收款　20 000 000
　贷：主营业务收入　16 000 000
　　　未实现融资收益　4 000 000
借：主营业务成本　15 600 000
　贷：库存商品　15 600 000

②2009 年 12 月 31 日收取货款和增值税税额时：
借：银行存款　4 680 000
　贷：长期应收款　4 000 000
　　　应交税费——应交增值税（销项税额）　680 000
借：未实现融资收益　1 268 800
　贷：财务费用　1 268 800

③2010 年 12 月 31 日收取货款和增值税税额时：
借：银行存款　4 680 000
　贷：长期应收款　4 000 000
　　　应交税费——应交增值税（销项税额）　680 000
借：未实现融资收益　1 052 200
　贷：财务费用　1 052 200

④2012 年 12 月 31 日收取货款和增值税税额时：
借：银行存款　4 680 000
　贷：长期应收款　4 000 000
　　　应交税费——应交增值税（销项税额）　680 000
借：未实现融资收益　818 500
　贷：财务费用　818 500

⑤2013 年 12 月 31 日收取货款和增值税税额时：
借：银行存款　4 680 000
　贷：长期应收款　4 000 000
　　　应交税费——应交增值税（销项税额）　680 000
借：未实现融资收益　566 200
　贷：财务费用　566 200

⑥2014 年 12 月 31 日收取货款和增值税税额时：
借：银行存款　4 680 000
　贷：长期应收款　4 000 000
　　　应交税费——应交增值税（销项税额）　680 000
借：未实现融资收益　294 300
　贷：财务费用　294 300

5. 委托其他单位代销货物的核算。在委托代销商品的情况下，代销单位应按规定每月给委托单位提供代销清单，并列明已售出委托代销商品的数量、单价和销售金额。委托单位据此登记销售收入并结转销售成本。按税法的规定，委托其他单位代销货物，纳税义务发生时间为企业收到代销单位的代销清单的当天。这分两种情况：

第一种情况：收取手续费方式。受托方不改变售价，只收取手续费。委托方在发出商品时通常不确认销售商品收入，而在收到委托方开出的代销清单时确认收入；受托方在商品销售后，按合同或协议约定的方法计算手续费，确认收入。

【例 2-6】甲公司委托某大型商场代销其产品，本月初发出代销产品 100 件，单位产品成本 500 元，委托代销的不含税单价为 600 元，每件产品支付商场代销手续费 20 元。本月末甲公司收到商场报来的销售清单，100 件商品已售出，按委托要求取得不含税金额 60 000 元，增值税税率 17%，取得销项税额 10 200 元。

甲公司会计处理如下：

（1）发出代销产品时：

借：委托代销商品　　50 000

　贷：库存商品　　50 000

（2）收到商场报来的代销清单，向商场开具专用发票时：

借：应收账款——商场　　70 200

　贷：主营业务收入　　60 000

　　应交税费——应交增值税（销项税额）　　10 200

（3）结转代销商品的销售成本时：

借：主营业务成本　　50 000

　贷：委托代销商品　　50 000

（4）收到商场交来的代销手续费结算清单时：

代销手续费＝100×20＝2 000（元）

借：销售费用——代销手续费　　2 000

　贷：应收账款——商场　　2 000

（5）收到商场划来贷款（手续费已扣除）时：

借：银行存款　　68 200

　贷：应收账款——商场　　68 200

按照《增值税暂行条例》的规定，将货物交付他人代销或代销他人货物均应视同销售行为，代销方也要按规定缴纳增值税。同时，代销方收取的代销手续费属于混合销售收入，代销方按收取的手续费确认收入，本例中不考虑营业税的计算。

【例 2-7】依据例 2-6 中的委托业务，商场（代销方）的会计处理如下：

（1）收到甲公司的代销商品时：

借：受托代销商品　　60 000

　贷：受托代销商品款　　60 000

（2）商场销售商品收到销售额及销项税额时：

借：银行存款　　70 200

　贷：应付账款——甲公司　　60 000

　　应交税费——应交增值税（销项税额）　　10 200

（3）收到委托方开具的增值税专用发票时：

借：应交税费——应交增值税（进项税额）　　10 200

　贷：应付账款——甲公司　　10 200

（4）转销受托代销商品时：

借：受托代销商品款　60 000

　贷：受托代销商品　60 000

（5）将扣除手续费后的应付账款划转委托方并开具手续费结算发票时：

借：应付账款——甲公司　70 200

　贷：主营业务收入　2 000

　　　银行存款　68 200

第二种情况：视同买断方式。委托方按协议价收取所代销商品的货款，实际售价可由受托方自定，也可以在协议中约定。

【例 2-8】华伦商场本期受托代销乙公司商品一批，乙公司委托商场代销商品的成本为 900 元。双方合同约定，商场代销商品后，乙公司收取不含税销售额 1 000 元、增值税税额 170 元，商场实销金额大于支付乙公司的部分归商场所得。商场代销商品，实销的不含税金额为 1 200 元，取得增值税税额 204 元，款已收存银行。代销业务结束，华伦商场应作会计处理如下：

（1）商场收到代销商品时：

借：受托代销商品——乙公司　1 000

　贷：受托代销商品款——乙公司　1 000

（2）商场实现销售时：

借：银行存款　1 404

　贷：主营业务收入　1 200

　　　应交税费——应交增值税（销项税额）　204

销售实现后，结转成本并及时向委托方报送代销货物清单。

（3）结转销售成本时：

借：主营业务成本　1 000

　贷：受托代销商品——乙公司　1 000

（4）收到委托方开具的增值税专用发票时：

借：受托代销商品款——乙公司　1 000

　　应交税费——应交增值税（进项税额）　170

　贷：应付账款——代销商品款（乙公司）　1 170

（5）向委托方支付代销商品货款时：

借：应付账款——代销商品款（乙公司）　1 170

　贷：银行存款　1 170

【例 2-9】例 2-8 中委托方乙公司的会计处理如下：

（1）发出代销商品（成本 900 元）时：

借：委托代销商品　900

　贷：库存商品　900

（2）收到华伦商场报送的代销清单时：

借：应收账款——代销商品款（商场）　1 170

　贷：主营业务收入　1 000

贷：应交税费——应交增值税（销项税额） 170

（3）收到华伦商场的代销款时：

借：银行存款 1 170

贷：应收账款——代销商品款（商场） 1 170

同时，结转委托代销商品的成本：

借：主营业务成本 900

贷：委托代销商品 900

6. 采取预收货款方式销售货物的核算。按照规定，纳税人采取预收货款方式销售货物，发出货物的当天为销售收入实现和纳税义务发生的时间。

【例 2-10】甲公司本期发出上期预收购货款的 B 产品，产品销售额 10 000 元、增值税税额 1 700 元，价税合计金额与预收款金额相等。公司应作会计处理如下：

借：预收账款——预收购货款 11 700

贷：主营业务收入 10 000

应交税费——应交增值税（销项税额） 1 700

7. 提供应税劳务的核算。按照规定，纳税人提供应税劳务，其纳税义务发生时间为提供劳务同时收讫价款或者取得索取价款的凭据的当天。

【例 2-11】甲公司为增值税一般纳税人，本期受托为某使用单位加工其自己耗用的食品一批，加工结束后向委托方开具普通发票，取得加工费收入 3 510 元，款已存入银行。公司会计处理如下：

取得加工收入的不含税销售额 = 3 510 ÷（1+17%）= 3 000（元）

借：银行存款 3 510

贷：主营业务收入（或其他业务收入） 3 000

应交税费——应交增值税（销项税额） 510

8. 兼营行为的核算。兼营行为有两种情况：一是纳税人生产经营两种以上不同税率货物，按照规定，应将不同税率的货物分别核算，如果不分别核算或不能准确分别核算，应从高适用税率计征增值税；二是纳税人在生产经营活动中既经营货物销售，又提供营业税应税劳务，如商场附设餐饮部等，按照规定，纳税人必须将不同税种征税范围的经营项目分别核算、分别申报纳税，如果不分别核算或不能准确分别核算，其应税劳务与货物或非应税劳务一并征收增值税，不征收营业税。

【例 2-12】华伦商场本期柜台销售货物的零售收入 117 000 元，商场内设的餐饮部本期营业收入 35 100 元。商场在会计处理上未将两项收入分别核算，按照税法的规定，应将商场的两项收入一并征收增值税。商场应作会计处理如下：

两项收入的不含税销售额 =（117 000+35 100）÷（1+17%）= 130 000（元）

本期商场的销项税额 = 130 000×17% = 22 100（元）

借：银行存款（或库存现金） 152 100

贷：主营业务收入 130 000

应交税费——应交增值税（销项税额） 22 100

（二）特殊销售销项税额的核算

1. 销售折扣与折让的核算。在商品流通过程中，由于许多特殊情况，销售折扣与折让经常发生。企业发生销售折扣与折让，一般是直接冲减主营业务收入，不单设“销售折扣与折让”账户。某些企业销售折扣与折让发生较多，也可以单设“销售折扣与折让”账户进行核算。在实际购销过程中，销售折扣包括商业折扣和现金折扣两种具体形式。

（1）商业折扣。商业折扣的具体形式是薄利多销，一般按折扣后的净值入账，对于折扣金额不作反映。如果销售方按折扣前的原价开具发票，其折扣金额必须在一张发票上反映；否则，计算增值税时不得扣除其折扣金额。

【例 2-13】甲公司生产并销售 A 产品，不含税单价为 500 元。为了促进销售，公司规定：一次购买 100 件以上的，给予 2% 的折扣；一次购买 200 件以上的，给予 4% 的折扣。该企业本期一次销售给某大型商场 300 件 A 产品，向商场开具增值税专用发票（折扣额在发票金额栏注明），实收销售额 144 000 元、增值税税额 24 480 元，款已收存银行。公司会计处理如下：

借：银行存款	168 480	
贷：主营业务收入		144 000
应交税费——应交增值税（销项税额）		24 480

（2）现金折扣。现金折扣是销售方销售货物以后，为了早日收回销货款，使自己少受损失而给予购货方的优惠折扣。按照税法的规定，纳税人给予购货方的现金折扣，无论比例大小，在计算增值税销项税额时均不得扣除其折扣的金额。在会计实务中，现金折扣可以用总价法和净价法进行记账。

【例 2-14】甲公司本期采取赊销方式销售 B 产品 500 件给某商场，不含税单价 100 元，增值税税率 17%，应收价税金额合计 58 500 元。付款条件是 2/10、1/20、N/30。甲公司根据业务情况按照总价法作会计处理如下：

①发出货物并办妥有关手续时：

借：应收账款——商场	58 500	
贷：主营业务收入		50 000
应交税费——应交增值税（销项税额）		8 500

②假定购货方在第 8 天付讫货款，按照合同规定，享受付款总额 2% 的优惠，甲公司已将货款收存银行。甲公司实收金额 57 330 元（58 500×（1-2%）），让利 1 170 元。按规定，现金折扣的让利金额应作为财务费用处理。会计处理如下：

借：银行存款	57 330	
财务费用	1 170	
贷：应收账款		58 500

③如果购买方在 20 天以后付款，甲公司已将货款收存银行。会计处理如下：

借：银行存款	58 500	
贷：应收账款		58 500

（3）销售折让和销售退回的核算。按照规定，销售折让和销售退回无论是属于本年度还是属于以前年度销售的，都应冲减本年度销售收入和销售成本，而不调整以前年度利润；如果销售退回的是应纳增值税的产品，还应冲减“销项税额”；如果发生的销售折让和销售退回属于本期销售且未结转销售成本，则只需冲减销售收入，不冲减销售成本；如果发生的销售退回属于退回后重新调换同种商品的，则不应作销售退回处理。

销售折让和销售退回的账务处理，既可依据销售折让和销售退回的合法凭据用红字冲销，也可依据销售折让和销售退回货物的合法凭据用蓝字作相反的会计分录，但是，都必须注意保持总账与明细账的衔接。

【例 2-15】甲公司本期退回上期销售的部分商品，该商品原不含税销售额 30 000 元、销售成本 24 000 元，退回商品的专用发票上注明的销项税额为 5 100 元，该商品上期的销售收入、销售成本已经结转。公司会计处理如下：

①冲减本期销售收入与销项税额时：

借：主营业务收入　30 000

　应交税费——应交增值税（销项税额）　5 100

　贷：银行存款（或应收账款）　35 100

②冲减本期销售成本时：

借：库存商品——销售退回　24 000

　贷：主营业务成本——销售退回　24 000

2. 以旧换新销售货物的核算。以旧换新是促进销售的一种手段，是指纳税人在销售新货物时有偿收回旧货物的行为。按照税法的规定，采取以旧换新方式销售货物的，应按新货物的同期销售价格确定销售额，不得扣除旧货物的收购价格。收购的旧货物可以按购进材料或购进商品处理，但必须注明是收购的旧货物。

【例 2-16】甲公司本期直接向消费者销售 B 产品 10 件，每件含税单价 2 340 元，共计销售金额 23 400 元，B 产品的增值税税率为 17%。在销售产品时，收回同类品种的旧商品 5 件作为库存商品管理，每件折价 400 元，回收价共计 2 000 元。甲公司销售的 10 件 B 产品实际收到现金 21 400 元。公司应作会计处理如下：

借：库存现金　21 400

　库存商品　2 000

　贷：主营业务收入　20 000

　　应交税费——应交增值税（销项税额）　3 400

3. 以物易物方式销售货物的核算。以物易物方式销售货物是指购销双方不以货币资金进行核算，而是以同等价款的货物或不同等价款的货物再用货币资金补齐差额的一种结算方法。按照税法规定，以物易物双方都应作购销业务处理，以各自发出的货物核算其销售额并计算其销项税额，以各自收到的货物核算其购货金额并计算其进项税额。

【例 2-17】甲公司本期内以 C 产品换取乙公司的原材料，甲公司发出 C 产品 20 件，不含税单价为 1 500 元，增值税税率为 17%；收到乙公司发出的材料不含税金额 40 000 元，增值税税率为 17%。甲、乙双方商定交换货物不等价的差额以银行存款补齐。甲乙双方相互给对方开具了增值税专用发票，甲公司以银行存款 11 700 元补齐乙公司的材料款。甲公司应作会计处理如下：

（1）甲公司发出 C 产品时：

C 产品的销售额 $=1\ 500\times20=30\ 000$（元）

C 产品的销项税额 $=30\ 000\times17\%=5\ 100$（元）

借：应收账款——乙公司　35 100

　贷：主营业务收入　30 000

贷：应交税费——应交增值税（销项税额）　5 100

（2）收到乙公司发出的原材料入库时（收到增值税专用发票注明的购货金额40 000元、增值税进项税额6 800元）：

借：原材料　40 000

应交税费——应交增值税（进项税额）　6 800

贷：应付账款——乙公司　46 800

（3）甲公司以银行存款补齐差额时：

借：应付账款——乙公司　46 800

贷：应收账款——乙公司　35 100

银行存款　11700

4. 没收押金的核算。按照规定，对逾期未收回包装物而没收的押金，应按规定计算缴纳增值税。在生产经营过程中，收取的包装物押金有两种情况：

（1）对于出租、出借包装物收取的押金，因逾期未收回包装物而没收的部分，视同包装物租金收入处理，应计入其他业务收入。企业收取押金时，借记“银行存款”科目，贷记“其他应付款”科目；因逾期未收回包装物而没收押金时，借记“其他应付款”科目，贷记“其他业务收入”科目。这部分没收的押金收入应交的增值税应相应计入其他业务成本，借记“其他业务成本”科目，贷记“应交税费——应交增值税（销项税额）”科目。

【例2-18】甲公司本月初销售A产品一批，向购货方开具增值税专用发票，取得销售金额10 000元、增值税税额1 700元。另外，向购货方出租、出借包装物10个，每个收取押金58.5元，向购货方开具收款收据，共收取押金585元。销售金额、增值税税额、押金等款项已收存银行。购销合同约定，出租、出借的包装物在15天内退回，否则没收押金。到本月下旬出租、出借的包装物已超过期限。甲公司的会计处理如下：

①销售A产品收到销售金额、销项税额和押金时：

借：银行存款　12 285

贷：主营业务收入　10 000

应交税费——应交增值税（销项税额）　1 700

其他应付款　585

②没收押金与计算增值税时：

因没收的押金是含税金额，计算增值税时，应将含税金额换算为不含税金额作为销售额。

押金不含税金额＝585÷（1+17%）＝500（元）

没收押金应缴纳的增值税税额＝500×17%＝85（元）

借：其他应付款　585

贷：其他业务收入　500

应交税费——应交增值税（销项税额）　85

另一种处理方法是，将没收的押金和计算的增值税按以下两步进行核算：

首先，将押金收入全部转入“其他业务收入”科目：

借：其他应付款　585

贷：其他业务收入 585

其次，将计算的增值税记入“其他业务成本”科目：

借：其他业务成本 85

贷：应交税费——应交增值税（销项税额） 85

在上述两种处理方法中，正常情况下应以前者为主，会计处理起来也简单一些。

（2）对包装物已作价随同产品销售，但为促使购货人将包装物退回而另外加收的押金，因逾期未收回包装物而没收的部分，应计入营业外收入。企业收取押金时，借记“银行存款”科目，贷记“其他应付款”科目；因逾期未收回包装物而没收押金时，没收的押金收入应缴纳的增值税，应先在“其他应付款”科目中冲抵，借记“其他应付款”科目，贷记“应交税费——应交增值税（销项税额）”科目。冲减后的净额自“其他应付款”科目转入“营业外收入”科目。

【例2-19】甲公司本期销售B产品100件，包装物作价随同产品销售，产品和包装物的不含税单价为200元，增值税税率17%，产品销售额合计20 000元、增值税税额3 400元，向购货方开具增值税专用发票。另外，为了促使购货人将包装物退回重复使用，向购货人收取包装物押金1 755元，并向购货人开具收款收据，货物款和押金已收存银行。按购销合同规定，包装物在20天内必须退回，否则没收其押金。到本期末已超过20天的期限，甲公司仍未收到退回的包装物。公司的会计处理如下：

①甲公司销售货物时：

借：银行存款 23 400

贷：主营业务收入 20 000

应交税费——应交增值税（销项税额） 3 400

②向购货方收取押金时：

借：银行存款 1 755

贷：其他应付款 1 755

③没收押金时，按照规定计算应交的增值税：

押金的不含税金额=1 755÷（1+17%）=1 500（元）

没收押金应交的增值税=1 500×17%=255（元）

借：其他应付款 1 755

贷：营业外收入 1 500

应交税费——应交增值税（销项税额） 255

（3）对销售酒类（黄酒、啤酒除外）产品收取的包装物押金，按照规定，不论押金是否退还，也不论在财务上如何处理，均应计算缴纳增值税和消费税。将应缴纳的增值税和消费税记入“销售费用”账户核算。

【例2-20】某酒厂为增值税一般纳税人，其白酒的消费税税率为20%，本年度5月份销售白酒一批，取得包装物押金收入4 680元存入银行，并开具了收款收据。收取押金的相关会计处理如下：

取得押金时：

借：银行存款 4 680

贷：其他应付款 4 680

应缴纳的增值税和消费税：

应缴纳增值税=4 680÷（1+17%）×17%=680（元）

应缴纳消费税=4 680÷（1+17%）×20%=800（元）

借：销售费用 1 480

　贷：应交税费——应交增值税（销项税额） 680

　　　　　　——应交消费税 800

如按期退还包装物押金，作与收到押金时相反的会计处理；如逾期未退还包装物而没收其押金时，将其转入“营业外收入”科目。

借：其他应付款 4 680

　贷：营业外收入 4 680

5. 销售自己使用过的固定资产的核算。增值税一般纳税人出售自己使用过的固定资产，是指除不动产以外的其他固定资产。按照税法规定，2009 年 1 月 1 日以后销售未抵扣进项税额的固定资产，按照 4% 的征收率计算税额后再减半征收增值税，不得抵扣进项税额。根据国家税务总局公告 2014 年第 36 号《关于简并增值税征收率有关问题的公告》，从 2014 年 7 月 1 日起，增值税一般纳税人销售自己使用过的且未抵扣进项税额的应税固定资产，按简易办法依 3% 征收率减按 2% 征收增值税。2009 年 1 月 1 日以后销售已经抵扣进项税额的固定资产和自制的固定资产，按适用税率征收增值税。

【例 2-21】甲公司为增值税一般纳税人，本期出售一台使用过的未抵扣进项税额的机器设备，该设备原价 150 000 元，已提取折旧 90 000 元。对外销售 82 400 元，向购买方开具普通发票，款已收存银行。在销售过程中发生销售费用 2 000 元，公司以银行存款支付。公司的会计处理如下：

（1）公司销售设备时，先转销固定资产：

借：固定资产清理 60 000

　　累计折旧 90 000

　贷：固定资产 150 000

（2）取得销售金额时：

借：银行存款 82 400

　贷：固定资产清理 82 400

（3）发生销售费用时：

借：固定资产清理 2 000

　贷：银行存款 2 000

（4）按规定计算应交增值税时：

销售设备开具的是普通发票，82 400 元是含税销售额，计算增值税时应首先将其换算为不含税的销售额。

不含税销售额=82 400÷（1+3%）=80 000（元）

销售设备应交增值税=80 000×2%=1 600（元）

借：固定资产清理 1 600

　贷：应交税费——应交增值税（销项税额） 1 600

（5）按规定将固定资产清理的贷方余额转入“营业外收入”科目：

固定资产清理的贷方余额=8 2400-60 000-2 000-1 600=18 800（元）

借：固定资产清理　18 800

　贷：营业外收入　18 800

6. 混合销售行为的核算。按照规定，从事货物的生产、批发或零售的企业、企业性单位及个体经营者，以及以从事货物的生产、批发或零售为主，兼营非应税劳务的企业、企业性单位及个体经营者的混合销售行为，视同销售货物征收增值税。

【例 2-22】甲公司本期销售一批货物给某使用单位，并负责安装。甲公司给该使用单位开具普通发票，分别收取货物款 23 400 元、安装费 1 170 元，款已收存银行。甲公司应作会计处理如下：

按照规定，甲公司的销售行为属于混合销售行为，应该征收增值税：

货物的不含税销售额=23 400÷（1+17%）=20 000（元）

货物的销项税额=20 000×17%=3 400（元）

安装费的不含税销售额=1 170÷（1+17%）=1 000（元）

安装费的销项税额=1 000×17%=170（元）

借：银行存款　24 570

　贷：主营业务收入　20 000

　　其他业务收入　1 000

　　应交税费——应交增值税（销项税额）　3 570

（三）视同销售货物的核算

按照《增值税暂行条例》的规定，视同销售货物的行为有 8 种，无论哪种行为，均应视同销售，按规定缴纳有关税费。其货物的计税价格，应参照同期同类产品的市场价格计算；没有参照价格的，应按成本加合理利润的方法计算组成计税价格。

企业将自己生产的产品用于非增值税应税项目、捐赠、赞助、广告、样品、职工福利奖励等方面，应视同销售。企业按规定缴纳的各种税费，如增值税、消费税、城市维护建设税、教育费附加等，在会计上是否作销售处理，同时结转销售成本，主要视商品的所有权是否转移而定。如果所有权发生转移，无论是会计处理还是税法规定，都应作收入处理，计算缴纳相关的全部税费；如果所有权未发生转移，按照流转税费的相关规定应视同销售，计算缴纳相关的流转税费，但在会计上不作收入处理，也不缴纳企业所得税。

1. 将自产的产品用于本企业基本建设的核算。企业将自产的产品用于本企业基本建设，按照规定，计算应交的增值税等，借记“在建工程”科目，贷记“应交税费——应交增值税（销项税额）”等科目。由于产品的所有权未发生转移，会计处理上不作收入入账，直接转销库存商品。

【例 2-23】甲公司为增值税一般纳税人，增值税税率 17%，本期将自产 A 产品一批用于本企业基本建设，无同类产品的市场销售价格。该产品既征增值税又征消费税，已知其成本价为 10 000 元，成本利润率为 8%，消费税税率为 10%，产品已转移使用。本例中，城市维护建设税、教育费附加不予考虑，公司自用产品应交增值税和消费税计算和会计处理如下：

（1）应纳税额的计算：

$$组成计税价格=\frac{10\ 000\times（1+8\%）}{1-10\%}=12\ 000（元）$$

增值税销项税额 = 12 000×17% = 2 040（元）

应缴纳消费税税额 = 12 000×10% = 1 200（元）

（2）会计处理：

借：在建工程　　13 240

　贷：库存商品　　10 000

　　应交税费——应交增值税（销项税额）　　2 040

　　　　　——应交消费税　　1 200

2. 将自产、委托加工或购买的货物作为对外投资的核算。按照税法规定，纳税人将自产、委托加工或购买的货物用于对外投资，应视同对外销售和投资两项业务处理，计算应交的增值税，借记“长期股权投资”等科目，贷记“应交税费——应交增值税（销项税额）”科目。

【例 2-24】甲公司本期将自产的 B 产品 100 件用于对外投资，该产品不含税市场销售单价为 1 000 元，增值税税率为 17%，产品单位成本为 800 元。与被投资方商定，以 117 000元作为投资额。产品已送往被投资单位，投资期限10 年。公司会计处理如下：

B 产品不含税销售额 = 100×1 000 = 100 000（元）

对外投资的销项税额 = 100 000×17% = 17 000（元）

借：长期股权投资　　117 000

　贷：主营业务收入　　100 000

　　应交税费——应交增值税（销项税额）　　17 000

借：主营业务成本　　80 000

　贷：库存商品　　80 000

3. 将自产的货物用于集体和个人福利的核算。按照规定，纳税人将自产的货物用于集体福利和个人消费，应视同对外销售，计算应交的增值税税额，借记“应付职工薪酬——职工福利”等科目，贷记“应交税费——应交增值税（销项税额）”科目。

【例 2-25】甲公司将本期委托加工收回的 B 产品一批，分配给本公司职工作福利，B 产品的不含税市场价格为 25 000 元，成本价格为 21 000 元，增值税税率为 13%，产品已分配给职工。公司应作会计处理如下：

分配产品的销项税额 = 25 000×13% = 3 250（元）

借：应付职工薪酬——职工福利　　28 250

　贷：主营业务收入　　25 000

　　应交税费——应交增值税（销项税额）　　3 250

借：主营业务成本　　21 000

　贷：库存商品　　21 000

4. 将自产、委托加工或购买的货物分配给股东与投资者的核算。按照规定，纳税人将自产、委托加工或购买的货物分配给股东与投资者，应视同对外销售，计算应交的增值税税额，借记“应付股利”科目，贷记“应交税费——应交增值税（销项税额）”科目。

【例 2-26】甲公司（股份公司）上年度应分给某股东股息 117 000 元，由于资金周转有困难，本年度元月将自产的一批货物作为利润分配给投资者。该批货物的含税市场销售价格为 117 000 元，成本价为 80 000 元，增值税税率为 17%，货物已经发出。公司会计处理如下：

作为利润分配货物的销项税额 = 117 000÷（1+17%）×17% = 17 000（元）

借：应付股利　　117 000

　贷：主营业务收入　　100 000

　　应交税费——应交增值税（销项税额）　　17 000

借：主营业务成本　　80 000

　贷：库存商品　　80 000

5. 企业将自产的产品无偿赠送他人的核算。按照规定，企业将自产的产品无偿赠送其他单位和个人，应视同对外销售，计算应缴纳的增值税税额，借记"营业外支出"科目，贷记"应交税费——应交增值税（销项税额）"科目。

【例 2-27】甲企业本期将自产的 A 产品一批通过救灾委员会捐赠给受灾地区，产品的成本价格为 50 000 元，同类产品的不含税市场销售价格为 60 000 元，增值税税率为 17%，产品已经送出。企业的会计处理如下：

捐赠产品的销项税额 = 60 000×17% = 10 200（元）

借：营业外支出　　60 200

　贷：库存商品　　50 000

　　应交税费——应交增值税（销项税额）　　10 200

第五节　增值税进项税额的核算

进项税额是指纳税人购进货物或者接受应税劳务所支付或者应负担的增值税税额。进项税额是与销项税额相对应的一个概念，即购货方的进项税额就是销货方的销项税额；反之，在开具增值税专用发票的情况下，销货方的销项税额即为购货方的进项税额。按照税法规定，增值税一般纳税人购进货物或接受应税劳务所支付的进项税额，并不是完全可以从销项税额中抵扣。当纳税人购进的货物或应税劳务用于非应税项目、免税项目或用于集体福利和个人消费时，其支付的进项税额不能从销项税额中抵扣。如果纳税人将不能抵扣的进项税额随意在销项税额中抵扣，按照规定以偷税论处。

准予从销项税额中抵扣的进项税额有：（1）从销售方或提供方取得的增值税专用发票（含货物运输业增值税专用发票、税控机动车销售统一发票，下同）上注明的增值税税额。（2）从海关取得的海关进口增值税专用缴款书上注明的增值税税额。（3）购进农产品，除取得增值税专用发票或者海关进口增值税专用缴款书外，按照农产品收购发票或者销售发票上注明的农产品买价和 13% 的扣除率计算的进项税额。（4）自 2004 年 12 月 1 日起，增值税一般纳税人购置税控收款机所支付的增值税税额（以购进税控收款机取得的增值税专用发票上注明的增值税税额为准），准予在该企业当期的增值税销项税额中抵扣。

不得从销项税额中抵扣的进项税额有：（1）用于简易计税方法计税项目、非增值税应税项目、免征增值税项目、集体福利或者个人消费的购进货物或者应税劳务。（2）非正常损失的购进货物及相关的应税劳务。（3）非正常损失的在产品、产成品所耗用的购进货物或者应税劳务。（4）国务院财政、税务主管部门规定的纳税人自用消费品。

（5）前述第（1）项至第（4）项规定的货物的运输费用和销售免税货物的运输费用。
（6）纳税人购进货物或者应税劳务，未按规定取得并保存增值税扣税凭证，或者增值税扣税凭证上未按规定注明增值税税额及其他有关事项的，其进项税额不得抵扣。

一、进项税额的核算

（一）准予从销项税额中抵扣的进项税额的核算

1. 取得增值税专用发票注明进项税额的核算。按税法规定，增值税一般纳税人购进货物或接受应税劳务，取得增值税专用发票的发票联和抵扣联且填写正确的，才能按规定计算其进项税额。如果购进货物或接受应税劳务，取得的是普通发票，不得计算进项税额。购进货物可能出现以下三种情况：

（1）付款货物验收入库。这是指付款时取得发票等单据，同时将材料验收入库。对于这类采购业务，可根据货款结算凭证和材料入库凭证作会计处理。

【例 2-28】甲公司本期购进原材料一批，以银行存款支付购货金额 50 000 元、增值税税额 8 500 元，并取得销货方的增值税专用发票，材料验收入库无误。公司会计处理如下：

借：原材料　　50 000
　　应交税费——应交增值税（进项税额）　　8 500
　贷：银行存款　　58 500

（2）料到款未付。这是指材料已到或者已验收入库，而未收到银行货款结算凭证、供货单位发票等单据，货款未付。料到款未付可分为两种情况：一是在本月内料到后，一般结算凭证、发票等单据过几天即可到达。为了简化核算工作，可暂不作会计处理，待办理结算手续后，再根据所支付的金额或发票账单的应付金额作会计处理。二是在月末料到款未付的，可按收到的材料类别抄列清单暂估入账。

暂估入账时只估计材料成本，不需要将增值税的进项税额暂估入账。到下月初将暂估入账的会计处理用红字冲销，待单到付款后作会计处理。

【例 2-29】甲公司 8 月 25 日收到 A 厂按合同发来的材料 10 吨，已验收入库。到 8 月 31 日结算凭证尚未到达，货款未付。每吨材料估价 5 000 元，公司应作会计处理如下：

①8 月 31 日按估价入账时：
借：原材料　　50 000
　贷：应付账款——暂估应付账款　　50 000

②9 月初用红字或相反的会计分录将估价冲销：
借：应付账款——暂估应付账款　　50 000
　贷：原材料　　50 000

9 月 8 日公司收到 A 厂开具的增值税专用发票和有关的发货单据，材料每吨不含税单价 6 000 元，每吨增值税税额 1 020 元，共支付材料金额 60 000 元、增值税税额 10 200 元，以银行存款支付。

借：原材料　　60 000
　　应交税费——应交增值税（进项税额）　　10 200
　贷：银行存款　　70 200

（3）款付料未到。这是指纳税人的开户银行已转来托收凭证、发票等，并已承付货款，而材料尚未到达。在这种情况下，按支付的材料金额借记“在途物资”科目（若企业采用计划成本进行材料日常核算则将本科目改为“材料采购”），按支付的增值税税额借记“应交税费——应交增值税（进项税额）”科目，按支付的全部款项贷记“银行存款”科目。待料到验收入库时，借记“原材料”、“库存商品”等科目，同时冲销“在途物资”科目。

【例2-30】甲公司为工业企业，9月10日收到其开户银行转来的托收凭证，附B公司发来原材料5吨的发票等收据，材料的销售金额20 000元、增值税税额3 400元，共计金额23 400元，该款项已验单承付，但材料尚未收到。9月14日收到B公司发来的材料并验收入库无误。材料采用实际成本法核算，甲公司应作会计处理如下：

①9月10日支付款项时：

借：在途物资	20 000	
应交税费——应交增值税（进项税额）	3 400	
贷：银行存款		23 400

②9月14日收到材料并验收入库时：

借：原材料	20 000	
贷：在途物资		20 000

2. 外购货物溢缺的核算。纳税人验收外购原材料时，可能发生溢余、短缺或损坏的情况，即实际入库的数量大于或小于发票所列的数量。在此情况下，对于溢余、短缺或损坏的材料，须及时查明原因和责任，根据不同情况作如下会计处理：

（1）材料溢余的会计处理。材料溢余，一般情况下都是供货方多发材料所致。处理的方法有两种：一是将多发货物退回供货方，但这种处理方法用得较少；二是与供货方商议将多发来的货物买下，将其货物款项付清即可，这种处理方法较为普遍。在会计处理时，将溢余的材料按不含税金额记入“待处理财产损溢”科目的贷方，查明原因后转销。财产溢余未处理时，一般不考虑增值税的问题。

【例2-31】甲公司本期向乙企业购买A材料10吨，每吨不含税单价1 000元，增值税170元，按合同规定，乙企业收款后发货。甲公司按合同规定开出转账支票支付款项11 700元，材料采用实际成本法核算。甲公司作会计处理如下：

①支付预付款时：

借：预付账款——预付购货款	11 700	
贷：银行存款		11 700

②假定3天后收到乙企业开具的增值税专用发票：

借：在途物资	10 000	
应交税费——应交增值税（进项税额）	1 700	
贷：预付账款——预付购货款		11 700

③假定收到发票3天后，材料到达验收入库时，实收数量为10.5吨，比购买数多0.5吨，原因待查。

借：原材料	10 500	
贷：在途物资		10 000

贷：待处理财产损溢　500

经查明，溢余材料属于供货方多发货，经甲乙双方协商，由甲公司补付价款500元和增值税税额85元，将多发材料购进，并取得乙企业开具的增值税专用发票。

借：待处理财产损溢　500

　　应交税费——应交增值税（进项税额）　85

　贷：银行存款　585

（2）材料短缺的会计处理。材料短缺的原因很多，不同的情况有不同的会计处理方法，但不论哪种情况都必须考虑进项税额的问题。

【例2-32】甲公司本期向乙企业购买材料10吨，每吨不含税单价1 000元、增值税税额170元，甲公司收到乙企业开具的增值税专用发票和有关收据，以银行存款支付材料金额10 000元、增值税税额1 700元。材料到达验收入库时，实收数量为9.5吨，短缺0.5吨，价款500元、增值税税额85元，原因待查。甲公司应作会计处理如下：

①支付价款、增值税并取得票据时：

借：在途物资　10 000

　　应交税费——应交增值税（进项税额）　1 700

　贷：银行存款　11 700

②材料到达验收入库时，短缺材料还未查明是何种原因之前，应将其记入“待处理财产损溢”科目：

借：原材料　9 500

　　待处理财产损溢　500

　贷：在途物资　10 000

③假定短缺属于供货方少发货，经协商供货方同意将材料补上，甲公司收到材料时：

借：原材料　500

　贷：待处理财产损溢　500

④假定短缺属于供货方少发货，经协商供货方将少发货的款项退回，甲公司收到款项时：

借：银行存款　585

　贷：待处理财产损溢　500

　　　应交税费——应交增值税（进项税额转出）　85

应交税费——应交增值税（进项税额）也可以在借方用红字表示。

⑤假定属于自然损耗，又分为两种情况：一是定额内损耗，应将损耗的材料金额计入材料成本中，应负担的增值税税额作进项税额处理；二是超定额损耗，应将损耗的材料金额记入“管理费用”账户中，应负担的增值税税额作进项税额处理。假定0.5吨损耗中，0.3吨属定额内损耗、0.2吨属超定额损耗。

定额内损耗部分：

借：原材料　300

　贷：待处理财产损溢　300

超定额损耗部分：

借：管理费用　234

贷：待处理财产损溢　200

应交税费——应交增值税（进项税额转出）　34

⑥假定属于运输单位的问题，应由运输单位赔偿，还未收到赔偿款时：

借：其他应收款——运输单位赔偿款　585

贷：待处理财产损溢　500

应交税费——应交增值税（进项税额转出）　85

收到运输单位的赔偿款时：

借：银行存款　585

贷：其他应收款——运输单位赔偿款　585

⑦假定损失应由保险公司赔偿，其会计处理方法与运输单位赔偿的处理方法相同。

⑧假定短缺属于非正常损失（管理不善造成被盗、丢失、霉烂变质的损失，以及被执法部门依法没收或强令自行销毁的货物），应将其计入管理费用：

借：管理费用　585

贷：待处理财产损溢　500

应交税费——应交增值税（进项税额转出）　85

⑨假定短缺属于自然灾害等客观因素造成，应扣除保险公司赔偿后将净损失计入营业外支出：

借：营业外支出　500

贷：待处理财产损溢　500

3. 接受投资的材料进项税额的核算。纳税人接受投资的材料用于应税产品的，与投资材料相应的增值税税额应单独核算。按照规定，准予从销项税额中抵扣。

【例 2-33】甲有限责任公司本期接受S公司以材料投资，S公司出资额等于其在注册资本中所占的份额，取得S公司开具的增值税专用发票，材料金额50 000元、增值税税额8 500元，材料已验收入库。公司应作会计处理如下：

借：原材料　50 000

应交税费——应交增值税（进项税额）　8 500

贷：实收资本——法人资本　58 500

4. 接受捐赠的材料进项税额的核算。纳税人接受捐赠的原材料用于应税产品的，原材料负担的进项税额准予从销项税额中抵扣。

【例 2-34】甲公司本期接受D公司捐赠材料一批，取得D公司增值税专用发票，注明材料金额30 000元、增值税税额5 100元，材料已验收入库。公司应作会计处理如下：

借：原材料　30 000

应交税费——应交增值税（进项税额）　5 100

贷：营业外收入　35 100

5. 委托加工物资、半成品、包装物等进项税额的核算。委托加工是指委托方提供原材料或主要材料，受托方只收取加工费，加工完成后的原材料、半成品等，其所有权仍然归委托方所有。税法规定，增值税一般纳税人支付的委托加工费，只要能取得增值税专用发票的，其进项税准予从销项税额中抵扣。

【例 2-35】甲公司本期委托H公司加工材料一批，甲公司发出材料10 000元，加工完成后以银行存款支付加工费 1 000 元、增值税税额 170 元，并取得受托方开具的增值税专用发票。另外，以银行存款支付运输单位的运输费用 500 元，取得普通发票。加工材料收回验收入库。甲公司应作会计处理如下：

（1）发出加工材料时：

借：委托加工物资	10 000	
贷：原材料		10 000

（2）支付加工费时：

借：委托加工物资	1 000	
应交税费——应交增值税（进项税额）	170	
贷：银行存款		1 170

（3）支付运输费用时，"营改增"后取得普通发票不予抵扣进项税额：

借：委托加工物资	500	
贷：银行存款		500

（4）加工材料验收入库时：

借：原材料	11 500	
贷：委托加工物资		11 500

6. 生产企业支付水、电费进项税额的核算。生产企业以水、电作生产动力的，支付的水、电费用于生产过程的，构成产品成本的组成部分，用于生产过程的水、电费应负担的增值税税额作进项税额处理，准予从当期销项税额中抵扣。但必须取得增值税专用发票，无增值税专用发票者不得抵扣。

【例 2-36】甲公司本期以银行存款支付水、电费 20 000 元、增值税税额 3 400 元，取得增值税专用发票。水、电费的使用情况为：生产车间用 70%、车间管理用 10%、公司管理用 20%。公司应作会计处理如下：

借：生产成本	14 000	
制造费用	2 000	
管理费用	4 000	
应交税费——应交增值税（进项税额）	3 400	
贷：银行存款		23 400

7. 取得注明进项税额的完税凭证的核算。按照规定，纳税人进口货物应缴纳增值税，其增值税由海关代征。纳税人缴纳进口货物增值税后，即可取得海关开具的缴款书。缴款书上注明的进项税额允许在销项税额中抵扣。

【例 2-37】甲公司本期进口货物一批，该货物在进口国的买价为 100 000 元人民币，货物运达我国海关口岸前的运杂费共计 20 000 元人民币。货物的进口关税税率 30%、增值税税率 17%，按规定缴纳了进口环节关税和增值税并办完了有关手续，货物按实际成本法核算。公司应作会计处理如下：

进口货物应缴纳的关税 =（100 000+20 000）×30% =36 000（元）

进口货物应缴纳的增值税 =（100 000+20 000+36 000）×17% =26 520（元）

按照规定，进口货物应缴纳的关税计入该货物的成本价值中，会计分录如下：

借：在途物资　　156 000

　　应交税费——应交增值税（进项税额）　　26 520

　　贷：银行存款　　182 520

进口货物验收入库时：

借：原材料　　156 000

　　贷：在途物资　　156 000

8. 购进免税农产品进项税额的核算。某些工业企业在生产经营过程中需用农产品作原材料，按照规定，购进免税农产品作原材料，可按税务机关批准使用的收购凭证上注明的价款乘13%的扣除率计算进项税额。如果购货方代扣代缴农业特产税在购买价以外的，准予并入购买价一并计算进项税额。

企业购进免税农产品时，按买价或收购价扣除进项税额后的差额，借记"在途物资"等科目，按计算的进项税额，借记"应交税费——应交增值税（进项税额）"科目，按买价或收购价，贷记"银行存款"、"库存现金"等科目。

【例2-38】甲公司本期以现金5 000元购进免税农产品一批作原材料，产品已验收入库。根据购进免税农产品规定使用的收据，公司应作会计处理如下：

购进免税农产品的进项税额＝5 000×13%＝650（元）

购进免税农产品的不含税价＝5 000－650＝4 350（元）

借：原材料　　4 350

　　应交税费——应交增值税（进项税额）　　650

　　贷：库存现金　　5 000

9. 支付运输费用进项税额的核算。按照规定，一般纳税人外购货物所支付的运输费用，以及一般纳税人销售货物所支付的运输费用，根据取得的货物运输业增值税专用发票上注明的增值税税额准予抵扣。此外，购进或销售免税货物（购进免税农产品除外）所付运费进项税额不予抵扣。

【例2-39】甲公司本期购进原材料支付不含税运输费用3 000元、保险费1 000元；购进机器设备支付不含税运输费用4 000元、保险费2 000元；销售产品支付不含税运输费用5 000元。所有款项均以银行存款支付，取得了货物运输业增值税专用发票。甲公司应作会计处理如下：

（1）甲公司购进原材料支付的运输费用、保险费应计入材料成本，增值税专用发票上注明的进项税额准予抵扣：

支付购货运输费用的进项税额＝3 000×11%＝330（元）

计入材料成本运杂费金额＝3 000＋1 000＝4 000（元）

借：在途物资（或材料采购、原材料）　　4 000

　　应交税费——应交增值税（进项税额）　　330

　　贷：银行存款　　4 330

（2）购进机器设备支付的运输费用、保险费应计入固定资产价值中，增值税转型后购进机器设备进项税额准予抵扣。

支付购进设备运输费用的进项税额＝4 000×11%＝440（元）

计入固定资产原值运杂费金额＝4 000＋2 000＝6 000（元）

借：固定资产　6 000
　应交税费——应交增值税（进项税额）　440
　贷：银行存款　6 440

（3）销售产品支付的运输费用计入销售费用，并计算进项税额：

支付销售产品运输费用的进项税额 = 5 000×11% = 550（元）

计入销售费用的金额 = 5 000（元）

借：销售费用　5 000
　应交税费——应交增值税（进项税额）　550
　贷：银行存款　5 550

10. 购货后发生退货进项税额的核算。购货后发生退货时，可分两种情况处理：如果所收有关票据尚未进行账务处理，将所收货物和有关票据如数退回即可；如有关会计处理已经完成，还应按照规定，到当地主管税务机关开具退货证明（一式三份），一份送销货方作为开具红字专用发票的依据。购货方收到增值税专用红字发票及退货款项时，冲销原材料和进项税额。

【例 2-40】甲公司本期发现上期从 B 公司购进的原材料金额 5 000 元、进项税额 850 元的货物存在质量问题。甲公司向 B 公司要求退货，经过协商，B 公司同意退货，甲公司退回材料并收回款项存入银行。甲公司应作会计处理如下：

借：银行存款　5 850
　贷：原材料　5 000
　　应交税费——应交增值税（进项税额）　850

注：进项税额转出登记时，用红字借记“应交税费——应交增值税”明细账的“进项税额”专栏，退回材料的进项税额也可用红字在借方反映。

（二）不得从销项税额中抵扣的进项税额的核算

不得从销项税额中抵扣的进项税额，其特点是该进项税额不能作为进项税额单独反映，只能计入相应项目的成本价值中。按照《增值税暂行条例》的规定，增值税一般纳税人的下列项目的进项税额不得从销项税额中抵扣：

1. 购进固定资产。购进固定资产分为两大类：一是可以移动的固定资产，如机器、设备等；二是不能移动的固定资产，如房屋、建筑物等。自 2009 年 1 月 1 日起，增值税转型后，企业购进的可移动的固定资产，其进项税额可以扣除；不能移动的固定资产，其进项税额不能扣除。企业以其他形式（如接受捐赠、投资等）取得的固定资产也按这两大类进行划分，判断其进项税额是否可以扣除。

【例 2-41】甲公司本期购进房屋两套，以银行存款支付价款 800 000 元。另外，支付其他税费 50 000 元。按照税法规定，购进房屋支付的价款和其他费用，无论其中是否含有增值税进项税额，均不得计算进项税额，应将全部金额计入固定资产的价值中。公司应作会计处理如下：

借：固定资产　850 000
　贷：银行存款　850 000

2. 用于非增值税应税项目购进货物或应税劳务。非增值税应税项目一般是指计算征收营业税的项目，如房产公司购进原料用于房产开发、企业购进原料用于建筑、安装、文化体育、娱乐业等。纳税人在购进货物或应税劳务时就已经明确用于非增值税应税项目，并非是购进后才改变用途。税法规定，购进时明确用于非增值税应税项目的，其进项税额不得单独反映，应计入相应的项目成本中。

【例 2-42】甲公司本期购进一批专用物资用于基本建设工程，取得增值税专用发票，以银行存款支付物资价款 100 000 元、增值税税额 17 000 元。另外，支付该项物资购进运输费用 4 000 元，取得货物运输业增值税专用发票，注明税款 440 元。公司应作会计处理如下：

借：工程物资	121 440	
贷：银行存款		121 440

3. 用于免税项目的购进货物或应税劳务进项税额的核算。按照规定，购进货物或应税劳务用于免税项目是指《增值税暂行条例》规定范围的免税项目，其进项税额计入该货物或应税劳务的成本价值中。领用应税原材料一并生产应税产品和免税产品难以划分的，应按分摊比例进行计算，将免税产品应负担的进项税额转出。

【例 2-43】甲公司本期购进货物一批，用于生产避孕药品及用具，取得增值税专用发票，以银行存款支付货物价款 8 000 元、增值税税额 1 360 元，货物已验收入库。公司应作会计处理如下：

借：原材料	9 360	
贷：银行存款		9 360

4. 非正常损失的购进货物进项税额的核算。非正常损失的购进货物是因管理不善造成被盗、丢失、霉烂变质的损失，以及被执法部门依法没收或者强令自行销毁的货物。按照规定，其进项税额不得在销项税额中抵扣。非正常损失的购进货物有两种情况：一是购进货物时，货物未运达企业，在途中遭受的非正常损失，且该货物还未作进项税额处理，该种情况的进项税额不能单独反映，应将其与损失的材料一并直接记入“管理费用”科目；二是购进的货物已验收入库后的非正常损失，其进项税额已经作了进项税额反映，在此种情况下应将其进项税额作进项税额转出处理，这在后文的“（三）进项税额转出的核算”中介绍。

【例 2-44】甲公司本期外购原材料，途中遭受非正常损失，材料损失 2 000 元，损失材料应负担的增值税税额 340 元，假定该批外购原材料还未作进项税额处理。公司应作会计处理如下：

借：管理费用	2 340	
贷：待处理财产损溢		2 340

（三）进项税额转出的核算

进项税额转出是因为我国增值税实行“购进扣税法”，即在购进环节计算应该抵扣的进项税额。由于当期购进的货物或应税劳务，事先并未完全确定用于非生产经营项目，因此，其进项税额会在当期销项税额中予以抵扣。但已抵扣进项税额的购进货物或应税劳务，事后改变用途（即用于非应税项目、用于免税项目、用于集体福利或个人消费），或者库存材料和库存在产品、产成品发生非正常损失的，按照税法规定，均应将该购进货物或应税劳务的进项税额从使用当期发生的进项税额中转出。如果无法准确确定其进项税额，可按当期实际使用购进货物的实际成本计算其应扣减的进项税额。具体项目核算举例如下：

【例 2-45】甲公司本期从仓库领原材料 10 000 元用于基建工程，材料的增值税税率为 17%，增值税税额为 1 700 元，材料已从仓库发出。公司应作会计处理如下：

借：在建工程　11 700

　贷：原材料　10 000

　　应交税费——应交增值税（进项税额转出）　1 700

【例 2-46】甲公司本期将上期外购的一批货物用于本公司职工福利，货物金额 6 000 元，该货物的增值税税率为 13%，增值税税额为 780 元，货物已从仓库发出。公司应作会计处理如下：

借：应付职工薪酬——非货币性福利　6 780

　贷：原材料　6 000

　　应交税费——应交增值税（进项税额转出）　780

【例 2-47】甲公司本期因管理不善被盗，库存原材料损失 5 吨，每吨不含税金额 2 000元，增值税税率 17%；库存产成品损失 20 件，每件成本单价 1 000 元，成本单价中外购材料费用占 60%，增值税税率 17%。公司应作会计处理如下：

（1）原材料损失时：

库存原材料损失金额 = 2 000×5 = 10 000（元）

损失原材料应负担的增值税税额 = 10 000×17% = 1 700（元）

借：管理费用　11 700

　贷：原材料　10 000

　　应交税费——应交增值税（进项税额转出）　1 700

（2）产成品损失时：

产成品损失金额 = 1 000×20 = 20 000（元）

产成品成本中的外购原材料金额 = 20 000×60% = 12 000（元）

产成品中的外购材料应负担的增值税税额 = 12 000×17% = 2 040（元）

借：管理费用　22 040

　贷：库存商品　20 000

　　应交税费——应交增值税（进项税额转出）　2 040

二、商品流通企业进项税额的核算

商品流通企业与工业企业进项税额的核算方法基本相同，其区别在于：商品流通企业购进货物所支付的运输费用，扣除进项税额后一般不计入商品的成本中，而是记入“销售费用”账户核算。另外，商品流通企业除了进价金额核算外，还可采用售价金额核算。

1. 采用进价金额核算进项税额。商品流通企业采用进价金额核算时，主要使用“在途物资”、“库存商品”、“应交税费——应交增值税”、“银行存款”、“应付账款”、“应付票据”、“销售费用”等主要会计科目。根据销货方开具的增值税专用发票，将购进货物的实际金额记入“在途物资”或“库存商品”科目，按增值税专用发票上注明的增值税税额记入“应交税费——应交增值税（进项税额）”科目，按应付或实际支付的价税合计金额记入“银行存款”、“应付账款”等科目。其具体核算方法基本与工业企业相同，在此从略。

2. 采用售价金额核算进项税额。采用售价金额核算的商业零售企业，按照规定，仍然要设置“应交税费——应交增值税”等科目，进行会计核算，编制会计报表。但在日常会计核算中，“库存商品”等科目仍然按照含税的商品售价核算，购进商品的进价与其含税售价之间的差额，作为“商品进销差价”处理。“商品进销差价”科目包括两方面的内容：一是不含税的进价与不含税的售价之间的差额；二是向购买者收取的增值税税额（销项税额）。

商业零售企业购进商品，按照增值税专用发票上记载的应计入商品采购成本的金额，借记“在途物资”、“销售费用”等科目；按照增值税专用发票上注明的增值税税额，借记“应交税费——应交增值税（进项税额）”科目；按照应付或实际支付的金额，贷记“应付账款”、“应付票据”、“银行存款”等科目。

商品到达验收入库时，按照商品含税零售价格，借记“库存商品”科目；按照不含税的进价，贷记“在途物资”科目；按照含税的售价和不含税的进价之间的差额，贷记“商品进销差价”科目。

商品销售收入实现时，在会计上有两种处理方法：一是按照含税的售价，借记“银行存款”等科目，按含税的售价，贷记“主营业务收入”科目；同时，按照含税的售价结转商品销售成本，借记“主营业务成本”科目，贷记“库存商品”科目。然后，定期或月份终了，按照含税销售额的计算方法计算出销项税额，将含税的商品销售收入调整为不含税的销售收入，并反映应收取的销项税额，借记“主营业务收入”科目，贷记“应交税费——应交增值税（销项税额）”科目。二是按照含税的售价，借记“银行存款”等科目，将含税的售价换算为不含税的销售额后，贷记“主营业务收入”和“应交税费——应交增值税（销项税额）”科目；同时，按照含税的售价结转商品销售成本，借记“主营业务成本”科目，贷记“库存商品”科目。

月末，按照含税的商品进销差价，计算已销商品应分摊的进销差价，并调整商品销售成本，借记“商品进销差价”科目，贷记“主营业务成本”科目。

【例 2-48】大众零售商场为增值税一般纳税人，增值税税率为 17%，库存商品采用售价金额核算。期初库存商品结存 193 050 元，商品进销差价结存 43 050 元。本期购进商品一批，取得销货方开具的增值税专用发票，以银行存款支付商品价款 200 000 元，支付增值税税额 34 000 元，另外，支付购进货物的运输费用 5 000 元、增值税 550 元，取得运输单位开具的专用发票。商品已验收入库，含税售价金额 257 400 元。商场本期销售商品取得含税销售收入 351 000 元，款已收存银行。商场应作会计处理如下：

（1）支付本期购进商品价款时：

借：在途物资　　200 000

　　应交税费——应交增值税（进项税额）　　34 000

　贷：银行存款　　234 000

（2）支付本期购货运输费用时：

借：在途物资　　5 000

　　应交税费——应交增值税（进项税额）　　550

　贷：银行存款　　5 500

（3）本期购进商品验收入库时：

借：库存商品　257 400

　贷：在途物资　205 000

　　　商品进销差价　52 400

（4）本期销售收入实现时：

借：银行存款　351 000

　贷：主营业务收入　351 000

同时，按售价结转商品销售成本：

借：主营业务成本　351 000

　贷：库存商品　351 000

（5）按规定计算销售商品的销项税额，并调整商品销售收入：

$$商品销售的不含税销售额=\frac{351\ 000}{1+17\%}=300\ 000（元）$$

商品销售的销项税额 = 300 000×17% = 51 000（元）

借：主营业务收入　51 000

　贷：应交税费——应交增值税（销项税额）　51 000

（6）计算本期销售商品应分摊的进销差价，并调整销售成本：

期末库存商品金额 = 193 050+257 400−351 000 = 99 450（元）

$$商品进销差价分摊率=\frac{43\ 050+52\ 400}{99\ 450+351\ 000}\times 100\%=21.19\%$$

本期销售商品应分摊的进销差价 = 351 000×21.19% = 74 376.9（元）

借：商品进销差价　74 376.9

　贷：主营业务成本　74 376.9

另一种处理方法为：

本期销售收入实现时：

$$商品销售的不含税销售额=\frac{351\ 000}{1+17\%}=300\ 000（元）$$

商品销售的销项税额 = 300 000×17% = 51 000（元）

借：银行存款　351 000

　贷：主营业务收入　300 000

　　　应交税费——应交增值税（销项税额）　51 000

同时，按售价结转商品销售成本：

借：主营业务成本　351 000

　贷：库存商品　351 000

注：分摊商品进销差价及冲销商品销售成本与前面的方法相同。

第六节　增值税应纳税额的核算

增值税应纳税额的核算分为两种情况：一是增值税一般纳税人应纳税额的核算；二是增值税小规模纳税人应纳税额的核算。

一、增值税一般纳税人应纳税额的核算

增值税一般纳税人应纳税额等于当期销项税额减去当期进项税额后的余额。其基本计算公式为：

应纳税额=当期销项税额-当期进项税额

增值税一般纳税人应纳税额的多少，取决于公式中销项税额与进项税额两个因素。在前文第四节、第五节中，我们分别介绍了销项税额与进项税额的核算。应纳税额的核算程序是：首先，根据纳税人的销货、购货等凭证编制会计分录。其次，根据会计分录登记"应交税费——应交增值税"多栏式明细分类账。一般情况下，"应交税费——应交增值税"的期末贷方余额便是当期应纳的增值税税额。最后，根据编制的会计分录、"应交税费——应交增值税"多栏式明细分类账、增值税（专用/普通）发票使用明细表、增值税（专用发票/收购凭证/运输发票）抵扣明细表，填制增值税纳税申报表。为了真实反映纳税人的资金来源和占用情况，纳税人还应根据"应交税费——应交增值税"科目的有关专栏、"应交税费——未交增值税"科目的有关记录，填列应交税费明细表。

在实际生产经营过程中，由于各种原因可能发生购销货物不均衡，使当期销项税额小于当期进项税额，导致不足抵扣的情况。按照《增值税暂行条例》的规定，当期进项税额不足抵扣的部分可以结转下期继续抵扣。

按照规定，增值税一般纳税人期末应交增值税的会计处理有以下四种具体情况：

第一种情况：月末纳税人经过核算，若为"应交税费——应交增值税"借方余额，反映的是本月尚未抵扣的增值税；若为"应交税费——应交增值税"贷方余额，反映的是本月应上交的增值税。当月上交本月增值税时：

借：应交税费——应交增值税（已交税金）

　　贷：银行存款

如果平时多交了税金，月末收到退回多交的增值税时，作与上交税金相反的会计分录：

借：银行存款

　　贷：应交税费——应交增值税（已交税金）

第二种情况：月末纳税人经过核算，当月应上交税金转下月上交时，应将当月发生的应交未交增值税税额自"应交税费——应交增值税"科目转入"未交增值税"明细科目：

借：应交税费——应交增值税（转出未交增值税）

　　贷：应交税费——未交增值税

第三种情况：月末纳税人经过核算，如本月多交了增值税，应将本月多交的增值税自"应交税费——应交增值税"科目转入"未交增值税"明细科目：

借：应交税费——未交增值税

　　贷：应交税费——应交增值税（转出多交增值税）

第四种情况："应交税费——未交增值税"科目的期末借方余额反映多交的增值税，贷方余额反映未交的增值税。如当月上交上月应交未交的增值税时：

借：应交税费——未交增值税

　　贷：银行存款

【例 2-49】某工业企业为增值税一般纳税人，假定增值税适用税率为 17%，2014 年 8 月份发生有关业务如下：

(1) 8 月 5 日以银行存款 50 000 元上交上月应缴纳的增值税税额。

(2) 8 月 6 日购进甲材料一批，取得销货方开具的增值税专用发票，以银行存款支付材料金额 100 000 元、增值税税额 17 000 元，材料已验收入库。另外，以银行存款支付该批材料的运输费用 2 000 元，取得运输单位开具的普通发票。

(3) 8 月 8 日购进乙材料 100 件，每件不含税单价 400 元，取得销货方开具的增值税专用发票和有关收据，以银行存款支付材料金额 40 000 元、增值税税额 6 800 元，材料尚未收到。

(4) 8 月 10 购进丙材料一批，取得销货方普通发票，以银行存款支付材料价款 20 000元。材料已验收入库。

(5) 8 月 12 日购进免税农产品一批作原材料，经税务机关批准使用的收购凭证上注明以现金支付购进金额 10 000 元、支付运输费用取得专用发票注明运费 400 元、税款 44 元，货已验收入库。

(6) 8 月 13 日收到上述乙材料，验收入库时缺少 5 件，经查明缺少 5 件应由运输单位负责赔偿，赔偿款还未收到。

(7) 8 月 15 日购进机床一台，取得销货方增值税专用发票，以银行存款支付价款 60 000元、增值税税额 10 200 元，机床正在安装过程中。

(8) 8 月 20 日销售 A 产品一批给某大型商场，开具增值税专用发票，产品销售金额 80 000 元、增值税税额 13 600 元，款已收存银行。

(9) 8 月 22 日销售 B 产品一批给某使用单位，开具普通发票，取得销售金额 23 400 元，款已收存银行。

(10) 8 月 25 日将 C 产品一批用于本企业基本建设工程，其成本价 15 000 元，成本利润率为 10%，产品已交付使用。

(11) 8 月 26 日接受某单位委托加工商品一批，收取加工费和垫付的辅料费共计 3 510元，给委托方开具普通发票，款已收存银行。

(12) 8 月 28 日将本月 12 日购进的免税农产品 4 550 元（其中：运费成本 200 元）用于本企业职工个人福利，产品已发出。

(13) 8 月 31 日进行盘点，发现丢失本月购进的乙材料 5 件，经批准作管理费用处理。

要求：(1) 根据业务发生顺序编制会计分录。

(2) 根据会计分录，登记“应交税费——应交增值税”多栏式明细分类账，计算本月应交多少增值税。

(3) 根据上述资料，填制该企业 8 月份的增值税纳税申报表。

解：1. 根据上述经营业务，编制会计分录如下：

(1) 当月上交上月应交的增值税：

借：应交税费——未交增值税　　50 000

　贷：银行存款　　50 000

(2) 购进材料：

①购进甲材料：

借：原材料——甲材料　　100 000

　　应交税费——应交增值税（进项税额）　　17 000

　贷：银行存款　　117 000

②支付购进甲材料运输费用：

借：原材料——甲材料　　2 000

　贷：银行存款　　2 000

（3）购进乙材料支付价款：

借：在途物资——乙材料　　40 000

　　应交税费——应交增值税（进项税额）　　6 800

　贷：银行存款　　46 800

（4）购进丙材料取得的是普通发票，不予抵扣进项税额：

借：原材料——丙材料　　20 000

　贷：银行存款　　20 000

（5）购进免税农产品：

①支付价款时：

免税农产品应计算的进项税额＝10 000×13%＝1 300（元）

免税农产品应计入原材料的金额＝10 000－1 300＝8 700（元）

借：原材料——农产品　　8 700

　　应交税费——应交增值税（进项税额）　　1 300

　贷：库存现金　　10 000

②支付收购农产品运输费用应计算的进项税额＝400×11%＝44（元）

应计入原材料成本的运输费用＝400（元）

借：原材料——农产品　　400

　　应交税费——应交增值税（进项税额）　　44

　贷：库存现金　　444

（6）乙材料验收入库时：

①收到乙材料验收入库时：

借：原材料——乙材料　　38 000

　　待处理财产损溢　　2 000

　贷：在途物资——乙材料　　40 000

②转销待处理财产损溢时：

借：其他应收款——赔偿款　　2 340

　贷：待处理财产损溢　　2 000

　　　应交税费——应交增值税（进项税额转出）　　340

（7）购进机床时，其进项税额应计入其工程价值中：

借：在建工程　　60 000

　　应交税费——应交增值税（进项税额）　　10 200

　贷：银行存款　　70 200

(8) 销售A产品时：

借：银行存款　93 600
　贷：主营业务收入——A产品　80 000
　　应交税费——应交增值税（销项税额）　13 600

(9) 销售B产品时：

B产品的不含税销售额=23 400÷（1+17%）=20 000（元）

B产品的销项税额=20 000×17%=3 400（元）

借：银行存款　23 400
　贷：主营业务收入——B产品　20 000
　　应交税费——应交增值税（销项税额）　3 400

(10) 将C产品用于基建工程时：

C产品的组成计税价格=15 000×（1+10%）=16 500（元）

C产品的销项税额=16 500×17%=2 805（元）

借：在建工程——基建工程　17 805
　贷：库存商品——C产品　15 000
　　应交税费——应交增值税（销项税额）　2 805

(11) 收取加工费，开具的是普通发票：

收取加工费的不含税金额=3 510÷（1+17%）=3 000（元）

收取加工费应计算的销项税额=3 000×17%=510（元）

借：银行存款　3 510
　贷：主营业务收入　3 000
　　应交税费——应交增值税（销项税额）　510

(12) 将免税农产品发给职工作福利时：

用于职工福利的免税农产品已计算的进项税额，以及应负担的运输费用、已计算的进项税额均应转出。

发给职工作福利的免税农产品应负担的进项税额=（4550-200）÷（1-13%）×13%=650（元）

发给职工作福利的农产品的运费应负担的进项税额=200×11%=22（元）

转出的原材料成本=4 550元

转出原材料及运输费用应负担的进项税额=650+22=672（元）

借：应付职工薪酬 ——非货币性福利　5 222
　贷：原材料——农产品　4 550
　　应交税费——应交增值税（进项税额转出）　672

(13) 丢失5件乙材料时：

丢失乙材料的购进金额=400×5=2 000（元）

丢失乙材料应转出的进项税额=2 000×17%=340（元）

借：管理费用　2 340
　贷：原材料——乙产品　2 000
　　应交税费——应交增值税（进项税额转出）　340

2. 登记"应交税费——应交增值税"明细账，见表2-15。

3. 填制增值税纳税申报表（略）。

表2-15　　　　应交税费——应交增值税　　　　单位：元

借方			贷方		
(2) ①	进项税额	17 000	(6) ②	进项税额转出	340
(3)	进项税额	6 800	(8)	销项税额	13 600
(5) ①	进项税额	1 300	(9)	销项税额	3 400
(5) ②	进项税额	44	(10)	销项税额	2 805
(7)	进项税额	10 200	(11)	销项税额	510
			(12)	进项税额转出	672
			(13)	进项税额转出	340
合计		35 344	合计		21 667
余额		13 677			

【例2-50】某零售商城为增值税一般纳税人，库存商品以含税进价金额上浮10%核算，假定增值税适用税率为17%，2014年9月有关经营业务如下：

(1) 月初“库存商品”科目结存321 750元，“商品进销差价”科目结存71 750元。

(2) 9月中旬购进商品一批，取得销货方开具的增值税专用发票，以银行存款支付商品进价金额150 000元、增值税税额25 500元。商品验收入库，含税售价金额为193 050元。另外，收到运输单位的普通发票，以银行存款支付购货运输费用3 000元。

(3) 9月份共计实现零售收入360 360元，款已收存银行。

要求：(1) 根据上述资料编制会计分录。

(2) 根据会计分录计算9月份应交多少增值税？

(3) 计算9月末“库存商品”科目、“商品进销差价”科目各结存多少金额？

解：1. 编制会计分录如下：

(1) 无会计分录。

(2) 按业务顺序处理：

①支付购进商品货款时：

借：在途物资　　150 000

　　应交税费——应交增值税（进项税额）　　25 500

　贷：银行存款　　175 500

②商品验收入库时：

借：库存商品　　193 050

　贷：在途物资　　150 000

　　　商品进销差价　　43 050

③支付购进商品运输费用时：

借：销售费用　　3 000

　贷：银行存款　　3 000

(3) 商品销售收入、商品销售成本分录为：

①取得商品零售收入时：

借：银行存款　　360 360

　贷：主营业务收入　　360 360

②按含税收入结转成本时：

借：主营业务成本　　360 360

　贷：库存商品　　360 360

③计算销项税额，调整商品销售收入：

$$商品销售的不含税销售额=\frac{360\ 360}{1+17\%}=308\ 000（元）$$

商品销售的销项税额 = 308 000×17% = 52 360（元）

借：主营业务收入　　52 360

　贷：应交税费——应交增值税（销项税额）　　52 360

（4）计算商品销售收入应分摊的商品进销差价，调整商品销售成本：

月末“库存商品”金额 = 321 750+193 050−360 360 = 154 440（元）

$$商品进销差价分摊率=\frac{71\ 750+43\ 050}{360\ 360+154\ 440}\times 100\%=22.3\%$$

商品销售收入应分摊的商品进销差价 = 360 360×22.3% = 80 360.28（元）

借：商品进销差价　　80 360.28

　贷：主营业务成本　　80 360.28

2. 计算应交增值税：

9 月份应纳增值税税额 = 52 360−25 500 = 26 860（元）

假定该商城 9 月应缴纳的增值税转 10 月份上旬缴纳。按照规定，应将其应交未交的增值税税额转入“未交增值税”明细科目：

借：应交税费——应交增值税（转出未交增值税）　　26 860

　贷：应交税费——未交增值税　　26 860

3. 计算“库存商品”科目、“商品进销差价”科目结存金额：

9 月末库存商品余额 = 321 750+193 050−360 360 = 154 440（元）

9 月末商品进销差价余额 = 71 750+43 050−80 360.28 = 34 439.72（元）

二、增值税小规模纳税人应纳税额的核算

小规模纳税人销售货物或者应税劳务，按照销售额和《增值税暂行条例》规定的 3% 的征收率计算应纳税额，不得抵扣进项税额。应纳税额计算公式为：

应纳税额 = 销售额×征收率

小规模纳税人销售货物或提供应税劳务，按实现的销售收入和按规定收取的增值税税额，借记“应收账款”、“应收票据”、“银行存款”等科目；按规定收取的增值税税额，贷记“应交税费——应交增值税”科目；按实现的销售收入，贷记“主营业务收入”、“其他业务收入”等科目。

小规模纳税人销售货物或提供应税劳务取得收入时，一般都是开具普通发票，其收入额均为含税收入额。在计算增值税时，首先应将其含税收入额换算为不含税收入额，再乘以 3% 的征收率，即为应纳增值税税额。

【例 2−51】某工业企业为增值税小规模纳税人，本期销售带包装物的货物一批，货物

和包装物分别计价核算。取得货物和包装物的销售收入分别为 30 900 元、4 120 元，款已收存银行。本期应纳增值税税额处理如下：

（1）货物的不含税销售额＝30 900÷（1+3%）＝30 000（元）

销售货物收入应纳增值税税额＝30 000×3%＝900（元）

借：银行存款　　30 900

　贷：主营业务收入　　30 000

　　　应交税费——应交增值税　　900

（2）包装物的不含税销售额＝4 120÷（1+3%）＝4 000（元）

销售包装物收入应纳增值税税额＝4 000×3%＝120（元）

借：银行存款　　4 120

　贷：其他业务收入　　4 000

　　　应交税费——应交增值税　　120

（3）本期应纳增值税税额＝900+120＝1 020（元）

（4）以银行存款上交本期增值税时：

借：应交税费——应交增值税　　1 020

　贷：银行存款　　1 020

第七节　进口货物增值税的核算

对进口货物征税是国际上大多数国家的通常做法。根据《增值税暂行条例》的规定，一切进口货物的单位和个人都应当依照规定缴纳增值税。对进口货物征税需要掌握以下几个主要方面：

一、进口货物征税的范围及纳税人

（一）进口货物征税的范围

申报进入中华人民共和国海关境内的货物，均应缴纳增值税。

国家在规定对进口货物征税的同时，对某些进口货物制定了减免税的特殊规定。如属于来料加工、进料加工贸易方式进口国外的原材料、零部件等在国内加工后复出口的，对进口的料、件按规定给予免税或减税；但这些进口免、减税的料、件若不能加工复出口，而是销往国内的，就要予以补税。对进口货物是否减免税由国务院统一规定，任何地方、部门都无权规定减免税项目。

（二）进口货物的纳税人

进口货物的收货人或办理报关手续的单位和个人，为进口货物增值税的纳税义务人。也就是说，进口货物增值税纳税人的范围较宽，包括了国内一切从事进口业务的企事业单位、机关团体和个人。

对于企业、单位和个人委托代理进口应征增值税的货物，一律由进口代理人代交进口环节增值税。纳税后，由代理人将已纳税款和进口货物价款费用等与委托人结算，由委托人承担已纳税款。

二、进口货物的适用税率

进口货物的增值税税率与本章第一节的内容相同，见前述。

三、进口货物应纳税额的计算

纳税人进口货物，按照组成计税价格和《增值税暂行条例》规定的税率计算应纳税额，不得抵扣任何税额。组成计税价格和应纳税额的计算公式是：

组成计税价格=关税完税价格+关税+消费税

应纳税额=组成计税价格×税率

需要注意的是，进口货物增值税的组成计税价格中包括已纳关税税额，如果进口货物属于消费税应税消费品，其组成计税价格中还要包括已纳消费税税额。前述“不得抵扣任何税额”，是指在计算进口环节的应纳增值税税额时，不得抵扣发生在我国境外的各种税金。

四、进口货物的税收管理

进口货物，增值税纳税义务发生时间为报关进口的当天，纳税地点为报关地海关，纳税期限为自海关填发海关进口增值税专用缴款书之日起15日内。

进口货物增值税的征收管理，依据《税收征收管理法》、《海关法》、《进出口关税条例》和《进出口税则》的有关规定执行。

【例2-52】某企业于2014年某月进口货物一批。该批货物在国外的买价为50万元，另支付国外该货物相关的税金5万元；该批货物运抵我国海关前发生的运输费、保险费等共计25万元。货物报关后，企业按规定缴纳了进口环节的增值税并取得了海关开具的增值税缴款书。假定该批进口货物在国内全部销售，取得增值税专用发票，注明不含税销售额100万元、增值税17万元，款已收存银行。

要求：计算该批货物进口环节、国内销售环节分别应缴纳的增值税税额并编制相应的会计分录（货物进口关税税率15%，增值税税率17%）。

解：(1) 关税的组成计税价格=50+5+25=80（万元）

(2) 应缴纳进口关税=80×15%=12（万元）

(3) 进口环节应缴纳增值税的组成计税价格=80+12=92（万元）

(4) 进口环节应缴纳增值税税额=92×17%=15.64（万元）

(5) 国内销售环节的销项税额=100×17%=17（万元）

(6) 国内销售环节应缴纳增值税税额=17-15.64=1.36（万元）

会计处理：

(1) 进口货物时：

借：库存商品	920 000	
应交税费——应交增值税（进项税额）	156 400	
贷：银行存款		1 076 400

(2) 内销货物时：

借：银行存款	1 170 000	

贷：应交税费——应交增值税（销项税额）　170 000
　　主营业务收入　1 000 000
借：主营业务成本　920 000
　贷：库存商品　920 000

第八节　出口货物退（免）增值税的核算

企业出口货物以不含税价格参与国际市场竞争是国际上的通行做法。我国为鼓励货物出口，按《增值税暂行条例》的规定，实行出口货物税率为零的优惠政策。所谓实行零税率，是指货物在出口时整体税负为零，这样，出口货物适用零税率不但出口环节不必纳税，而且还可以退还以前纳税环节已纳税款。这就是通常所说的"出口退税"。当然，由于各种货物出口前涉及征免税情况有所不同，且国家对少数货物有限制出口政策，因此，针对货物出口的不同情况，国家在遵循"征多少、退多少"、"未征不退"原则的基础上，规定了不同的税务处理办法。

1994 年，国家税务总局制定实施了《出口货物退（免）税管理办法》，具体规定了出口货物退（免）税的范围、出口货物退税率、出口货物退税的税额计算方法、出口货物退（免）税办理程序及对出口货物退（免）税的审核和管理。

2002 年 1 月 23 日，财政部、国家税务总局发出了《关于进一步推进出口货物实行免抵退办法的通知》；2002 年 2 月 6 日，国家税务总局又印发了《生产企业出口货物"免、抵、退"税管理操作规程（试行）》。至此，我国出口货物退（免）税政策基本完善。

一、出口货物退（免）税的适用范围

世界各国为了鼓励本国货物出口，一般都采取优惠的税收政策。有的国家采取对货物出口前所包含的税金在出口后予以退还的政策（即出口退税），有的国家采取对出口货物在出口前即予以免税的政策。目前，我国的出口货物退（免）税的适用范围有以下几种具体规定：

（一）免税并退税

下列企业出口的货物，除免税货物或限制、禁止出口的货物外，给予免税并退税：

1. 生产企业自营出口或委托外贸企业代理出口的自产货物；
2. 有出口经营权的外贸企业收购后直接出口或委托其他外贸企业代理出口的货物；
3. 下列特定企业（不限于有出口经营权）出口的货物：

（1）对外承包工程公司运出境外用于对外承包项目的货物；

（2）对外承接修理修配业务的企业用于对外修理修配的货物；

（3）外轮供应公司、远洋运输供应公司销售给外轮、远洋国轮而收取外汇的货物；

（4）企业在国内采购并运往境外作为在国外投资的货物。

（二）免税但不退税

下列企业出口的货物，除限制或禁止出口的货物外，给予免税但不退税：

1. 属于生产企业的小规模纳税人自营出口或委托外贸企业代理出口的自产货物。
2. 外贸企业从小规模纳税人购进并持普通发票的货物出口，免税但不予退税。但对

下列出口货物，考虑其占出口比重较大及其生产、采购的特殊因素，特准退税：抽纱、工艺品、香料油、山货、草柳竹藤制品、渔网渔具、松香、五倍子、生漆、鬃尾、山羊板皮、纸制品。

3. 外贸企业直接购进国家规定的免税货物（包括免税农产品）出口的，免税但不退税。

（三）下列出口货物，免税但不予退税

1. 来料加工复出口的货物，即原材料进口免税，加工自制的货物出口不退税；

2. 避孕药品和用具、古旧图书，内销免税，出口也免税；

3. 出口卷烟，有出口卷烟权的企业出口国家计划内的卷烟，在生产环节免征增值税、消费税，出口环节不办理退税；

4. 军品以及军队系统企业出口军需工厂生产或军需部门调拨的货物免税。

（四）不免税也不退税

除经批准属于进口加工复出口贸易以外，下列出口货物不免税也不退税：

1. 国家计划外出口的原油；

2. 援外出口货物；

3. 国家禁止出口的货物，包括天然牛黄、麝香、铜及铜基合金、白银等。

（五）出口加工区的退税政策

出口加工区耗用水、电、气准予退税，具体规定为：

1. 出口加工区内生产企业（以下简称区内企业）生产出口货物耗用的水、电、气，准予退还所含的增值税。区内企业须按季填报《出口加工区内生产企业耗用水、电、气退税申报表》，并附送下列凭证向主管出口退税的税务机关申报办理退税手续：

（1）供水、供电、供气公司（或单位）开具的增值税专用发票（抵扣联）；

（2）支付水、电、气费用的银行结算凭证（复印件加盖银行印章）。

2. 水、电、气应退税额按下列公式计算：

应退税额=增值税专用发票注明的进项金额×退税率

水、电、气的退税率均为13%，如供应单位按简易办法征收增值税的，退税率为征收率。

3. 区内生产企业从区外购进的水、电、气，凡用于出租、出让厂房的，不予办理退税。已办理退税的，区内企业应在出租、出让行为发生的次月，向主管出口退税的税务机关申报并缴纳已退还的税款。

4. 区外企业销售并输入给出口加工区内企业的水、电、气，一律向区内企业开具增值税专用发票，不得开具普通发票或出口专用发票。

5. 区内企业水、电、气退税的登记、审批、管理工作，由主管出口退税的税务机关负责。主管出口退税的税务机关应按季核查区内企业水、电、气的实际耗用情况，年度终了后，应按清算的规定，对上年水、电、气的退税进行清算。

（六）视同自产产品退（免）税

对生产企业出口的下列四类产品，视同自产产品给予退（免）税：

1. 生产企业出口外购的产品，凡同时符合以下条件的，可视同自产货物办理退税：

（1）与本企业生产的产品名称、性能相同；

（2）使用本企业注册商标或外商提供给本企业使用的商标；

（3）出口给进口本企业自产产品的外商。

2. 生产企业外购的与本企业所生产的产品配套出口的产品，若出口给进口本企业自产产品的外商，符合下列条件之一的，可视同自产产品办理退税：

（1）用于维修本企业出口的自产产品的工具、零部件、配件；

（2）不经过本企业加工或组装，出口后能直接与本企业自产产品组合成成套产品的。

3. 凡同时符合下列条件的，主管出口退税的税务机关可认定为集团成员，集团公司（或总厂，下同）收购成员企业（或分厂，下同）生产的产品，可视同自产产品办理退（免）税：

（1）经县级以上政府主管部门批准为集团公司成员的企业，或由集团公司控股的生产企业；

（2）集团公司及其成员企业均实行生产企业财务会计制度；

（3）集团公司必须将有关成员企业的证明材料报送给主管出口退税的税务机关。

4. 生产企业委托加工收回的产品，同时符合下列条件的，可视同自产产品办理退税：

（1）必须与本企业生产的产品名称、性能相同，或者是用本企业生产的产品再委托深加工收回的产品；

（2）出口给进口本企业自产产品的外商；

（3）委托方执行的是生产企业财务会计制度；

（4）委托方与受托方必须签订委托加工协议，主要原材料必须由委托方提供，受托方不垫付资金，只收取加工费，开具加工费（含代垫的辅助材料）的增值税专用发票。

二、出口货物退（免）税的计算

出口货物只有在适用既免税又退税的政策时，才会涉及如何计算退税的问题。由于各类出口企业对出口货物的会计核算办法不同，有对出口货物单独核算的，有对出口和内销的货物统一核算成本的。为了与出口企业的会计核算办法相一致，《出口货物退（免）税管理办法》规定了两种退税计算办法：第一种是“免、抵、退”税办法；第二种是“先征后退”办法。

（一）“免、抵、退”税的计算办法

按照财政部、国家税务总局财税［2002］7号《关于进一步推进出口货物实行免抵退税办法的通知》的规定，自2002年1月1日起，生产企业自营或委托外贸企业代理出口（以下简称生产企业出口）自产货物，除另有规定外，增值税一律实行“免、抵、退”税管理办法。

实行“免、抵、退”税管理办法的“免”税，是指对生产企业出口的自产货物，免征本企业生产销售环节的增值税；“抵”税，是指生产企业出口自产货物所耗用的原材料、零部件、燃料、动力等所含应予退还的进项税额，抵顶内销货物的应纳税额；“退”税，是指生产企业出口的自产货物在当月内应抵顶的进项税额大于应纳税额时，对未抵顶完的部分予以退税。

1. 具体计算方法与计算公式。

（1）当期应纳税额的计算。

$$\frac{当期应纳}{税额}=\frac{当期内销货物}{的销项税额}-\left(\frac{当期进项}{税额}-\frac{当期免抵退税不得}{免征和抵扣税额}\right)-\frac{上期留抵}{税额}$$

其中：

$$\frac{当期免抵退税不得}{免征和抵扣税额}=\frac{出口货物}{离岸价}\times\frac{外汇人民币}{牌价}\times\left(\frac{出口货物}{征税率}-\frac{出口货物}{退税率}\right)-\frac{免抵退税不得免征和}{抵扣税额抵减额}$$

出口货物离岸价（FOB）以出口发票计算的离岸价为准。出口发票不能如实反映实际离岸价的，企业必须按照实际离岸价向主管国税机关申报，同时主管税务机关有权依照《税收征收管理法》、《增值税暂行条例》等有关规定予以核定。

免抵退税不得免征和抵扣税额抵减额=免税购进原材料价格×（出口货物征税率-出口货物退税率）

免税购进原材料包括从国内购进免税原材料和进料加工免税进口料件，其中，进料加工免税进口料件的价格为组成计税价格。

进料加工免税进口料件的组成计税价格=货物到岸价+海关实征关税和消费税

如果当期没有免税购进原材料价格，前述公式中的免抵退税不得免征和抵扣税额抵减额，以及后面公式中的免抵退税额抵减额，就不用计算。

（2）免抵退税额的计算。

免抵退税额=出口货物离岸价×外汇人民币牌价×出口货物退税率-免抵退税额抵减额

其中：

免抵退税额抵减额=免税购进原材料价格×出口货物退税率

（3）当期应退税额和免抵税额的计算。

①如当期期末留抵税额≤当期免抵退税额，则：

当期应退税额=当期期末留抵税额

当期免抵税额=当期免抵退税额-当期应退税额

②如当期期末留抵税额>当期免抵退税额，则：

当期应退税额=当期免抵退税额

当期免抵税额=0

当期期末留抵税额根据当期增值税纳税申报表中“期末留抵税额”确定。

2. 企业免、抵、退税计算实例。

【例2-53】某自营出口的生产企业为增值税一般纳税人，出口货物的征税率为17%，退税率为11%。2014年3月有关经营业务如下：购进原材料一批，取得的增值税专用发票上注明的价款为300万元，外购货物准予抵扣的进项税额51万元，货已验收入库。上月末留抵税款2万元。本月内销货物不含税销售额200万元，收款234万元存入银行；本月出口货物的销售额折合人民300万元。

要求：试计算该企业当期的“免、抵、退”税额。

（1）当期免抵退税不得免征和抵扣税额=300×（17%-11%）=18（万元）

（2）当期应纳税额=200×17%-（51-18）-2=-1（万元）

（3）出口货物“免、抵、退”税额=300×11%=33（万元）

（4）按规定，如当期期末留抵税额≤当期免抵退税额，则：

当期应退税额=当期期末留抵税额

该企业当期应退税额=1万元

（5）当期免抵税额=当期免抵退税额-当期应退税额

当期免抵税额=33-1=32（万元）

【例2-54】某自营出口的生产企业为增值税一般纳税人，出口货物的征税率为17%，退税率为11%。2014年7月有关经营业务如下：购进原材料一批，取得的增值税专用发票上注明的价款为500万元，外购货物准予抵扣的进项税额85万元，货已验收入库。上期末留抵税款8万元。本月内销货物不含税销售额300万元，收款351万元存入银行。本月出口货物的销售额折合人民币100万元。

要求：试计算该企业当期的“免、抵、退”税额。

（1）当期免抵退税不得免征和抵扣税额=100×（17%-11%）=6（万元）

（2）当期应纳税额=300×17%-（85-6）-8=51-79-8=-36（万元）

（3）出口货物“免、抵、退”税额=100×11%=11（万元）

（4）按规定，如当期期末留抵税额>当期免抵退税额，则：

当期应退税额=当期免抵退税额

该企业当期应退税额=11万元

（5）当期免抵税额=当期免抵退税额-当期应退税额

该企业当期免抵税额=11-11=0

（6）7月期末留抵结转下期继续抵扣税额=36-11=25（万元）

【例2-55】某自营出口的生产企业是增值税一般纳税人，出口货物的征税率为17%，假定退税率为11%。2014年9月有关经营业务如下：购进原材料一批，取得的增值税专用发票上注明的价款为400万元，外购货物准予抵扣进项税额68万元，货已验收入库。当月进料加工免税进口料件的组成计税价格为200万元。上期末留抵税款7万元。本月内销货物不含税销售额100万元，收款117万元存入银行。本月出口货物销售额折合人民币300万元。

要求：试计算该企业当期的“免、抵、退”税额。

（1）
$$\begin{array}{c}\text{免抵退税不得免征和}\\\text{抵扣税额抵减额}\end{array}=\begin{array}{c}\text{免税进口料件的}\\\text{组成计税价格}\end{array}\times\left(\begin{array}{c}\text{出口货物}\\\text{征税率}\end{array}-\begin{array}{c}\text{出口货物}\\\text{退税率}\end{array}\right)$$
$$=200\times(17\%-11\%)=12\text{（万元）}$$

（2）
$$\begin{array}{c}\text{免抵退税不得免征}\\\text{和抵扣税额}\end{array}=\begin{array}{c}\text{当期出口}\\\text{货物离岸价}\end{array}\times\begin{array}{c}\text{外汇人民币}\\\text{牌价}\end{array}\times\left(\begin{array}{c}\text{出口货物}\\\text{征税率}\end{array}-\begin{array}{c}\text{出口货物}\\\text{退税率}\end{array}\right)-\begin{array}{c}\text{免抵退税不得免征}\\\text{和抵扣税额抵减额}\end{array}$$
$$=300\times(17\%-11\%)-12=6\text{（万元）}$$

（3）当期应纳税额=100×17%-（68-6）-7=17-62-7=-52（万元）

（4）免抵退税额抵减额=免税购进原材料价格×出口货物退税率=200×11%=22（万元）

（5）出口货物“免、抵、退”税额=300×11%-22=11（万元）

（6）按规定，如当期期末留抵税额>当期免抵退税额，则：

当期应退税额=当期免抵退税额

该企业应退税额=11万元

（7）当期免抵税额=当期免抵退税额-当期应退税额

当期该企业免抵税额=11-11=0

（8）9月期末留抵结转下期继续抵扣税额=52-11=41（万元）

（二）“先征后退”的计算办法

1. 外贸企业“先征后退”的计算办法。外贸企业以及实行外贸企业财务制度的工贸企业收购货物出口，其出口销售环节的增值税免征；其收购货物的成本部分，因外贸企业在支付收购货款的同时也支付了生产经营该类商品的企业已纳的增值税税款，因此，在货物出口后按收购成本与退税率计算退税退还给外贸企业，征、退税之差计入企业成本。

外贸企业出口货物增值税的计算应依据购进出口货物增值税专用发票上所注明的进项金额和退税率计算。

应退税额=外贸企业收购不含增值税购进金额×退税率

2. 外贸企业"先征后退"的计算实例。

【例2-56】某进出口公司2014年6月出口布匹4 000米，进货增值税专用发票上列明单价15元/米，计税金额60 000元，假定退税率13%，其应退税额为：

$4\ 000\times15\times13\%=7\ 800$（元）

【例2-57】某进出口公司2014年7月购进某小规模纳税人工艺品30件全部出口，普通发票注明金额9 700元；购进另一小规模纳税人职业套装40套全部出口，取得税务机关代开的增值税专用发票，发票注明金额4 000元。该企业的应退税额计算如下：

该企业的应退税额$=\frac{9\ 700}{1+3\%}\times3\%+4\ 000\times3\%=403$（元）

【例2-58】某进出口公司2014年8月购进原料委托加工成产品出口，取得原料增值税发票一张，注明计税金额20 000元（假定退税率13%）；取得产品加工费计税金额4 000元（假定退税率17%），该企业的应退税额为：

$20\ 000\times13\%+4\ 000\times17\%=3\ 280$（元）

三、出口货物退（免）税的会计处理

出口货物只有在适用既免税又退税的政策时，才涉及如何进行会计处理的问题。由于各类出口企业对出口货物的会计核算办法不同，有对出口货物单独核算的，有对出口和内销的货物统一核算成本的。为了与出口企业的会计核算办法相一致，原《出口货物退（免）税管理办法》规定了两种退税计算办法：

（一）适用"免、抵、退"税办法退税的自营和委托出口自产货物的生产企业的会计处理

实行"免、抵、退"税办法有进出口经营权的生产性企业，根据购进出口货物所取得的增值税专用发票上注明的增值税进项税额，借记"应交税费——应交增值税（进项税额）"科目，按照专用发票上记载的应计入采购成本的金额，借记"在途物资"、"销售费用"、"库存商品"等科目，按照应付或实际支付的金额，贷记"应付账款"、"银行存款"等科目；货物出口销售时，按照出口销售应收或已收到的金额，借记"应收账款"、"银行存款"等科目，贷记"主营业务收入"科目；结转商品销售成本时，借记"主营业务成本"科目，贷记"库存商品"科目。

按规定计算的当期出口物资不予免征、抵扣和退税的税额，计入出口货物成本，借记"主营业务成本"科目，贷记"应交税费——应交增值税（进项税额转出）"科目。按规定计算的当期应予抵扣的税额，借记"应交税费——应交增值税（出口抵减内销产品应纳税额）"科目，贷记"应交税费——应交增值税（出口退税）"科目。因应抵扣的税额大于应纳税额而未全部抵扣，按规定应予退回的税款，借记"其他应收款"科目，贷记"应交税费——应交增值税（出口退税）"科目；收到退回的税款，借记"银行存款"科目，贷记"其他应收款"科目。

【例 2-59】某自营出口的生产企业为增值税一般纳税人，适用的增值税税率为 17%，退税率为 13%。2014 年 6 月外购原材料取得增值税专用发票，注明支付价款 500 万元、增值税税额 85 万元，原材料已验收入库；内销货物取得增值税专用发票，注明支付价款 300 万元、增值税税额 51 万元，该批货物成本 200 万元；出口销售货物取得销售收入额 500 万元。

（1）当期免抵退税不得免征和抵扣税额 = 500×（17% - 13%）= 20（万元）

（2）当期应纳税额 = 51 -（85 - 20）= 51 - 65 = -14（万元）

（3）出口货物“免、抵、退”税额 = 500×13% = 65（万元）

（4）按规定，如当期期末留抵税额 ≤ 当期免抵退税额，则：

当期应退税额 = 当期期末留抵税额

该企业当期应退税额 = 14 万元

（5）当期免抵税额 = 当期免抵退税额 - 当期应退税额

当期免抵税额 = 65 - 14 = 51（万元）

会计处理如下：

（1）购进原材料时：

借：在途物资	5 000 000	
应交税费——应交增值税（进项税额）	850 000	
贷：银行存款		5 850 000

（2）材料验收入库时：

借：原材料	5 000 000	
贷：在途物资		5 000 000

（3）内销货物时：

借：银行存款	3 510 000	
贷：主营业务收入		3 000 000
应交税费——应交增值税（销项税额）		510 000

（4）结转内销货物成本时：

借：主营业务成本	2 000 000	
贷：库存商品		2 000 000

（5）出口货物取得销售收入时：

借：银行存款	5 000 000	
贷：主营业务收入		5 000 000

（6）当期免抵退税不得免征和抵扣税额，计入出口货物成本：

借：主营业务成本	200 000	
贷：应交税费——应交增值税（进项税额转出）		200 000

（7）按规定计算当期应予抵扣的税额时：

借：应交税费——应交增值税（出口抵减内销产品应纳税额）	510 000	
贷：应交税费——应交增值税（出口退税）		510 000

（8）按 13% 的退税率计算应收的出口退税时：

借：其他应收款——出口退税	140 000	

贷：应交税费——应交增值税（出口退税） 140 000

（9）收到出口退税款时：

借：银行存款 140 000

贷：其他应收款——出口退税 140 000

【例2-60】某自营出口生产企业是增值税一般纳税人，出口货物的征税率为17%，退税率为11%。2014年8月有关经营业务如下：购进原材料一批，取得的增值税专用发票上注明的价款为300万元，外购货物准予抵扣进项税额51万元，货已验收入库。当月进料加工免税进口料件的组成计税价格为150万元。上期末留抵税款4万元。本月内销货物不含税销售额200万元，收款234万元存入银行，该批货物成本180万元。本月出口货物销售额折合人民币200万元。试计算该企业当期的“免、抵、退”税额。

（1）$\frac{\text{免抵退税不得免征和}}{\text{抵扣税额抵减额}}=\frac{\text{免税进口料件的}}{\text{组成计税价格}}\times\left(\frac{\text{出口货物}}{\text{征税率}}-\frac{\text{出口货物}}{\text{退税率}}\right)$

$=150\times(17\%-11\%)=9$（万元）

（2）$\frac{\text{免抵退税不得免征}}{\text{和抵扣税额}}=\frac{\text{当期出口}}{\text{货物离岸价}}\times\frac{\text{外汇人民币}}{\text{牌价}}\times\left(\frac{\text{出口货物}}{\text{征税率}}-\frac{\text{出口货物}}{\text{退税率}}\right)-\frac{\text{免抵退税不得免征}}{\text{和抵扣税额抵减额}}$

$=200\times(17\%-11\%)-9=12-9=3$（万元）

（3）当期应纳税额$=34-(51-3)-4=34-48-4=-18$（万元）

（4）免抵退税额抵减额=免税购进原材料价格×出口货物退税率$=150\times11\%=16.5$（万元）

（5）出口货物“免、抵、退”税额$=200\times11\%-16.5=5.5$（万元）

（6）按规定，如当期期末留抵税额>当期免抵退税额，则：

当期应退税额=当期免抵退税额

该企业应退税额=5.5万元

（7）当期免抵税额=当期免抵退税额-当期应退税额

当期该企业免抵税额$=5.5-5.5=0$

（8）8月期末留抵结转下期继续抵扣税额$=18-5.5=12.5$（万元）

会计处理如下：

（1）购进原材料时：

借：在途物资 3 000 000

应交税费——应交增值税（进项税额） 510 000

贷：银行存款 3 510 000

（2）材料验收入库时：

借：原材料 3 000 000

贷：在途物资 3 000 000

（3）内销货物时：

借：银行存款 2 340 000

贷：主营业务收入 2 000 000

应交税费——应交增值税（销项税额） 340 000

（4）结转内销货物成本时：

借：主营业务成本 1 800 000

贷：库存商品 1 800 000

(5) 出口货物取得销售收入时：

借：银行存款　2 000 000

　贷：主营业务收入　2 000 000

(6) 当期免抵退税不得免征和抵扣税额，计入出口货物成本：

借：主营业务成本　30 000

　贷：应交税费——应交增值税（进项税额转出）　30 000

(7) 按11%的退税率计算应收的出口退税时：

借：其他应收款——出口退税　55 000

　贷：应交税费——应交增值税（出口退税）　55 000

(8) 收到出口退税款时：

借：银行存款　55 000

　贷：其他应收款——出口退税　55 000

（二）适用"先征后退"办法退税的收购货物出口的外（工）贸企业的会计处理

1. 该类企业购入一般纳税人应退增值税税额的规定。该类企业收购出口货物时，借记"库存商品"、"应交税费——应交增值税（进项税额）"等科目，贷记"银行存款"、"应付账款"等科目。货物出口时，按当期出口货物应收的款项，借记"应收账款"、"银行存款"等科目，贷记"主营业务收入"科目，同时结转成本，借记"主营业务成本"科目，贷记"库存商品"科目；按收购成本与退税率计算退税额时，借记"其他应收款"科目，贷记"应交税费——应交增值税（出口退税）"科目；该类企业在购进货物时所支付的增值税税额与应收的退税额之差计入企业成本，借记"主营业务成本"科目，贷记"应交税费——应交增值税（进项税额转出）"科目。收到退税额时，借记"银行存款"科目，贷记"其他应收款"科目。

若企业库存和销售均采用加权平均单价核算出口货物，则出口货物的成本也应按加权平均法计算。单独设立库存账和销售账核算出口货物的，按照购进出口货物时取得的增值税专用发票上记载的增值税进项税额与法定退税率计算退税额，进项税额与退税额之差计入出口货物的成本。

【例2-61】某外贸企业单独设立库存账和销售账核算出口货物。2014年某期购进出口商品一批，取得销货方开具的增值税专用发票，以银行存款支付价款100万元、增值税税额17万元。本期内将该批商品直接出口销售，取得销售收入120万元。该企业退税率为13%。有关会计处理如下：

(1) 购进出口商品时：

借：库存商品——出口商品　1 000 000

　　应交税费——应交增值税（进项税额）　170 000

　贷：银行存款　1 170 000

(2) 商品出口销售收入实现时：

借：银行存款　1 200 000

　贷：主营业务收入　1 200 000

(3) 结转商品销售成本时：

借：主营业务成本　1 000 000

贷：库存商品——出口商品　　1 000 000

(4) 按13%的退税率计算应收的出口退税时（100×13%＝13（万元））：

借：其他应收款——出口退税　　130 000

贷：应交税费——应交增值税（出口退税）　　130 000

(5) 将不予退税的部分转入成本时（100×4%＝4（万元））：

借：主营业务成本　　40 000

贷：应交税费——应交增值税（进项税额转出）　　40 000

(6) 假定收到出口退税款时：

借：银行存款　　130 000

贷：其他应收款——出口退税　　130 000

【例2-62】某外贸企业库存和销售均采用加权平均单价核算出口货物，期初结存出口甲商品100件，每件不含税平均单价150元。本期内又购进两批出口甲商品，第一批购进80件，每件不含税单价160元，取得增值税专用发票，以银行存款支付价款12 800元、增值税税额2 176元，货已验收入库；第二批购进120件，每件不含税单价164元，取得销售方开具的增值税专用发票，以银行存款支付价款19 680元、增值税税额3 345.6元，货已验收入库；本期内共计出口甲商品250件，每件单价160元，款已收存银行。该企业的退税率为13%。会计处理如下：

(1) 购进第一批货物时：

借：在途物资——出口甲商品　　12 800

应交税费——应交增值税（进项税额）　　2 176

贷：银行存款　　14 976

验收入库时：

借：库存商品——出口甲商品　　12 800

贷：在途物资——出口甲商品　　12 800

(2) 购进第二批货物时：

借：在途物资——出口甲商品　　19 680

应交税费——应交增值税（进项税额）　　3 345.6

贷：银行存款　　23 025.6

验收入库时：

借：库存商品——出口甲商品　　19 680

贷：在途物资——出口甲商品　　19 680

(3) 出口销售收入实现时（250×160＝40 000（元））：

借：银行存款　　40 000

贷：主营业务收入　　40 000

(4) 结转出口商品销售成本时：

$$出口甲商品的加权平均单价=\frac{100\times150+80\times160+120\times164}{100+80+120}=158（元）$$

出口甲商品的成本价＝250×158＝39 500（元）

借：主营业务成本　　39 500

贷：库存商品——出口甲商品 39 500

(5) 按 13% 的退税率计算出口退税时（39 500×13% = 5 135（元））：

借：其他应收款——出口退税 5 135

贷：应交税费——应交增值税（出口退税） 5 135

(6) 将不予退税的部分转入成本时（39 500×4% = 1 580（元））：

借：主营业务成本 1 580

贷：应交税费——应交增值税（进项税额转出） 1 580

(7) 假定收到退税款时：

借：银行存款 1 580

贷：其他应收款——出口退税 1 580

2. 该类企业收购小规模纳税人出口货物增值税的退税规定。凡从小规模纳税人购进持普通发票特准退税的抽纱、工艺品等 12 类出口货物，同样实行销售出口货物的收入免税，并退还出口货物进项税额的办法，由于小规模纳税人使用的是普通发票，其销售额和应纳税额没有单独计价，小规模纳税人应纳的增值税也是价外计征的，这样，必须将合并定价的销售额先换算成不含税价格，然后据以计算出口货物退税。其计算公式为：

应退税额 = 普通发票所列（含增值税）销售金额 ÷（1+征收率）×3%

对出口企业购进小规模纳税人特准的 12 类货物出口，提供的普通发票应符合《中华人民共和国发票管理办法》的有关使用规定，否则不予办理退税。

凡从小规模纳税人购进税务机关代开的增值税专用发票的出口货物，按以下公式计算退税：

应退税额 = 增值税专用发票注明的金额×3%

【例 2-63】某土产进出口外贸公司，本期从小规模纳税人处购进土特产品一批用于出口销售，取得销售方开具的普通发票，以银行存款支付购进金额 21 200 元。该批货物出口销售金额为 24 000 元，货款已收存银行。假定出口退税率为 3%，外贸公司计算应退税款及有关会计处理如下：

(1) 购进商品支付货款时：

借：在途物资——土产品 21 200

贷：银行存款 21 200

(2) 商品验收入库时：

借：库存商品——出口土产品 21 200

贷：在途物资——土产品 21 200

(3) 出口销售收入实现时：

借：银行存款 24 000

贷：主营业务收入 24 000

(4) 结转出口销售产品成本时：

借：主营业务成本 21 200

贷：库存商品——出口土产品 21 200

(5) 计算应收的出口退税时：

$$应退税额 = \frac{21\ 200}{1+3\%} = 617（元）$$

借：其他应收款——出口退税 617

贷：主营业务成本 617

(6) 收到退税款时：

借：银行存款 617

贷：其他应收款——出口退税 617

3. 外贸企业委托生产企业加工出口货物的退税规定。外贸企业委托生产企业加工收回后报关出口的货物，按购进国内原辅材料的增值税专用发票上注明的进项金额，依原辅材料的退税率计算原辅材料应退税额。支付的加工费，凭受托方开具货物的退税率，计算加工费的应退税额。

【例 2-64】某进出口公司为增值税一般纳税人，增值税税率适用 17%。2014 年 8 月购进布匹委托加工成服装出口，取得相关增值税专用发票一张，注明计税金额 10 万元，退税率 5%；支付加工费并取得增值税发票一张，注明计税金额 2 万元，退税率 6%。该批服装全部出口，取得货款 20 万元。有关会计处理如下：

(1) 购进布匹时：

借：在途物资 100 000

应交税费——应交增值税（进项税额） 17 000

贷：银行存款 117 000

(2) 布匹入库时：

借：库存商品 100 000

贷：在途物资 100 000

(3) 发出委托加工布匹时：

借：委托加工物资 100 000

贷：库存商品 100 000

(4) 支付加工费时：

借：委托加工物资 20 000

应交税费——应交增值税（进项税额） 3 400

贷：银行存款 23 400

(5) 加工的服装入库时：

借：库存商品 120 000

贷：委托加工物资 120 000

(6) 服装报关出口时：

借：银行存款 200 000

贷：主营业务收入 200 000

同时结转成本：

借：主营业务成本 120 000

贷：库存商品 120 000

(7) 计算应退税额时（$10\times5\% + 2\times6\% = 0.62$（万元））：

借：其他应收款——出口退税 6 200

贷：应交税费——应交增值税（出口退税） 6 200

(8) 将不予退税的部分转入成本时 (1.7+0.34-0.62=1.42 (万元)):

借: 主营业务成本　　14 200

　贷: 应交税费——应交增值税 (进项税额转出)　　14 200

(9) 收到退税款时:

借: 银行存款　　6 200

贷: 其他应收款——出口退税　　6 200

第九节　先征后返还增值税的核算

国家为了照顾少数部门和企业的发展，在税收上实行优惠政策。税制改革后，国家对这部分企业的优惠政策实行收支两条线的管理办法。

一、实行先征税后返还办法的会计处理

按照规定，企业收到返还款项按下列情况进行会计处理：

1. 按规定用于经济建设的，作为国家投资处理。其中用于新建项目的，直接转作国家资本金；用于改扩建和进行技术改造的，视同国家专项拨款处理，建设项目完工后，属于按规定准予核销的部分，报经财政机关批准予以冲销，其余部分在营业外收入中单独反映。

2. 按规定直接用于归还长期借款的，全部转入营业外收入。

3. 按规定用于亏损补贴的，计入营业外收入。

4. 外商投资企业收到的返还税款，计入营业外收入。

企业收到上述款项，无论是财政机关直接返还的，还是财政通过主管部门返还的，均应按上述规定进行会计处理。

【例 2-65】某企业经过批准，取得财政部门返还的税款 50 000 元，其中 30 000 元用于归还银行的长期借款、20 000 元用于本企业弥补亏损。企业应作会计处理如下：

(1) 收到返还款时：

借: 银行存款　　50 000

　贷: 营业外收入　　50 000

(2) 归还长期借款时：

借: 长期借款——银行借款　　30 000

　贷: 银行存款　　30 000

二、企业收到即征即退、先征后退和直接减免增值税的会计处理

1. 按照规定，1995 年后企业实际收到即征即退、先征后退、先征税后返还的增值税，借记“银行存款”科目，贷记“营业外收入”科目。

2. 对于直接减免的增值税，借记“应交税费——应交增值税（减免税款）”科目，贷记“营业外收入”科目。

如果企业未设置“营业外收入”科目的，应增设“营业外收入”科目。

【例 2-66】某企业本期收到先征后退的增值税税款 10 000 元，经税务机关批准又直

接减免增值税税款5 000元。按照规定，企业应作会计处理如下：

（1）收到先征后退的增值税税款时：

借：银行存款	10 000	
贷：营业外收入		10 000

（2）直接减免增值税税款时：

借：应交税费——应交增值税（减免税款）	5 000	
贷：营业外收入		5 000

第三章 消费税的核算

第一节 消费税核算的基本规定

消费税是对在我国境内从事生产、委托加工和进口应税消费品的单位和个人征收的一种税。1994 年税制改革后，在对货物普遍征收增值税的基础上，选择少数消费品再征收一道消费税，其目的主要是调节产品结构，引导消费方向，保证国家财政收入。

一、消费税的纳税义务人

在中华人民共和国境内生产、委托加工和进口应税消费品的单位和个人，为消费税纳税义务人。

单位是指国有企业、集体企业、私有企业、股份制企业、外商投资企业和外国企业、其他企业和行政单位、事业单位、军事单位、社会团体及其他单位。

个人是指个体经营者及其他个人。

在中华人民共和国境内是指生产、委托加工和进口属于应当征收消费税的消费品的起运地或所在地在境内。

二、消费税的征税范围

消费税属于价内税，实行单一环节征收，一般在应税消费品的生产、委托加工和进口环节缴纳，在以后的批发、零售等环节中，由于价款中已包含消费税，因此不必再缴纳消费税。从 1995 年 1 月 1 日起，金银首饰由生产销售环节征税改为零售环节征税；从 2002 年 1 月 1 日起，钻石及钻石饰品由生产、进口环节征税改为零售环节征税。

消费税主要是以特殊调节的消费品为课税对象，现行消费税的征税范围规定了 14 个税目，可分为五大类：

（一）属于过度消费会对人类健康、社会秩序和生态环境等方面造成危害的特殊消费品

1. 烟。凡是以烟叶为原料加工生产的产品，无论使用何种辅料，均属于本税目的征税范围，包括甲类卷烟、乙类卷烟、雪茄烟、烟丝 4 个子目。

2. 酒。以粮食、薯类、糠麸、植物果实、果品和药材为原料或辅料经发酵或配制的酒类，包括粮食白酒和薯类白酒、黄酒、啤酒、其他酒 4 个子目。

3. 鞭炮、焰火。以火药、烟火剂制成的爆炸品或烟火喷射品。

（二）奢侈品、非生活必需品

1. 化妆品。日常生活中各类美容、修饰类化妆品，高档护肤类化妆品和成套化妆品。

2. 贵重首饰及珠宝玉石。各种金银、珠宝首饰和经采掘、打磨、加工的各种珠宝玉石，包括纯金银首饰及镶嵌首饰等。

3. 高尔夫球及球具。从事高尔夫球运动所需的各种专用装备，包括高尔夫球、高尔夫球杆及高尔夫球包（袋）等。

4. 高档手表。销售价格（不含增值税）每只在 10 000 元（含）以上的各类手表。

5. 游艇。长度大于 8 米、小于 90 米，船体由玻璃钢、钢、铝合金、塑料等多种材料制作，可以在水上移动的水上浮载体。按照动力划分，分为无动力艇、帆艇和机动艇。

（三）高能耗消费品

1. 小汽车。由动力装置驱动，具有四个或四个以上车轮的非轨道、无架线，主要用于载送人员及其随身物品的车辆，包括乘用车、中轻型商用客车。电动汽车不属于本税目征收范围。

2. 摩托车。由动力装置驱动，具有两个或三个车轮的车辆，包括两轮车、边三轮车和正三轮车。

（四）不易再生和替代的石油类消费品

成品油，包括汽油、柴油、石脑油、溶剂油、航空煤油、润滑油、燃料油 7 个子目。

1. 汽油。由天然或人造石油经脱盐、初馏、催化裂化、调和而成的易燃易爆和挥发性强的无色到淡黄色的液体，包括交通工具用汽油和工业启动用汽油。根据《关于继续提高成品油消费税的通知》（财税［2015］11 号），自 2015 年 1 月 13 日起，汽油、石脑油、溶剂油和润滑油的消费税单位税额由 1.4 元/升提高到 1.52 元/升；将柴油航空煤油和燃料油的消费税单位税额由 1.1 元/升提高到 1.2 元/升。航空煤油继续暂缓征收。

2. 柴油。由天然或人造石油经脱盐、初馏、催化裂化、调和而成的易燃易爆和挥发性低于汽油的液体，包括轻柴油、重柴油、农用柴油、军用柴油等。

3. 石脑油。以石油加工生产的或二次加工汽油经加氢精制而得的用于化工原料的轻质油。

4. 溶剂油。以石油加工生产的用于涂料和油漆生产、食用油加工、印刷油墨、皮革、农药、橡胶、化妆品生产的轻质油。

5. 航空煤油。以石油加工生产的用于喷气发动机和喷气推进系统中作为能源的石油燃料。航空煤油暂缓征收消费税。

6. 润滑油。以石油为原料加工的矿物性润滑油、矿物性润滑油基础油。

7. 燃料油。这包括用于电厂发电、船舶锅炉燃料、加热炉燃料、冶金和其他工业炉燃料的各类燃料油。

（五）特定消费品

1. 汽车轮胎。《财政部、国家税务总局关于调整消费税政策的通知》（财税［2014］93 号）规定，取消汽车轮胎税目。

2. 木制一次性筷子。包括各种规格的木制一次性筷子。未经打磨、倒角的木制一次性筷子属于本税目征税范围。

3. 实木地板。包括各种规格的实木地板、实木指接地板、实木复合地板及用于装饰墙壁、天棚的侧端面为榫、槽的实木装饰板。未经涂饰的素板属于本税目征税范围。

三、消费税税率

消费税根据不同消费品的种类、结构以及物价水平等情况，分别采用比例税率和定额税率两种形式。

(一) 比例税率

比例税率主要适用于供求矛盾突出、价格差异较大、计量单位不规范的应税消费品，主要包括烟、酒（除黄酒、啤酒外）、化妆品、鞭炮、焰火、贵重首饰、汽车轮胎、摩托车、小汽车等。

消费税的比例税率差距较大，最低的为1%，最高的为56%。

(二) 定额税率

定额税率主要适用于供求基本平衡、价格差异不大、计量单位比较规范的消费品，包括黄酒、啤酒、成品油三种商品。

(三) 复合计税

目前，卷烟和白酒实行从价与从量混合征收方法。

消费税税目税率表见表3-1。

表3-1 消费税税目税率表

税目	税率
一、烟	
1. 卷烟	
(1) 甲类卷烟	56%加0.003元/支
(2) 乙类卷烟	36%加0.003元/支
批发环节	5%
2. 雪茄烟	36%
3. 烟丝	30%
二、酒	
1. 白酒	20%加0.5元/500克（或者500毫升）
2. 黄酒	240元/吨
3. 啤酒	
(1) 甲类啤酒	250元/吨
(2) 乙类啤酒	220元/吨
4. 其他酒	10%

续表

税 目	税 率
三、化妆品	30%
四、贵重首饰及珠宝玉石	
1. 金银首饰、铂金首饰和钻石及钻石饰品	5%
2. 其他贵重首饰和珠宝玉石	10%
五、鞭炮、焰火	15%
六、摩托车	
1. 气缸容量（排气量，下同）在250毫升（含250毫升）的	3%
2. 气缸容量在250毫升以上的	10%
七、小汽车	
1. 乘用车	
（1）气缸容量（排气量，下同）在1.0升（含1.0升）以下的	1%
（2）气缸容量在1.0升以上至1.5升（含1.5升）的	3%
（3）气缸容量在1.5升以上至2.0升（含2.0升）的	5%
（4）气缸容量在2.0升以上至2.5升（含2.5升）的	9%
（5）气缸容量在2.5升以上至3.0升（含3.0升）的	12%
（6）气缸容量在3.0升以上至4.0升（含4.0升）的	25%
（7）气缸容量在4.0升以上的	40%
2. 中轻型商用客车	5%
八、高尔夫球及球具	10%
九、高档手表	20%
十、游艇	10%
十一、木制一次性筷子	5%
十二、实木地板	5%

注：见《财政部、国家税务总局关于调整消费税政策的通知》。

成品油进口环节消费税税额调整幅度表见表3-2。

表 3-2　　成品油进口环节消费税税额调整幅度表

商品名称（简称）	税率（元/升）
车用汽油及航空汽油	1.52
石脑油	1.52
橡胶溶剂油、油漆溶剂油、抽提溶剂油	1.52
航空煤油	1.2
灯用煤油	1.2
其他煤油馏分产品	1.2
5~7 号燃料油	1.2
柴油	1.2
其他燃料油	1.2
润滑油	1.52
润滑脂	1.52
润滑油基础油	1.52
其他重油及重油制品	1.2
石油及从沥青矿物提取的油类以及以上述油为基本成分（按重量计不低于70%）的其他税目未列名制品，含有生物柴油，但废油除外	1.2
不符合国家《柴油机燃料调合用生物柴油（BD100）》标准的生物柴油及其混合物	1.2

四、消费税核算的计税依据

按照税法规定，消费税采用从价计征和从量计征两种方法计算其应纳税款，不同的方法有不同的计税依据。

（一）实行从价计征的计税依据

纳税人应缴纳的消费税，在从价计征的情况下，其基本公式为：

应纳税额=应税消费品的销售额×适用税率

公式中的应税消费品的销售额就是计税依据。根据纳税人生产经营的不同情况，销售额有以下几种规定：

1. 一般销售方式销售额的规定。一般销售方式下的销售额是向购买方收取的全部价款和一切价外费用。"价外费用"是指价外收取的基金、集资费、返还利润、奖励费、补贴、违约金、滞纳金、延期付款利息、赔偿金、手续费、包装费、包装物租金、储备费、优质费、运输装卸费、代收款项、代垫款项以及其他各种性质的价外费用。但下列项目不包括在内：

（1）符合以下条件的代垫运费：①承运部门的运费发票开具给购货方的；②纳税人将该项发票转交给购货方的。

（2）同时符合以下条件代为收取的政府性基金或者行政事业性收费：①由国务院或者财政部批准设立的政府性基金，由国务院或者省级人民政府及其财政、价格主管部门批准设立的行政事业性收费；②收取时开具省级以上财政部门印制的财政票据；③所收款项全额上缴财政。

除上述两项外，其他的价外费用，无论是否属于纳税人收入，均应并入销售额计算征税。

另外，销售额不包括纳税人向购买方收取的增值税税款。如果纳税人应税消费品的销售额中包含了向购买方收取的增值税税额，在计算应纳消费税时，应将含增值税的销售额换算为不含增值税的销售额。其换算公式为：

$$应税消费品的销售额=\frac{含增值税的销售额}{1+增值税税率（或征收率）}$$

公式中的税率为17%，征收率为3%。

应税消费品连同包装物一并销售的，无论包装物是否单独计价，也不论在财务上如何核算，均应并入应税消费品的销售额中计算征收消费税；如果包装物不随同产品销售，而是只收取押金，此项押金可不并入应税消费品的销售额中计算征税，但对逾期未收回包装物而不再退还的包装物押金或已收取时间在一年以上的押金，应视同应税消费品的销售额，按照所包装货物的适用税率计算征收消费税；如果包装物既作价随同产品销售，又另外收取押金，凡纳税人在规定的期限内不予退还的，均应并入应税消费品的销售额，按照所包装货物的适用税率计算征收消费税。另外，国家税务总局国税发［1995］192号文规定，从1995年6月1日起，对销售除啤酒、黄酒以外的其他酒类产品而收取的包装物押金，无论是否返还以及会计上如何核算，均应并入当期销售额征税。

对包装物收取的押金，按规定应并入销售额征税的，应先将该押金换算为不含税的金额，再计算其应纳税额。

为了避免重复征收，按照国家税务总局的规定，可将已税产品的税额在计算应纳消费税税额时进行扣除。国家税务总局发文决定，自1995年6月1日起，对外购已税产品用于下列连续生产应税消费品，在计税时按当期生产领用数量计算准予扣除外购的应税消费品已纳的消费税税款：

（1）外购已税烟丝生产的卷烟；

（2）外购已税化妆品生产的化妆品；

（3）外购已税珠宝玉石生产的贵重首饰及珠宝玉石；

（4）外购已税鞭炮、焰火生产的鞭炮、焰火；

（5）外购已税汽车轮胎（内胎和外胎）生产的汽车轮胎；

（6）外购已税摩托车生产的摩托车（如用外购两轮摩托车改装为三轮摩托车）；

（7）以外购已税杆头、杆身和握把为原料生产的高尔夫球杆；

（8）以外购已税木制一次性筷子为原料生产的木制一次性筷子；

（9）以外购已税实木地板为原料生产的实木地板；

（10）以外购已税石脑油为原料生产的应税消费品；

（11）以外购已税润滑油为原料生产的润滑油；

（12）以外购的汽油、柴油用于连续生产的甲醇汽油、生物柴油。

上述当期准予扣除外购应税消费品已纳消费税税款的计算公式为：

$$\begin{matrix}当期准予扣除的外购应税\\消费品已纳税款\end{matrix}=\begin{matrix}当期准予扣除的外购\\应税消费品买价\end{matrix}\times\begin{matrix}外购应税消费品\\适用税率\end{matrix}$$

$$\begin{matrix}当期准予扣除的\\外购应税消费品买价\end{matrix}=\begin{matrix}期初库存的外购应税\\消费品的买价\end{matrix}+\begin{matrix}当期购进的应税\\消费品的买价\end{matrix}-\begin{matrix}期末库存的外购应税\\消费品的买价\end{matrix}$$

上述公式中已税消费品的“买价”是指购货发票上注明的销售额，不包括增值税税额。纳税人用外购的已税珠宝玉石生产的改在零售环节征收消费税的金银首饰（镶嵌首饰），在计税时一律不得扣除外购珠宝玉石的已纳税款。

2. 自产自用应税消费品销售额的规定。纳税人自产自用的应税消费品分为两种情况：一是用于连续生产应税消费品的，按照税法规定不纳税；二是用于非连续生产应税消费品和其他方面，如用于生产非应税消费品和在建工程、管理部门、提供劳务，以及用于馈赠、赞助、集资、广告、样品、职工福利、奖励等方面的，应按照同类消费品的销售价格计算纳税。如果没有同类应税消费品销售价格的，按照组成计税价格确定其销售额。组成计税价格的计算公式为：

（1）实行从价定率办法计算纳税的组成计税价格计算公式：

组成计税价格=（成本+利润）÷（1-比例税率）

（2）实行复合计税办法计算纳税的组成计税价格计算公式：

组成计税价格=（成本+利润+自产自用数量×定额税率）÷（1-比例税率）

应纳税额=组成计税价格×适用税率

公式中的“成本”是指应税消费品的产品生产成本；“利润”是指根据应税消费品全国平均成本利润率计算的利润。应税消费品全国平均成本利润率见表 3-3。

表 3-3 **应税消费品全国平均成本利润率（%）**

项目	利润率	项目	利润率
1. 甲类卷烟	10	10. 贵重首饰及珠宝玉石	6
2. 乙类卷烟	5	11. 摩托车	6
3. 雪茄烟	5	12. 乘用车	8
4. 烟丝	5	13. 中轻型商用客车	5
5. 粮食白酒	10	14. 高尔夫球及球具	10
6. 薯类白酒	5	15. 高档手表	20
7. 其他酒	5	16. 游艇	10
8. 化妆品	5	17. 木制一次性筷子	5
9. 鞭炮、焰火	5	18. 实木地板	5

3. 委托加工应税消费品销售额的规定。委托加工是指由委托方提供原料和主要材料，受托方只收取加工费和代垫部分辅助材料加工的应税消费品。对于由受托方提供原料生产的应税消费品，或者受托方先将原材料卖给委托方，然后再接受加工的应税消费品，以及由受托方以委托方的名义购进原材料生产的应税消费品，不论纳税人在财务上是否作销售处理，都不得作为委托加工应税消费品，而应当按照自制应税消费品计算缴纳消费税。

对于确实属于委托方提供原料和主要材料，受托方只收取加工费和代垫部分辅助材料加工的应税消费品，税法规定，除纳税人委托个体经营者加工应税消费品，一律于委托方收回后在委托方所在地缴纳消费税外，其余的加工应税消费品，一律于委托方提货时，由受托方代收代缴消费税。如果受托方对委托方加工的应税消费品未代收代缴或少代收代缴消费税，应承担补税或罚款的法律责任。

按照税法规定，委托加工应税消费品，按照受托方的同类应税消费品的市场销售价格计算纳税。如果没有同类应税消费品销售价格的，按照组成计税价格确定其销售额。组成计税价格计算公式为：

（1）实行从价定率办法计算纳税的组成计税价格计算公式：

组成计税价格=（材料成本+加工费）÷（1-比例税率）

（2）实行复合计税办法计算纳税的组成计税价格计算公式：

组成计税价格＝（材料成本＋加工费＋委托加工数量×定额税率）÷（1－比例税率）

应纳税额＝组成计税价格×适用税率

公式中的“材料成本”是指委托方所提供加工材料的实际成本。委托加工应税消费品的纳税人，必须在委托加工合同上如实注明（或以其他方式提供）材料成本，凡未提供材料成本的，受托方所在地主管税务机关有权核定其材料成本。

公式中的“加工费”是指受托方加工应税消费品向委托方所收取的全部费用（包括代垫辅助材料的实际成本）。

委托加工的应税消费品，已由受托方代扣代缴消费税后，委托方收回又用于连续生产应税消费品的，其已纳税款准予按照规定从连续生产的应税消费品应纳消费税税额中抵扣。按照国家税务总局的规定，从1995年6月1日起，下列连续生产的应税消费品准予从应纳消费税税额中按当期生产领用数量计算扣除委托加工收回的应税消费品已纳消费税税款：

（1）以委托加工收回的已税烟丝为原料生产的卷烟；

（2）以委托加工收回的已税化妆品为原料生产的化妆品；

（3）以委托加工收回的已税珠宝玉石为原料生产的贵重首饰及珠宝玉石；

（4）以委托加工收回的已税鞭炮、焰火为原料生产的鞭炮、焰火；

（5）以委托加工收回的已税汽车轮胎生产的汽车轮胎；

（6）以委托加工收回的已税摩托车生产的摩托车；

（7）以委托加工收回的已税杆头、杆身和握把为原料生产的高尔夫球杆；

（8）以委托加工收回的已税木制一次性筷子为原料生产的木制一次性筷子；

（9）以委托加工收回的已税实木地板为原料生产的实木地板；

（10）以委托加工收回的已税石脑油为原料生产的应税消费品；

（11）以委托加工收回的已税润滑油为原料生产的润滑油；

（12）以委托加工收回的汽油、柴油用于连续生产的甲醇汽油、生物柴油。

上述当期准予扣除委托加工收回的应税消费品已纳消费税税款的计算公式为：

$$\frac{\text{当期准予扣除的委托加工}}{\text{应税消费品已纳税款}}=\frac{\text{期初库存的委托加工}}{\text{应税消费品已纳税款}}+\frac{\text{当期收回的委托加工}}{\text{应税消费品已纳税款}}-\frac{\text{期末库存的委托加工}}{\text{应税消费品已纳税款}}$$

纳税人用委托加工收回的已税珠宝玉石生产的改在零售环节征收消费税的金银首饰，在计税时一律不得扣除委托加工收回的珠宝玉石的已纳消费税税款。

4. 进口应税消费品销售额的规定。进口应税消费品应征收的消费税由海关代征，由进口应税消费品的纳税人或者其代理人向报关地海关申报纳税。纳税人进口应税消费品，按组成计税价格确定其销售额，并按照规定的税率计算纳税。其组成计税价格为：

（1）实行从价定率办法计算纳税的组成计税价格计算公式：

组成计税价格＝（关税完税价格＋关税）÷（1－消费税比例税率）

（2）实行复合计税办法计算纳税的组成计税价格计算公式：

组成计税价格＝（关税完税价格＋关税＋进口数量×消费税定额税率）÷（1－消费税比例税率）

应纳税额＝组成计税价格×适用税率

公式中的“关税完税价格”是指海关核定的关税计税价格。

（二）实行从量计征消费税的计税依据

实行从量计征办法计算应税消费品的应纳税额，其基本公式为：

应纳税额=应税消费品数量×单位税额

公式中的“应税消费品数量”可按以下几种方法确定：

1. 销售应税消费品的，为应税消费品的销售数量；

2. 自产自用应税消费品的，为应税消费品的移送使用数量；

3. 委托加工应税消费品的，为纳税人收回的应税消费品数量；

4. 进口应税消费品的，为海关核定的应税消费品进口征税数量。

实行从量定额征收的黄酒、啤酒、成品油3个税目（包括7个子税目）中，《中华人民共和国消费税暂行条例》（以下简称《消费税暂行条例》）规定黄酒、啤酒以吨为税额单位，成品油以升为税额单位。为了防止纳税人混用计量单位，准确计算应纳税额，《消费税暂行条例实施细则》确定的吨与升两个计量单位的换算标准如下：

啤酒：1吨=988升　　　　黄酒：1吨=962升

汽油：1吨=1 388升　　　　柴油：1吨=1 176升

石脑油：1吨=1 385升　　　　溶剂油：1吨=1 282升

润滑油：1吨=1 126升　　　　燃料油：1吨=1 015升

航空煤油：1吨=1 246升

（三）从价定率和从量定额混合计算方法

现行消费税的征税范围中，只有卷烟、粮食白酒、薯类白酒采用混合计算方法。其基本计算公式为：

应纳税额=应税销售数量×定额税率+应税销售额×比例税率

生产销售卷烟、粮食白酒、薯类白酒从量定额计税依据为实际销售数量。进口、委托加工、自产自用卷烟、粮食白酒、薯类白酒从量定额计税依据分别为海关核定的进口征税数量、委托方收回数量、移送使用数量。

（四）计税依据的其他规定

1. 卷烟从价定率计税办法的计税依据为调拨价格或核定价格。核定价格是指由税务机关按其零售价倒算一定比例的办法核定计税价格。核定价格的计算公式为：

某牌号规格卷烟核定价格=该牌号规格卷烟市场零售价格÷（1+35%）

实际销售价格高于计税价格和核定价格的卷烟，按实际销售价格征收消费税；实际销售价格低于计税价格和核定价格的卷烟，按计税价格或核定价格征收消费税。

非标准条包装卷烟应当折算成标准条包装卷烟的数量，依其实际销售收入计算确定其折算成标准条包装后的实际销售价格，并确定适用的比例税率。

2. 纳税人通过自设非独立核算门市部销售的自产应税消费品，应当按照门市部对外销售额或者销售数量征收消费税。

3. 纳税人用于换取生产资料和消费资料、投资入股和抵偿债务等方面的应税消费品，应当以纳税人同类应税消费品的最高销售价格作为计税依据计算消费税。

4. 酒类关联企业间关联交易消费税问题处理。纳税人与关联企业之间的购销业务，不按照独立企业之间的业务往来作价的，税务机关可以按照下列方法调整其计税收入额或者所得额，核定其应纳税额：

（1）按照独立企业之间进行相同或者类似业务活动的价格；

（2）按照再销售给无关联关系的第三者的价格所取得的收入和利润水平；

（3）按照成本加合理的费用和利润；

（4）按照其他合理的方法。

白酒生产企业向商业销售单位收取的“品牌使用费”属于应税白酒销售价款的组成部分，不论企业采取何种方式或以何种名义收取价款，均应并入白酒的销售额中缴纳消费税。

5. 兼营不同税率应税消费品的税务处理。纳税人生产销售应税消费品，如果不是单一经营某一税率的产品，而是经营多种不同税率的产品，就是兼营行为。

纳税人兼营不同税率的应税消费品，应当分别核算不同税率应税消费品的销售额、销售数量。未分别核算销售额、销售数量，或者将不同税率的应税消费品组成成套消费品销售的，从高适用税率。

第二节　消费税核算的会计科目与报表

一、会计科目的设置

消费税是价内税，其税额包括在销售收入中。纳税人在计算应纳税额时，不但要反映缴纳消费税的金额，而且已缴纳的税款还需要销售收入来补偿。因此，纳税人核算消费税的应纳税额时，应设置以下会计科目：

1. 设置“应交税费”科目，并在“应交税费”科目下设置“应交消费税”明细科目进行会计处理。该科目采用三栏式账户进行记账，贷方核算纳税人在一定时期内应缴纳的消费税税额，借方核算纳税人在一定时期内已缴纳的消费税税额。如期末余额在贷方，表示尚未缴纳的消费税税额；如期末余额在借方，表示纳税人多缴纳的消费税税额。

2. 设置“营业税金及附加”科目，该科目属于损益类会计科目，其借方表示应缴纳消费税的增加额，期末从该科目的贷方转入“本年利润”科目的借方得以补偿。

3. 除上述两个主要核算科目外，根据纳税人的生产经营情况，还需要设置“长期股权投资”、“营业外支出”等会计科目。

4. 企业实际上交消费税时，借记“应交税费——应交消费税”科目，贷记“银行存款”科目；如果企业销售的应税消费品退回，会计处理与上交税金的会计处理相反。

二、会计账户的设置

消费税的核算账户，根据“应交税费——应交消费税”会计科目来设置。其基本格式见表 3-4。

表 3-4　**应交税费——应交消费税**

时间		凭证		摘要	借方	贷方	余额

纳税人应交消费税业务发生后，根据业务或时间的先后顺序逐笔进行登记。到期末或规定的纳税期限，进行结算。

三、消费税的报表

消费税的报表主要有消费税纳税申报表和生产企业自营出口货物消费税免税申报表。此类报表均应在规定的期限内如实填写并按时申报。

（一）消费税纳税申报表填列方法

消费税纳税申报表见表3-5。

表3-5 消费税纳税申报表

纳税编码： 填表日期： 年 月 日

纳税人识别号：

纳税人名称： 地 址：

税款所属期： 年 月 日至 年 月 日 联系电话： 金额单位：元至角分

应税消费品名称	适用税目	应税销售额（数量）	适用税率（单位税额）	当期准予扣除外购应税消费品买价（数量）				外购应税消费品适用税率（单位税额）
				合计	期初库存外购应税消费品买价（数量）	当期购进应税消费品买价（数量）	期末库存外购应税消费品买价（数量）	
1	2	3	4	5=6+7-8	6	7	8	9
合计								

应纳消费税		当期准予扣除外购应税消费品已纳税款	当期准予扣除委托加工应税消费品已纳税款			
本期	累计		合计	期初库存委托加工应税消费品已纳税款	当期收回委托加工应税消费品已纳税款	期末库存委托加工应税消费品已纳税款
15=3×4-10 或15=3×4-11 或15=3×4-10-11	16	10=5×9 或10=5×9×（1-征减幅度）	11=12+13-14	12	13	14

已纳消费税		本期应补（退）税金额			
本期	累计	合计	上期结算税额	补交本年度欠税	补交以前年度欠税
17	18	19=15-26-27	20	21	22

截至上年底累计欠税额	本年度新增欠税额		减免税额	预缴税额	多缴税额
	本期	累计			
23	24	25	26=3×4或 26=3×4×征减幅度	27	28

如纳税人填报，由纳税人填写以下各栏		如委托代理人填报，由代理人填写以下各栏			备注
会计主管：（签章）	纳税人（公章）	代理人名称		代理人（公章）	
		代理人地址			
		经办人		电话	
以下由税务机关填写					
收到申报表日期		接收人			

填表说明：

1. 表中第2栏"适用税目"必须按照《消费税暂行条例》规定的税目填写。

2. 第10栏，准予抵扣项目无减税优惠的按"10=5×9"的勾稽关系填报，准予抵扣项目有减税优惠的按"10=5×9×（1-减征幅度）"的勾稽关系填报。目前准予抵扣且有减税优惠的项目为石脑油、润滑油，减征幅度为70%。

3. 第26栏，全额免税的应税消费品按"26=3×4"填报，减征税款的应税消费品按"26=3×4×减征幅度"填报。目前有减税优惠的项目为石脑油、润滑油，减征幅度为70%。

4. 本表一式三份，区（分）局、计征局、纳税人各一份。

（二）出口货物免税申报表

出口货物免税申报表见表3-6。

表3-6 **出口货物免税申报表**

纳税人识别号： 申报所属期： 年 月

海关企业代码：

纳税人名称：（公章） 填表日期： 年 月 日 金额单位：美元、元至角分

序号	出口发票号码	出口报关单号	出口日期	代理证明号	出口商品代码	商品名称	计量单位	出口数量	出口货物免税销售额			免税额		备注
									美元	人民币	合计	免征增值税税额	免征消费税税额	
	1	2	3	4	5	6	7	8	9	10	11	12	13	14
合计	—	—	—	—	—	—	—	—						—

受理人： 受理日期： 年 月 日 受理税务机关（签章）：

说明：（1）本表一式三联，由纳税人填写，第一联由征税部门留存，第二联在主管征税部门签章后由纳税人交主管退税部门，第三联由纳税人留存。

（2）未办理对外贸易经营者备案登记委托出口货物的小规模纳税人不填写海关企业代码。

第三节 应纳消费税的核算

按照现行《消费税暂行条例》规定，消费税分别在生产销售环节、委托加工环节、进口环节和零售环节（金银首饰）计算缴纳税款，除此之外，其他流通环节不计算征收消费税。

一、生产销售环节应纳消费税的核算

生产销售环节是指生产者将生产的应税消费品直接销售给购买方或自用于其他方面的行为。按照税法规定，无论是直接对外销售，还是非直接对外销售，都应视同生产销售环节缴纳消费税。

（一）直接对外销售应纳消费税的核算

按照现行规定，征收消费税的产品一定属于征收增值税的应税产品，因此，直接对外销售可分为以下几种情况：

1. 增值税一般纳税人应纳消费税的核算。因为消费税的计税价格不含增值税，增值税一般纳税人销售应税消费品时可能给购买方开具增值税专用发票，也可能开具普通发票。若开具的是增值税专用发票，发票上注明的销售金额即为消费税的计税金额；若开具的是普通发票，应先将普通发票上注明的含增值税的销售金额换算为不含增值税的销售金额作为消费税的计税金额。

【例 3-1】甲企业 5 月 10 日将生产的粮食白酒 500 箱（每箱 10 斤）销售给某批发公司，每箱不含增值税的售价为 600 元。甲企业给批发公司开具增值税专用发票，取得销售金额 300 000 元、增值税税额 51 000 元，货款已收存银行。粮食白酒的消费税比例税率为 20%，定额税率为 0.5 元/斤。甲企业应作会计处理如下：

①甲企业收到款项时：

借：银行存款	351 000	
贷：主营业务收入——销售白酒		300 000
应交税费——应交增值税（销项税额）		51 000

②计算应交的消费税时：

应交的消费税税额 = 300 000×20% + 500×10×0.5 = 62 500（元）

借：营业税金及附加	62 500	
贷：应交税费——应交消费税		62 500

【例 3-2】甲企业 5 月 20 日将生产的粮食白酒 20 箱（每箱 10 斤）销售给某使用单位，每箱含税价格 819 元。甲企业向使用单位开具普通发票，共收取货款 16 380 元存入银行。甲企业应作会计处理如下：

①企业收到货款时：

$$增值税销项税额 = \frac{16\ 380}{1+17\%} \times 17\% = 2\ 380（元）$$

借：银行存款	16 380	
贷：主营业务收入——销售白酒		14 000
应交税费——应交增值税（销项税额）		2 380

②计算应纳消费税时：

应纳消费税税额 = 14 000×20% + 20×10×0.5 = 2 900（元）

借：营业税金及附加	2 900	
贷：应交税费——应交消费税		2 900

2. 增值税小规模纳税人应纳消费税的核算。增值税小规模纳税人生产销售应税消费

品同样须缴纳消费税。因为小规模纳税人使用的是普通发票，其销售额均包含增值税税额，在计算消费税时，应首先将含增值税的销售额依照其征收率3%换算为不含增值税的销售额，然后再计算其消费税税额。

【例3-3】乙企业为增值税小规模纳税人，征收率为3%。本期生产销售鞭炮、焰火，给购买方开具普通发票，取得销货款共计12 360元，款已收存银行。鞭炮、焰火的消费税税率为15%，乙企业应作会计处理如下：

①乙企业收到销货款时：

乙企业应交纳增值税 $=\frac{12\ 360}{1+3\%}\times 3\%=360$（元）

不含税销售额 $=12\ 360-360=12\ 000$（元）

借：银行存款　　12 360

　贷：主营业务收入——销售鞭炮、焰火　　12 000

　　　应交税费——应交增值税（销项税额）　　360

②乙企业应交的消费税税额：

$12\ 000\times 15\%=1\ 800$（元）

借：营业税金及附加　　1 800

　贷：应交税费——应交消费税　　1 800

③实际上交消费税时：

借：应交税费——应交消费税　　1 800

　贷：银行存款　　1 800

3. 对外销售收取价外费用应纳消费税的核算。按照《消费税暂行条例》的规定，销货方向购买方收取的价外费用，除有规定者外，一律计征消费税。在实际生产经营过程中，纳税人为了多获取利益，往往对价外收费进行单独核算，或者直接冲减产品销售费用。在这种情况下，纳税人一般为对方开具普通发票。

【例3-4】某酒厂为增值税一般纳税人，由于原材料价格上升而销售价格未变，该厂向购买方收取价外费用作为补贴。某次销售粮食白酒过程中，向购货方收取价外费用23 400元，给购货方开具普通发票，款已收存银行。该酒厂应作会计处理如下：

①收到价外收入时：

价外收入不含税销售额 $=\frac{23\ 400}{1+17\%}=20\ 000$（元）

价外收入的销项税额 $=20\ 000\times 17\%=3\ 400$（元）

借：银行存款　　23 400

　贷：主营业务收入——销售白酒　　20 000

　　　应交税费——应交增值税（销项税额）　　3 400

②计算价外收入应缴纳的消费税税额时：

应纳消费税税额 $=20\ 000\times 20\%=4\ 000$（元）

借：营业税金及附加　　4 000

　贷：应交税费——应交消费税　　4 000

4. 包装物应纳消费税的核算。根据《消费税暂行条例》及其实施细则的规定，实行从价定率办法计算应纳税额的应税消费品连同包装物销售的，无论包装物是否单独计价，也不论在财务上如何核算，均应并入应税消费品中征收消费税。如果包装物不作价随同产品销售，而是收取押金，此项押金则不并入应税消费品的销售额中征税。但对逾期未收回的包装物不再退还的和已收取一年以上的押金，应并入应税消费品的销售额，按照应税消费品的适用税率征收消费税。

对既作价随同应税消费品销售，又另外收取押金的包装物押金，凡纳税人在规定期限内不予退还的，均应并入应税消费品的销售额，按照应税消费品的适用税率征收消费税。

另外，财政部、国家税务总局《关于酒类产品包装物押金征税问题的通知》规定，从1995年6月1日起，对酒类产品生产企业销售酒类产品而收取的包装物押金，除黄酒、啤酒外，无论押金是否返还与会计上如何处理，均需并入酒类产品销售额中，依酒类产品的适用税率征收消费税。

（1）包装物随产品销售而单独计价。按照规定，包装物随产品销售而单独计价，其销售额应记入“其他业务收入”科目，其应纳的消费税税额及有关的支出，应记入“营业税金及附加”和“其他业务成本”科目。

【例3-5】某酒厂本期销售粮食白酒50箱，共计100斤，除收取白酒价款外，另收取单独计价的包装物销售收入5 850元存入银行，已向购货方开具普通发票。该酒厂应作会计处理如下：

①取得包装物收入时：

$$包装物不含税销售额=\frac{5\ 850}{1+17\%}=5\ 000\ （元）$$

包装物应计算的增值税销项税额＝5 000×17%＝850（元）

借：银行存款	5 850	
贷：其他业务收入		5 000
应交税费——应交增值税（销项税额）		850

②计算应纳消费税时：

应纳消费税税额＝5 000×20%＋100×0.5＝1 050（元）

借：营业税金及附加	1 050	
贷：应交税费——应交消费税		1 050

（2）出租、出借包装物而没收的押金。按照规定，出租、出借包装物逾期未收回而没收的押金收入，应从“其他应付款”科目转入“其他业务收入”科目，应缴纳的增值税和消费税应记入“营业税金及附加”科目。

【例3-6】某化工厂销售成套化妆品，取得出租、出借包装物押金收入3 510元存入银行，已向承租方开具了收款收据。出租、出借期限已过，没收其押金。成套化妆品的消费税税率为30%，该化工厂应作会计处理如下：

①取得押金收入时：

借：银行存款	3 510	
贷：其他应付款——押金		3 510

②没收押金时：

$$押金不含税销售额=\frac{3\ 510}{1+17\%}=3\ 000\ （元）$$

增值税销项税额＝3 000×17%＝510（元）

借：其他应付款——押金 3 510

贷：其他业务收入 3 000

应交税费——应交增值税（销项税额） 510

③计算消费税时：

应纳消费税税额 = 3 000×30% = 900（元）

借：营业税金及附加 900

贷：应交税费——应交消费税 900

（3）包装物作价随产品销售而没收的押金。销货方为促使购货方退还包装物得以重用，在包装物作价销售时还另收取押金。逾期未退回包装物而没收的押金，按规定要缴纳增值税。按规定计算的增值税销项税额，直接冲减“其他应付款”科目，然后，将冲减后的余额转入“营业外收入”科目。

【例 3-7】某工厂销售高尔夫球及球具一批，包装物随货物计价销售后，为促使购货方将包装物退回重用，另加收押金 1 170 元。包装物逾期未收回。高尔夫球及球具消费税税率为 8%，该工厂应作会计处理如下：

①收取押金时：

借：银行存款 1 170

贷：其他应付款——押金 1 170

②没收押金时，应计算增值税的销项税额：

押金的不含税销售额 $= \frac{1\ 170}{1+17\%} = 1\ 000$（元）

增值税销项税额 = 1 000×17% = 170（元）

借：其他应付款——押金 1 170

贷：应交税费——应交增值税（销项税额） 170

营业外收入 1 000

③没收押金应缴纳的消费税：

应纳消费税税额 = 1 000×8% = 80（元）

借：营业税金及附加 80

贷：应交税费——应交消费税 80

（二）非直接对外销售应纳消费税的核算

非直接对外销售是指生产企业生产的应税消费品，自己用于在建工程、管理部门、非生产性机构、捐赠、赞助、集资、广告、样品、职工福利、奖励等方面。按照税法规定，这应视同对外销售处理，与直接对外销售一样计算缴纳各种税费。其产品的价格参照同期同类产品的市场销售价格计算；没有参照价格的，按组成计税价格计算。由于企业自产自用是一种内部结转关系，不存在具体的销售行为，因此在会计上不作销售处理，而按成本转账。

1. 企业将自产的应税消费品用于职工福利。企业将自产的应税消费品用于本企业职工福利，应视同对外销售处理，按产品的销售价格和应缴纳的增值税、消费税等，借记“应付职工薪酬——应付福利费”科目，按应税消费品的成本价格，贷记“库存商品”科目，按计算的增值税税额，贷记“应交税费——应交增值税（销项税额）”科目，按计算的消费税税额，贷记“应交税费——应交消费税”科目。

【例 3-8】某酒厂本期将自产粮食白酒 10 箱（每箱 10 斤）分给本厂职工作为福利，每箱不含增值税市场销售价格为 500 元，成本价为 300 元。酒已移送分配。该酒厂应作会计处理如下：

粮食白酒的市场销售价格 = 500×10 = 5 000（元）

自用粮食白酒的增值税销项税额 = 5 000×17% = 850（元）

自用粮食白酒应纳消费税税额 = 5 000×20% + 10×10×0.5 = 1 050（元）

自用粮食白酒的成本价格 = 300×10 = 3 000（元）

借：应付职工薪酬——应付福利费　　5 850
　贷：主营业务收入　　5 000
　　　应交税费——应交增值税（销项税额）　　850
借：营业税金及附加　　1 050
　贷：应交税费——应交消费税　　1 050
借：主营业务成本　　3 000
　贷：库存商品　　3 000

注：本题会计处理未考虑城建税、教育费附加和应缴纳的所得税。

2. 企业将自产的应税消费品用于对外投资。企业将自产的应税消费品用于对外投资，应视同对外销售计算缴纳消费税。应税消费品用于投资时，按同类产品的市场销售价格与其应计算的增值税之和，借记“长期股权投资”科目，按结转自产商品的成本，贷记“库存商品”科目，按应计算的增值税、消费税税额，分别贷记“应交税费——应交增值税（销项税额）”、“应交税费——应交消费税”科目。

【例 3-9】某小汽车制造企业本期将自产小汽车 30 辆（排气量为 2 300 毫升）向本市一出租公司进行长期投资，每辆小汽车不含增值税作价 150 000 元，小汽车每辆成本 120 000 元，小汽车已移送出租公司。小汽车的消费税税率为 9%，该企业应作会计处理如下：

不含税销售额 = 150 000×30 = 4 500 000（元）

应计算的销项税额 = 4 500 000×17% = 765 000（元）

应纳消费税税额 = 4 500 000×9% = 405 000（元）

小汽车成本 = 120 000×30 = 3 600 000（元）

借：长期股权投资——投资成本　　5 265 000
　贷：主营业务收入　　4 500 000
　　　应交税费——应交增值税（销项税额）　　765 000
借：营业税金及附加　　405 000
　贷：应交税费——应交消费税　　405 000
借：主营业务成本　　3 600 000
　贷：库存商品　　3 600 000

3. 企业将自产的应税消费品用于广告、对外捐赠。按税法规定，企业将自产的应税产品用于广告、对外捐赠，应视同对外销售处理，按规定计算应缴纳的有关税费，在会计处理上也应作销售收入处理。按不含税销售价加增值税等，借记“销售费用”、“营业外支出”等科目；按市场价，贷记“主营业务收入”科目，按计算的增值税、消费税，分别贷记“应交税费——应交增值税（销项税额）”和“应交税费——应交消费税”科目。

【例 3-10】甲企业试制 10 辆摩托车，将其中 4 辆赠送给某电视台做广告，另外 6 辆捐赠给某体育俱乐部，每辆摩托车成本价4 000元，无同类产品市场销售价格（摩托车消费税税率为10%，全国平均成本利润率为6%）。该企业应作会计处理如下：

①赠送给电视台做广告：

$$组成计税价格=\frac{4\ 000\times4\times(1+6\%)}{1-10\%}=18\ 844.44（元）$$

增值税的销项税额=18 844.44×17%=3 203.55（元）

应缴纳的消费税税额=18 844.44×10%=1 884.44（元）

借：销售费用——广告费	22 047.99	
贷：主营业务收入		18 844.44
应交税费——应交增值税（销项税额）		3 203.55
借：营业税金及附加	1 884.44	
贷：应交税费——应交消费税		1 884.44
借：主营业务成本	16 000	
贷：库存商品——摩托车		16 000

②捐赠给体育俱乐部：

$$组成计税价格=\frac{4\ 000\times6\times(1+6\%)}{1-10\%}=28\ 266.67（元）$$

增值税的销项税额=28 266.67×17%=4 805.33（元）

应缴纳的消费税税额=28 266.67×10%=2 826.67（元）

借：营业外支出	33 072	
贷：主营业务收入		28 266.67
应交税费——应交增值税（销项税额）		4 805.33
借：营业税金及附加	2 826.67	
贷：应交税费——应交消费税		2 826.67
借：主营业务成本	24 000	
贷：库存商品——摩托车		24 000

二、委托加工环节应纳消费税的核算

委托加工环节应纳的消费税，是指委托方委托受托方加工应税消费品（除受托方为个体经营者外），由受托方代收代缴消费税的行为。应纳消费税的纳税义务人为委托方，受托方为代收代缴义务人。因此，委托加工环节应纳消费税的核算涉及委托方和受托方的会计处理。

（一）委托方支付应纳消费税的核算

委托方委托加工的应税消费品有两种情况：一是将委托加工收回后的应税消费品直接出售；二是将委托加工收回后的应税消费品用于连续生产应税消费品。

1. 收回后直接用于销售的核算。

按照《消费税暂行条例》的规定，委托加工应税消费品收回后直接用于销售的，在销售时不再缴纳消费税。因此，委托方应将受托方代收代缴的消费税税额计入委托加工应税消费品的成本中。委托方根据受托方代收代缴消费税所开具的有关凭证，借记“委托加工物资”等科目，贷记“应付账款”、“银行存款”等科目。

【例 3-11】甲公司为增值税一般纳税人，本期委托乙企业加工鞭炮、焰火一批，发出加工的原材料成本价为 14 000 元，按合同规定支付受托方加工费 3 000 元、增值税 510 元，并取得乙企业开具的增值税专用发票。该批鞭炮、焰火无同类产品市场销售价格。乙企业按规定收取代收代缴的消费税后，向甲公司开具了有关票据。甲公司收回委托加工的鞭炮、焰火后直接对外销售。鞭炮、焰火的消费税税率为 15%，甲公司应作会计处理如下：

①公司发出委托加工材料时：

借：委托加工物资——鞭炮、焰火　　14 000

　贷：原材料　　14 000

②付加工费时：

借：委托加工物资——鞭炮、焰火　　3 000

　　应交税费——应交增值税（进项税额）　　510

　贷：银行存款——加工费　　3 510

③支付乙企业代收代缴的消费税时：

$$代收代缴消费税的组成计税价格=\frac{14\ 000+3\ 000}{1-15\%}=20\ 000（元）$$

$$代收代缴的消费税税额=20\ 000\times15\%=3\ 000（元）$$

借：委托加工物资——鞭炮、焰火　　3 000

　贷：银行存款——应交消费税　　3 000

④甲公司收回委托加工产品时：

借：库存商品——鞭炮、焰火　　20 000

　贷：委托加工物资——鞭炮、焰火　　20 000

从上例可以看出，委托加工收回的鞭炮、焰火，其组成计税价格为 20 000 元。甲公司若直接对外销售的价格也为 20 000 元，则甲公司无利可得。作为正常经营者，甲公司对外销售的价格肯定要高于 20 000 元。按照《消费税暂行条例》的规定，已代收代缴消费税的委托加工产品收回后直接对外销售的，不再征收消费税。

2. 收回后用于连续生产应税消费品的核算。

按照税法规定，收回已代收代缴消费税的委托加工产品，又用于连续生产应税消费品的，加工环节已纳税款准予扣除。因此，委托方支付给受托方代收代缴的消费税税额，应借记“应交税费——待扣消费税”科目，待最终应税消费品销售时，在其应交的消费税税额中扣除。

按照已税消费品用于连续生产应税消费品税额扣除的规定，本期应扣除的消费税税额是本期生产领用应税消费品所负担的税额。若本期生产应税消费品未领用已税消费品作原料，已税消费品所负担的消费税税额不得扣除。

【例 3-12】甲企业为增值税一般纳税人，本期委托乙企业加工应税消费品（半成品）一批，发出委托加工的原材料成本为 30 000 元，按合同规定，支付受托方加工费 6 000 元、增值税税额 1 020 元，取得乙企业开具的增值税专用发票。该半成品无同类应税消费品市场销售价格。乙企业按规定代收代缴消费税并向甲企业开具了合法票据。甲企业收回委托加工的半成品后，本期生产领用了 50%。本期内取得连续生产应税消费品的销售价款 50 000 元、增值税税额 8 500 元，已向购货方开具了增值税专用发票。假定该应税消费品的消费税税率为 10%，甲企业应作会计处理如下：

(1) 发出委托加工材料时：

借：委托加工物资——半成品　　30 000

　贷：原材料　　30 000

(2) 支付委托加工费时：

借：委托加工物资——半成品　　6 000

　　应交税费——应交增值税（进项税额）　　1 020

　贷：银行存款　　7 020

(3) 支付代收代缴的消费税时：

代收代缴消费税的组成计税价格 $=\frac{30\,000+6\,000}{1-10\%}=40\,000$（元）

代收代缴的消费税税额 $=40\,000\times10\%=4\,000$（元）

借：应交税费——待扣消费税　　4 000

　贷：银行存款　　4 000

(4) 甲企业收回委托加工产品时：

借：原材料　　36 000

　贷：委托加工物资——半成品　　36 000

(5) 甲企业取得销售收入时：

借：银行存款　　58 500

　贷：主营业务收入　　50 000

　　　应交税费——应交增值税（销项税额）　　8 500

(6) 计算应纳消费税时：

应纳消费税税额 $=50\,000\times10\%=5\,000$（元）

借：营业税金及附加　　5 000

　贷：应交税费——应交消费税　　5 000

(7) 本期上交消费税时：

本期应抵扣的消费税税额 $=4\,000\times50\%=2\,000$（元）

本期实际应上交消费税税额 $=5\,000-2\,000=3\,000$（元）

借：应交税费——应交消费税　　2 000

　　贷：应交税费——待扣消费税　　2 000

借：应交税费——应交消费税　　3 000

　贷：银行存款　　3 000

（二）受托方代收代缴消费税的核算

按照规定，受托方代收代缴消费税时，有同类产品市场销售价格的，按同类产品市场销售价格计税；无同类产品市场销售价格的，按组成计税价格计税。受托方收到代收代缴的消费税时，借记“银行存款”科目，贷记“应交税费——代收代缴消费税”科目。上交代收代缴消费税时，作相反的会计处理。

承上例，乙企业收到代收代缴甲企业的消费税税额 4 000 元时：

借：银行存款　　4 000

贷：应交税费——代收代缴消费税　4 000

上交代收代缴的消费税时：

借：应交税费——代收代缴消费税　4 000

　贷：银行存款　4 000

三、进口环节应纳消费税的核算

按照税法规定，进口的应税消费品于报关进口时缴纳消费税，纳税人缴纳的消费税计入该消费品的成本中。根据进口应税消费品的不同情况，将应缴纳的消费税借记“在途物资”、“库存商品”、“固定资产”等科目，贷记“应付账款”、“银行存款”等科目。

【例 3-13】某大型商场本期进口一批成套化妆品，进口货物的到岸价格为 100 000 元人民币，关税税率为 40%，消费税税率为 30%，增值税税率为 17%。商场按规定用银行存款缴纳有关税款，商品已验收入库。商场应作会计处理如下：

（1）支付进口货物到岸前的有关价款时：

借：在途物资——进口化妆品　100 000

　贷：银行存款　100 000

（2）缴纳关税、消费税、增值税时：

应纳进口关税 $=100\ 000\times40\%=40\ 000$（元）

进口消费税的组成计税价格 $=\dfrac{100\ 000+40\ 000}{1-30\%}=200\ 000$（元）

应纳进口消费税 $=200\ 000\times30\%=60\ 000$（元）

应纳进口增值税 $=200\ 000\times17\%=34\ 000$（元）

借：在途物资——进口化妆品　100 000

　　应交税费——应交增值税（进项税额）　34 000

　贷：银行存款　134 000

（3）商品验收入库时：

借：库存商品——进口化妆品　200 000

　贷：在途物资——进口化妆品　200 000

四、零售环节应纳消费税的核算

（一）零售业务的有关规定

财政部、国家税务总局于 1994 年 12 月 24 日下达了财税字［1994］95 号《关于调整金银首饰纳税环节的通知》，从 1995 年 1 月 1 日起，金银首饰消费税由生产销售环节征收改为零售环节征收。从 2002 年 1 月 1 日起，钻石及钻石饰品消费税由生产、进口环节征收改为零售环节征税。税率由 10% 减按 5% 征收。

金银首饰零售业务是指将金银首饰销售给中国人民银行批准的金银首饰生产、加工、批发、零售单位以外的单位和个人的业务（另有规定者除外）。下列行为视同零售业务：

1. 为经营单位以外的单位和个人加工金银首饰。加工包括带料加工、翻新改制、以旧换新等业务，不包括修理、清洗业务。

2. 经营单位将金银首饰用于馈赠、赞助、集资、广告、样品、职工福利、奖励等方面。

3. 未经中国人民银行总行批准经营金银首饰批发业务的单位将金银首饰销售给经营单位。

根据《金银首饰消费税征收管理办法》的规定，经中国人民银行总行批准经营金银首饰批发业务的单位，将金银首饰销售给同时持有《经营金银制品业务许可证》影印件及《金银首饰购货（加工）管理证明单》的经营单位，不征收消费税。但其必须保留购货方的上述证件，否则一律视同零售征收消费税。

经中国人民银行总行批准从事金银首饰加工业务的单位为同时持有《经营金银制品业务许可证》影印件及《金银首饰购货（加工）管理证明单》的经营单位加工金银首饰，不征收消费税。但其必须保留委托方的上述证件，否则一律视同零售征收消费税。

经营单位兼营生产、加工、批发、零售业务的，应分别核算各自的销售额，未分别核算销售额或者划分不清的，一律视同零售征收消费税。

（二）商品流通企业零售金银首饰应纳消费税的核算

商品流通企业零售金银首饰主要有以下两种方式：

1. 采取直接收款零售金银首饰应纳消费税的核算

商品流通企业采取直接收款零售金银首饰，计算应纳的消费税税额，借记“营业税金及附加”科目，贷记“应交税费——应交消费税”科目。

【例 3-14】某商场为增值税一般纳税人，本期取得金银首饰零售收入 46 800 元，款已收存银行。金银首饰消费税税率为 5%，商场应作会计处理如下：

（1）收到销售收入时：

$$零售收入的不含税销售额=\frac{46\ 800}{1+17\%}=40\ 000（元）$$

$$增值税销项税额=40\ 000\times 17\%=6\ 800（元）$$

借：银行存款　　46 800

　贷：主营业务收入　　40 000

　　应交税费——应交增值税（销项税额）　　6 800

（2）计算应纳消费税时：

$$应纳消费税税额=40\ 000\times 5\%=2\ 000（元）$$

借：营业税金及附加　　2 000

　贷：应交税费——应交消费税　　2 000

2. 以旧换新销售金银首饰应纳消费税的核算

以旧换新方式销售的，按收取旧首饰的协议价格，借记“原材料”、“库存商品”科目，按新旧首饰收取的差价和应收取的增值税税额，借记“库存现金”科目，按新首饰不含增值税销项税额的销售价格，贷记“主营业务收入”科目，按实际收取的不含增值税税额的全部价款计算增值税，贷记“应交税费——应交增值税（销项税额）”科目。按实际收取的不含增值税税额的全部价款计算应纳消费税税额，借记“营业税金及附加”科目，贷记“应交税费——应交消费税”科目。

【例 3-15】某金银首饰零售商店，本期采用以旧换新销售方式收回旧金首饰 10 件，每件作价 1 000 元，每件新金首饰零售价 2 340 元（含增值税），顾客以现金补齐差额。增值税税率为 17%，消费税税率为 5%，商店应作会计处理如下：

（1）收回旧金首饰和差价时：

$$新金首饰不含税销售额=\frac{23\ 400}{1+17\%}=20\ 000（元）$$

增值税销项税额＝（20 000－10 000）×17%＝1 700（元）

借：原材料——收回旧金首饰	10 000	
库存现金	11 700	
贷：主营业务收入		20 000
应交税费——应交增值税（销项税额）		1 700

（2）计算应纳消费税税额时：

依据以旧换新销售方式销售金银首饰的规定，应以实际收取的不含增值税的价款确定计税依据征收消费税。

应纳消费税税额＝（20 000－10 000）×5%＝500（元）

借：营业税金及附加	500	
贷：应交税费——应交消费税		500

（三）旅游企业零售金银首饰应纳消费税的核算

1. 直接收款销售金银首饰。旅游企业销售金银首饰，取得的销售收入记入“主营业务收入”科目，因此，旅游企业销售金银首饰应缴纳的消费税，借记“营业税金及附加”科目，贷记“应交税费——应交消费税”科目。

【例3-16】某旅游公司下设一销售部专门销售金银首饰，销售部由当地主管税务机关认定按增值税小规模纳税人计算缴纳增值税。本期取得金银首饰零售收入12 360元，消费税税率为5%。旅游公司应作会计处理如下：

（1）取得销售收入时：

$$不含税销售额=\frac{12\ 360}{1+3\%}=12\ 000（元）$$

应纳增值税税额＝12 000×3%＝360（元）

借：库存现金	12 360	
贷：主营业务收入		12 000
应交税费——应交增值税		360

（2）计算应缴纳的消费税时：

应纳的消费税税额＝12 000×5%＝600（元）

借：营业税金及附加	600	
贷：应交税费——应交消费税		600

（3）以银行存款上交消费税时：

借：应交税费——应交消费税	600	
贷：银行存款		600

2. 以旧换新销售金银首饰。采取以旧换新方式销售金银首饰的，销售实现时，按收购旧首饰的协议价，借记“原材料”、“库存商品”等科目，按收取的新首饰的销售价格与旧首饰协议价格的差价和应收取的增值税税额，借记“库存现金”科目，按新首饰销售的不含税销售价格，贷记“主营业务收入”科目，按应收取的增值税税额，贷记“应交税费——应交增值税”科目。

【例 3-17】某旅游公司下设一门市部专门销售金银首饰和珠宝玉石，由当地主管税务机关认定按小规模纳税人缴纳增值税。本期以旧换新销售金银首饰 20 件，回收每件旧首饰作价 800 元，每件新首饰零售价 2 060 元。消费税税率为 5%，旅游公司应作会计处理如下：

（1）取得销售收入时：

回收旧首饰作价合计金额 = 800×20 = 16 000（元）

新首饰不含税销售额 = 2 060÷（1+3%）×20 = 40 000（元）

应纳增值税税额 =（40 000−16 000）×3% = 720（元）

借：原材料——回收旧首饰	16 000	
库存现金	24 720	
贷：主营业务收入		40 000
应交税费——应交增值税		720

（2）计算缴纳消费税时：

应纳消费税税额 =（40 000−16 000）×5% = 1 200（元）

借：营业税金及附加	1 200	
贷：应交税费——应交消费税		1 200

第四节 出口货物退（免）消费税与减免、返还消费税的核算

一、出口货物退（免）消费税的核算

根据税法规定，纳税人出口应税消费品，国家给予退（免）税优惠。

（一）出口应税消费品退（免）消费税的政策规定

出口应税消费品退（免）消费税在政策上有以下三种情况：

1. 出口免税并退税。适用该规定的是，有出口经营权的外贸企业购进应税消费品直接出口，以及外贸企业受其他外贸企业委托代理出口应税消费品。值得注意的是，外贸企业只有受其他外贸企业委托、代理出口应税消费品才能办理退税，外贸企业受其他企业（指非生产性的商贸企业）委托、代理出口应税消费品不退（免）税。

2. 出口免税但不退税。适用该规定的是，有出口经营权的生产性企业自营出口或生产企业委托外贸企业代理出口自产的应税消费品，依据其实际出口数量免征消费税，不予办理退还消费税。

3. 出口不免税也不退税。适用该规定的是，除生产企业、外贸企业外的其他企业，具体是指一般商贸企业。这类企业委托外贸企业代理出口的应税消费品，一律不予退（免）消费税。

（二）出口应税消费品的退税率

计算出口应税消费品应退消费税的退税率或税额，依据《消费税暂行条例》所附“消费税税目税率（税额）表”的规定执行。企业在会计处理上应将不同消费税税率的出口应税消费品分开核算和申报，凡划分不清适用税率的，一律从低适用税率计算应退消费税税额。

（三）出口应税消费品应退税额的计算

外贸企业从生产企业购进货物直接出口或受其他外贸企业委托、代理出口应税消费品的应退消费税税款，分两种方法计算：

1. 属于从价定率计征消费税的应税消费品，应依照外贸企业从工厂购进货物时的购进价格计算。其基本计算公式为：

应退消费税税额=出口货物的工厂销售额×出口应税消费品的适用税率

公式中的“出口货物的工厂销售额”不包含增值税税额，对含增值税的销售额应先换算为不含增值税的销售额才能计算。

2. 属于从量定额计征消费税的应税消费品，依货物报关出口的实际数量计算。其基本计算公式为：

应退消费税税额=报关出口的实际数量×出口应税消费品的单位税额

（四）应退消费税税额的会计处理

1. 生产企业直接出口应税消费品。

有进出口经营权的生产企业直接出口货物，给予免税，因此，其应税消费品出口时，不作税务会计处理。出口的应税消费品若发生退关或退货，可暂不办理补税，待其转为国内销售时，再计算申报应缴纳的消费税。其税务会计处理与国内销售应税消费品相同。

2. 生产企业委托外贸企业代理出口应税消费品。

生产企业委托外贸企业代理出口应税消费品，应先缴纳消费税。所缴纳的消费税在其应税消费品出口后，由代理出口的外贸企业将出口的有关凭据交生产企业，由委托方（生产企业）申请办理退税事项。生产企业将出口货物移送外贸企业出口时，视同销售收入实现，按规定计算应缴纳的消费税税额，借记“营业税金及附加”科目，贷记“应交税费——应交消费税”科目。待收到申请退还的消费税时，借记“银行存款”科目，贷记“应交税费——应交消费税”科目；同时，借记“应交税费——应交消费税”科目，贷记“营业税金及附加”科目。

【例3-18】甲企业本期将生产的一批汽车轮胎（不含增值税销售额为500 000元、增值税税额为85 000元）委托某外贸公司代理出口，并向外贸公司开具增值税专用发票。汽车轮胎的消费税税率为3%，外贸公司将货物出口后把有关退税凭据转给甲企业，甲企业按规定退回50 000元消费税税款。甲企业应作会计处理如下：

（1）将货物移送外贸公司时：

借：应收账款——外贸公司	585 000	
贷：主营业务收入		500 000
应交税费——应交增值税（销项税额）		85 000

（2）计算应缴纳的消费税时：

应纳消费税税额=500 000×3%=15 000（元）

借：营业税金及附加	15 000	
贷：应交税费——应交消费税		15 000

（3）上交消费税时：

借：应交税费——应交消费税	15 000	
贷：银行存款		15 000

(4) 申请退回消费税税款时：

借：银行存款 15 000

贷：应交税费——应交消费税 15 000

同时：

借：应交税费——应交消费税 15 000

贷：营业税金及附加 15 000

注意：应退的增值税税额，按第二章中应退增值税的有关方法处理。

3. 外贸企业自营出口应税消费品。

外贸企业从生产企业购进应税消费品自营出口，购入商品时按不含增值税（含消费税）的金额，借记“在途物资”科目，贷记“应付账款”、“银行存款”等科目；商品验收入库时，借记“库存商品”科目，贷记“在途物资”科目。

商品出口后，按取得的外汇收入折合为人民币，借记“银行存款”科目，贷记“主营业务收入”科目；同时结转出口货物的销售成本，借记“主营业务成本”科目，贷记“库存商品”科目；申请应退的消费税时，借记“其他应收款”科目，贷记“主营业务成本”科目；待收到退税款时，借记“银行存款”科目，贷记“其他应收款”科目。

【例 3-19】某外贸公司本期从甲企业购进用于出口的应税消费品一批，取得甲企业开具的增值税专用发票，以银行存款支付购货金额 200 000 元、增值税税额 34 000 元，货物已验收入库。本期内外贸公司将该批货物出口，取得销售收入 40 000 美元，美元与人民币的汇率为 1 : 6.5，款已收存银行。外贸公司将货物出口后按规定申请退回消费税税款。应税消费品的消费税税率为 15%，外贸公司应作会计处理如下：

(1) 外贸公司支付购货款时：

借：在途物资——出口商品 200 000

应交税费——应交增值税（进项税额） 34 000

贷：银行存款 234 000

(2) 货物验收入库时：

借：库存商品——出口商品 200 000

贷：在途物资——出口商品 200 000

(3) 货物出口实现收入时：

$40\ 000 \times 6.5 = 260\ 000$（元）

借：银行存款 260 000

贷：主营业务收入 260 000

(4) 结转出口货物销售成本时：

借：主营业务成本 200 000

贷：库存商品——出口商品 200 000

(5) 申请应退的消费税时：

应退的消费税税额 $= 200\ 000 \times 15\% = 30\ 000$（元）

借：其他应收款——退回消费税税款 30 000

贷：主营业务成本 30 000

(6) 收到退回的消费税税款时：

借：银行存款　　30 000

　　贷：其他应收款——退回消费税税款　　30 000

二、减免、返还消费税的核算

由于消费税的征税对象是少数需要进行调节的特定消费品，因此，除特殊情况外，一律不给予减免税优惠。《消费税暂行条例》第十一条规定，除国务院另有规定外，对纳税人出口的应税消费品免征消费税。

1. 企业对法定直接减免的消费税，不作会计处理。

2. 企业实际收到即征即退、先征后退、先征税后返还的消费税，借记“银行存款”科目，贷记“营业税金及附加”科目。

第四章 营业税的核算

第一节 营业税核算的基本规定

营业税是以在我国境内提供应税劳务、转让无形资产和销售不动产所取得的营业额为征税对象而征收的一种税。

营业税属于价内税，以营业收入的全额为计税依据，税额不受成本高低的影响。同时，按行业设置税目、税率，应纳税额的计算比较简单。

一、营业税的纳税义务人和扣缴义务人

（一）纳税义务人的一般规定

在中华人民共和国境内提供应税劳务、转让无形资产或者销售不动产的单位和个人，为营业税的纳税人。单位是指企业和行政单位、事业单位、军事单位、社会团体及其他单位，个人是指个体工商户和其他个人。

应税劳务是指属于交通运输业、建筑业、金融保险业、邮电通信业、文化体育业、娱乐业、服务业税目征收范围的劳务。加工和修理修配劳务属于增值税的征税范围，因此不属于营业税的应税劳务。单位或个体经营者聘用的员工为本单位或雇主提供的劳务，也不属于营业税的应税劳务。

（二）扣缴义务人

营业税的扣缴义务人主要有以下两种：

1. 境外单位或者个人在境内发生应税行为而在境内未设有机构的，其应纳税款以代理人为扣缴义务人；没有代理人的，以受让者或者购买者为扣缴义务人。

2. 非居民企业在境内发生营业税应税劳务，在境内未设立经营机构的，以代理人为扣缴义务人；没有代理人的，以发包方、劳务受让方或购买方为扣缴义务人。

二、营业税的征税范围

现行营业税的征税范围包括9个税目，但“营改增”使部分税目纳入增值税的征收范围。

（一）建筑业

建筑业是指以砌筑、组合、安装为手段，使产品与大地相连或固定不动的生产活动。建筑业主要包括以下5个子目：

1. 建筑，是指新建、改建、扩建各种建筑物、构筑物的工程作业，包括与建筑物相连的各种设备或支柱、操作平台的安装或装设工程作业，以及各种窑炉和金属结构工程作业。

2. 安装，是指生产设备、动力设备、起重设备、运输设备、传动设备、医疗实验设备及其他各种设备的装配、安置工程作业，包括与设备相连的工作台、梯子、栏杆的装设工程作业和被安装设备的绝缘、防腐、保温、油漆等工程作业。

3. 修缮，是指对建筑物、构筑物进行修补、加固、养护、改善，使之恢复原来的使用价值或延长其使用期限的工程作业。

4. 装饰，是指对建筑物、构筑物进行修饰，使之美观或具有特定用途的工程作业。

5. 其他工程作业，是指上列工程作业以外的各种工程作业，如代办电信工程、水利工程、道路修建、疏浚、钻井、拆除建筑物或构筑物、平整土地、搭脚手架、爆破等工程作业。

（二）金融保险业

金融保险业是指经营金融、保险的业务。

1. 金融业务，是指经营货币资金融通活动的业务，主要包括以下业务：

（1）贷款，是指将资金贷与他人使用的业务，包括自有资金贷款和转贷。自有资金贷款是指将自有资本金或吸收单位和个人的存款贷与他人使用。转贷是指将借来的资金贷与他人使用。

典当业的抵押贷款业务，无论其资金来源如何，均按自有资金贷款征税。

人民银行贷款给金融机构的业务，不征收营业税。贷款给企业或委托金融机构贷款的业务应当征收营业税。

（2）融资租赁，是指具有融资性质和所有权转移特点的设备租赁业务，即出租人根据承租人所要求的规格、型号、性能等条件购入设备后租赁给承租人，合同期内设备的所有权属于出租人，承租人只拥有使用权。合同期满付清租金后，承租人有权按残值购入设备，以拥有设备的所有权。凡融资租赁，无论出租人是否将设备残值销售给承租人，均应按照规定征税。

（3）金融商品转让，是指转让外汇、有价证券或非货物期货的所有权的行为。非货物期货是指除商品期货、贵金属期货以外的期货，如外汇期货等。

（4）金融经纪业，是指受托代他人经营金融活动的业务。

（5）其他金融业务，是指上列业务以外的各项金融业务，如银行结算、票据贴现等。

2. 保险，是指将通过契约形式集中起来的资金，用以补偿被保险人的经济利益的业务。

（三）文化体育业

文化体育业是指经营文化、体育活动的业务，主要包括文化业和体育业两大类。

1. 文化业，是指经营文化活动的业务，包括表演、播映、其他文化业。

2. 体育业，是指举办各种体育比赛和为体育比赛或体育活动提供场所的业务。

以租赁方式为文化活动、体育比赛提供场所，按“服务业”税目征税。

（四）娱乐业

娱乐业是指为娱乐活动提供场所和服务的业务，包括经营歌厅、舞厅、卡拉 OK 歌舞厅、音乐茶座、台球、网吧、高尔夫球、保龄球场、游艺场等娱乐场所，以及娱乐场所为顾客进行娱乐活动提供服务的业务。

（五）服务业

服务业是指利用设备、工具、场所、信息或技能为社会提供服务的业务，包括以下 6 个子目：

1. 代理业，是指代委托人办理受托事项的业务，包括代购代销货物、代办进口、介绍服务、其他代理报务。

2. 旅店业，是指提供住宿服务的业务。

3. 饮食业，是指通过同时提供饮食和饮食场所的方式为顾客提供饮食消费服务的业务。饭馆、餐厅及其他饮食服务场所，为顾客在就餐的同时进行的自娱自乐形式的歌舞活动所提供的服务，按“娱乐业”税目征税。

4. 旅游业，是指为旅游者安排食宿、交通工具和提供导游等旅游服务的业务。

5. 仓储业，是指利用仓库、货场或其他场所代客贮放、保管货物的业务。

6. 其他服务，是指上列业务以外的服务业务，如沐浴、理发、洗染、照相、美术、裱画、誊写、打字、计算、测试、试验、化验、录音、录像、复印、晒图、设计、制图、勘探、打包、咨询等业务。

另外，相关规定有：

（1）自 2002 年 1 月 1 日起，福利彩票机构发行销售福利彩票取得的收入不征收营业税。对福利彩票机构以外的代销单位销售福利彩票取得的手续费收入，应按规定征收营业税。“福利彩票机构”包括福利彩票销售管理机构和与销售管理机构签有电脑福利彩票投注站代理销售协议书，并直接接受福利彩票销售管理机构的监督、管理的电脑福利彩票投注站。

（2）对社保基金投资管理人、社保基金托管人从事社保基金管理活动取得的收入，依照税法规定征收营业税。

（3）双方签订承包、租赁合同（协议，下同），将企业或企业部分资产出包、租赁，出包、出租方者向承包、承租方收取的承包费、租赁费（承租费，下同）按“服务业”税目征收营业税。出包方收取的承包费凡同时符合以下三个条件的，属于企业内部分配行为，不征收营业税：①承包方以出包方名义对外经营，由出包方承担相关的法律责任；②承包方的经营收支全部纳入出包方的财务会计核算；③出包方与承包方的利益分配以出包方的利润为基础。

（4）单位和个人在旅游景点经营索道取得的收入按“服务业”税目“旅游业”子目征收营业税。

（六）转让无形资产

转让无形资产是指转让无形资产的所有权或使用权的行为。无形资产是指不具备实物形态，但能带来经济利益的资产。转让无形资产包括以下 7 个子目：

1. 转让土地使用权，是指土地使用者转让土地使用权的行为。土地所有者出让土地使用权和土地使用者将土地使用权归还给土地所有者的行为，不征收营业税。土地租赁也不按本税目征税。

2. 转让商标权，是指转让商标的所有权或使用权的行为。

3. 转让专利权，是指转让专利技术的所有权或使用权的行为。

4. 转让非专利技术，是指转让非专利技术的所有权或使用权的行为。提供无所有权技术的行为，不按本税目征税。

5. 转让著作权，是指转让著作的所有权或使用权的行为。著作包括文字著作、图形著作（如画册、影集）、音像著作（如电影母片、录像带母带）。

6. 转让商誉，是指转让商誉的使用权的行为。

7. 以无形资产投资入股，参与接受投资方的利润分配、共同承担投资风险的行为，不征收营业税。在投资后转让其股权的也不征收营业税。

8. 单位或者个人将土地使用权无偿赠送其他单位或者个人，应视同销售征收营业税。

（七）销售不动产

销售不动产是指有偿转让不动产所有权的行为。不动产是指不能移动，移动后会引起性质、形状改变的财产。销售不动产包括以下四大类：

1. 销售建筑物或构建物，是指有偿转让建筑物或构建物的所有权的行为。以转让有限产权或永久使用权方式销售建筑物，视同销售建筑物。

2. 销售其他土地附着物，是指有偿转让其他土地附着物的所有权的行为。其他土地附着物是指建筑物或构建物以外的其他附着于土地的不动产。

在销售不动产时，连同不动产所占土地的使用权一并转让的，其土地使用权的转让行为比照销售不动产征税。

3. 以不动产投资入股，参与接受投资方利润分配、共同承担投资风险的行为，不征收营业税。在投资后转让其股权的也不征收营业税。

4. 单位或者个人将不动产无偿赠送其他单位或者个人，应视同销售征收营业税。

三、营业税的税率

营业税实行比例税率，按照行业、类别的不同分别采用不同的比例税率，具体规定为：

1. 建筑业、文化体育业，税率为3%。

2. 金融保险业、服务业、销售不动产、转让无形资产，税率为5%。

3. 娱乐业执行5%～20%的幅度税率，具体适用的税率由各省、自治区、直辖市人民政府根据当地的实际情况在税法规定的幅度内决定。

纳税人兼营不同税率的应税行为，应当分别核算不同税目的营业额、转让额或销售额，未分别核算或者不能准确核算的，一律从高适用税率征税。营业税税目税率表见表4-1。

表4-1　**营业税税目税率表**

税目	征税范围	税率（%）
一、建筑业	建筑、安装、修缮、装饰、其他工程业务	3
二、金融保险业	金融、保险	5
三、文化体育业	文化、体育	3
四、娱乐业	歌厅、舞厅、卡拉OK歌舞厅、音乐茶座、台球、网吧、高尔夫球、保龄球场、游艺场	5～20
五、服务业	代理业、旅店业、饮食业、旅游业、仓储业、其他服务业务	5
六、转让无形资产	转让土地使用权、专利权、非专利技术、商标权、著作权、商誉	5
七、销售不动产	销售建筑物及其他土地附着物	5

四、营业额的确定

营业税的应纳税额为纳税人取得的营业额乘以其适用税率。基本计算公式为：

应纳税额＝营业额×税率

从计算公式可以看出，能否正确计算营业税的应纳税额，关键在于营业额的计算。在正常情况下，营业额包括纳税人从对方收取的全部价款和价外费用。《中华人民共和国营业税暂行条例》（以下简称《营业税暂行条例》）所称的价外费用，包括向对方收取的手续费、基金、集资费、代收款项、代垫款项及其他各种性质的价外收费。税法规定，凡是价外费用，无论会计制度规定如何核算，均应并入营业额计算应纳税额。

如果纳税人提供应税劳务、转让无形资产或销售不动产，申报纳税的价格明显偏低且无正当理由的，主管税务机关有权按下列顺序核定其营业额：

第一，按纳税人当月提供的同类应税劳务或销售的同类不动产的平均价格核定。

第二，按纳税人最近时期提供的同类应税劳务或销售的同类不动产的平均价格核定。

第三，按组成计税价格核定：

$$组成计税价格=\frac{营业成本或工程成本\times（1+成本利润率）}{1-营业税税率}$$

公式中的成本利润率，由省、自治区、直辖市人民政府所属税务机关确定（一般确定为10%）。

营业税各税目的营业额具体规定如下：

（一）建筑业的营业额

建筑业的营业额是指承包建筑、修缮、安装、装饰和其他工程作业取得的营业收入，即建筑安装企业向建设方收取的工程价款和工程价款之外收取的各种费用。具体规定如下：

1. 直接从事工程作业的营业额。

（1）纳税人提供建筑业劳务（不含装饰劳务）的，其营业额应当包括工程所用原材料、设备及其他物资和动力价款在内，但不包括建设方提供的设备的价款。

（2）纳税人从事安装工程作业，如果安装企业只负责安装，并取得安装费收入，以其安装费收入为营业额；凡所安装的设备的价值作为安装工程产值的，其营业额应包括设备的价款在内。

2. 总承包人承包工程的营业额。建筑业的总承包人将工程分包或转包给他人的，以工程的全部承包额减去付给分包人或者转包人的价款后的余额为营业额。

3. 销售自建建筑物的营业额。单位或者个人自己新建（以下简称自建）建筑物后销售，其自建行为视同提供应税劳务计算征收建筑业营业税，其营业额按组成计税价格确定，组成计税价格公式见前所述，同时按销售不动产征收营业税。

4. 纳税人采用清包工形式提供的装饰劳务，按照其向客户实际收取的人工费、管理费和辅助材料费等收入（不含客户自行采购的材料价款和设备价款）确认计税营业额。

清包工形式提供的装饰劳务是指工程所需的主要原材料和设备由客户自行采购，纳税人只向客户收取人工费、管理费及辅助材料费等费用的装饰劳务。

（二）金融保险业的营业额

金融业的营业额包括贷款利息收入、融资租赁收益、金融商品转让收益，以及从事金融经纪业和其他金融业务的手续费收入。保险业的营业额为保险机构经营保险业务所收取的保费收入。有关具体规定如下：

1. 贷款业务的营业额。贷款业务是指将自有资金贷与他人使用的行为。自 2003 年 1 月 1 日起，对金融企业（包括国有、集体、股份制、合资、外资银行以及其他所有制形式的银行，城市信用社和农村信用社，信托投资公司和财务公司）按以下规定征收营业税：

（1）金融企业发放贷款（包括自营贷款和委托贷款，下同）后，凡在规定的应收未收利息核算期内发生的应收利息，均应按规定申报缴纳营业税；贷款应收利息自结息之日起，超过应收未收利息核算期限或贷款本金到期（含展期）超过 90 天后尚未收回的，按照实际收到的利息申报缴纳营业税。

（2）对金融企业 2001 年 1 月 1 日以后发生的已缴纳过营业税的应收未收利息（包括自营贷款和委托贷款利息，下同），若超过应收未收利息核算期限后仍未收回或其贷款本金到期（含展期）后尚未收回的，可从以后的营业额中减除。

（3）金融企业在 2000 年 12 月 31 日以前已缴纳过营业税的应收未收利息，原则上应在 2005 年 12 月 31 日前从营业额中减除完毕。但已移交给中国华融、长城、东方和信达资产管理公司的应收未收利息不得从营业额中减除。

（4）税务机关对金融企业营业税征收管理时，负责核对从营业额中减除的应收未收利息是否已征收过营业税，该项从营业额中减除的应收未收利息是否符合财政部或国家税务总局制定的财务会计制度以及税法的规定。

金融企业从营业额中减除的应收未收利息的额度和年限以该金融企业确定的额度和年限为准，各级地方政府及其财政、税务机关不得规定金融企业应收未收利息从营业额中减除的年限和比例。

2. 转贷业务的营业额。转贷业务是指金融机构将借入的资金贷与他人使用的业务行为，这种业务以贷款利息减去借款利息后的余额为营业额。金融机构将吸收的单位和个人的存款或者自有资本金贷与他人使用的业务，不属于转贷业务，应按贷款业务对利息全额征税。金融机构从事转贷业务和贷款业务，应划分清楚各自的营业额，未划分或者未划分清楚的，一律按照贷款业务计算征税。

外汇转贷业务是指金融机构直接向境外借入外汇资金，然后再贷给国内企业或其他单位、个人。外汇转贷业务营业额包括：

（1）中国银行系统从事的外汇转贷业务，如上级行借入外汇资金后转给下级行贷给国内用户的，在下级行以其向借款方收取的全部利息收入为营业额（包括以基准利率计算的利息和各种加息、罚息等）。在借入外汇的上级行，以贷款利息收入和其他应纳营业税的收入减去支付给境外的借款利息后的余额为营业额。

（2）其他银行从事的外汇转贷业务，如上级行借入外汇资金后转给下级行贷给国内用户的，在下级行以其向借款方收取的全部利息收入减去上级行核定的借款利息支出额后的余额为营业额。上级行核定的借款利息支出额与实际支出额不符的，由上级行从其应纳的营业税中抵补。

3. 外汇、有价证券、期货买卖业务的营业额。外汇、有价证券、期货买卖业务是指金融机构（包括银行和非银行金融机构）从事的外汇、有价证券、期货买卖业务。非金融机构和个人买卖外汇、有价证券、期货，不征收营业税。期货是指非货物期货，货物期货不征收营业税。外汇、有价证券、期货买卖业务以卖出价减去买入价后的余额为营业额。

4. 金融租赁。金融租赁是指经中国人民银行批准经营融资租赁业务的单位所从事的融资租赁业务。融资租赁以其向承租者收取的全部价款和价外费用（包括残值）减去出租方承担的出租货物的实际成本后的余额，以直线法折算出本期的营业额。计算方法为：

本期营业额 =（应收取的全部价款和价外费用−实际成本）×（本期天数÷总天数）

$$实际成本=\begin{matrix}货物购入\\原价\end{matrix}+关税+增值税+消费税+运杂费+安装费+保险费+\begin{matrix}支付给境外的外汇借款利息\\支出和人民币借款利息支出\end{matrix}$$

5. 金融商品转让。金融企业（包括银行和非银行金融机构，下同）从事股票、债券买卖业务，以股票、债券的卖出价减去买入价后的余额为营业额，即营业额 = 卖出价−买入价。卖出价是指卖出原价，不得扣除卖出过程中支付的各种费用和税金。买入价是指购进原价，不包括购进过程中支付的各种费用和税金，但买入价应依照财务会计制度规定，以股票、债券的购入价减去股票、债券持有期间取得的股票、债券红利收入。

金融企业买卖金融商品（包括股票、债券、外汇及其他金融商品，下同），可在同一会计年度末，将不同纳税期出现的正差和负差按同一会计年度汇总的方式计算并缴纳营业税。如果汇总计算应缴纳的营业税税额小于本年已缴纳的营业税税额，可以向税务机关申请办理退税，但不得将一个会计年度内汇总后仍为负差的部分结转至下一会计年度。

6. 金融经纪业务和其他金融业务。金融经纪业务和其他金融业务（中间业务）的营业额为手续费（佣金）类的全部收入。金融企业从事受托收款业务，如代收电话费、水电煤气费、信息费、学杂费、寻呼费、社保统筹费、交通违章罚款、税款等，以全部收入减去支付给委托方价款后的余额为营业额。

7. 保险业营业额包括：

（1）办理初保业务。营业额为纳税人经营保险业务向对方收取的全部价款，即向被保险人收取的全部保险费。

（2）储金业务。保险公司如采用收取储金方式取得经济利益的（即以被保险人所交保险资金的利息收入作为保费收入，保险期满后将保险资金本金返还被保险人），储金业务的营业额为纳税人在纳税期内的储金平均余额乘以人民银行公布的一年期存款的月利率。储金平均余额为纳税期期初储金余额与期末余额之和乘以 50%。

（3）保险企业已征收过营业税的应收未收保费，凡在财务会计制度规定的核算期限内未收回的，允许从营业额中减除。在会计核算期限以后收回的已冲减的应收未收保费，再并入当期营业额中。

（4）保险企业开展无赔偿奖励业务的，以向投保人实际收取的保费为营业额。

（5）中华人民共和国境内的保险人将其承保的以境内标的物为保险标的的保险业务

向境外再保险人办理分保的，以全部保费收入减去分保保费后的余额为营业额。

境外再保险人应就其分保收入承担营业税纳税义务，并由境内保险人扣缴境外再保险人应缴纳的营业税税款。

8. 典当业。典当业以经营者取得的利息和其他各种费用为营业额。

9. 外币折合成人民币。金融保险业以外汇结算营业额的，应将外币折合成人民币后计算营业税。原则上金融业按其收到的外汇的当天或当季季末中国人民银行公布的基准汇价折合营业额，保险业按其收到的外汇的当天或当月最后一天中国人民银行公布的基准汇价折合营业额；报经省级税务机关批准后，允许按照财务制度规定的其他基准汇价折合营业额。

（三）文化体育业的营业额

文化体育业的营业额，包括提供各种文化、体育活动所取得的全部收入额。另外，有以下具体规定：

1. 单位和个人进行演出，以全部票价收入或包场收入减去付给提供演出场所的单位、演出公司或经纪人的费用后的余额为营业额。

2. 浏览场所的营业额是指公园、动（植）物园及其他浏览场所销售门票的收入额，不包括这些场所从事其他游艺活动或其他经营活动的收入。

（四）服务业的营业额

服务业以提供的各项服务所收取的营业收入为营业额。具体规定如下：

1. 代理业的营业额。代理业以经营代理业务的纳税人向委托方实际收取的报酬为营业额。

2. 旅游业的营业额。旅游企业组织旅游团在中国境内旅游的，以收取的旅游费减去替旅游者支付给其他单位的房费、餐费、交通、门票和其他代付费用后的余额为营业额。旅游企业组织旅游团到境外旅游，在境外改由其他旅游企业接团的，以全程旅游费减去付给该接团企业的旅游费后的余额为营业额。

3. 旅店业的营业额。旅店业以提供住宿服务收取的服务收入为营业额。旅店业的服务范围比较广泛，一般包括住宿、餐饮、日用品销售等项目。税法规定，旅店业提供服务的经营项目应分别核算营业额，如果不分别核算或不能准确核算的，从高确定税率计算征税。

4. 从事物业管理的单位，以与物业管理有关的全部收入减去代业主支付的水、电、燃气以及代承租者支付的水、电、燃气、房屋租金的价款后的余额为营业额。

5. 对经过国家版权局注册登记，在销售时一并转让著作权、所有权的计算机软件征收营业税。计算机软件产品是指记载有计算机程序及其有关文档的存储介质（包括软盘、硬盘、光盘等）。

6. 境内单位派出本单位的员工赴境外，为境外企业提供劳务服务，不属于在境内提供应税劳务。对境内企业外派本单位员工赴境外从事劳务服务取得的各项收入，不征收营业税。

（五）娱乐业的营业额

娱乐业以纳税人向顾客收取的全部收入为营业额，即纳税人向顾客收取的门票费、台位费、点歌费、烟酒费、饮料费和收取的其他娱乐费收入。高尔夫俱乐部所收取的会员会费收入、游乐场所内的游艺活动收入均按娱乐业的规定征收营业税。

娱乐业的纳税人如果兼营营业税其他税目的业务，应将娱乐业税目的营业额分别核算，分别申报纳税。如果不分别核算或不能准确分别核算其各自的营业额，按所涉及税目中的最高税率计算纳税。

（六）转让无形资产的营业额

转让无形资产以取得的转让额为营业额，包括向受让方收取的全部货币、实物和其他经济利益。转让方收取实物时，由税务机关根据同类物品的市场销售价格核定实物的价值；转让方取得其他经济利益时，也由税务机关核定其货币价值。

（七）销售不动产的营业额

1. 单位和个人销售或转让其购置的不动产或受让的土地使用权，以全部收入减去不动产或土地使用权的购置或受让原价后的余额为营业额。

2. 单位和个人销售或转让抵债所得的不动产或土地使用权的，以全部收入减去抵债时该项不动产或土地使用权作价后的余额为营业额。

（八）几种特殊情况的规定

1. 纳税人兼营应税劳务与货物或非应税劳务的，应分别核算应税劳务的营业额和货物或非应税劳务的销售额。其应税行为营业额缴纳营业税，货物或者非应税劳务销售额不缴纳营业税；未分别核算的，由主管税务机关核定其应税行为营业额。

2. 纳税人应纳税额以人民币计算，如纳税人以外汇结算营业额的，应当按人民币的外汇折合率折算成人民币后再计算应纳税额。外汇折合率可选择营业额发生的当天或当月1日的国家外汇牌价（原则上采用中间价）。纳税人应在事先确定选用何种折合率，确定后一年内不得变更。金融保险企业营业额的人民币折合率为上年决算报表确定的汇率。

3. 合作建房，是指由一方（称甲方）提供土地使用权，另一方（称乙方）提供资金的合作建房。合作建房的方式有两种：

第一种方式是纯粹的“以物易物”，即双方以各自拥有的土地使用权和房屋所有权相互交换。具体交换方式有两种：

（1）土地使用权和房屋使用权相互交换，双方都取得了部分房屋的所有权。在这种合作过程中，甲方以转让部分土地使用权为代价，换取部分房屋的所有权，发生了转让土地使用权的行为；乙方则以转让部分房屋的所有权为代价，换取部分土地使用权，发生了销售不动产的行为。对甲方，应按“转让无形资产”税目中的“转让土地使用权”子目征税；对乙方，应按“销售不动产”征税。由于双方没有进行货币结算，应按照《营业税暂行条例实施细则》第十五条的规定，分别核算双方各自的营业额。如果合作建房的双方（或任何一方）将分得的房屋销售出去，则又发生了销售不动产的行为，应对其销售收入再按“销售不动产”征收营业税。

（2）以出租土地使用权为代价换取房屋所有权。如甲方将土地使用权出租给乙方若干年，乙方投资在该土地上建造建筑物并使用，租赁期满后，乙方将土地使用权连同建筑物归还甲方。甲方以出租土地使用权为代价换取建筑物，发生了出租土地使用权的行为，应按“服务业——租赁业”征收营业税；乙方发生销售不动产的行为，应按“销售不动产”征收营业税。对双方分别征税时，其营业额按《营业税暂行条例实施细则》第十五条的规定计算。

第二种方式是甲方以土地使用权、乙方以货币资金合股，成立合营企业，合作建房。具体又分为以下三种情况：

（1）房屋建成后，如果双方采取风险共担、利润共享的分配方式，按照营业税“以无形资产投资入股，共担风险的行为”，不征收营业税。只对合作企业销售房屋取得的收入按销售不动产征税，双方分得的利润不征收营业税。

（2）房屋建成后，甲方如果采取按销售收入的一定比例提成的方式参与分配，或提取固定利润，则不属于营业税中投资入股的行为，而属于将土地转让给合营企业的行为。对甲方取得的固定利润或从销售收入中按比例提取的收入，按“转让无形资产”征税；对合营企业按销售房屋的全部销售收入依“销售不动产”征收营业税。

（3）房屋建成后，双方按一定比例分配房屋，则此种经营行为也未构成营业税中所说的以无形资产投资入股行为。对于这种情况，应首先对甲方向合营企业转让的土地，按“转让无形资产”征税，其营业额按《营业税暂行条例实施细则》的规定计算。其次对合营企业的房屋，分配给甲、乙双方后，如各自销售的，则再按“销售不动产”征税。

4. 合作开发房地产项目。

（1）国税发［2009］31号文第三十六条规定，企业以本企业为主体联合其他企业、单位、个人合作或合资开发房地产项目，且该项目未成立独立法人公司的，按下列规定进行处理：

①凡开发合同或协议中约定向投资各方（即合作、合资方，下同）分配开发产品的，企业在首次分配开发产品时，如该项目已经结算计税成本，其应分配给投资方开发产品的计税成本与其投资额之间的差额计入当期应纳税所得额；如未结算计税成本，则将投资方的投资额视同销售收入进行相关的税务处理。

②凡开发合同或协议中约定分配项目利润的，应按以下规定进行处理：

企业应将该项目形成的营业利润额并入当期应纳税所得额统一申报缴纳企业所得税，不得在税前分配该项目的利润。同时，不能因接受投资方投资额而在成本中摊销或在税前扣除相关的利息支出。

投资方取得该项目的营业利润应视同股息、红利进行相关的税务处理。

（2）国税发［2009］31号文第三十七条规定，企业以换取开发产品为目的，将土地使用权投资于其他企业房地产开发项目的，按以下规定进行处理：

企业应在首次取得开发产品时，将其分解为转让土地使用权和购入开发产品两项经济业务进行所得税处理，并按应从该项目取得的开发产品（包括首次取得的和以后应取得的）的市场公允价值计算确认土地使用权转让所得或损失。

5. 单位和个人提供营业税应税劳务、转让无形资产和销售不动产发生退款，凡该项退款已征收过营业税的，允许退还已征税款，也可以从纳税人以后的营业额中减除。

6. 单位和个人在提供营业税应税劳务、转让无形资产、销售不动产时，如果将价款与折扣额在同一张发票上注明的，以折扣后的价款为营业额；如果将折扣额另开发票的，不论其在财务上如何处理，均不得从营业额中减除。

7. 单位和个人提供应税劳务、转让无形资产和销售不动产时，因受让方违约而从受让方取得的赔偿金收入，应并入营业额中征收营业税。

8. 单位和个人因财务会计核算办法改变将已缴纳过营业税的预收性质的价款逐期转为营业收入时，允许从营业额中减除。

9. 劳务公司接受用工单位的委托，为其安排劳动力，凡用工单位将其应支付给劳动力的工资和为劳动力上交的社会保险（包括养老保险、医疗保险、失业保险、工伤保险等，下同）以及住房公积金统一交给劳务公司代为发放或办理的，以劳务公司从用工单位收取的全部价款减去代收转付给劳动力的工资和为劳动力办理社会保险及住房公积金后的余额为营业额。

五、税收优惠

（一）起征点

营业税起征点的适用范围限于个人（个体工商户和其他个人）。营业税起征点的幅度规定如下：

1. 按期纳税的，为月营业额 5 000 ~ 20 000 元；

2. 按次纳税的，为每次（日）营业额 300 ~ 500 元。

省、自治区、直辖市财政厅（局）、税务局应当在规定的幅度内，根据实际情况确定本地区适用的起征点，并报财政部、国家税务总局备案。

（二）税收优惠规定

根据《营业税暂行条例》的规定，下列项目免征营业税：

1. 托儿所、幼儿园、养老院、残疾人福利机构提供的育养服务、婚姻介绍、殡葬服务。

2. 残疾人员个人提供的劳务。

3. 学校和其他教育机构提供的教育劳务，学生勤工俭学提供的劳务。学校和其他教育机构是指普通学校以及经地、市级以上人民政府或者同级政府的教育行政部门批准成立、国家承认其学员学历的各类学校。

4. 农业机耕、排灌、病虫害防治、植保、农牧保险以及相关技术培训业务，家禽、牲畜、水生动物的配种和疾病防治。

5. 纪念馆、博物馆、文化馆、美术馆、展览馆、书画院、图书馆、文物保护单位举办文化活动的门票收入，宗教场所举办文化、宗教活动的门票收入。

6. 医院、诊所和其他医疗机构提供的医疗服务。

7. 境内保险机构为出口货物提供的保险产品。

第二节　营业税核算的会计科目与报表

一、会计科目的设置

营业税的会计核算，主要反映应纳营业税的计算和会计处理。按照规定，企业缴纳的营业税一般通过借记“营业税金及附加”科目，贷记“应交税费——应交营业税”科目进行核算。特殊情况如下：

1. 金融企业接受其他企业委托发放贷款，收到委托贷款利息，计算应代扣代缴的营业税，借记“应付账款——应付委托贷款利息”科目，贷记“应交税费——代扣代缴营业税”科目。

2. 建筑安装企业实行分包或转包的，由总承包人代扣代缴营业税，借记“应付账款”科目，贷记“应交税费——代扣代缴营业税”科目。

3. 企业（房地产开发企业经营房屋不动产除外）销售不动产，按销售额和规定的税率计算应缴纳的营业税，借记“固定资产清理”科目，贷记“应交税费——应交营业税”科目。

4. 企业转让无形资产，按其取得的转让额和规定的税率，计算应缴纳的营业税，借记“其他业务成本”科目，贷记“应交税费——应交营业税”科目。

以上所有企业，实际上交营业税时，均借记“应交税费——应交营业税”等科目，贷记“银行存款”等科目。

二、会计账户的设置

营业税的核算账户，根据“应交税费——应交营业税”科目进行设置。其基本格式见表4-2。

表 4-2　**应交税费——应交营业税**

时间		凭证		摘要	借方	贷方	余额

纳税人根据本期应纳营业税发生的先后顺序及编制的会计分录的数额，逐笔进行登记。期末将借方和贷方所登记的数据进行合计并比较，若为贷方余额，为本期应交的营业税税额；若为借方余额，为本期多交或应退的营业税税额。

三、营业税的纳税申报表和扣缴报告表

（一）营业税纳税申报表

营业税的纳税申报表是纳税人缴纳营业税必须填列并申报的一种报表。娱乐业、服务业、建筑业营业税纳税人，除经税务机关核准实行简易申报方式外，均按《营业税纳税人纳税申报办法》进行纳税申报。文化体育业、转让无形资产和销售不动产的营业税纳税人目前仍按照各地的申报办法进行纳税申报；金融保险业营业税纳税人目前仍按照《国家税务总局关于印发〈金融保险业营业税申报管理办法〉的通知》（国税发［2002］9号）进行纳税申报。营业税纳税申报表格式见表4-3。

表 4-3

营业税纳税申报表

（适用于查账征收的营业税纳税人）

纳税人识别号：

纳税人名称：(公章)

税款所属时间：自　年　月　日至　年　月　日　填表日期：　年　月　日　　金额单位：元(列至角分)

税目	营业额				税率(%)	本期税款计算			税款缴纳								
	应税收入	应税减除项目金额	应税营业额	免税收入		小计	本期应纳税额	免(减)税额	期初欠缴税额	前期多缴税额	本期已缴税额				本期应缴税额计算		
											小计	已缴本期应纳税额	本期已被扣缴税额	本期已缴欠缴税额	小计	本期期末应缴税额	本期期末应缴欠缴税额
1	2	3	4=2-3	5	6	7=8+9	8=(4-5)×6	9=5×6	10	11	12=13+14+15	13	14	15	16=17+18	17=8-13-14	18=10-11-15
建筑业																	
服务业																	
娱乐业																	
金融保险业																	
文化体育业																	
销售不动产																	
转让无形资产																	

续表

税目	营业额				税率(%)	本期税款计算			税款缴纳								
											本期已缴税额				本期应缴税额计算		
	应税收入	应税减除项目金额	应税营业额	免税收入		小计	本期应纳税额	免(减)税额	期初欠缴税额	前期多缴税额	小计	已缴本期应纳税额	本期已被扣缴税额	本期已缴欠缴税额	小计	本期期末应缴税额	本期期末应缴欠缴税额
1	2	3	4=2-3	5	6	7=8+9	8=(4-5)×6	9=5×6	10	11	12=13+14+15	13	14	15	16=17+18	17=8-13-14	18=10-11-15
合计																	
代扣代缴项目																	
总计																	

纳税人或代理人声明	如纳税人填报,由纳税人填写以下各栏							
此纳税申报表是根据国家税收法律的规定填报的,我确定它是真实的、可靠的、完整的。	办税人员(签章)		财务负责人(签章)		法定代表人(签章)		联系电话	
	如委托代理人填报,由代理人填写以下各栏							
	代理人名称		经办人(签章)		联系电话		代理人(公章)	

以下由税务机关填写:

受理人: 受理日期: 年 月 日 受理税务机关(签章):

本表为 A3 横式一式三份,一份纳税人留存,一份主管税务机关留存,一份征收部门留存。

营业税纳税申报表的填报方法：

1. “纳税人识别号”栏，填写税务机关为纳税人确定的识别号，即税务登记证号码。

2. “纳税人名称”栏，填写纳税人单位名称全称，并加盖公章，不得填写简称。

3. “税款所属时间”填写纳税人申报的营业税应纳税额的所属时间，应填写具体的起止年、月、日。

4. “填表日期”填写纳税人填写本表的具体日期。

5. “娱乐业”行应区分不同的娱乐业税率填报申报事项。

6. “代扣代缴项目”行应填报纳税人本期按照现行规定发生代扣代缴行为所应申报的事项，分不同税率填报。

7. 所有栏次数据均不包括本期纳税人经税务、财政、审计部门检查以及纳税人自查发生的相关数据。

8. 第2栏“应税收入”填写纳税人本期因提供营业税应税劳务、转让无形资产或者销售不动产所取得的全部价款和价外费用（包括免税收入），分营业税税目填报，该栏数据为各相应税目营业税纳税申报表中“应税收入”栏的“合计”数。纳税人提供营业税应税劳务、转让无形资产或者销售不动产发生退款或因财务会计核算办法改变冲减营业额时，不在本栏次调减，在第11栏“前期多缴税额”栏次内直接调减税额。

9. 第3栏“应税减除项目金额”应填写纳税人本期提供营业税应税劳务、转让无形资产或者销售不动产所取得的应税收入中按规定可扣除的项目金额，分营业税税目填报，该栏数据为相应税目营业税纳税申报表中“应税减除项目金额”栏（或“应税减除项目金额”栏中“小计”项）的“合计”数。

10. 第5栏“免税收入”应填写纳税人本期提供营业税应税劳务、转让无形资产或者销售不动产所取得的应税收入中不需税务机关审批可直接免缴税款的应税收入或已经税务机关批准的免税项目应税收入，分营业税税目填报，该栏数据为相应税目营业税纳税申报表中“免税收入”栏的“合计”数。

11. 第10栏“期初欠缴税额”填写截至本期（不含本期），纳税人经过纳税申报或报告、批准延期缴纳、税务机关核定等确定应纳税额后，超过法律、行政法规规定或者税务机关依照法律、行政法规规定确定的税款缴纳期限未缴纳的税款，分营业税税目填报，该栏数据为相应税目营业税纳税申报表中“期初欠缴税额”栏的“合计”数。

12. 第11栏“前期多缴税额”填写纳税人截至本期（不含本期）多缴纳的营业税税额，分营业税税目填报，该栏数据为相应税目营业税纳税申报表中“前期多缴税额”栏的“合计”数。

13. 第13栏“已缴本期应纳税额”填写纳税人已缴纳的本期应纳营业税税额。该栏数据为相应税目营业税纳税申报表中“已缴本期应纳税额”栏的“合计”数。

14. 第14栏“本期已被扣缴税额”填写纳税人本期发生纳税义务，按现行税法规定被扣缴义务人扣缴的营业税税额。该栏数据为相应税目营业税纳税申报表中“本期已被扣缴税额”栏的“合计”数。

15. 第15栏“本期已缴欠缴税额”填写纳税人本期缴纳的前期欠税，包括本期缴纳的前期经过纳税申报或报告、批准延期缴纳、税务机关核定等确定应纳税额后，超过法律、行政法规规定或者税务机关依照法律、行政法规规定确定的税款缴纳期限未缴纳的税款。该栏数据为相应税目营业税纳税申报表中“本期已缴欠缴税额”栏的“合计”数。

（二）营业税扣缴报告表

营业税扣缴报告表适用于营业税扣缴义务人办理营业税扣缴手续时使用。除特殊规定外，一般应在扣缴税款5日内向主管税务机关报送营业税扣缴报告表和其他附送资料，如承包建筑工程合同、贷款合同等。扣缴报告表的计算栏目和填报要求与纳税申报表基本相同。

第三节　应纳营业税的核算

一、建筑业应纳营业税的核算

建筑业的征税范围包括建筑、安装、修缮、装饰和其他工程作业。按照税法规定，应纳营业税的核算有以下几种情况：

（一）从事建筑、修缮、装饰工程作业

税法规定，从事建筑、修缮和其他工程作业（装饰除外），无论与对方如何结算，计税营业额均包括工程所用原材料、其他物资和动力的价款在内。

【例4-1】某建筑工程公司本期取得一项建筑工程承包收入1 000 000元，在该项建筑工程中，建设方还提供了有关建筑材料价值300 000元、动力费用40 000元；工程结算时，除取得工程承包收入外，另取得机械作业收入80 000元。建筑工程公司应作会计处理如下：

（1）取得收入时：

借：银行存款	1 080 000	
贷：主营业务收入		1 000 000
其他业务收入		80 000

（2）计算应纳营业税时：

建筑工程应纳营业税税额＝（1 000 000+300 000+40 000）×3%
＝40 200（元）

机械作业收入应纳营业税税额＝80 000×3%＝2 400（元）

借：营业税金及附加——建筑工程	40 200	
——机械作业	2 400	
贷：应交税费——应交营业税		42 600

（二）总承包与转包、分包工程作业

税法规定，建筑业的总承包人将工程分包或转包给他人的，以工程的总承包额减去分包人或转包人的价款后的余额为总承包人的营业额，分包人或转包人应纳的营业税由总承包人代扣代缴。

【例4-2】某建筑总公司本期承包一项建筑工程，总承包额为4 000万元。在建筑过程中，建筑总公司将水电安装工程转包给另一安装队，转包额为500万元，本期工程完工并按合同规定结清有关账款。建筑总公司应作会计处理如下：

(1) 收入实现时：

借：银行存款　　40 000 000

　贷：主营业务收入　　40 000 000

(2) 计算建筑总公司应纳营业税时：

应纳营业税税额＝（4 000－500）×3%＝105（万元）

借：营业税金及附加　　1 050 000

　贷：应交税费——应交营业税　　1 050 000

(3) 代扣代缴营业税时：

应代扣代缴的营业税税额＝500×3%＝15（万元）

借：应付账款——应付转包款项　　150 000

　贷：应交税费——代扣代缴营业税　　150 000

(4) 将代扣营业税后的转包款项划转给安装队时：

借：主营业务成本——支付转包款　　5 000 000

　贷：应付账款——应付转包款　　150 000

　　银行存款　　4 850 000

(三) 安装工程作业

纳税人从事安装工程作业，凡安装设备的价值作为安装工程产值的，其营业额包括设备的价款在内。凡安装设备的价值不作为工程产值的，以安装收取的价款作为计税营业额。

【例 4-3】某安装公司本期接受委托给某单位已完工工程安装电梯一部，该单位自购电梯价款 150 万元，安装公司收取安装费 10 万元，并开具收款收据。安装公司应作会计处理如下：

(1) 安装公司收入实现时：

借：银行存款　　100 000

　贷：主营业务收入　　100 000

(2) 计算应纳的营业税时：

应纳营业税税额＝100 000×3%＝3 000（元）

借：营业税金及附加　　3 000

　贷：应交税费——应交营业税　　3 000

二、金融保险业应纳营业税的核算

金融保险业的征税范围包括金融业和保险业两个部分。

(一) 金融业

金融业是指经营货币资金融通活动的业务，包括贷款、融资租赁、金融商品转让、金融经纪业和其他金融业务等。有关核算规定如下：

1. 贷款业务。贷款业务是将资金贷与他人使用的业务，包括自有资金贷款和转贷业务。按规定，自有资金贷款业务以取得的全部贷款利息为营业额，按照规定计算缴纳营业税；转贷业务以贷款利息减去借款利息后的余额为营业额。

【例 4-4】某中国银行分行本期向日本商业银行借得日元贷款折合人民币 3 亿元（年

利息率为5%）后，全部贷给一家钢铁公司进行技术更新改造，年利息率为7%。另外，本期将自有资金1亿元分别贷给甲、乙两公司，年利息率为8%。按贷款合同规定，有关贷款利息收入全部收回存入银行。该分行应作会计处理如下：

（1）取得转贷和贷款利息收入时：

转贷利息收入=30 000×7%=2 100（万元）

贷款业务收入=10 000×8%=800（万元）

借：银行存款　　29 000 000

　贷：利息收入　　29 000 000

（2）计算应纳营业税时：

转贷利息收入应纳营业税=30 000×（7%-5%）×5%=30（万元）

贷款利息收入应纳营业税=800×5%=40（万元）

借：营业税金及附加　　700 000

　贷：应交税费——应交营业税　　700 000

2. 金融机构受托发放贷款业务。金融机构受企业委托发放贷款，企业所收贷款利息应缴纳的营业税由受托贷款的金融机构代扣代缴。金融机构受托为企业发放贷款时收取的手续费按服务行为缴纳营业税。

【例4-5】某工商银行分行本年度受甲公司委托为其发放贷款1 000万元，年利息率为8%，银行收取受托贷款手续费为利息收入的10%。年末有关利息及手续已办理完毕，分行应作会计处理如下：

（1）分行为企业取得利息收入时：

年利息收入=1 000×8%=80（万元）

借：银行存款　　800 000

　贷：应付账款——应付委托贷款利息　　800 000

（2）银行收取受托贷款手续费时：

受托贷款手续费=80×10%=8（万元）

借：应付账款——应付委托贷款利息　　80 000

　贷：手续费收入　　80 000

（3）代扣代缴营业税时：

应代扣代缴的营业税=（80-8）×5%=3.6（万元）

借：应付账款——应付委托贷款利息　　36 000

　贷：应交税费——代扣代缴营业税　　36 000

（4）银行收取的手续费计算应纳营业税时：

收取的手续费应纳营业税=8×5%=0.4（万元）

借：营业税金及附加　　4 000

　贷：应交税费——应交营业税　　4 000

（5）银行将扣除税款和手续费后的利息付给甲企业时：

扣除税款和手续费后的利息=80-8-3.6=68.4（万元）

借：应付账款——应付委托贷款利息　　684 000

　贷：银行存款　　684 000

（6）银行上交代扣代缴与应缴纳的营业税时：

借：应交税费——应交营业税　　4 000

——代扣代缴营业税　　36 000

贷：银行存款　　40 000

3. 金融机构从事金融商品转让和融资租赁业务。按照规定，从事金融商品转让，以卖出价减去买入价后的余额为营业额；融资租赁，以租赁费收入减去租赁设备价款后的余额为营业额。

【例4-6】某银行经中国人民银行批准，准予从事金融商品转让和融资租赁业务。本期内共计买进有价证券500万元，然后将其全部卖出，取得收入600万元。另外，在年初按照某企业要求买进机械设备一套，价值20万元，租给该企业，全部租赁费收入24万元。本期将租赁费全部收回，设备所有权归属该企业。银行计算应纳营业税及会计处理如下：

（1）计算转让金融商品应纳税额时：

应纳营业税税额＝（600－500）×5%＝5（万元）

借：营业税金及附加　　50 000

贷：应交税费——应交营业税　　50 000

（2）计算融资租赁应纳营业税时：

应纳营业税＝（24－20）×5%＝0.2（万元）

借：营业税金及附加　　2 000

贷：应交税费——应交营业税　　2 000

（二）保险业

按照税法规定，保险业以保险公司取得的全部保费收入为营业额，并计算缴纳营业税。实行分保险的，初保业务以全部保费收入减去付给分保人保费后的余额为营业额。

【例4-7】某保险公司本年度内向保户取得保费收入100万元，年终向保户支付无赔款奖励5万元。保险公司应作会计处理如下：

（1）取得保费收入时：

借：银行存款　　1 000 000

贷：保费收入　　1 000 000

（2）计算应纳营业税税额时：

应纳营业税税额＝100×5%＝5（万元）

借：营业税金及附加　　50 000

贷：应交税费——应交营业税　　50 000

三、娱乐业、文化体育业应纳营业税的核算

娱乐业和文化体育业是两个不同的税目，而且税率差别也比较大。文化体育业按3%的税率计征营业税，娱乐业按5%～20%的幅度比例税率计征营业税。纳税人单独经营某一个税目的业务时，应纳税额易于确定。如果纳税人同时经营两个以上且税目内容较相近的业务时，必须认真划分其各自的营业额。

【例4-8】某电影院为了提高营业收入，在放映电影的同时，又开设了卡拉OK歌舞厅，本期共计取得营业收入86 000元。其中，56 000元为放映电影的门票收入，其他为

歌舞厅收入。假定娱乐业的税率为18%，本期电影院的会计处理如下：

(1) 本期取得营业收入时：

借：银行存款　86 000

　贷：主营业务收入　86 000

(2) 计算应纳营业税时：

应纳文化体育业营业税=56 000×3%=1 680（元）

应纳娱乐业营业税=30 000×18%=5 400（元）

借：营业税金及附加　7 080

　贷：应交税费——应交营业税　7 080

四、服务业应纳营业税的核算

服务业是营业税中内容最广泛的一个税目，包括代理、旅店、饮食、旅游、仓储、其他服务等6个子目。应纳营业税的核算主要分以下几种情况：

（一）代理业

代理业是指代委托人办理受托事项的业务，包括代购代销货物等业务。代购代销货物又属于征收增值税的行为，因此，对代理业务是否征收营业税，财政部、国家税务总局作了如下严格规定：

代购货物行为，凡同时具备以下条件的，不征增值税；不同时具备以下条件的，无论会计制度规定如何核算，均征收增值税：（1）受托方不垫付资金；（2）销货方将发票开具给委托方，并由受托方将该项发票转交给委托方；（3）受托方按销售方实际收取的销售额和增值税（如系代理进口货物则为海关代征的增值税）与委托方结算货款，并另外收取手续费。

【例4-9】某公司受甲企业委托为其代购计算机20台，并取得甲企业代购款项160 000元。公司购回计算机后按实际价格与甲企业结算，并将销货方开具给甲企业的增值税专用发票原票转交。另外，公司取得甲企业支付的手续费10 000元并开具了发票。该公司应作会计处理如下：

公司在代购计算机过程中，同时符合征收营业税的三个条件，因此，只对收取的手续费作收入处理。

(1) 取得手续费收入时：

借：银行存款　10 000

　贷：主营业务收入　10 000

(2) 计算应纳营业税时：

应纳营业税税额=10 000×5%=500（元）

借：营业税金及附加　500

　贷：应交税费——应交营业税　500

（二）旅游业

根据旅游业的不同情况，营业税的具体计算有所不同。

1. 旅游公司用自己的旅游运输工具组织旅客旅游时，在旅游过程中所耗费用不得扣减营业收入，应以取得的全部收入作为营业额。

【例 4-10】某游船公司本期组织旅游者沿长江游览三峡风光，共取得收入 300 000 元，在旅游过程中，游客在游船上吃、住共耗费食物及其他用品 200 000 元。游船公司应作会计处理如下：

（1）按规定应以收取的全部款项作收入处理：

借：银行存款（或库存现金）　　300 000

　贷：主营业务收入　　300 000

（2）耗费的 200 000 元作成本费用处理：

借：主营业务成本　　200 000

　贷：银行存款（或库存现金）　　200 000

（3）计算应纳营业税时：

应纳营业税 = 300 000×5% = 15 000（元）

借：营业税金及附加　　15 000

　贷：应交税费——应交营业税　　15 000

注：按照税法规定，只有替游客支付给其他单位的相关费用在计算营业税时才可以扣除，如果在本公司运输工具上发生的相关费用在计算营业税时不得扣除。

2. 旅游公司组织旅游者在国内其他地方或国外旅游，按规定以全部收费减去替旅游者支付给其他单位的食宿、交通等费用或减去支付给境外接团企业的旅游费后的余额作为营业额。

【例 4-11】某旅游公司本期组织一旅游团沿广州、中国香港去新加坡等地旅游，共向旅游者收取旅游费 500 000 元，在境内沿途替旅游者支付往返交通费 25 000 元、食宿费 10 000 元、有关其他费用 20 000 元，支付给中国香港、新加坡接团旅游公司的接团费用共计 300 000 元。旅游公司应作会计处理如下：

（1）向旅游者收取旅游费时：

借：银行存款（或库存现金）　　500 000

　贷：预收账款——旅游费收入　　500 000

（2）旅游团旅游结束返回确认营业收入实现时：

借：预收账款——旅游费收入　　500 000

　贷：主营业务收入　　500 000

（3）支付有关费用时：

借：主营业务成本　　355 000

　贷：银行存款（或库存现金）　　355 000

（4）计算应纳营业税时：

应纳税营业额 = 500 000−355 000 = 145 000（元）

应纳营业税 = 145 000×5% = 7 250（元）

借：营业税金及附加　　7 250

　贷：应交税费——应交营业税　　7 250

五、销售不动产应纳营业税的核算

销售不动产分两种情况：一是房地产开发企业销售不动产；二是非房地产开发企业销

售不动产。它们的会计处理有所不同，分别介绍如下：

（一）房地产开发企业销售不动产

按照规定，纳税人自建建筑物后销售，其自建行为视同提供应税劳务计算征收建筑营业税，并按组成计税价格确定其营业额。同时，按销售价格计算其销售不动产的营业税。

【例4-12】某房地产开发公司本期利用自有资金自建一栋商品房对外销售，取得销售价款为1 500万元。该商品房的建筑成本共计776万元，假定建房成本利润率为25%。有关款项和手续已办完毕，公司应作会计处理如下：

（1）取得销售房屋收入时：

借：银行存款　　15 000 000

　　贷：主营业务收入　　15 000 000

（2）计算销售不动产应纳营业税时：

应纳营业税税额=15 000 000×5%=750 000（元）

借：营业税金及附加　　750 000

　　贷：应交税费——应交营业税　　750 000

（3）计算视同应税劳务的建筑营业税时：

$$视同应税劳务的组成计税价格=\frac{7\ 760\ 000\times(1+25\%)}{1-3\%}=10\ 000\ 000（元）$$

应纳营业税=10 000 000×3%=300 000（元）

借：营业税金及附加　　300 000

　　贷：应交税费——应交营业税　　300 000

在计算征收自建行为视同提供应税劳务的营业税时，有一种观点认为，应将征收的营业税税额计入工程成本中，其理由是该营业税是在自建环节征收的，而不是在销售环节征收的。这种观点从表面上看有些道理，其实不然。从上述例子中可以看出，视同提供应税劳务的自建营业税，虽然应在自建环节计征，但它并不构成工程的成本，而是按组成计税价格计算的。组成计税价格实际上可视同销售的市场价格，因为它包含了成本、利润和税金的内容。即使另一建筑工程公司承担建筑工程业务，其应纳税款的计算也只能如此，它只能属于销售税金。因此，计算自建行为的营业税时，将其记入“营业税金及附加”科目比较合理。

（二）一般企业销售不动产

一般企业销售不动产，按照规定计算应纳的营业税是通过“固定资产清理”科目进行核算的，并以实际的销售额作为计税的营业额。

【例4-13】某工业企业本期销售旧房屋一栋，取得销售收入3 000 000元，该房屋账面原值为5 000 000元，已累计折旧2 800 000元。另外，在销售过程中支付各种手续费40 000元。该企业应作会计处理如下：

（1）将固定资产（房屋）原值转销时：

借：固定资产清理　　2 200 000

　　累计折旧　　2 800 000

　　贷：固定资产——房屋　　5 000 000

（2）收到转让收入时：

借：银行存款　　3 000 000

　贷：固定资产清理　　3 000 000

（3）发生清理费用时：

借：固定资产清理　　40 000

　贷：银行存款　　40 000

（4）计算应纳营业税时：

应纳营业税＝3 000 000×5%＝150 000（元）

借：固定资产清理　　150 000

　贷：应交税费——应交营业税　　150 000

（5）结转固定资产清理收益时：

固定资产清理收益＝3 000 000－40 000－150 000－2 200 000＝610 000（元）

借：固定资产清理　　610 000

　贷：营业外收入　　610 000

注：如果销售的房屋是外购的，缴纳营业税时，可以扣除外购价值后的余额为营业额。

六、转让无形资产应纳营业税的核算

无形资产转让的业务比较少，但涉及面较广，各行各业都可能存在无形资产转让的行为。转让无形资产时，一般有两种情况：一是使用权的转让，其收入额记入“其他业务收入”科目；二是所有权的转让，其收入与资产的账面成本、转让税费的差额记入“营业外收入”或“营业外支出”科目。

【例 4-14】某工业企业本期将企业自创的一项新技术的使用权转让给另一家公司，转让价格为 200 000 元，有关转让手续和款项已办理完毕，假定该项技术达不到免征营业税的条件。该工业企业应作会计处理如下：

（1）企业取得转让收入时：

借：银行存款　　200 000

　贷：其他业务收入　　200 000

（2）计算应纳营业税时：

应纳营业税＝200 000×5%＝10 000（元）

借：营业税金及附加（或其他业务成本）　　10 000

　贷：应交税费——应交营业税　　10 000

第五章 资源税、城市维护建设税、教育费附加的核算

第一节 资源税的核算

资源税是以各种自然资源为征税对象所征收的税种。目前我国资源税的征税范围仅限于矿产品和盐，对其他自然资源暂不征收资源税。

一、资源税核算的基本规定

（一）资源税纳税义务人

资源税的纳税义务人是指在中华人民共和国境内开采应税资源的矿产品或者生产盐的单位和个人。

中外合作开采石油、天然气，按照现行规定只征收矿区使用费，暂不征收资源税。因此，中外合作开采石油、天然气的企业不是资源税的纳税义务人。

（二）资源税的征税范围

资源税的征税范围是指在我国境内开采或生产的应税矿产品和盐两大类。

1. 矿产品。

（1）原油，是指开采的天然原油，不包括人造石油。

（2）天然气，是指专门开采或与原油同时开采的天然气，暂不包括煤矿生产的天然气。

（3）煤炭，是指原煤，不包括洗煤、选煤和其他煤制品。

（4）其他非金属矿原矿，是指上列产品和井盐以外的非金属矿原矿。

（5）黑色金属矿原矿。

（6）有色金属矿原矿。

2. 盐。

（1）固体盐，是指用海、湖水或地下湖水晒制和加工出来而呈固体颗粒状态的盐，具体包括海盐原盐、湖盐原盐和井矿盐。

（2）液体盐，是指氯化钠达到一定浓度的溶液，是用于生产碱和其他产品的原料。

3. 对伴生矿、伴采矿、伴选矿征税的具体规定。

（1）伴生矿，是指在同一矿床内，除主要矿种外，还含有多种可供工业利用的成分，这些成分称为伴生矿产。在确定资源税税额时，应以主产品的元素成分作为主要依据，同时考虑作为副产品的元素成分及有关因素。在确定资源等级高低和适用税额时，既考虑主要产品的级差情况，也考虑副产品的附加值情况。

（2）伴采矿，是指开采单位在同一矿区内开采主产品时，伴采出来的非主产品元素的矿石。如铜矿山在同一矿区内开采铜矿石原矿时，

又伴采出铁矿石原矿等。对伴采矿生产量大的单位和个人，由省、自治区、直辖市人民政府根据规定对其核定资源税单位税额标准进行征税；量小的单位和个人，在销售时按照国家对收购单位规定的相应品目的单位税额标准缴纳资源税。

(3) 伴选矿，是指在对矿石原矿中所含主产品进行选精矿的加工过程中，以精矿形式伴选出来的副产品。对于以精矿形式伴选出来的副产品，不征收资源税。

(三) 资源税的税率 (单位税额)

资源税采用定额税率，以应税资源的计量单位确定了8个幅度税额。资源税税目税率表见表5-1。

表5-1　**资源税税目税率表**

税目		税率
一、原油		销售额的5% ~10%
二、天然气		销售额的5% ~10%
三、煤炭		2% ~10%
四、其他非金属矿原矿	普通非金属矿原矿	每吨或者每立方米0.5~20元
	贵重非金属矿原矿	每千克或者每克拉0.5~20元
五、黑色金属矿原矿		每吨2~30元
六、有色金属矿原矿	稀土矿	每吨0.4~60元
	其他有色金属矿原矿	每吨0.4~30元
七、盐	固体盐	每吨10~60元
	液体盐	每吨2~10元

资源税应税产品的具体适用税率，按"资源税税目税率明细表"执行。明细表中未列举的其他非金属矿原矿和其他有色金属矿原矿，由省、自治区、直辖市人民政府决定征收或暂缓征收资源税，并报财政部和国家税务总局备案。

(四) 资源税的计税依据

资源税的应纳税额，按照从价定率或者从量定额的办法，分别以应税产品的销售额乘以纳税人具体适用的比例税率或者以应税产品的销售数量乘以纳税人具体适用的定额税率计算。其基本计算公式为：

应纳资源税税额=销售额（或销售数量）×比例税率（定额税率）

1. 公式中所称销售额为纳税人销售应税产品向购买方收取的全部价款和价外费用，但不包括收取的增值税销项税额。

价外费用，包括价外向购买方收取的手续费、补贴、基金、集资费、返还利润、奖励费、违约金、滞纳金、延期付款利息、赔偿金、代收款项、代垫款项、包装费、包装物租金、储备费、优质费、运输装卸费以及其他各种性质的价外收费。但下列项目不包括在内：

(1) 同时符合以下条件的代垫运输费用：①承运部门的运输费用发票开具给购买方的；②纳税人将该项发票转交给购买方的。

(2) 同时符合以下条件代为收取的政府性基金或者行政事业性收费：①由国务院或者财政部批准设立的政府性基金，由国务院或者省级人民政府及其财政、价格主管部门批准设立的行政事业性收费；②收取时开具省级以上财政部门印制的财政票据；③所收款项全额上缴财政。

(3) 纳税人以人民币以外的货币结算销售额的，应当折合成人民币计算。其销售额的人民币折合率可以选择销售额发生的当天或者当月1日的人民币汇率中间价。纳税人应在事先确定采用何种折合率计算，确定后1年内不得变更。

(4) 纳税人申报的应税产品销售额明显偏低并且无正当理由的、有视同销售应税产品行为而无销售额的，除财政部、国家税务总局另有规定外，按下列顺序确定销售额：

①按纳税人最近时期同类产品的平均销售价格确定；

②按其他纳税人最近时期同类产品的平均销售价格确定；

③按组成计税价格确定，其计算公式为：

组成计税价格=成本×（1+成本利润率）÷（1-税率）

公式中的成本是指应税产品的实际生产成本；公式中的成本利润率由省、自治区、直辖市税务机关确定。

2. 公式中所称销售数量，包括纳税人开采或者生产应税产品的实际销售数量和视同销售的自用数量。

纳税人不能准确提供应税产品销售数量的，以应税产品的产量或者主管税务机关确定的折算比换算成的数量为计征资源税的销售数量。

3. 纳税人在资源税纳税申报时，除财政部、国家税务总局另有规定外，应当将其应税和减免税项目分别计算和报送。

（五）资源税的免减优惠

资源税的免减优惠有以下具体规定：

1. 开采原油过程中用于加热、修井的原油，免税。

2. 纳税人开采或者生产应税产品过程中，因意外事故或者自然灾害等原因遭受重大损失的，由省、自治区、直辖市人民政府酌情决定减税或者免税。

3. 自2007年2月1日起，北方海盐资源税暂减按每吨15元征收；南方海盐、湖盐、井矿盐资源税暂减按每吨10元征收；液体盐资源税暂减按每吨2元征收。

4. 对地面抽采煤层气暂不征收资源税。煤层气是指贮存于煤层及其围岩中与煤炭资源伴生的非常规天然气，也称煤矿瓦斯。

5. 国务院规定的其他减税、免税项目。

另外，纳税人的减税、免税项目，应当单独核算课税数量，未单独核算或者不能准确提供课税数量的，不予减税或免税。

（六）出口应税产品不退（免）资源税的规定

资源税仅对在中国境内开采或生产应税产品的单位和个人征收，进口矿产品和盐不征收资源税。由于对进口应税产品不征收资源税，相应地，对出口应税产品也不免征或退还已纳资源税。

二、资源税核算的会计科目与报表

（一）会计科目的设置

为了反映和监督应纳资源税税额的计算和缴纳过程，纳税人开采或者生产并销售应税产品，按照规定，应设置以下会计科目进行核算：

1. 企业缴纳资源税应设置“应交税费——应交资源税”会计科目，该科目贷方登记纳税人应缴纳的资源税税额，借方登记纳税人实际上交或准予抵扣的资源税税额，期末贷方余额表示纳税人应交而未交的资源税税额。

2. 企业计算出销售应税产品应交的资源税税额时，借记“营业税金及附加”等科目，贷记“应交税费——应交资源税”科目；上交资源税时，借记“应交税费——应交资源税”科目，贷记“银行存款”科目。

3. 企业计算出自产自用应税产品应交的资源税时，借记“生产成本”、“制造费用”等科目，贷记“应交税费——应交资源税”科目；上交资源税时，借记“应交税费——应交资源税”科目，贷记“银行存款”科目。

4. 独立矿山、联合企业和其他单位收购未税矿产品时，按实际支付的收购款，借记“在途物资”或“原材料”科目，贷记“银行存款”、“库存现金”等科目；按应代扣代缴的资源税，借记“在途物资”或“原材料”等科目，贷记“应交税费——应交资源税”科目；上交资源税时，借记“应交税费——应交资源税”科目，贷记“银行存款”科目。

5. 企业外购液体盐加工固体盐，在购入液体盐时，按所允许抵扣的资源税，借记“应交税费——应交资源税”科目，按外购价款扣除允许抵扣资源税后的余额，借记“在途物资”或“原材料”等科目，按应支付的全部价款，贷记“银行存款”、“应付账款”等科目。企业加工成固体盐后，在销售时，按计算出的销售固定盐应交的资源税，借记“营业税金及附加”科目，贷记“应交税费——应交资源税”科目；将销售固体盐应交资源税抵扣液体盐已交资源税后的差额上交时，借记“应交税费——应交资源税”科目，贷记“银行存款”科目。

6. 纳税人期末与税务机关结算税款时，若补交税款，按其补交的数额，借记“应交税费——应交资源税”科目，贷记“银行存款”科目；若退回多交的税款，借记“银行存款”科目，贷记“应交税费——应交资源税”科目，同时，借记“应交税费——应交资源税”科目，贷记“营业税金及附加”科目；若企业未按规定期限缴纳税款，向税务机关缴纳滞纳金和罚款时，借记“营业外支出”科目，贷记“银行存款”科目。

（二）会计账户的设置

资源税的核算账户是根据“应交税费——应交资源税”科目来设置的，其基本格式见表 5-2。

表 5-2　**应交税费——应交资源税**

时间	摘要	借方	贷方	余额
合计				

纳税人根据当期编制的会计分录发生额，在上述账户的借方或者贷方逐笔登记，到期末分别计算出借方和贷方的合计数，将其进行比较。若为贷方余额，则为当期应交或应补交的资源税税额；若为借方余额，则为当期多交或应退的资源税税额。

（三）资源税纳税申报表和扣缴报告表

1. 资源税纳税申报表。资源税纳税申报表是应交资源税的纳税人在税务机关规定的纳税期限内必须申报的一种报表。纳税人根据当期生产经营的应税项目、销售明细账的销售数量或自用数量、适用税额，以及“应交税费——应交资源税”明细账的有关数据如实填列并申报。纳税申报表既是纳税人报交税款时履行的法定手续，又是基层税务机关办理征收业务、核实应纳税额、填用税票的主要依据。纳税申报表一式两份，一份交税务机关，一份留给纳税人自己保存。资源税纳税申报表的基本格式见表 5-3。

表 5-3 **资源税纳税申报表**

填表日期：　年　月　日

纳税人识别号：□□□□□□□□□□□□□□□□　　　　金额单位：元（列至角分）

<table>
<tr><td colspan="2">纳税人名称</td><td colspan="3"></td><td colspan="2">税款所属时期</td><td colspan="2"></td></tr>
<tr><td colspan="2">产品名称</td><td>课税单位</td><td>销售额或课税数量</td><td>适用税率或税额</td><td>应纳税款</td><td>已纳税款</td><td>应补（退）税款</td><td>备注</td></tr>
<tr><td rowspan="6">纳税项目</td><td></td><td></td><td></td><td></td><td></td><td></td><td></td><td></td></tr>
<tr><td></td><td></td><td></td><td></td><td></td><td></td><td></td><td></td></tr>
<tr><td></td><td></td><td></td><td></td><td></td><td></td><td></td><td></td></tr>
<tr><td></td><td></td><td></td><td></td><td></td><td></td><td></td><td></td></tr>
<tr><td></td><td></td><td></td><td></td><td></td><td></td><td></td><td></td></tr>
<tr><td></td><td></td><td></td><td></td><td></td><td></td><td></td><td></td></tr>
<tr><td rowspan="5">免税项目</td><td></td><td></td><td></td><td></td><td></td><td></td><td></td><td></td></tr>
<tr><td></td><td></td><td></td><td></td><td></td><td></td><td></td><td></td></tr>
<tr><td></td><td></td><td></td><td></td><td></td><td></td><td></td><td></td></tr>
<tr><td></td><td></td><td></td><td></td><td></td><td></td><td></td><td></td></tr>
<tr><td></td><td></td><td></td><td></td><td></td><td></td><td></td><td></td></tr>
<tr><td colspan="4">如纳税人填报，由纳税人填写以下各栏</td><td colspan="4">如委托代理人填报，由代理人填写以下各栏</td><td>备注</td></tr>
<tr><td colspan="2" rowspan="3">会计主管
（签章）</td><td colspan="2" rowspan="3">纳税人
（公章）</td><td>代理人名称</td><td></td><td colspan="2" rowspan="2">代理人
（公章）</td><td rowspan="3"></td></tr>
<tr><td>代理人地址</td><td></td></tr>
<tr><td>经办人</td><td></td><td colspan="2">电话</td></tr>
<tr><td colspan="9">以下由税务机关填写</td></tr>
<tr><td colspan="3">收到申报表日期</td><td colspan="2"></td><td>接收人</td><td colspan="3"></td></tr>
</table>

资源税纳税申报表的填报方法：

资源税纳税申报表适用于开采应税矿产品或者生产盐的单位和个人申报缴纳资源税。表中各项目分别为：“产品名称”，按企业应税产品名称及收购未税矿产品名称据实填报；“课税单位”，按税法规定的数量单位填写，如吨、千立方米；“销售额或课税数量”，根据本期应税资源的销售额和销售数量、自用数量，按适用税率分别填列；“适用税率或税额”，填写本地区适用的额率或税额。

2. 资源税扣缴报告表。扣缴报告表填报内容与纳税申报表基本相同。其中，产品名称、课税单位、销售额或课税数量、适用税率或税额均按收购未税矿产品的具体情况填写。

三、应纳资源税税额的核算

（一）销售应税产品应纳资源税的核算

按照《中华人民共和国资源税暂行条例》的规定，对外销售资源税应税产品，以实际销售的数量为课税数量。具体核算如下：

1. 油田对外销售应税产品。

【例5-1】某油田本期开采原油10 000吨，附加开采天然气5 000千立方米，对外销售原油8 000吨、天然气4 000千立方米，分别取得销售额3 200万元、480万元。原油适用税率8%，天然气适用税率7%，有关税款已上交入库。该油田应作会计处理如下：

（1）计算销售原油应纳资源税时：

销售原油应纳资源税=3 200×8%=256（万元）

借：营业税金及附加　　2 560 000

　贷：应交税费——应交资源税　　2 560 000

（2）计算销售天然气应纳资源税时：

销售天然气应纳资源税=480×7%=33.6（万元）

借：营业税金及附加　　336 000

　贷：应交税费——应交资源税　　336 000

（3）该油田上交本期资源税时：

借：应交税费——应交资源税　　2 896 000

　贷：银行存款　　2 896 000

2. 铁矿对外销售应税矿产品。

【例5-2】某铁矿本期销售铁矿石原矿60 000吨，销售锰矿石原矿15 000吨。铁矿石原矿适用单位税额为每吨14元，锰矿石原矿适用单位税额为每吨3元。该铁矿应作会计处理如下：

（1）计算应纳资源税时：

销售铁矿石原矿应纳资源税=60 000×14×40%①=336 000（元）

销售锰矿石原矿应纳资源税=15 000×3=45 000（元）

借：营业税金及附加　　381 000

　贷：应交税费——应交资源税　　381 000

（2）上交资源税时：

借：应交税费——应交资源税　　381 000

　贷：银行存款　　381 000

（二）自产自用应税产品应纳资源税的核算

自产自用应税产品有两种情况：一是用于非生产领域的消耗，如用于本企业的基本生

---

① 自2002年4月1日起，对冶金联合企业矿山铁矿石资源税，减按规定税额标准的40%征收。

产、生活福利等方面；二是用于生产领域，如将原煤加工成选煤、洗煤等。按照规定，将应税产品用于非生产领域应视同对外销售，将计算的应纳税额记入“营业税金及附加”科目；用于生产领域的应税产品，将计算的应纳税额记入相应产品的“生产成本”科目。

【例 5-3】某煤矿某月开采原煤 50 000 吨，该煤矿职工食堂用原煤 500 吨、职工浴室用原煤 300 吨；用自产原煤加工选煤 30 000 吨，当地税务机关核定选煤与原煤的比率为 1：1.5。该煤矿原煤的适用税率为 2%，当月原煤每吨 400 元。经税务机关核定纳税期限为 10 天，本月内预交税款 3 次，每次上交 100 000 元。该煤矿当月应缴纳资源税的会计处理如下：

1. 每次预交税款时：

借：应交税费——应交资源税　　100 000

　贷：银行存款　　100 000

2. 月终结算应纳税额时：

(1) 计算食堂、浴室用原煤应纳资源税时：

应纳资源税 = (500+300) ×400×2% = 6 400 (元)

借：应付职工薪酬——应付福利费　　6 400

　贷：应交税费——应交资源税　　6 400

(2) 计算加工选煤用原煤应纳税额时：

加工选煤的原煤数量 = 30 000×1.5 = 45 000 (吨)

应纳资源税 = 45 000×400×2% = 360 000 (元)

借：生产成本　　360 000

　贷：应交税费——应交资源税　　360 000

(3) 月终，煤矿计算应补交资源税，见表 5-4。

表 5-4　煤矿的应交税费——应交资源税　单位：元

时间	凭证号		摘要	借方	贷方	余额
略			略	100 000		
				100 000		
				100 000		
					6 400	
					360 000	
合计				300 000	366 400	贷方：66 400

月终应补交资源税 = 366 400－300 000 = 66 400 (元)

借：应交税费——应交资源税　　66 400

　贷：银行存款　　66 400

(三) 收购未税矿产品应纳资源税的核算

按照规定，收购未税矿产品，应由收购未税矿产品的单位代扣代缴资源税，并将代扣代缴的资源税记入“在途物资”或“原材料”科目进行核算。

【例 5-4】某矿山联合企业本期收购未税铁矿石 100 000 吨，该铁矿石适用单位税额为每吨15元。联合企业应纳资源税的会计处理如下：

1. 代扣代缴资源税时：

应代扣代缴的资源税＝100 000×15＝1 500 000（元）

借：原材料　　1 500 000

　贷：应交税费——应交资源税　　1 500 000

2. 上交资源税时：

借：应交税费——应交资源税　　1 500 000

　贷：银行存款　　1 500 000

（四）外购液体盐加工固体盐应纳资源税的核算

按照规定，外购液体盐加工固体盐时，外购液体盐已缴纳的资源税税额允许在固体盐销售时应纳的资源税税额中抵扣。

【例5-5】某盐场本月10日、20日分别购进液体盐50 000吨、60 000吨用于加工固体盐，每吨购进价格为160元。本月内共计对外销售加工的固体盐80 000吨；另外，用加工的固体盐20 000吨再加工成精盐出售。液体盐的单位税额每吨为5元，固体盐的单位税额每吨为18元。当地税务机关核定该盐场的纳税期限为10日，本月内预交资源税3次，每次预交税款200 000元。该盐场应交税款的有关会计处理如下：

1. 每次预交资源税时：

借：应交税费——应交资源税　　200 000

　贷：银行存款　　200 000

2. 本月10日外购液体盐时：

外购液体盐支付的金额＝50 000×160＝8 000 000（元）

外购液体盐应负担的税额＝50 000×5＝250 000（元）

外购液体盐不含税金额＝8 000 000－250 000＝7 750 000（元）

借：原材料——液体盐　　7 750 000

　　应交税费——应交资源税　　250 000

　贷：银行存款　　8 000 000

3. 本月20日外购液体盐时：

外购液体盐支付的金额＝60 000×160＝9 600 000（元）

外购液体盐应负担的税额＝60 000×5＝300 000（元）

外购液体盐不含税金额＝9 600 000－300 000＝9 300 000（元）

借：原材料——液体盐　　9 300 000

　　应交税费——应交资源税　　300 000

　贷：银行存款　　9 600 000

4. 计算本月对外销售固体盐应纳资源税时：

应纳资源税税额＝80 000×18＝1 440 000（元）

借：营业税金及附加　　1 440 000

　贷：应交税费——应交资源税　　1 440 000

5. 计算本月用固体盐加工精盐应纳资源税时：

应纳资源税税额＝20 000×18＝360 000（元）

借：生产成本　　360 000

贷：应交税费——应交资源税　360 000

6. 月终，盐场计算应补交资源税见表 5-5。

表 5-5　盐场“应交税费——应交资源税”账户　单位：元

时间		凭证号		摘要	借方	贷方	余额
					200 000		
					200 000		
					200 000		
					250 000		
					300 000		
						1 440 000	
						360 000	
合计					1 150 000	1 800 000	贷方：650 000

月终应补交资源税税额 = 1 800 000 − 1 150 000 = 650 000（元）

借：应交税费——应交资源税　650 000

贷：银行存款　650 000

第二节　城市维护建设税的核算

一、城市维护建设税核算的基本规定

城市维护建设税（以下简称城建税）是以纳税人实际缴纳的增值税、消费税、营业税之和为计税依据所征收的一种税。城建税属于地方税。

（一）城建税的征税范围

城建税的征税范围非常广泛，不论是城市、县城、建制镇，还是其他地区，只要缴纳增值税、消费税、营业税的单位和个人，都要缴纳城建税。自 2010 年 12 月 1 日起（税款所属时期），对外商投资企业、外国企业及外籍个人（以下简称外资企业）征收城建税和教育费附加。

（二）城建税税率

城建税采用地区差别比例税率，按照纳税人所在地不同，税率规定为三个档次，具体规定为：

1. 纳税人所在地在城市市区的，税率为 7%；
2. 纳税人所在地在县城、建制镇的，税率为 5%；
3. 纳税人所在地不在城市市区、县城、建制镇的，税率为 1%。

另外，对县团级以上大中型工矿企业，其所在地不在城市市区、县城、建制镇的，税率为 5%；受托方代扣代缴、代收代缴“三税”的单位和个人，其城建税按受托方所在地的城建税税率计算；铁道部集中在北京缴纳的营业税税额，按 5% 的税率计算缴纳城

建税。

二、城建税核算的会计科目与报表

（一）会计科目的设置

城建税的核算，应设置“应交税费”科目，在“应交税费”科目下再设置“应交城市维护建设税”明细科目，同时设置“营业税金及附加”科目。

（二）会计账户的设置

企业缴纳城建税，应根据“应交税费——应交城市维护建设税”科目设置会计账户，该账户的贷方登记企业提取的应缴纳的城建税税额，借方登记企业已上交的城建税税额。期末贷方余额表示应交而尚未上交的城建税税额，期末借方余额表示已多交应退而尚未退还的城建税税额。其格式见表5-6。

表5-6　　**应交税费——应交城建税**

时间	摘要	借方	贷方	余额

（三）城建税纳税申报表

城建税纳税申报表适用于中国境内各类缴纳城建税的纳税人填用。该表一式三联：第一联由纳税人保存，第二联由主管税务机关留存，第三联留税务机关计财部门作税收会计凭证。其格式见表5-7。

表5-7　　**城市维护建设税纳税申报表**

填表日期：　年　月　日

纳税人识别号：□□□□□□□□□□□□□□□□　　金额单位：元（列至角分）

<table>
<tr><td>纳税人名称</td><td colspan="3"></td><td>税款所属时期</td><td colspan="2"></td></tr>
<tr><td>计税依据</td><td>计税金额</td><td>税率</td><td>应纳税额</td><td>已纳税额</td><td colspan="2">应补（退）税额</td></tr>
<tr><td>1</td><td>2</td><td>3</td><td>4=2×3</td><td>5</td><td colspan="2">6=4-5</td></tr>
<tr><td>增值税</td><td></td><td></td><td></td><td></td><td colspan="2"></td></tr>
<tr><td>营业税</td><td></td><td></td><td></td><td></td><td colspan="2"></td></tr>
<tr><td>消费税</td><td></td><td></td><td></td><td></td><td colspan="2"></td></tr>
<tr><td>合计</td><td></td><td></td><td></td><td></td><td colspan="2"></td></tr>
<tr><td colspan="2">如纳税人填报，由纳税人填写以下各栏</td><td colspan="4">如委托代理人填报，由代理人填写以下各栏</td><td>备注</td></tr>
<tr><td rowspan="3">会计主管
（签章）</td><td rowspan="3">纳税人
（公章）</td><td>代理人名称</td><td></td><td rowspan="2">代理人
（公章）</td><td rowspan="2"></td><td rowspan="3"></td></tr>
<tr><td>代理人地址</td><td></td></tr>
<tr><td>经办人</td><td></td><td>电话</td><td></td></tr>
<tr><td colspan="7">以下由税务机关填写</td></tr>
<tr><td colspan="2">收到申报表日期</td><td colspan="2"></td><td>接收人</td><td colspan="2"></td></tr>
</table>

三、城建税应纳税额的核算

城建税根据纳税人实际缴纳的增值税、消费税、营业税税额计算并缴纳。计算提取应缴纳的城建税时，借记“营业税金及附加”等科目，贷记“应交税费——应交城市维护建设税”科目；上交城建税时，借记“应交税费——应交城市维护建设税”科目，贷记“银行存款”科目。

【例5-6】某工业企业地处某城市市区，某月实际缴纳增值税80 000元、消费税60 000元、营业税20 000元。该企业应缴纳的城建税计算处理如下：

1. 计算当月应缴纳的城建税：

应纳城建税 = （80 000+60 000+20 000）×7% = 11 200（元）

2. 应纳城建税的会计处理为：

借：营业税金及附加　　11 200

　贷：应交税费——应交城市维护建设税　　11 200

3. 企业上交城建税时：

借：应交税费——应交城市维护建设税　　11 200

　贷：银行存款　　11 200

第三节　教育费附加的核算

一、教育费附加核算的基本规定

教育费附加是国家为了加快教育事业的发展、提高人民的文化素质、扩大我国教育经费的来源而对纳税人缴纳的增值税、消费税、营业税所附加征收的一种费用。

（一）教育费附加的征收范围和征收依据

按照规定，凡是缴纳增值税、消费税、营业税的纳税人都是缴纳教育费附加的义务人。教育费附加以纳税人实际缴纳的增值税、消费税、营业税之和为计算依据。

（二）教育费附加的征收率

教育费附加的征收率也叫附加率，为3%。

二、应交教育费附加的核算

（一）会计科目的设置

企业核算教育费附加，应设置“应交税费”会计科目，并在“应交税费”科目下设置“应交教育费附加”明细科目，同时设置“营业税金及附加”科目。

（二）计算并上交教育费附加的核算

企业根据实际上交的增值税、消费税、营业税等税额计算教育费附加时，借记“营业税金及附加”等科目，贷记“应交税费——应交教育费附加”科目；上交教育费附加时，借记“应交税费——应交教育费附加”科目，贷记“银行存款”科目。

【例5-7】某工业企业本月实际上交增值税60 000元、消费税80 000元、营业税30 000元，教育费附加的征收率为3%。该企业应交教育费附加计算处理如下：

1. 计算应交教育费附加时：

应交教育费附加 =（60 000+80 000+30 000）×3% =5 100（元）

借：营业税金及附加　　　　5 100

　贷：应交税费——应交教育费附加　　　　5 100

2. 上交教育费附加时：

借：应交税费——应交教育费附加　　　　5 100

　贷：银行存款　　　　5 100

第六章 土地增值税的核算

第一节 土地增值税核算的基本规定

土地增值税是对转让国有土地使用权、地上建筑物及其附着物并取得收入的单位和个人所征收的一种税。征收土地增值税有利于合理配置资源，提高土地使用效率，抑制炒买炒卖土地投机获取暴利的行为，增加国家财政收入。

一、土地增值税的征税范围

根据《中华人民共和国土地增值税暂行条例》（以下简称《土地增值税暂行条例》）及其实施细则的规定，土地增值税的征税范围包括：

（一）转让国有土地使用权

国有土地是指按照国家法律规定属于国家所有的土地。根据《中华人民共和国宪法》和《中华人民共和国土地管理法》的规定，城市土地属国家所有；农村和城市郊区的土地除由法律规定属于国家所有的以外，属于集体所有。

（二）地上的建筑物及其附着物

地上的建筑物是指建于土地上的一切建筑物，包括地上、地下的各种附属设施。附着物是指附着于土地上的不能移动或一经移动即遭损坏的物品。土地使用权转让，其地上的建筑物、其他附着物的所有权随之转让，属于土地增值税的征税范围。

（三）土地增值税征税范围的具体规定

1. 以出售方式转让国有土地使用权、地上建筑物及其附着物。这分为三种情况：

（1）出售国有土地使用权的，是指土地使用者通过出让方式，向政府缴纳了土地出让金，有偿受让土地使用权后，仅对土地进行通水、通电、通路和平整地面等土地开发，不进行房地产开发，即将“生地变为熟地”，然后直接将空地出售。这属于国有土地使用权有偿转让，属于土地增值税的征税范围。

（2）取得国有土地使用权后进行房屋开发建造然后出售的，即为一般所说的房地产开发。这种情况既发生了产权的转让，又取得了销售收入，属于土地增值税的征税范围。

（3）存量房地产买卖，这种情况是指已经建成并已投入使用的房地产，其房屋所有人将房屋产权和土地使用权一并转让给其他单位和个人。这种行为按照国家有关房地产法规的规定，应当到有关部门办理房产产权和土地使用权的转让变更手续。如原土地使用权属于无偿划拨，还应到土地管理部门补交土地出让金。这种情况既发生了产权的转让，又取得了销售收入，属于土地增值税的征税范围。

2. 以继承、赠与方式转让房地产。以继承、赠与方式转让房地产的，没有取得相应的收入，属于无偿转让房地产行为，不属于土地增值税的征税范围。具体分以下两种情况：

（1）房地产的继承。这是指房产的原产权所有人、依照法律规定取得土地使用权的土地使用人死亡，由其继承人依法承受死者房产产权和土地使用权的民事法律行为。这种行为虽然发生了房地产的权属变更，但作为房产产权、土地使用权的原所有人（即被继承人）并没有因权属的转让而取得任何收入，因此，这种房地产的继承不属于土地增值税的征税范围。

（2）房地产的赠与。这是指房产所有人、土地使用权所有人将自己所拥有的房地产无偿交给其他人的民事法律行为。房地产的赠与仅指以下两种情况：第一，房产所有人、土地使用权所有人将房屋产权、土地使用权赠与直系亲属或承担直接赡养义务的人。第二，房产所有人、土地使用权所有人通过中国境内的非营利社会团体、国家机关将房屋产权、土地使用权赠与教育、民政和其他社会福利、公益事业。

3. 房地产的出租。这是指房产的产权所有人、依照法律规定取得土地使用权的土地使用人将房产、土地使用权租赁给承租人使用，由承租人向出租人支付租金的行为。房地产的出租虽然取得了收入，但没有发生房产产权、土地使用权的转让，因此，不属于土地增值税的征税范围。

4. 房地产的抵押。这是指房产的产权所有人、依法取得土地使用权的土地使用人，作为债务人或第三人向债权人提供不动产作为清偿债务的担保而不转移权属的法律行为。由于房产产权、土地使用权在抵押期间并没有发生权属变更，房产的产权所有人、土地使用权人仍能对房地产行使占有、使用、收益等权利，房产的产权所有人、土地使用权人虽然在抵押期间取得了一定的收入，但实际上这些收入在抵押期满后要偿还给债权人，因此，对房地产的抵押，在抵押期间不征收土地增值税。抵押期满后发生房地产权属转让的，属于土地增值税的征税范围。

5. 房地产交换。这是指一方以房地产与另一方的房地产进行交换的行为。这种行为既发生了房产产权、土地使用权的转移，交换双方又取得了实物形态的收入，按照《土地增值税暂行条例》的规定，属于土地增值税的征税范围。对于个人之间互换自有居住用房地产的，经当地税务机关核实，可以免征土地增值税。

6. 以房地产进行投资、联营。这是指一方以土地（房地产）作价入股进行投资或作为联营条件，将房地产转让到被投资、联营企业的行为。按照土地增值税的有关规定，暂免征收土地增值税。对投资、联营企业将上述房地产再转让的，应征收土地增值税。

7. 合作建房。这是指一方出地，另一方出资金，双方合作共建房屋的行为。如合作建成后按比例分房自用，暂免征收土地增值税。如建成后转让，属于土地增值税的征税范围。

依据国税发［2009］31号文规定，企业以本企业为主体联合其他企业、单位、个人合作或合资开发房地产项目，且该项目未成立独立法人公司的，也属于合作开发房地产项目。

8. 企业兼并转让房地产。这是指在企业兼并中，被兼并企业将房地产转让到兼并企业中的行为。按规定，暂免征收土地增值税。

9. 房地产的代建房行为。这是指房地产开发公司代客户进行房地产开发，开发完成后向客户收取代建收入的行为。房地产开发企业虽然取得了收入，但并未发生房地产权属转移，其收入属于劳务收入性质，因此，不属于土地增值税的征税范围。

10. 房地产的重新评估。这是指国有企业在清产核资时对房地产进行重新评估而可能发生增值的行为。这种房地产评估的增值，既没有发生房地产权属的转移，房产产权、土地使用权人也未取得收入，因此，不属于土地增值税的征税范围。

11. 国家收回国有土地使用权、征用地上的建筑物及其附着物。国家收回国有土地使用权、征用地上的建筑物及其附着物而使房地产产权发生转让的，原房产所有人、土地使用权人也取得了一定的收入（补偿金），但根据《土地增值税暂行条例》的有关规定，可以免征土地增值税。

二、土地增值税税率

我国现行土地增值税适用四级超率累进税率，具体规定见表6-1。

表6-1　　**土地增值税税率表**

级次	增值额与扣除金额的比例	税率（%）	速算扣除系数（%）
1	不超过50%的部分	30	0
2	超过50%～100%的部分	40	5
3	超过100%～200%的部分	50	15
4	超过200%的部分	60	35

三、土地增值税的计税依据

土地增值税的计税依据是转让房地产过程中所取得的增值额，即转让房地产取得的全部收入减去按《土地增值税暂行条例》规定的扣除项目金额。其基本计算公式为：

增值额=收入总额-税法规定的扣除项目金额

（一）收入总额

根据《土地增值税暂行条例》及其实施细则的规定，纳税人转让房地产取得的收入额，应包括转让房地产的全部价款及有关的经济收益。从收入形式来看，包括货币收入、实物收入和其他收入。

1. 货币收入，是指纳税人转让房地产时取得的现金、银行存款、支票、银行本票等各种信用票据和国库券、金融债券、企业债券、股票等有价证券。

2. 实物收入，是指纳税人转让房地产而取得的各种实物形态的收入，如材料、房屋等。实物收入的实际价值难以确定，一般需要对这些实物形态的财产进行评估。

3. 其他收入，是指纳税人转让房地产而取得的除上述两项以外的其他收入，如专利权、商标权、专有技术使用权、土地使用权等。

（二）扣除项目金额

1. 取得土地使用权所支付的金额。这是指纳税人取得土地使用权所支付的地价款。如果是以协议、招标、拍卖等出让方式取得土地使用权的，地价款为纳税人所支付的土地出让金；如果是以行政划拨方式取得土地使用权的，地价款为按照国家有关规定补交的土地出让金；如果是以转让方式取得土地使用权的，地价款为向原土地使用权人实际支付的地价款。另外，还包括纳税人在取得土地使用权时按照国家统一规定缴纳的有关费用，如按照规定缴纳的有关登记费用、过户手续费等。

2. 房地产开发成本。这是指纳税人房地产开发项目实际发生的成本，包括土地征用及拆迁补偿费、前期工程费、建筑安装工程费、基础设施费、公共配套设施费、开发间接费用等。

（1）土地征用及拆迁补偿费，包括土地征用费、耕地占用税、劳动力安置费、有关地上地下附着物拆迁补偿的净支出、安置动迁用房支出等。

（2）前期工程费，包括规划、设计、项目可行性研究、水文、地质、勘测、“三通一平”等支出。

（3）建筑安装工程费，包括以出包方式支付给承包方的建筑安装工程费，以及以自营方式发生的建筑安装工程费。

（4）基础设施费，包括开发小区内道路、供水、供电、供气、排污、排洪、通讯、照明、环卫、绿化等工程发生的支出。

（5）公共配套设施费，包括不能有偿转让的开发小区内公共配套设施发生的支出。

（6）开发间接费用，包括直接组织、管理开发项目发生的费用，如工资、职工福利费、折旧费、修理费、办公费、水电费、劳动保护费、周转房摊销等。

3. 房地产开发费用。这是指与房地产开发项目有关的销售费用、管理费用和财务费用。根据《土地增值税暂行条例》及其实施细则的规定，房地产开发费用分为财务费用和其他房地产开发费用两部分。其计算方法有以下两种情况：

（1）凡财务费用中的利息支出，能够按转让房地产项目计算分摊且能提供金融机构证明的，允许据实扣除（不包括超过贷款期限的利息部分和加罚的利息部分），但最高不得超过按商业银行同类同期贷款利率计算的金额。其他房地产开发费用，按取得土地使用权所支付的金额和房地产开发成本两项计算的金额之和的5%以内计算扣除。其计算公式为：

$$\frac{\text{允许扣除的}}{\text{房地产开发费用}}=\frac{\text{准予扣除的}}{\text{利息}}+\left(\frac{\text{取得土地使用权}}{\text{所支付的金额}}+\frac{\text{房地产}}{\text{开发成本}}\right)\times 5\%\text{以内}$$

（2）凡财务费用中的利息支出，不能按转让房地产项目计算分摊或不能提供金融机构证明的，财务费用和其他房地产开发费用不分别单独计算。房地产开发费用按取得土地使用权所支付的金额和房地产开发成本两项之和的10%以内计算扣除。其计算公式为：

$$\frac{\text{允许扣除的}}{\text{房地产开发费用}}=\left(\frac{\text{取得土地使用权}}{\text{所支付的金额}}+\frac{\text{房地产}}{\text{开发成本}}\right)\times 10\%\text{以内}$$

上述两项扣除的具体比例，由各省、自治区、直辖市人民政府规定。

4. 与转让房地产有关的税金。这是指转让房地产时应缴纳的营业税、城建税、印花税和教育费附加。

房地产开发企业转让房地产时缴纳的印花税已记入“管理费用”账户，在扣除房地产开发费用时已包括该部分内容，故房地产开发企业的印花税不再单独扣除。

非房地产开发企业转让房地产时缴纳的印花税，一般未包括在扣除的房地产开发费用中，故非房地产开发企业转让房地产时应缴纳的印花税可计算扣除。

5. 加计扣除项目。根据《中华人民共和国土地增值税暂行条例实施细则》（以下简称《土地增值税暂行条例实施细则》）的规定，对从事房地产开发的纳税人，可按取得土地使用权所支付的金额和房地产开发成本两项之和，加计20%的扣除。其计算公式为：

加计扣除金额=（取得土地使用权所支付的金额+房地产开发成本）×20%

该优惠政策只适用于从事房地产开发的纳税人，非从事房地产开发的纳税人不享受这条优惠规定。即使是从事房地产开发的纳税人，如果在房地产买卖过程中未进行开发，也不享受该优惠政策。

6. 旧房及建筑物的评估价格。这是指在转让已使用的房屋及建筑物时，由政府批准设立的房地产评估机构评定的重置成本价乘以成新度折扣率后的价格。评估价格须经当地税务机关确认。根据《财政部、国家税务总局关于土地增值税一些具体问题规定的通知》，转让旧房的，应按房屋及建筑物的评估价格、取得土地使用权所支付的地价款和按国家统一规定缴纳的有关费用及在转让环节缴纳的税金作为扣除项目金额征收土地增值税。对取得土地使用权时未支付地价款或不能提供已支付地价款凭据的，不允许扣除取得土地使用权所支付的金额。

在上述扣除范围的6项中，前5项用于新房产的转让，第6项用于旧房产的转让。

四、土地增值税的减免优惠

根据《土地增值税暂行条例》的规定，减免优惠包括以下几项具体规定：

（一）对建造普通标准住宅的减免优惠

纳税人建造普通标准住宅出售，增值额未超过扣除项目金额20%的，免征土地增值税。增值额超过扣除项目金额20%的，应就其全部增值额按规定计算缴纳土地增值税。普通标准住宅是指按所在地一般民用住宅标准建造的居住用住宅。高级公寓、别墅、度假村等不属于普通标准住宅。普通标准住宅与其他住宅的具体划分界限，2005年5月31日以前由各省、自治区、直辖市人民政府规定。2005年6月1日起，普通标准住宅应同时满足以下条件：住宅小区建筑容积率在1.0以上；单套建筑面积在120平方米以下；实际成交价格低于同级别土地上住房平均交易价格的1.2倍。各省、自治区、直辖市可根据实际情况，制定本地区享受优惠政策普通标准住宅的具体标准，允许单套建筑面积和价格适当浮动，但向上浮动的比例不得超过上述标准的20%。

对于纳税人既建造普通标准住宅又搞其他房地产开发的，应分别核算各自的增值额，不分别核算增值额或不能准确核算增值额的，其建造的普通标准住宅不能适用上述免税规定。

（二）对国家收回的房地产的减免税优惠

根据《土地增值税暂行条例》的规定，因国家建设需要依法征用、收回的房地产，免征土地增值税。因国家建设需要依法征用、收回的房地产，是指因城市实施规划、国家建设的需要而被政府批准征用的房产或收回的土地使用权。因城市实施规划、国家建设的需要而搬迁，由纳税人自行转让原房地产的，比照有关规定免征土地增值税。

（三）对个人转让房地产的减免优惠

个人转让原自用住房，经向税务机关申报核准，凡居住满5年或5年以上的，免予征收土地增值税；居住满3年未满5年的，减半征收土地增值税；居住未满3年的，按规定计征土地增值税。

五、土地增值税的征收管理

（一）土地增值税的纳税申报时间

土地增值税的纳税人应在转让房地产合同签订后 7 日内，到房地产所在地主管税务机关办理纳税申报，并向税务机关提交房屋及建筑物产权、土地使用权证书，土地转让、房产买卖合同，房地产评估报告及其他与转让房地产有关的资料。纳税人因经常发生房地产转让而难以在每次转让后申报的，经税务机关审核同意后，可以定期进行纳税申报，具体期限由当地主管税务机关根据实际情况决定。

（二）土地增值税的纳税地点

土地增值税的纳税人应向房地产所在地主管税务机关办理纳税申报，并在税务机关规定的期限内缴纳土地增值税。房地产所在地是指房地产的坐落地。如纳税人转让的房地产坐落在两个或两个以上地区，应分别向房地产所在地税务机关申报纳税。

在实际工作中，纳税地点的确定又可分为以下两种情况：

1. 纳税人是法人的，当转让的房地产坐落地与其机构所在地或经营所在地一致时，则在办理税务登记的原管辖税务机关申报纳税即可；如果转让的房地产坐落地与其机构所在地或经营所在地不一致，则应在房地产坐落地的税务机关申报纳税。

2. 纳税人是自然人的，当转让的房地产坐落地与其居住所在地一致时，则在其居住所在地税务机关申报纳税；当转让的房地产坐落地与其居住所在地不一致时，在办理过户手续所在地的税务机关申报纳税。

（三）房地产开发企业土地增值税清算

1. 土地增值税的清算条件。

（1）符合下列情形之一的，纳税人应进行土地增值税的清算：①房地产开发项目全部竣工、完成销售的；②整体转让未竣工决算房地产开发项目的；③直接转让土地使用权的。

（2）符合下列情形之一的，主管税务机关可要求纳税人进行土地增值税清算：①已竣工验收的房地产开发项目，已转让的房地产建筑面积占整个项目可售建筑面积的比例在 85% 以上，或该比例虽未超过 85%，但剩余的可售建筑面积已经出租或自用的；②取得销售（预售）许可证满 3 年仍未销售完毕的；③纳税人申请注销税务登记但未办理土地增值税清算手续的；④省税务机关规定的其他情况。

2. 非直接销售和自用房地产的收入确定。

（1）房地产开发企业将开发产品用于职工福利、奖励、对外投资、分配给股东或投资人、抵偿债务、换取其他单位和个人的非货币性资产等，发生所有权转移时应视同销售房地产，其收入按下列方法和顺序确认：①按本企业在同一地区、同一年度销售的同类房地产的平均价格确定；②由主管税务机关参照当地当年、同类房地产的市场价格或评估价格确定。

（2）房地产开发企业将开发的部分房地产转为企业自用或用于出租等商业用途时，如果产权未发生转移，不征收土地增值税，在税款清算时不列收入，不扣除相应的成本和费用。

3. 土地增值税的扣除项目。

（1）房地产开发企业办理土地增值税清算时计算与清算项目有关的扣除项目金额，

应根据《土地增值税暂行条例》及其实施细则的规定执行。除另有规定外，扣除取得土地使用权所支付的金额、房地产开发成本、房地产开发费用及与转让房地产有关的税金，须提供合法有效凭证；不能提供合法有效凭证的，不予扣除。

（2）房地产开发企业办理土地增值税清算所附送的前期工程费、建筑安装工程费、基础设施费、开发间接费用的凭证或资料不符合清算要求或不实的，地方税务机关可参照当地建设工程造价管理部门公布的建筑安装造价定额资料，结合房屋结构、用途、区位等因素，核定上述四项开发成本的单位面积金额标准，并据以计算扣除。具体核定方法由省税务机关确定。

（3）房地产开发企业开发建造的与清算项目配套的居委会和派出所用房、会所、停车场（库）、物业管理场所、变电站、热力站、水厂、文体场馆、学校、幼儿园、托儿所、医院、邮电通信等公共设施，按以下原则处理：①建成后产权属于全体业主所有的，其成本、费用可以扣除；②建成后无偿移交给政府、公用事业单位用于非营利性社会公共事业的，其成本、费用可以扣除；③建成后有偿转让的，应计算收入，并准予扣除成本、费用。

（4）房地产开发企业销售已装修的房屋，其装修费用可以计入房地产开发成本。房地产开发企业的预提费用，除另有规定外，不得扣除。

（5）属于多个房地产项目共同的成本费用，应按清算项目可售建筑面积占多个项目可售总建筑面积的比例或其他合理的方法，计算确定清算项目的扣除金额。

4. 土地增值税清算应报送的资料。符合上述“土地增值税的清算条件”第（1）项规定的纳税人，须在满足清算条件之日起 90 日内到主管税务机关办理清算手续；符合上述“土地增值税的清算条件”第（2）项规定的纳税人，须在主管税务机关限定的期限内办理清算手续。

纳税人办理土地增值税清算应报送以下资料：

（1）房地产开发企业清算土地增值税书面申请、土地增值税纳税申报表；

（2）项目竣工决算报表、取得土地使用权所支付的地价款凭证、国有土地使用权出让合同、银行贷款利息结算通知单、项目工程合同结算单、商品房购销合同统计表等与转让房地产的收入、成本和费用有关的证明资料；

（3）主管税务机关要求报送的其他与土地增值税清算有关的证明资料等。

纳税人委托税务中介机构审核鉴证的清算项目，还应报送中介机构出具的《土地增值税清算税款鉴证报告》。

5. 土地增值税清算项目的审核鉴证。税务中介机构受托对清算项目审核鉴证时，应按税务机关规定的格式对审核鉴证情况出具鉴证报告。对符合要求的鉴证报告，税务机关可以采信。

税务机关要对从事土地增值税清算鉴证工作的税务中介机构在准入条件、工作程序、鉴证内容、法律责任等方面提出明确要求，并做好必要的指导和管理工作。

6. 土地增值税的核定征收。房地产开发企业有下列情形之一的，税务机关可以参照与其开发规模和收入水平相近的当地企业的土地增值税税负情况，按不低于预征率的征收率核定征收土地增值税：

（1）依照法律、行政法规的规定应当设置但未设置账簿的；

（2）擅自销毁账簿或者拒不提供纳税资料的；

（3）虽设置账簿，但账目混乱或者成本资料、收入凭证、费用凭证残缺不全，难以确定转让收入或扣除项目金额的；

（4）符合土地增值税清算条件，未按照规定的期限办理清算手续，经税务机关责令限期清算，逾期仍不清算的；

（5）申报的计税依据明显偏低，又无正当理由的。

第二节 土地增值税核算的会计科目与报表

一、会计科目的设置

根据《土地增值税暂行条例》及其实施细则的规定，企业缴纳土地增值税的会计处理有以下规定：

1. 缴纳土地增值税的企业应设置“应交税费”科目，并在“应交税费”科目下增设“应交土地增值税”明细科目进行核算。

2. 转让国有土地使用权、地上建筑物及其附着物并取得收入的企业，按规定计算出应缴纳的土地增值税，分别按以下情况进行会计处理：

（1）主营房地产业务的企业，应由当期营业收入负担的土地增值税，借记“营业税金及附加”科目，贷记“应交税费——应交土地增值税”科目。

（2）兼营房地产业务的企业，应由当期营业收入负担的土地增值税，借记“营业税金及附加”或“其他业务支出”科目，贷记“应交税费——应交土地增值税”科目。

（3）企业转让国有土地使用权连同地上建筑物及其附着物一并在“固定资产清理”或“在建工程”等科目核算。转让时，应缴纳的土地增值税，借记“固定资产清理”、“在建工程”等科目，贷记“应交税费——应交土地增值税”科目。

3. 企业缴纳土地增值税时，借记“应交税费——应交土地增值税”科目，贷记“银行存款”科目。

4. 企业在项目全部竣工决算前转让房地产取得的收入，按税法规定预交的土地增值税，借记“应交税费——应交土地增值税”科目，贷记“银行存款”科目；待该房地产营业收入实现时，再按上文的有关规定进行会计处理；项目全部竣工、办理结算后进行清算，若收到退回多交的土地增值税，借记“银行存款”等科目，贷记“应交税费——应交土地增值税”科目；若补交土地增值税，作相反的会计分录。

预交土地增值税的企业，“应交税费——应交土地增值税”科目的借方余额，包括预交的土地增值税。

5. 为了提供土地增值税的计算依据，企业应将取得土地使用权时所支付的金额、开发土地和新建房及配套设施的成本、费用等，在有关会计科目或备查簿中详细登记。

二、土地增值税核算账户

土地增值税核算账户应根据“应交税费——应交土地增值税”总账科目进行设置。其账户基本格式见表6-2。

表 6-2　　应交税费——应交土地增值税

时间	凭证	摘要	借方	贷方	余额

账户的贷方登记当期计算应缴纳的土地增值税税额，借方登记当期预交和当期已交的土地增值税税额。期末贷方余额表示应交而尚未缴纳的土地增值税税额，期末借方余额表示当期多交或预交的土地增值税税额。

三、土地增值税纳税申报表

土地增值税纳税申报表分为两种：一种适用于从事房地产开发的纳税人；另一种适用于非从事房地产开发的纳税人。

（一）土地增值税纳税申报表（一）

本表适用于从事房地产开发及转让的土地增值税纳税人，包括其转让已完成开发的房地产取得收入，或预售正在开发的房地产并取得预售收入。其格式见表 6-3。

表 6-3　　土地增值税纳税申报表（一）

（从事房地产开发的纳税人适用）

填表日期：　　年　月　日

纳税人识别号：□□□□□□□□□□□□□□□□□□□□　　金额单位：元（列至角分）

纳税人名称		税款所属时期	
项目		行次	金额
一、转让房地产收入总额　1=2+3		1	
其中	货币收入	2	
	实物收入及其他收入	3	
二、扣除项目金额合计　4=5+6+13+16+20		4	
1. 取得土地使用权所支付的金额		5	
2. 房地产开发成本　6=7+8+9+10+11+12		6	
其中	土地征用及拆迁补偿费	7	
	前期工程费	8	
	建筑安装工程费	9	
	基础设施费	10	
	公共配套设施费	11	
	开发间接费用	12	
3. 房地产开发费用　13=14+15		13	
其中	利息支出	14	
	其他房地产开发费用	15	
4. 与转让房地产有关的税金等　16=17+18+19		16	
其中	营业税	17	
	城市维护建设税	18	
	教育费附加	19	
5. 财政部规定的其他扣除项目		20	

续表

项目	行次	金额
三、增值额　21＝1－4	21	
四、增值额与扣除项目金额之比（%）　22＝21÷4	22	
五、适用税率（%）	23	
六、速算扣除系数（%）	24	
七、应缴土地增值税税额　25＝21×23－4×24	25	
八、已缴土地增值税税额	26	
九、应补（退）土地增值税税额　27＝25－26	27	

<table>
<tr><td colspan="2">如纳税人填报，由纳税人填写以下各栏</td><td colspan="4">如委托代理人填报，由代理人填写以下各栏</td><td>备注</td></tr>
<tr><td rowspan="3">会计主管
（签章）</td><td rowspan="3">纳税人
（公章）</td><td>代理人名称</td><td></td><td colspan="2" rowspan="2">代理人
（公章）</td><td rowspan="3"></td></tr>
<tr><td>代理人地址</td><td></td></tr>
<tr><td>经办人姓名</td><td></td><td>电话</td><td></td></tr>
<tr><td colspan="7">以下由税务机关填写</td></tr>
<tr><td>收到申报表日期</td><td colspan="2"></td><td colspan="2">接收人</td><td colspan="2"></td></tr>
</table>

表6-3中各主要项目内容应根据土地增值税的基本计算单位计算填报，对同时转让两个或两个以上计税单位的房地产开发企业，应按每一基本计税单位填报一份申报表的原则操作。如果房地产企业同时兼有免税和征税项目单位，也应分别填报。具体填列方法如下：

1. “转让房地产收入总额”，为第1行至第3行的计算，包括转让房地产开发项目所取得的全部收入，即货币收入、实物收入和无形资产等其他形式的收入。

2. “扣除项目金额合计”，为第4行至第20行的计算，具体包括：

(1) “取得土地使用权所支付的金额”，填写土地出让金及按国家规定缴纳的有关费用。

(2) “房地产开发成本”，填写实际发生的各项开发成本，如果开发成本同时包含了两个或两个以上计税单位，应按一定比例分摊。

(3) “房地产开发费用”，其中的利息支出如符合税法规定可据实填写，如利息支出不符合单独计算列支的规定则本行数额为零。其他房地产开发费用，利息单独计算扣除的，按取得土地使用权所支付的价款和房地产开发成本合计数的5%计算扣除；利息不允许单独计算扣除的，以合计数10%以内计算扣除。

(4) “与房地产转让有关的税金等”，按转让房地产时实际缴纳的营业税、城建税、教育费附加三项合计数填写。

(5) “财政部规定的其他扣除项目”，填写按税法规定可根据取得土地使用权时支付的价款和房地产开发成本之和加计20%的金额扣除。

3. “适用税率”，本行按项目所适用的最高一级税率填写。如果属于免税项目，税率为零。

4. “速算扣除系数”，本行按填写适用税率所对应的数据填写。

（二）土地增值税纳税申报表（二）

本表适用于非从事房地产开发的纳税人向税务机关填报。其格式见表6-4。

表 6-4

土地增值税纳税申报表（二）

（非从事房地产开发的纳税人适用）

填表日期：　　年　月　日

纳税人识别号：□□□□□□□□□□□□□□□□　　　　金额单位：元（列至角分）

纳税人名称		税款所属时期	
项目		行次	金额
一、转让房地产收入总额　1=2+3		1	
其中	货币收入	2	
	实物收入及其他收入	3	
二、扣除项目金额合计　4=5+6+9		4	
1. 取得土地使用权所支付的金额		5	
2. 旧房及建筑物的评估价格　6=7×8		6	
其中	旧房及建筑物的重置成本价	7	
	成新度折扣率	8	
3. 与转让房地产有关的税金等　9=10+11+12+13		9	
其中	营业税	10	
	城市维护建设税	11	
	印花税	12	
	教育费附加	13	
三、增值额　14=1-4		14	
四、增值额与扣除项目金额之比（%）　15=14÷4		15	
五、适用税率（%）		16	
六、速算扣除系数（%）		17	
七、应缴土地增值税税额　18=14×16-4×17		18	

如纳税人填报，由纳税人填写以下各栏		如委托代理人填报，由代理人填写以下各栏				备注
会计主管 （签章）	纳税人 （公章）	代理人名称		代理人 （公章）		
		代理人地址				
		经办人姓名		电话		
以下由税务机关填写						
收到申报表日期			接收人			

土地增值税纳税申报表（二）的填写方法与土地增值税纳税申报表（一）大体相同，不同之处有：

1. “旧房及建筑物的评估价格”，是按重置成本法并经主管税务机关确认的评估旧房及建筑物的价格。其中的旧房及建筑物的重置成本价，是由政府批准设立的房地产评估机构评定的重置成本价，成新度折扣率是旧房及建筑物新旧程度折扣率。

2. “与转让房地产有关的税金等”，除营业税、城建税和教育费附加外，还包括与转让房地产有关的印花税。

第三节　应纳土地增值税的核算

一、主营房地产业务的企业应纳土地增值税的核算

主营房地产业务，是指在企业的经营业务中以房地产经营业务为主，其房地产营业收入在企业总收入中占较大比重，并且直接影响企业的经济效益。主营房地产业务的企业，既有房地产开发企业，也有股份制企业、外商投资企业、对外经济合作企业等。根据房地产转让的不同形式，具体核算如下：

（一）开发房地产销售应纳土地增值税的核算

在房地产转让业务中，新开发房地产业务的销售占有绝对比重。房地产开发业务的特点是周期较长，少则几个月，多则几年。按照土地增值税的有关规定，一般采取预交和营业收入实现或项目全部竣工、办理结算后进行清算的征管办法。

【例 6-1】某主营房地产开发业务的房地产开发公司，某年度内开发房地产 1 万平方米对外销售，按签订的购销合同共取得销售收入 2 000 万元。在开发过程中，支付取得土地使用权的费用 200 万元；支付开发房地产的成本 600 万元；支付开发房地产的借款利息支出 80 万元，并能提供金融机构的证明，利率未超过银行同类同期贷款利率的规定标准，当地政府规定其他房地产开发费用的扣除比例为 5%；转让房地产应缴纳的营业税、城建税、教育费附加按规定计算；房地产开发公司按照当地主管税务机关的规定，在 1～4 季度分别预交土地增值税 30 万元。房地产开发公司开发该房地产应缴纳的土地增值税及其会计处理如下（营业税税率 5%、城建税税率 7%、教育费附加征收率 3%）：

1. 每季度预交土地增值税时：

借：应交税费——应交土地增值税　　300 000

　贷：银行存款　　300 000

2. 计算共计应缴纳的土地增值税税额：

第一步：计算应扣除的项目金额。

$$\text{扣除项目金额}=\text{取得土地使用权所支付的金额}+\text{房地产开发成本}+\text{房地产开发费用}+\text{与转让房地产有关的税金}+\text{加计扣除费用}$$

房地产开发费用 = 800 000+（2 000 000+6 000 000）×5% = 1 200 000（元）

应交营业税 = 20 000 000×5% = 1 000 000（元）

应交城市维护建设税 = 1 000 000×7% = 70 000（元）

应交教育费附加 = 1 000 000×3% = 30 000（元）

加计扣除费用 =（2 000 000+6 000 000）×20% = 1 600 000（元）

合计扣除项目金额 = 2 000 000+6 000 000+1 200 000+1 100 000+1 600 000 = 11 900 000（元）

第二步：计算增值额。

增值额 = 收入总额 - 扣除项目金额 = 20 000 000 - 11 900 000 = 8 100 000（元）

第三步：计算增值额占扣除项目金额的比例。

$$\text{增值率}=\frac{\text{增值额}}{\text{扣除项目金额}}\times100\%=\frac{8\ 100\ 000}{11\ 900\ 000}\times100\%=68\%$$

第四步：确定适用税率。该房地产转让应征收土地增值税的适用税率为40%。

第五步：计算应纳土地增值税税额。

应纳土地增值税税额＝增值额×适用税率－扣除项目金额×速算扣除系数

＝8 100 000×40%－11 900 000×5%＝2 645 000（元）

3. 提取应交土地增值税时：

借：营业税金及附加　　2 645 000

　贷：应交税费——应交土地增值税　　2 645 000

本年度该房地产开发公司“应交税费——应交土地增值税”账户登记见表6-5。

表6-5　某房地产开发公司“应交税费——应交土地增值税”账户　单位：元

时间	凭证	摘要	借方	贷方	余额
略	略		300 000		
			300 000		
			300 000		
			300 000		
				2 645 000	
合计			1 200 000	2 645 000	贷方：1 445 000

4. 年末结算应补交土地增值税时：

应补交土地增值税＝2 645 000－1 200 000＝1 445 000（元）

上交土地增值税时：

借：应交税费——应交土地增值税　　1 445 000

　贷：银行存款　　1 445 000

（二）存量房地产转让应纳土地增值税的核算

存量房地产转让，是指企业转让国有土地使用权连同地上已使用建筑物及其附着物一并转让的行为，按规定应一并在“固定资产”科目进行核算。转让房地产取得的收入，记入“固定资产清理”科目的贷方；计算应纳的土地增值税，记入“固定资产清理”科目的借方。

【例6-2】某工业企业转让10年前建造的办公楼一栋，依据转让合同取得转让收入1 200万元，10年前建造时的造价为300万元，按转让时的建材及人工费用计算，建造同样的新房需耗费1 000万元，该房还有六成新。由于办公楼所占土地面积的原使用权是国家无偿划拨的，企业在转让办公楼时补交土地出让金200万元。企业转让该存量房应缴纳的土地增值税及有关账务处理如下（营业税税率5%，城建税税率7%，教育费附加征收率3%，印花税税率5‰，契税税率5%）：

1. 转让时冲减固定资产和累计折旧：

借：固定资产清理　　1 800 000

　　累计折旧　　1 200 000

　贷：固定资产　　3 000 000

2. 取得转让收入时：

借：银行存款　　12 000 000

贷：固定资产清理　　12 000 000

3. 支付土地出让金时：

借：固定资产清理　　2 000 000

贷：银行存款　　2 000 000

4. 计算应缴纳的营业税、城建税、教育费附加、印花税、契税时：

应纳营业税 = 12 000 000×5% = 600 000（元）

应纳城市维护建设税 = 600 000×7% = 42 000（元）

应交教育费附加 = 600 000×3% = 18 000（元）

应纳印花税 = 12 000 000×5‰ = 6 000（元）

应纳契税 = 2 000 000×5% = 100 000（元）

借：固定资产清理　　766 000

贷：应交税费——应交营业税　　600 000

——应交城市维护建设税　　42 000

——应交教育费附加　　18 000

——应交印花税　　6 000

——应交契税　　100 000

5. 计算应缴纳的土地增值税：

第一步：计算增值额。

办公楼的评估价格 = 10 000 000×60% = 6 000 000（元）

增值额 = 12 000 000−6 000 000−2 000 000−766 000 = 3 234 000（元）

第二步：计算增值额占扣除项目金额的比例。

3 234 000÷8 766 000×100% = 36.89%

第三步：计算应纳土地增值税税额。增值额占扣除项目金额的比重在50%以内，适用税率为30%。

应纳土地增值税税额 = 3 234 000×30% = 970 200（元）

提取土地增值税时：

借：固定资产清理　　970 200

贷：应交税费——应交土地增值税　　970 200

6. 上交土地增值税时：

借：应交税费——应交土地增值税　　970 200

贷：银行存款　　970 200

二、兼营房地产业务的企业应纳土地增值税的核算

兼营房地产业务的企业是指虽然经营房地产业务，但不是以此为主，而是兼营或附带经营房地产业务的企业。

【例6-3】兼营房地产业务的某商业企业，本期以银行存款200万元购入1 000平方米土地进行房地产开发。在开发过程中，支付开发成本1 000万元；开发过程中的借款利息不能提供金融机构的有效证明，当地政府规定开发费用的扣除率为8%。房地产开发完工，按签订的购销合同共计取得转让收入2 100万元。商业企业应纳土地增值税及有关会计处理如下（营业税税率5%，城建税税率7%，教育费附加征收率3%，印花税税率5‰）：

1. 计算扣除项目金额：

应纳营业税 $=2\ 100\times5\%=105$（万元）

应纳城市维护建设税 $=105\times7\%=7.35$（万元）

应纳教育费附加 $=105\times3\%=3.15$（万元）

应纳印花税 $=2\ 100\times5‰=1.05$（万元）

扣除项目金额 $=200+1\ 000+(200+1\ 000)\times8\%+105+7.35+3.15+1.05$

$=1\ 412.55$（万元）

2. 计算增值额：

增值额 $=2\ 100-1\ 412.55=687.45$（万元）

3. 增值额占扣除项目金额的比重：

$687.45\div1\ 412.55\times100\%=49\%$

4. 计算应纳土地增值税税额：增值额占扣除项目金额的比重为49%，土地增值税的适用税率为30%。

应纳土地增值税 $=687.45\times30\%=206.24$（万元）

提取土地增值税时：

借：营业税金及附加（或其他业务成本）	2 062 400	
贷：应交税费——应交土地增值税		2 062 400

5. 上交土地增值税时：

借：应交税费——应交土地增值税	2 062 400	
贷：银行存款		2 062 400

第七章

印花税、房产税、城镇土地使用税、车船税的核算

印花税、房产税、城镇土地使用税和车船税都有共同的特点，纳税人负担并缴纳的税款直接计入“管理费用”科目中，待期末一并转入“本年利润”的借方。

第一节 印花税的核算

一、印花税核算的基本规定

印花税是对经济活动和经济交往中书立、领受的凭证所征收的一种税。在中华人民共和国境内书立、领受《中华人民共和国印花税暂行条例》（以下简称《印花税暂行条例》）所列举凭证的单位和个人，均为印花税的纳税人。有关核算的基本规定如下：

（一）印花税的征税范围

《印花税暂行条例》规定，应纳税凭证包括以下4大类、共计13个税目：

1. 合同或具有合同性质的凭证。这包括购销、加工承揽、建设工程勘察设计、建筑安装工程承包、财产租赁、货物运输、仓储保管、借款、财产保险、技术等合同、凭证，共计10个税目。

2. 产权转移书据。这包括财产所有权和版权、商标专用权、专利权、专有技术使用权等转移所书立的转移书据。

3. 营业账簿。这包括单位和个人从事生产经营活动所设立的各种账册。

4. 权利、许可证照。这包括房屋产权证、工商营业执照、商标注册证、专利证、土地使用证等证照。

（二）印花税税率

印花税税率采用比例税率和定额税率两种。

1. 比例税率。按照《印花税暂行条例》的规定，对载有金额的凭证，如各类合同、资金账簿等，都采用比例税率。因为这类凭证都已明确记载了金额，金额多的多缴，金额少的少缴。这样既保证了税收收入，又体现了税收合理负担的原则。在印花税的13个税目中，采用比例税率的有11个税目和“营业账簿”这一税目中的资金账簿部分。

2. 定额税率。印花税的定额税率是指按件定额贴花。根据《印花税暂行条例》的规定，对一些无法计算金额的凭证，每件按5元贴花。在印花税的13个税目中，适用定额税率按件贴花的有“权利、许可证照”税目和“营业账簿”税目中的其他账簿部分。印花税税目、税率表见表7-1。

表7-1　　印花税税目、税率表

税目	范围	税率	纳税人	说明
1. 购销合同	包括供应、预购、采购、购销结合及协作、调剂、补偿、易货等合同	按购销金额3‰贴花	立合同人	
2. 加工承揽合同	包括加工、定做、修缮、修理、印刷广告、测绘、测试等合同	按加工或承揽收入5‰贴花	立合同人	
3. 建设工程勘察设计合同	包括勘察、设计合同	按收取费用5‰贴花	立合同人	
4. 建筑安装工程承包合同	包括建筑、安装工程承包合同	按承包金额3‰贴花	立合同人	
5. 财产租赁合同	包括租赁房屋、船舶、飞机、机动车辆、机械、器具、设备等合同	按租赁金额1‰贴花。税额不足1元的，按1元贴花	立合同人	
6. 货物运输合同	包括民用航空运输、铁路运输、海上运输、内河运输、公路运输和联运合同	按运输费用5‰贴花	立合同人	单据作为合同使用的，按合同贴花
7. 仓储保管合同	包括仓储、保管合同	按仓储保管费用1‰贴花	立合同人	仓单或栈单作为合同使用的，按合同贴花
8. 借款合同	银行及其他金融组织和借款人（不包括银行同业拆借）所签订的借款合同	按借款金额0.5‱贴花	立合同人	单据作为合同使用的，按合同贴花
9. 财产保险合同	包括财产、责任、保证、信用等保险合同	按收取的保险费收入1‰贴花	立合同人	单据作为合同使用的，按合同贴花
10. 技术合同	包括技术开发、转让、咨询、服务等合同	按所载金额3‰贴花	立合同人	
11. 产权转移书据	包括财产所有权和版权、商标专用权、专利权、专有技术使用权等转移书据，土地使用权出让合同、土地使用权转让合同、商品房销售合同	按所记载金额5‰贴花	立据人	
12. 营业账簿	生产经营用账册	记载资金的账簿，按实收资本和资本公积的合计金额5‰贴花。其他账簿按件贴花5元	立账簿人	
13. 权利、许可证照	包括政府部门发给的房屋产权证、工商营业执照、商标注册证、专利证、土地使用证	按件贴花5元	领受人	

对于企业集团内具有平等法律地位的主体之间自愿订立、明确双方购销关系、据以供货和结算、具有合同性质的凭证，应按规定征收印花税。对于企业集团内部执行计划使用的、不具有合同性质的凭证，不征收印花税。

（三）印花税的纳税人

在中华人民共和国境内书立、领受《印花税暂行条例》所列举凭证的单位和个人，均为印花税的纳税义务人。根据不同纳税对象，具体规定如下：

1. 各类合同的纳税义务人。各类合同的纳税义务人为立合同的当事人。当事人是指对合同有直接权利和义务关系的单位和个人，不包括保人、证人、鉴定人。当事人的代理人有代理纳税的义务。如果一份合同由两方或两方以上当事人共同签订，签订合同的各方都是纳税义务人。

2. 营业账簿的纳税义务人。营业账簿的纳税义务人为立账簿人。立账簿人是指开立并使用营业账簿的单位和个人。如企业因生产的需要，设立了若干营业账簿，该企业为印花税的纳税义务人。

3. 产权转移书据的纳税义务人。产权转移书据的纳税义务人为立据人。立据人是指书立产权转移书据的单位和个人。如果该产权转移书据是由两方或两方以上单位和个人共同书立的，各方都是纳税义务人。

4. 权利、许可证照的纳税义务人。权利、许可证照的纳税义务人为领受人。领受人是指领取并持有该项凭证的单位和个人。

（四）印花税的计税依据

印花税采取从价定率和从量定额两种计征方法，因此，印花税的计税依据分为计税金额和计税数量两种。

1. 计税金额。

计税金额是指各类应税合同和资金账簿上记载的金额。如甲、乙两企业签订一份购销合同，甲企业销售原材料 100 吨给乙企业，每吨材料单价为 1 000 元，共计金额 100 000 元。合同签订后，甲企业和乙企业分别以 100 000 元为计税依据，计算缴纳印花税。

2. 计税数量。

计税数量是指应税的凭证数量，如领取的权利、许可证照和企业的非资金账簿的件数。

3. 计税金额的有关具体规定。

（1）借款合同的具体规定。凡是一项信贷业务既签订借款合同，又一次或分次填开借据的，只就借款合同所载金额计税贴花；凡是只开借据并作为合同使用的，应以借据所载金额计税，在借据上贴花；如果双方在口头上达成借贷协议，在借款时通过借据作凭证，应按每次借据所载金额计税贴花。

借贷双方签订的流动资金周转性借款合同，一般按年（期）签订，规定最高限额，借款人在规定的期限和最高限额内随借随还。对这类合同，只就其规定的最高限额在签订时贴花一次，在限额内随借随还不签订新合同的，不再另贴印花。

借款方以财产作抵押，从贷款方取得一定数量的抵押贷款，这种借贷方式属于资金信贷方式，这类合同应按借款合同贴花；其后如果借款方无力偿还借款而将抵押财产转移给贷款方，还应就双方书立的产权书据，按“产权转移书据”的有关规定计税贴花。

银行及其他金融机构经营的融资租赁业务，是一种以融物方式达到融资目的的业务，实际上是分期偿还的固定资金借款。对这类融资租赁合同，应按合同所载租金总额，暂按借款合同计税贴花。

在贷款业务中，若贷款方是由若干银行组成的银团，银团各方均承担一定的贷款数额。借款合同由借款方与银团各方共同书立，各执一份合同正本。对这类合同，借款方与贷款银团各方应分别在所执的合同正本上，按各自的借贷金额计税贴花。

基本建设贷款，先按年度用款计划分年签订借款合同，在最后一年按总概算签订借款总合同，总合同的借款金额包括各个分合同的借款金额。对这类基建借款合同，应按分合同分别贴花。对最后签订的总合同，只就借款总额扣除分合同借款金额后的余额计税贴花。

（2）资金账簿的具体规定。国家税务总局规定，从 1994 年 1 月 1 日起，以“实收资本”和“资本公积”两项的合计金额为计税金额。对“实收资本”和“资本公积”两项合计金额已计税贴花的部分，以后不再贴花。在以后年度中只对“实收资本”和“资本公积”两项金额增加的部分补贴印花。

（3）同一凭证载有多种经济事项的规定。在同一凭证上载有两项或两项以上经济业务，如分别记载金额的，应分别依适用税率计算应纳税额，然后相加按合计金额贴花。如未分别记载金额，应按最高的一种适用税率计税贴花。

（4）加工承揽合同的具体规定。在加工承揽业务中，由受托方提供原材料或辅助材料时，凡是在合同中分别记载加工费金额和原材料金额的，应分别按加工承揽合同、购销合同计税，两项税额相加后贴花；合同中未划分加工费金额与原材料金额的，应按全部金额，依照加工承揽合同计税贴花。

（5）对凭证只载明数量的规定。有些凭证只载明数量，而未载明金额。对这类凭证，按规定应先计算出计税依据，然后再计算应纳税额。对所载金额为外国货币的凭证，应按规定先折合成人民币，再计税贴花。

（6）对少数合同无法确定计税金额的具体规定。有的技术转让合同中的转让收入是按一定时期销售收入的一定比例分成的；有的财产租赁合同只规定了单位时间的租金标准，没有租赁期限。对这类合同，如按合同结算时的实际金额计税，就改变了印花税在凭证书立时纳税的规定。因此，对这类合同采用两次纳税的办法，在签订时先按每份合同定额贴花 5 元，结算时再按实际金额和适用税率计税，补贴印花。

（7）合同不能兑现的具体规定。在日常经济生活中，由于种种原因，有些合同不能兑现或不能完全兑现；还有一些合同由于价格变化，兑现金额与合同所载金额有所差异。按照《印花税暂行条例》的规定，合同签订时应按规定贴花，履行贴花手续，违者要受到处罚。因此，不论合同是否兑现或是否按期兑现，已贴印花不得揭下重用，已缴纳的印花税不得退税。

（五）印花税的减免优惠

根据《印花税暂行条例》及其实施细则的规定，下列凭证免纳印花税：

1. 已缴纳印花税的凭证的副本或抄本。
2. 财产所有人将财产赠给政府、社会福利单位、学校所立的书据。
3. 国家指定的收购部门与村民委员会、农民个人书立的农副产品收购合同。

4. 无息、贴息贷款合同。

5. 外国政府或者国际金融组织向我国政府及国家金融机构提供优惠贷款所书立的合同。

6. 对房地产管理部门与个人签订的用于生活居住的租赁合同免税。

7. 对农牧业保险合同免税。对该类合同免税，是为了支持农村保险事业的发展，减轻农牧业生产者的负担。

8. 对特殊货运凭证免税。这类凭证有：

（1）军事物资运输凭证，即附有军事运输命令或使用专用的军事物资运费结算凭证。

（2）抢险救灾物资运输凭证，即附有县级以上（含县级）人民政府抢险救灾物资运输证明文件的运费结算凭证。

（3）新建铁路的工程临管线运输凭证，即为新建铁路运输施工所需物料，使用工程临管线专用的运费结算凭证。

9. 企业改制过程中有关印花税征免的规定。

（1）资金账簿的印花税。

①实行公司制改造的企业在改制过程中成立的新企业（重新办理法人登记的），其新启用的资金账簿记载的资金或因企业建立资本纽带关系而增加的资金，凡原已贴花的部分可不再贴花，未贴花的部分和以后新增加的资金按规定贴花。公司制改造包括国有企业依《中华人民共和国公司法》整体改造成国有独资有限责任公司；企业通过增资扩股或者转让部分产权，实现他人对企业的参股，将企业改造成有限责任公司或股份有限公司；企业以其部分财产和相应债务与他人组建新公司；企业将债务留在原企业，而以其优质财产与他人组建新公司。

②以合并或分立方式成立的新企业，其新启用的资金账簿记载的资金，凡原已贴花的部分可不再贴花，未贴花的部分和以后新增加的资金按规定贴花。合并包括吸收合并和新设合并；分立包括存续分立和新设分立。

③企业债权转股权新增加的资金按规定贴花。

④企业改制中经评估增加的资金按规定贴花。

⑤企业其他会计科目记载的资金转为实收资本或资本公积的资金按规定贴花。

（2）各类应税合同的印花税。企业改制前签订但尚未履行完的各类应税合同，改制后需要变更执行主体的，对仅改变执行主体，其余条款未作变动且改制前已贴花的，不再贴花。

（3）产权转移书据的印花税。企业因改制签订的产权转移书据免予贴花。

（4）股权分置试点改革转让的印花税。股权分置改革过程中因非流通股股东向流通股股东支付对价而发生的股权转让，暂免征收印花税。

10. 对个人销售或购买住房暂免征收印花税。

（六）印花税的征收管理

1. 印花税的纳税办法。

印花税按照其税额大小、贴花次数以及税收征收管理的需要，分别采取自行贴花、汇贴或汇缴、委托代征三种纳税办法。

（1）自行贴花的纳税办法。纳税人自行贴花的程序是：首先，纳税人对照印花税税目、税率表，按照适用的税率计算出该凭证应纳的税额；其次，向当地税务机关或其他出售印花税票的处所，购买印花税票；最后，在应纳税凭证上一次贴足印花，并加以注销。

（2）汇贴或汇缴的纳税办法。对同一类应税凭证需要频繁贴花的纳税义务人，可向主管税务机关提出书面申请，经批准后发给汇缴许可证，采用汇贴或汇缴的办法纳税。汇缴的期限由税务机关根据应纳税额的大小予以核定，但最长不得超过一个月。

对一份凭证应纳税额超过 500 元的，纳税人可向当地税务机关申请，用填开完税证或缴款书的办法纳税，不再贴花。

（3）委托代征的纳税办法。印花税除了由纳税人自行缴纳外，凡通过国家有关部门发放、鉴证、公证或仲裁的应税凭证，可由税务机关委托这些部门代征，并发给代征单位代征委托书。在代征委托书中应规定代征的范围和税款存储、报解制度，以明确双方的权利和义务，税务机关应按规定支付给代征单位手续费。

2. 对违反印花税管理规定的处罚。

为了加强印花税的稽查管理，依法处理违章案件，自 2004 年 1 月 29 日起，印花税纳税人有下列行为之一的，由税务机关根据情节轻重予以处罚：

（1）在应纳税凭证上未贴或者少贴印花税票的或者已粘贴在应税凭证上的印花税票未注销或者未划销的，由税务机关追缴其不缴或者少缴的税款、滞纳金，并处不缴或者少缴的税款 50% 以上 5 倍以下的罚款。

（2）已贴用的印花税票揭下重用造成未缴或少缴印花税的，由税务机关追缴其不缴或者少缴的税款、滞纳金，并处不缴或者少缴的税款 50% 以上 5 倍以下的罚款；构成犯罪的，依法追究刑事责任。

（3）伪造印花税票的，由税务机关责令改正，处以 2 000 元以上 1 万元以下的罚款；情节严重的，处以 1 万元以上 5 万元以下的罚款；构成犯罪的，依法追究刑事责任。

（4）按期汇总缴纳印花税的纳税人，超过税务机关核定的纳税期限，未缴或少缴印花税款的，由税务机关追缴其不缴或者少缴的税款、滞纳金，并处不缴或者少缴的税款 50% 以上 5 倍以下的罚款；情节严重的，同时撤销其汇缴许可证；构成犯罪的，依法追究刑事责任。

（5）纳税人违反以下规定的，由税务机关责令限期改正，可处以 2 000 元以下的罚款；情节严重的，处以 2 000 元以上 1 万元以下的罚款：

①凡汇总缴纳印花税的凭证，应加注税务机关指定的汇缴戳记，编号并装订成册，将已贴印花或者缴款书的一联粘附册后，盖章注销，保存备查。

②纳税人对纳税凭证应妥善保存。凭证的保存期限，凡国家已有明确规定的，按规定办，没有明确规定的其余凭证均应在履行完毕后保存 1 年。

（6）代售户对取得的税款逾期不缴或者挪作他用，或者违反合同将所领印花税票转托他人代售或者转至其他地区销售，或者未按规定详细提供领、售印花税票情况的，税务机关可视其情节轻重，给予警告或者取消其代售资格的处罚。

二、印花税应纳税额的核算

（一）印花税核算的会计科目与纳税申报表

企业缴纳的印花税，一般不通过“应交税费”科目核算，而是直接在“管理费用——应交印花税”科目中列支。如果一次购买印花税票或一次缴纳税额较大，需要分期摊入成本费用的，可先通过“待摊费用”科目处理。企业购买印花税票时，借记“管理费用——应交印花税”科目或“待摊费用”科目，贷记“银行存款”科目或“库存现金”科目。

如纳税人缴纳印花税数额较大、贴花次数较频繁，经当地主管税务机关批准，可定期汇总缴纳。在此情况下，企业应缴纳的印花税可通过“应交税费———应交印花税”科目核算，在规定的期限内向税务机关填报印花税纳税申报表，并办理印花税有关缴纳手续。印花税纳税申报表格式见表 7-2。

表 7-2　　**印花税纳税申报表**

填表日期：　　年　月　日

纳税人识别号：□□□□□□□□□□□□□□□　　　　金额单位：元（列至角分）

<table>
<tr><td colspan="4">纳税人名称</td><td colspan="3"></td><td colspan="3">税款所属时期</td><td></td></tr>
<tr><td rowspan="2">应税凭证名称</td><td rowspan="2">件数</td><td rowspan="2">计税金额</td><td rowspan="2">适用税率</td><td rowspan="2">应纳税额</td><td rowspan="2">已纳税额</td><td rowspan="2">应补（退）税额</td><td colspan="4">购花贴花情况</td></tr>
<tr><td>上期结存</td><td>本期购进</td><td>本期贴花</td><td>本期结存</td></tr>
<tr><td>1</td><td>2</td><td>3</td><td>4</td><td>5＝2×4
或 5＝3×4</td><td>6</td><td>7＝5−6</td><td>8</td><td>9</td><td>10</td><td>11＝8+9−10</td></tr>
<tr><td></td><td></td><td></td><td></td><td></td><td></td><td></td><td></td><td></td><td></td><td></td></tr>
<tr><td></td><td></td><td></td><td></td><td></td><td></td><td></td><td></td><td></td><td></td><td></td></tr>
<tr><td></td><td></td><td></td><td></td><td></td><td></td><td></td><td></td><td></td><td></td><td></td></tr>
<tr><td></td><td></td><td></td><td></td><td></td><td></td><td></td><td></td><td></td><td></td><td></td></tr>
<tr><td></td><td></td><td></td><td></td><td></td><td></td><td></td><td></td><td></td><td></td><td></td></tr>
<tr><td></td><td></td><td></td><td></td><td></td><td></td><td></td><td></td><td></td><td></td><td></td></tr>
<tr><td colspan="5">如纳税人填报，由纳税人填写以下各栏</td><td colspan="5">如委托代理人填报，由代理人填写以下各栏</td><td>备注</td></tr>
<tr><td rowspan="3" colspan="3">会计主管
（签章）</td><td rowspan="3" colspan="2">纳税人
（公章）</td><td colspan="2">代理人名称</td><td colspan="3" rowspan="2">代理人
（公章）</td><td rowspan="3"></td></tr>
<tr><td colspan="2">代理人地址</td></tr>
<tr><td colspan="2">经办人姓名</td><td>电话</td><td colspan="2"></td></tr>
<tr><td colspan="11">以下由税务机关填写</td></tr>
<tr><td colspan="4">收到申报表日期</td><td colspan="3"></td><td colspan="2">接收人</td><td colspan="2"></td></tr>
</table>

本表适用于各类应税凭证印花税的纳税申报，应将应税凭证申报与即时贴花完税的情况作全面综合反映。具体填写方法为：(1)“应税凭证名称”，按应税凭证所适用的印花税税目填写。(2)“计税金额”，应填写印花税的计税依据，如货物运输合同，其金额要将装卸费剔除。(3)“已纳税额”，反映本月已贴花的税额，或以缴款书缴纳的印花税税额。(4)“购花贴花情况”，反映企业购买印花税票自行完税贴花后结存的税票金额。

（二）应纳印花税的计算和会计处理

【例 7-1】某公司本期有关缴纳印花税的业务如下：

(1) 签订房屋出租合同数份，所载金额 50 000 元。

(2) 起用非资金账簿 8 本。

(3) 领受工商营业执照、商标注册证、土地使用权证、房屋产权证各 1 件。

(4) 订立财产保险合同 1 份，所载收取保费金额 100 000 元。

该公司印花税的计算和会计处理如下：

1. 应纳印花税税额的计算：

（1）房屋出租合同所载金额应纳印花税税额＝50 000×1‰＝50（元）

（2）非资金账簿应纳印花税税额＝8×5＝40（元）

（3）领受的权利、许可证照应纳印花税税额＝5×4＝20（元）

（4）财产保险合同应纳印花税税额＝100 000×1‰＝100（元）

本期共计应纳印花税税额＝50+40+20+100＝210（元）

2. 购买印花税票或上交印花税时：

借：管理费用——应交印花税　　210

　贷：银行存款（或库存现金）　　210

第二节　房产税的核算

一、房产税核算的基本规定

房产税是以房屋为课税对象，以房产的余值或租金收入为计税依据所征收的一种税。

（一）房产税的纳税人

按照《中华人民共和国房产税暂行条例》（以下简称《房产税暂行条例》）的规定，凡在中华人民共和国境内拥有房屋产权的单位和个人，均为房产税的纳税义务人。其中，产权属于全民所有的，其经营管理单位为纳税义务人；产权出典的，承典人为纳税义务人；产权所有人、承典人不在房产所在地，或者产权未确定或租典纠纷未解决的，房产代管人或者使用人为纳税义务人。

（二）房产税的征税范围

房产税的征税范围为城市、县城、建制镇和工矿区的房屋。城市是指国务院批准设立的市，其征税范围为市区、郊区和市辖县县城，不包括农村；县城是指未设立建制镇的县人民政府所在地的地区；建制镇是指经省、自治区、直辖市人民政府批准设立的建制镇，其征税范围为镇人民政府所在地的地区，不包括镇政府所辖的行政村；工矿区是指工商业比较发达、人口比较集中、符合国务院规定的建制镇标准，但尚未设立建制镇的大中型工矿企业所在地。

加油站罩棚不属于房产，不征收房产税。

（三）房产税的税率

房产税采用比例税率，税率分为两档，即 1.2% 和 12%。按照《房产税暂行条例》的规定，以房产的余值为计税依据的，税率为 1.2%；以租金收入为计税依据的，税率为 12%。

（四）房产税的计税依据

房产税以房产的余值或房屋的租金收入为计税依据。具体规定如下：

1. 房产余值。房产余值是指纳税人按规定记载的房屋造价或原值，减除税法规定的 10% ~30% 后的余额。房产的原值包括与房屋不可分割的各种附属设备或一般不单独计算价值的配套设施，如暖气、卫生、通风、照明、煤气、中央空调等设备。对房产原值扣除的比例，在规定的幅度内由省、自治区、直辖市人民政府确定。

2. 租金收入。房产的租金收入是指房屋产权所有人出租房产使用权所取得的报酬，包括货币收入和实物收入。对以劳务或其他形式为报酬抵付房租收入的，应根据当地同类房产的租金水平，确定其租金收入，并予以征税。

（五）房产税的减免优惠

1. 国家机关、人民团体、军队自用的房产免税。人民团体是指经国务院授权的政府部门批准设立或登记备案，并由国家拨付事业经费的各种社会团体。对这些单位自身的办公用房和公务用房免征房产税，但这些单位将房产用于出租或非本身业务用房，应按规定征收房产税。

2. 国家财政部门拨付事业经费的单位自用的房产免税。

3. 宗教寺庙、公园、名胜古迹自用的房产免税。

4. 个人拥有的非营业用房产免税。

5. 对行使国家行政管理职能的中国人民银行总行（含国家外汇管理局）所属分支机构自用的房产，免征房产税。

6. 经财政部批准免税的其他房产。

（六）房产税的征收管理

房产税实行按年计征，分期缴纳的征收管理办法。具体纳税期限由省、自治区、直辖市人民政府规定。房产税在房产所在地的税务机关申报纳税。房产和纳税人不在同一地方时，应在房产坐落地的税务机关申报纳税。

1. 纳税人将原有房产用于生产经营，从生产经营之月起缴纳房产税。

2. 纳税人自行新建房屋用于生产经营，从建成之次月起缴纳房产税。

3. 纳税人委托施工企业建设的房屋，从办理验收手续之次月起缴纳房产税。

4. 纳税人购置新建商品房，自房屋交付使用之次月起缴纳房产税。

5. 纳税人购置存量房，自办理房屋权属转移、变更登记手续，房地产权属登记机关签发房屋权属证书之次月起，缴纳房产税。

6. 纳税人出租、出借房产，自交付出租、出借房产之次月起，缴纳房产税。

7. 房地产开发企业自用、出租、出借本企业建造的商品房，自房屋使用或交付之次月起，缴纳房产税。

8. 自 2009 年 1 月 1 日起，纳税人因房产的实物或权利状态发生变化而依法终止房产税纳税义务的，其应纳税款的计算应截止到房产的实物或权利状态发生变化的当月末。

二、房产税应纳税额的核算

（一）房产税核算的会计科目和纳税申报表

企业按规定缴纳的房产税，应设置“应交税费——应交房产税”科目进行核算。由于房产税一般都是按季或半年交一次，因此，房产税在上交前的每个月要进行预提，将其分摊在各月的费用之中。每月企业预提房产税时，借记“管理费用——应交房产税”科目，贷记“应交税费——应交房产税”科目；待上交房产税时，借记“应交税费——应交房产税”科目，贷记“银行存款”科目。

企业应设置“应交税费——应交房产税”明细账户，将预提的房产税进行明细核算，在当地主管税务机关规定的期限内如实申报并上交房产税税款。房产税纳税申报表格式见表 7–3。

表 7-3　　**房产税纳税申报表**

填表日期：　年　月　日

纳税人识别号：□□□□□□□□□□□□□□□　　金额单位：元（列至角分）

纳税人名称							税款所属时期										
房产坐落地点							建筑面积（M²）				房屋结构						
上期申报房产原值（评估值）	本期增减	本期实际房产原值	其中			扣除率（%）	以房产余值计征房产税			以租金收入计征房产税			全年应纳税额	缴纳次数	本期		
			从价计税的房产原值	从租计税的房产原值	规定的免税房产原值		房产余值	适用税率（1.2%）	应纳税额	租金收入	适用税率（12%）	应纳税额			应纳税额	已纳税额	应补（退）税额
1	2	3=1+2	4=3-5-6	5=3-4-6	6	7	8=4-4×7	9	10=8×9	11	12	13=11×12	14=10+13	15	16=14÷15	17	18=16-17
合计																	

如纳税人填报，由纳税人填写以下各栏		如委托代理人填报，由代理人填写以下各栏			备注
会计主管（签章）	纳税人（公章）	代理人名称		代理人（公章）	
		代理人地址			
		经办人		电话	
以下由税务机关填写					
收到申报表日期			接收人		

房产税纳税申报表的填列方法：（1）核查企业土地使用证标示的土地面积和实际占用的土地面积，在此基础上核查土地实际所处的地区和用途，确定征税与免税土地面积的数量和适用的单位税额。（2）根据适用的单位税额计算应纳税额，按年计算，分期申报缴纳。

（二）应纳房产税的计算和会计处理

【例 7-2】某企业上年度 12 月 31 日“固定资产”明细账中应税房产原值为 600 万元，从本年度 4 月 1 日起，将房产原值中的 100 万元房产租给其他单位使用，按合同规定每年收取租金 24 万元。当地政府规定，按房产原值扣除 20% 后作为房产原值，以 1.2% 的税率缴纳房产税；对出租的房屋，按租金收入 12% 计算缴纳房产税。该企业经当地主管税务机关核定，房产税按年计算，分季上交。该企业本年第一、二季度应缴纳的房产税计算处理如下：

1. 第一季度每月应缴纳的房产税：

年应纳税额＝6 000 000×（1－20%）×1.2%＝57 600（元）

月应纳税额＝57 600÷12＝4 800（元）

（1）第一季度每月预提房产税时：

借：管理费用——应交房产税　　4 800

　贷：应交税费——应交房产税　　4 800

（2）上交第一季度房产税时：

借：应交税费——应交房产税　　14 400

贷：银行存款　　14 400

2. 第二季度每月应缴纳的房产税：

按房产余值计算：

年应纳税额＝（6 000 000－1 000 000）×（1－20%）×1.2%＝48 000（元）

每月应纳税额＝48 000÷12＝4 000（元）

按租金收入计算：

年应纳税额＝240 000×12%＝28 800（元）

月应纳税额＝28 800÷12＝2 400（元）

第二季度每月应纳税额＝4 000+2 400＝6 400（元）

（1）第二季度每月预提房产税时：

借：管理费用——应交房产税　　6 400

　贷：应交税费——应交房产税　　6 400

（2）上交第二季度的房产税时：

借：应交税费——应交房产税　　19 200

　贷：银行存款　　19 200

第三节　城镇土地使用税的核算

一、城镇土地使用税核算的基本规定

城镇土地使用税是以国有土地为征税对象，对拥有土地使用权的单位和个人征收的一种税。

（一）城镇土地使用税的纳税人

在城市、县城、建制镇和工矿区范围内使用土地的单位和个人，为城镇土地使用税的纳税义务人。拥有土地使用权的纳税人不在土地所在地的，由土地代管人或实际使用人缴纳；土地使用权未确定或权属纠纷未解决的，由实际使用人缴纳；土地使用权为多方共有的，由共有各方分别纳税。

所称单位，包括国有企业、集体企业、私营企业、股份制企业、外商投资企业、外国企业以及其他企业和事业单位、社会团体、国家机关、军队以及其他单位；所称个人，包

括个体工商户以及其他个人。

城镇土地使用税的纳税人通常包括以下几类：

1. 拥有土地使用权的单位和个人。

2. 拥有土地使用权的单位和个人不在土地所在地的，其土地的实际使用人和代管人为纳税人。

3. 土地使用权未确定或权属纠纷未解决的，其实际使用人为纳税人。

4. 土地使用权共有的，共有各方都是纳税人，由共有各方分别纳税。

（二）城镇土地使用税的征税范围

城镇土地使用税的征税范围为城市、县城、建制镇和工矿区。城市是指经国务院批准设立的市；县城是指县人民政府所在地；建制镇是指经过省、自治区、直辖市人民政府批准设立的建制镇；工矿区是指工商业比较发达、人口比较集中、符合国务院规定的建制镇标准，但尚未设立建制镇的大中型工矿企业所在地。工矿区的设立必须经省、自治区、直辖市人民政府批准。

公园、名胜古迹内的索道公司经营用地，应按规定缴纳城镇土地使用税。

（三）城镇土地使用税税率

城镇土地使用税采用定额税率。土地因地理位置不同而造成的土地级差收益也不同，因此，城镇土地使用税采用的是有幅度的差别税额。每平方米土地年税额为：

1. 大城市 1.5 ~ 30 元；

2. 中等城市 1.2 ~ 24 元；

3. 小城市 0.9 ~ 18 元；

4. 县城、建制镇、工矿区 0.6 ~ 12 元。

上述大、中、小城市的区分如下：按照规定，市区与郊区非农业人口在 50 万以上的，为大城市；市区与郊区非农业人口在 20 万 ~ 50 万的，为中等城市；市区与郊区非农业人口在 20 万以下的，为小城市。

（四）城镇土地使用税的计税依据

城镇土地使用税以纳税人实际占用的土地面积为计税依据，土地面积计量标准为每平方米，即税务机关根据纳税人实际占用的土地面积，按照规定的税额计算应纳税额，向纳税人征收土地使用税。

纳税人实际占用的土地面积按下列办法确定：

1. 由省、自治区、直辖市人民政府确定的单位组织测定土地面积的，以测定的面积为准。

2. 尚未组织测量，但纳税人持有政府部门核发的土地使用证书的，以证书确认的土地面积为准。

3. 尚未核发土地使用证书的，应由纳税人申报土地面积，据以纳税，待核发土地使用证以后再作调整。

（五）城镇土地使用税的减免优惠

1. 国家机关、人民团体、军队自用的土地免税。这部分土地是指这些单位本身的办公用地和业务用地。

2. 由国家财政部门拨付事业经费的单位自用的土地免税。这部分土地是指这些单位本身的业务用地，如学校的教学楼、操场、食堂等占用的土地。

3. 宗教寺庙、公园、名胜古迹自用的土地免税。

4. 市政街道、广场、绿化地带等公共用地免税。

5. 直接用于农、林、牧、渔业的生产用地免税。

6. 经批准开山填海整治的土地和改造的废弃土地，从使用的月份起免缴土地使用税5～10年。

7. 对非营利性医疗机构、疾病控制机构和妇幼保健机构等卫生机构自用的土地免税。

8. 企业办的学校、医院、托儿所、幼儿园自用的土地，凡能够与企业其他用地明确区分开的，可以免税。

9. 免税单位无偿使用纳税单位的土地，免征城镇土地使用税。纳税单位无偿使用免税单位的土地，纳税单位应照章缴纳城镇土地使用税。纳税单位与免税单位共同使用、共有使用权土地上的多层建筑，对纳税单位可按其占用的建筑面积占建筑总面积的比例计征城镇土地使用税。

10. 对行使国家行政管理职能的中国人民银行总行（含国家外汇管理局）所属分支机构自用的土地免税。

11. 为了体现国家的产业政策，支持重点产业的发展，对石油、电力、煤炭等能源用地，民用港口、铁路等交通用地和水利设施用地，三线调整企业、盐业、采矿场、邮电等一些特殊用地划分了征免税界限和给予政策性减免税照顾。

（六）纳税义务发生时间

1. 纳税人购置新建商品房，自房屋交付使用之次月起，缴纳城镇土地使用税。

2. 纳税人购置存量房，自办理房屋权属转移、变更登记手续，房地产权属登记机关签发房屋权属证书之次月起，缴纳城镇土地使用税。

3. 纳税人出租、出借房产，自交付出租、出借房产之次月起，缴纳城镇土地使用税。

4. 以出让或转让方式有偿取得土地使用权的，应由受让方从合同约定交付土地时间的次月起缴纳城镇土地使用税；合同未约定交付时间的，由受让方从合同签订的次月起缴纳城镇土地使用税。

5. 纳税人新征用的耕地，自批准征用之日起满1年时开始缴纳土地使用税。

6. 纳税人新征用的非耕地，自批准征用次月起缴纳土地使用税。

7. 自2009年1月1日起，纳税人因土地的权利发生变化而依法终止城镇土地使用税纳税义务的，其应纳税款的计算应截止到土地权利发生变化的当月末。

二、城镇土地使用税应纳税额的核算

（一）城镇土地使用税核算的会计科目与纳税申报表

缴纳城镇土地使用税的企业，应设置“应交税费——应交城镇土地使用税”科目，对应缴纳的城镇土地使用税进行核算。纳税人根据当地主管税务机关核定的纳税期限，如实计算应纳税额并按期申报缴纳。企业计算或预交城镇土地使用税时，借记“管理费用——应交城镇土地使用税”科目，贷记“应交税费——应交城镇土地使用税”科目；企业上交城镇土地使用税时，借记“应交税费——应交城镇土地使用税”科目，贷记“银行存款”科目。城镇土地使用税纳税申报表格式见表7-4。

表 7-4 **城镇土地使用税纳税申报表**

填表日期：　年　月　日

纳税人识别号：□□□□□□□□□□□□□□□　　金额单位：元（列至角分）

纳税人名称								税款所属时期						
房产坐落地点														
坐落地点	上期占地面积	本期增减	本期实际占地面积	法定免税面积	应税面积	土地等级		适用税额		全年应缴税额	缴纳次数	本期		
						Ⅰ	Ⅱ	Ⅰ	Ⅱ			每次应纳税额	已纳税额	应补（退）税额
1	2	3	4＝2+3	5	6＝4−5	7	8	9	10	11＝6×9或10	12	13＝11÷12	14	15＝11−14
合计														

如纳税人填报，由纳税人填写以下各栏		如委托代理人填报，由代理人填写以下各栏			备注
会计主管（签章）	纳税人（公章）	代理人名称		代理人（公章）	
		代理人地址			
		经办人		电话	
以下由税务机关填写					
收到申报表日期		接收人			

城镇土地使用税纳税申报表的填列方法：(1)“坐落地点”，按土地使用证上标明的地点或实际位置分行填列。(2)“上期占用面积”，为上期申报的实际占用土地面积（包括免税面积）。(3)“本期增减”，反映实际占用面积增加或减少的数量。

（二）应纳城镇土地使用税的计算和会计处理

【例 7-3】某大型工业企业占用土地20 000平方米，其中企业自办子弟学校占地2 000平方米、幼儿园占地500平方米。当地政府核定使用土地的单位税额为每平方米3元，该企业经当地主管税务机关核定，每半年缴纳一次城镇土地使用税。本年度企业应缴纳的城镇土地使用税计算处理如下：

1. 计算每月应缴纳的城镇土地使用税：

全年应纳城镇土地使用税＝(20 000−2 000−500)×3＝52 500（元）

每月应纳税额＝52 500÷12＝4 375（元）

借：管理费用——应交城镇土地使用税　4 375

　贷：应交税费——应交城镇土地使用税　4 375

2. 每半年缴纳城镇土地使用税时：

半年应纳税额=4 375×6=26 250（元）

借：应交税费——应交城镇土地使用税　26 250

　贷：银行存款　26 250

第四节　车船税的核算

一、车船税核算的基本规定

车船税是对在中华人民共和国境内拥有并使用车船的单位和个人征收的一种税。所谓“拥有”，是指拥有车船的产权。

（一）车船税的征税范围

车船税的征税范围包括车辆和船舶两大类。

车辆包括机动车辆和非机动车辆。机动车辆是指依靠燃油、电力等能源作为动力运行的车辆，如汽车、拖拉机、无轨电车等；非机动车辆是指依靠人力、畜力运行的车辆，如三轮车、自行车、畜力驾驶车等。

船舶包括机动船舶和非机动船舶。机动船舶是指依靠燃料等能源作为动力运行的船舶，如客轮、货船、气垫船等；非机动船舶是指依靠人力或者其他力量运行的船舶，如木船、帆船、舢板等。

（二）车船税的税率

车船税采用定额税率，即对征税的车船规定单位固定税额。车船税确定税额总的原则是：非机动车船的税负轻于机动车船；人力车的税负轻于畜力车；小吨位船舶的税负轻于大吨位船舶。由于车辆与船舶的行驶情况不同，车船税的税率也有所不同，详见表7-5。

1. 载客汽车。车船税税目、税额表中的载客汽车，分为大型客车、中型客车、小型客车和微型客车4个子税目。其中，大型客车是指核定载客人数大于或者等于20人的载客汽车；中型客车是指核定载客人数大于9人且小于20人的载客汽车；小型客车是指核定载客人数小于或者等于9人的载客汽车；微型客车是指发动机汽缸总排气量小于或者等于1升的载客汽车。客货两用汽车按照载货汽车的计税单位和税额标准计征车船税。

2. 三轮汽车。车船税税目、税额表中的三轮汽车，是指在车辆管理部门登记为三轮汽车或者三轮农用运输车的机动车。

3. 低速货车。车船税税目、税额表中的低速货车，是指在车辆管理部门登记为低速货车或者四轮农用运输车的机动车。

4. 专项作业车、轮式专用机械车。车船税税目、税额表中的专项作业车，是指装有专用设备或者器具，用于专项作业的机动车；轮式专用机械车是指具有装卸、挖掘、平整等设备的轮式自行机械。专项作业车和轮式专用机械车计税单位为整备质量每吨，每年税额为16～120元。具体适用税额由省、自治区、直辖市人民政府参照载货汽车的税额标准在规定的幅度内确定。

表 7-5 **车船税税目、税率表**

	目录	计税单位	年基准税额	备注
乘用车按发动机气缸容量（排气量分档）	1.0 升（含）以下的	每辆	60～360 元	核定载客人数 9 人（含）以下
	1.0 升（含）以上至 1.6 升(含)的		360～660 元	
	1.6 升以上至 2.0 升（含）的		660～960 元	
	2.0 升以上至 2.5 升（含）的		960～1 620 元	
	2.5 升以上至 3.0 升（含）的		1 620～2 460 元	
	3.0 升以上至 4.0 升（含）的		2 460～3 600 元	
	4.0 升以上的		3 600～5 400 元	
商用车	客车	每辆	480～1 440 元	核定载客人数 9 人，（包括电车）
	货车	整备质量每吨	16～120 元	1. 包括半挂牵引车、挂车、客货两用汽车、三轮汽车和低速载货汽车等。 2. 挂车按照货车税额的 50% 计算
其他车辆	专用作业车	整备质量每吨	16～120 元	不包括拖拉机
	轮式专用机械车	整备质量每吨	16～120 元	
摩托车		每辆	36～180 元	
船舶	机动船舶	净吨位每吨	3～6 元 游艇 艇身长度每米 600～2 000 元	拖船、非机动驳船分别按照机动船舶税额的 50% 计算；游艇的税额另行规定

5. 船舶。车船税税目、税额表中的船舶，具体适用税额为：（1）净吨位小于或者等于 200 吨的，每吨 3 元；（2）净吨位 201～2 000 吨的，每吨 4 元；（3）净吨位 2 001～10 000吨的，每吨 5 元；（4）净吨位 10 001 吨及其以上的，每吨 6 元。

（三）车船税的减免优惠

1. 法定减免。

（1）非机动车船（不包括非机动驳船）。非机动车是指以人力或者畜力驱动的车辆，以及符合国家有关标准的残疾人机动轮椅车、电动自行车等车辆；非机动船是指自身没有动力装置，依靠外力驱动的船舶；非机动驳船是指在船舶管理部门登记为驳船的非机动船。

（2）拖拉机。拖拉机是指在农业（农业机械）部门登记为拖拉机的车辆。

（3）捕捞、养殖渔船。捕捞、养殖渔船是指在渔业船舶管理部门登记为捕捞船或者养殖船的渔业船舶，不包括在渔业船舶管理部门登记为捕捞船或者养殖船以外类型的渔业船舶。

（4）军队、武警专用的车船。军队、武警专用的车船是指按照规定在军队、武警车船管理部门登记，并领取军用牌照、武警牌照的车船。

（5）警用车船。警用车船是指公安机关、国家安全机关、监狱、劳动教养管理机关和人民法院、人民检察院领取警用牌照的车辆和执行警务的专用车船。

（6）按照有关规定已经缴纳船舶吨税的船舶。

（7）依照我国有关法律和我国缔结或者参加的国际条约的规定应当予以免税的外国驻华使馆、领事馆和国际组织驻华机构及其有关人员的车船。我国有关法律是指《中华人民共和国外交特权与豁免条例》、《中华人民共和国领事特权与豁免条例》。

外国驻华使馆、领事馆和国际组织驻华机构及其有关人员在办理免税事项时，应当向主管地方税务机关出具本机构或个人身份的证明文件和车船所有权证明文件，并申明免税的依据和理由。

2. 特定减免。

（1）对尚未在车辆管理部门办理登记，属于应减免税的新购置车辆，车辆所有人或管理人可提出减免税申请，并提供机构或个人身份证明文件和车辆权属证明文件以及地方税务机关要求的其他相关资料。经税务机关审验符合车船税减免条件的，税务机关可为纳税人出具该纳税年度的减免税证明，以方便纳税人购买机动车交通事故责任强制保险。

（2）省、自治区、直辖市人民政府可以根据当地实际情况，对城市、农村公共交通车船给予定期减税、免税。

（四）车船税的征收管理

车船税的纳税义务发生时间，为车船管理部门核发的车船登记证书或者行驶证书所记载日期的当月。纳税人未按照规定到车船管理部门办理应税车船登记手续的，以车船购置发票所载开具时间的当月作为车船税的纳税义务发生时间。对未办理车船登记手续且无法提供车船购置发票的，由主管地方税务机关核定纳税义务发生时间。

车船税按年申报缴纳。纳税年度自公历1月1日起至12月31日止。具体申报纳税期限由省、自治区、直辖市人民政府确定。

二、车船税应纳税额的核算

（一）车船税核算的会计科目

企业按规定缴纳的车船税，应设置“应交税费——应交车船税”科目进行核算。企业预提车船税时，借记“管理费用——应交车船税”科目，贷记“应交税费——应交车船税”科目；企业上交车船税时，贷记“应交税费——应交车船税”科目，贷记“银行存款”科目。

（二）车船税的计算和会计处理

【例7-4】某公司本年度拥有乘人车4辆，每辆年税额为640元；载货车5辆，每辆净吨位5吨，年每吨税额为60元；小轿车2辆，每辆年税额1 800元。该公司经当地主管税务机关核定，按季预交车船税。公司应纳车船税的计算处理如下：

1. 每季预交车船税的计算：

乘人车年应纳税额 = 640×4 = 2 560（元）

载货车年应纳税额＝60×5×5＝1 500（元）

小轿车年应纳税额＝1 800×2＝3 600（元）

公司每季应预交车船税＝（2 560+1 500+3 600）÷4＝1 915（元）

2. 每季预提车船税时：

借：管理费用——应交车船税	1 915	
贷：应交税费——应交车船税		1 915

3. 每季上交车船税时：

借：应交税费——应交车船税	1 915	
贷：银行存款		1 915

第八章 车辆购置税、契税、耕地占用税的核算

车辆购置税、契税和耕地占用税都有共同的特点，纳税人负担并缴纳的税款直接计入相关资产的成本中，待资产折旧或摊销时一并折旧或摊销。

第一节 车辆购置税的核算

车辆购置税是以在中国境内购置规定车辆为课税对象、在特定的环节向车辆购置者征收的一种税。就其性质而言，属于直接税的范畴。

车辆购置税是2001年1月1日在我国开征的新税种，是在原交通部门收取的车辆购置附加费的基础上，通过“费改税”方式改革而来的。车辆购置税基本保留了原车辆附加费的特点。

一、车辆购置税的基本规定

（一）纳税义务人

车辆购置税的纳税人是指在我国境内购置应税车辆的单位和个人。其中，购置是指购买使用行为、进口使用行为、受赠使用行为、自产自用行为、获奖使用行为以及以拍卖、抵债、走私、罚没等方式取得并使用的行为，这些行为都属于车辆购置税的应税行为。车辆购置税的纳税人具体是指：

所称单位，包括国有企业、集体企业、私营企业、股份制企业、外商投资企业、外国企业以及其他企业，事业单位、社会团体、国家机关、部队以及其他单位。

所称个人，包括个体工商户及其他个人，既包括中国公民又包括外国公民。

（二）征税范围

车辆购置税以列举的车辆作为征税对象，未列举的车辆不纳税。其征税范围包括汽车、摩托车、电车、挂车、农用运输车，具体规定如下：

1. 汽车：包括各类汽车。

2. 摩托车。

（1）轻便摩托车：最高设计时速不大于50km/h，发动机气缸总排量不大于50cm^{3}的两个或三个车轮的机动车；

（2）二轮摩托车：最高设计车速大于50km/h，或发动机气缸总排量大于50cm^{3}的两个车轮的机动车；

（3）三轮摩托车：最高设计车速大于50km/h，发动机气缸总排量大于50cm^3，空车质量不大于400kg的三个车轮的机动车。

3. 电车。

（1）无轨电车：以电能为动力，由专用输电电缆供电的轮式公共车辆；

（2）有轨电车：以电能为动力，在轨道上行驶的公共车辆。

4. 挂车。

（1）全挂车：无动力设备，独立承载，由牵引车辆牵引行驶的车辆；

（2）半挂车：无动力设备，与牵引车共同承载，由牵引车辆牵引行驶的车辆。

5. 农用运输车。

（1）三轮农用运输车：柴油发动机，功率不大于7.4kw，载重量不大于500kg，最高车速不大于40km/h的三个车轮的机动车；

（2）四轮农用运输车：柴油发动机，功率不大于28kw，载重量不大于1 500kg，最高车速不大于50km/h的四个车轮的机动车。

为了体现税法的统一性、固定性、强制性和法律的严肃性特征，车辆购置税征收范围的调整，由国务院决定，其他任何部门、单位和个人无权擅自扩大或缩小车辆购置税的征税范围。

（三）税率与计税依据

1. 税率。车辆购置税实行统一比例税率，税率为10%。

2. 计税依据。车辆购置税以应税车辆为课税对象，考虑到我国车辆市场供求的矛盾、价格差异变化，计量单位不规范以及征收车辆购置附加费的做法，实行从价定率、价外征收的方法计算应纳税额，应税车辆的价格即计税价格就成为车辆购置税的计税依据。但是，由于应税车辆购置的来源不同，应税行为的发生不同，计税价格的组成也就不一样。车辆购置税的计税依据有以下几种情况：

（1）购买自用应税车辆计税依据的确定。纳税人购买自用应税车辆的计税依据为纳税人购买应税车辆而支付给销售方的全部价款和价外费用（不含增值税）。

购买的应税自用车辆包括购买自用的国产应税车辆和购买自用的进口应税车辆，比如从国内汽车市场、汽车贸易公司购买自用的进口应税车辆。

价外费用是指销售方价外向购买方收取的手续费、基金、违约金、包装费、运输费、保管费、代垫款项、代收款项和其他各种性质的价外收费，但不包括增值税税款。

（2）进口自用应税车辆计税依据的确定。纳税人进口自用的应税车辆以组成计税价格为计税依据，组成计税价格的计算公式为：

组成计税价格=关税完税价格+关税+消费税

进口自用的应税车辆是指纳税人直接从境外进口或委托代理进口自用的应税车辆，即非贸易方式进口自用的应税车辆。进口自用的应税车辆的计税依据，应根据纳税人提供的、经海关审查确认的有关完税证明资料确定。

（3）其他自用应税车辆计税依据的确定。现行政策规定，纳税人自产、受赠、获奖和以其他方式取得并自用的应税车辆的计税依据，凡不能或不能准确提供车辆价格的，由主管税务机关依国家税务总局核定的、相应类型的应税车辆的最低计税价格确定。因此，纳税人自产自用、受赠使用、获奖使用和以其他方式取得并自用的应税车辆一般以国家税务总局核定的最低计税价格为计税依据。

（4）最低计税价格作为计税依据的确定。《中华人民共和国车辆购置税暂行条例》规定，纳税人购买自用或者进口自用应税车辆，申报的计税价格低于同类型应税车辆的最低计税价格，又无正当理由的，按照最低计税价格征收车辆购置税。也就是说，纳税人购买和自用的应税车辆，首先应分别按前述计税价格、组成计税价格来确定计税依据。若申报的计税价格偏低又无正当理由的，应以最低计税价格作为计税依据。在实际工作中，通常是当纳税人申报的计税价格等于或高于最低计税价格时，按申报的价格计税；当纳税人申报的计税价格低于最低计税价格时，按最低计税价格计税。

最低计税价格由国家税务总局依据全国市场的平均销售价格制定。根据纳税人购置应税车辆的不同情况，国家税务总局对以下几种特殊情形应税车辆的最低计税价格规定如下：

①对已缴纳并办理了登记注册手续的车辆，其底盘和发动机同时发生更换，其最低计税价格按同类型新车最低计税价格的70%计算。

②免税、减税条件消失的车辆，其最低计税价格的确定方法为：

最低计税价格=同类型新车最低计税价格×［1-（已使用年限÷规定使用年限）］×100%

其中，规定使用年限为：国产车辆按10年计算；进口车辆按15年计算。超过使用年限的车辆，不再征收车辆购置税。

③非贸易渠道进口车辆的最低计税价格，为同类型新车最低计税价格。

车辆购置税的计税依据和应纳税额应使用统一货币单位计算。纳税人以外汇结算应税车辆价款的，按照申报纳税之日中国人民银行公布的人民币基准汇价，折合成人民币计算应纳税额。

（四）税收优惠

1. 车辆购置税减免税规定。我国车辆购置税实行法定减免，减免税范围的具体规定是：

（1）外国驻华使馆、领事馆和国际组织驻华机构及其外交人员自用车辆免税；

（2）中国人民解放军和中国人民武装警察部队列入军队武器装备订货计划的车辆免税；

（3）设有固定装置的非运输车辆免税；

（4）国务院规定予以免税或者减税的其他情形，按照规定免税或减税。

根据现行政策规定，上述“其他情形”的车辆，目前主要有以下几种：

①防汛部门和森林消防部门用于指挥、检查、调度、报汛（警）、联络的设有固定装置的指定型号的车辆。

②回国服务的留学人员用现汇购买1辆自用国产小汽车。

③长期来华定居专家的1辆自用小汽车。

2. 车辆购置税的退税。纳税人已经缴纳车辆购置税但在办理车辆登记手续前，因下列原因需要办理退还车辆购置税的，由纳税人申请，征收机构审查后办理退还车辆购置税手续。

（1）公安机关车辆管理机构不予办理车辆登记注册手续的，凭公安机关车辆管理机构出具的证明办理退税手续。

（2）因质量等原因发生退回所购车辆的，凭经销商的退货证明办理退税手续。

(五) 征收管理

根据2006年1月1日开始试行的《车辆购置税征收管理办法》，车辆购置税的征收规定如下：

1. 纳税申报。车辆购置税实行一车一申报制度。纳税人在办理纳税申报时应如实填写“车辆购置税纳税申报表”，同时提供车主身份证明、车辆价格证明、车辆合格证明及税务机关要求提供的其他资料的原件和复印件。主管税务机关应对纳税申报资料进行审核，确定计税依据，征收税款，核发完税证明。征税车辆在完税证明征税栏加盖车辆购置税征税专用章，免税车辆在完税证明免税栏加盖车辆购置税征税专用章。完税后，由税务机关保存有关复印件，并对已经办理纳税申报的车辆建立车辆购置税征收管理档案。

主管税务机关在为纳税人办理纳税申报手续时，对设有固定装置的非运输车辆应当实地验车。

2. 纳税环节。车辆购置税的征税环节为使用环节，即最终消费环节。具体而言，纳税人应当在向公安机关等车辆管理机构办理车辆登记注册手续前，缴纳车辆购置税。

购买二手车时，购买者应当向原车主索要“车辆购置税完税证明”。购买已经办理车辆购置税免税手续的二手车，购买者应当到税务机关重新办理申报缴税或免税手续。未按规定办理的，按《税收征收管理法》的规定处理。

3. 纳税地点。纳税人购置应税车辆，应当向车辆登记注册地的主管税务机关申报纳税；购置不需办理车辆登记注册手续的应税车辆，应当向纳税人所在地主管税务机关申报纳税。车辆登记注册地是指车辆的上牌落籍地或落户地。

4. 纳税期限。纳税人购买自用的应税车辆，自购买之日起60日内申报纳税；进口自用的应税车辆，应当自进口之日起60日内申报纳税；自产、受赠、获奖和以其他方式取得并自用的应税车辆，应当自取得之日起60日内申报纳税。

这里的“购买之日”是指纳税人购车发票上注明的销售日期；“进口之日”是指纳税人报关进口的当天。

(六) 车辆购置税的退税制度

1. 已经缴纳车辆购置税的车辆，发生下列情形之一的，纳税人应到车购办申请退税：

(1) 因质量原因，车辆被退回生产企业或者经销商的；

(2) 应当办理车辆登记注册的车辆，公安机关车辆管理机构不予办理车辆登记注册的。

2. 纳税人在车购办申请办理退税手续时，应如实填写“车辆购置税退税申请表”，并提供生产企业或经销商开具的退车证明和退车的发票以及完税证明的正本和副本、公安机关车辆管理机构出具的注销车辆号牌证明。

二、车辆购置税的会计处理

《企业会计准则第4号——固定资产》第八条规定：外购固定资产的成本，包括购买价款、相关税费、使固定资产达到预定可使用状态前所发生的可归属于该项资产的运输费、装卸费、安装费和专业人员服务费等。企业缴纳车辆购置税，应设置“应交税费——应交车辆购置税”科目进行核算。该科目贷方反映企业应缴纳的税额，借方反映企业已缴纳的税额，期末贷方余额表示企业应交而未交的车辆购置税。企业计算提取应纳车辆购置税时，借记“固定资产”科目，贷记“应交税费——应交车辆购置税”科目。上缴车辆购置税时，借记“应交税费——应交车辆购置税”科目，贷记“银行存款”科目。

（一）企业购置车辆应纳税额的计算和会计处理

车辆购置税实行从价定率的方法计算应纳税额，企业购买自用应税车辆应纳税额的计算公式为：

应纳税额=计税依据×税率

由于应税车辆的来源、应税行为的发生以及计税依据组成不同，因而，车辆购置税应纳税额的计算方法也有区别。在应纳税额的计算当中，应注意以下费用的计税规定：

1. 购买者随购买车辆支付的工具件和零部件价款应作为购车价款的一部分，并入计税依据中征收车辆购置税。

2. 支付的车辆装饰费应作为价外费用并入计税依据中计税。

3. 代收款项应区别征税。凡使用代收单位（受托方）票据收取的款项应视作代收单位价外收费，购买者支付的价费款应并入计税依据中一并征税；凡使用委托方票据收取，受托方只履行代收义务和收取代收手续费的款项，应按其他税收政策规定征税。

4. 销售单位开给购买者的各种发票金额中包含增值税税款，因此，计算车辆购置税时，应换算为不含增值税的计税价格。

5. 购买者支付的控购费，是政府部门的行政性收费，不属于销售者的价外费用范围，不应并入计税价格计税。

6. 销售单位开展优质销售活动所开票收取的有关费用，应属于经营性收入，企业在代理过程中按规定支付给有关部门的费用，企业已作经营性支出列支核算，其收取的各项费用在一张发票上难以划分的，应作为价外收入计算征税。

【例 8-1】甲企业2014年1月份从某汽车有限公司购买3辆小汽车自己使用，共计支付价款600 000元、增值税税款102 000元，另支付购买工具件和零配件价款3 000元、增值税税款510元，车辆装饰费20 000元、增值税税款3 400元。所支付的款项均由该汽车有限公司开具“机动车销售统一发票”和有关票据。请计算应缴纳的车辆购置税并作会计处理。

（1）计税依据=600 000+3 000+20 000=623 000（元）

（2）应缴纳车辆购置税税额=623 000×10%=62 300（元）

（3）购车的增值税进项税额=102 000+510+3 400=105 910（元）

（4）计算车辆购置税时：

借：固定资产——小轿车	685 300	
应交税费——应交增值税（进项税额）	105 910	
贷：应交税费——应交车辆购置税		62 300
银行存款		728 910

（5）上缴车辆购置税时：

借：应交税费——应交车辆购置税	62 300	
贷：银行存款		62 300

注：一般情况下，车辆购置税由销售方代收代缴，所以，企业一般不做“上缴车辆购置税时”的会计分录，而是直接在“银行存款”的贷方支付。

（二）进口自用应税车辆应纳税额的计算和会计处理

纳税人进口自用的应税车辆应纳税额的计算公式为：

应纳税额＝（关税完税价格＋关税＋消费税）×税率

【例 8-2】某外贸进出口公司 2014 年 3 月份从国外进口 12 辆奥迪公司生产的某型号小轿车。该公司报关进口这批小轿车时，经报关地海关对有关报关资料的审查，确定关税完税价格为每辆 285 000 元人民币，海关按关税政策规定每辆征收了关税 128 250 元，并按消费税、增值税有关规定分别代征了每辆小轿车的进口消费税 66 120 元和增值税81 492.9元。该公司将 2 辆小轿车留单位使用，其余 10 辆用于销售。请计算应缴纳的车辆购置税并作会计处理。

（1）每辆小轿车计税依据＝285 000＋128 250＋66 120＝479 370（元）

（2）自用 2 辆小轿车金额＝479 370×2＝958 740（元）

（3）自用 2 辆应缴纳车辆购置税＝479 370×10%×2＝95 874（元）

（4）入库 10 辆小轿车金额＝479 370×10＝4 793 700（元）

（5）10 辆进口小轿车入库和 2 辆自用时：

借：库存商品——小轿车	4 793 700	
固定资产——小轿车	1 054 614	
应交税费——应交增值税（进项税额）	977 914. 8	
贷：银行存款		6 730 354. 8
应交税费——应交车辆购置税		95 874

（6）上缴车辆购置税时：

借：应交税费——应交车辆购置税	95 874	
贷：银行存款		95 874

第二节　契税的核算

契税是以所有权或使用权发生转移变动为征税对象，向产权承受人所征收的一种税。契税在我国有着悠久的历史，最早起源于东晋的“古税”。新中国成立以后，1950 年 4 月，政务院公布了《契税暂行条例》。1997 年 7 月 7 日，国务院发布了《中华人民共和国契税暂行条例》，并于 1997 年 10 月 1 日开始施行。现行契税实行一次性征收，并且普遍适用于内、外资企业和本、外国公民。

一、契税的基本规定

（一）契税的征税对象

契税的征税对象是境内转移的土地、房屋权属。具体包括以下 5 项内容：

1. 国有土地使用权出让。国有土地使用权出让是指土地使用者向国家交付土地使用权出让费用，国家将国有土地使用权在一定年限内让与土地使用者的行为。

2. 土地使用权的转让。土地使用权的转让是指土地使用者以出售、赠与、交换或者其他方式将土地使用权转移给其他单位或个人的行为。土地使用权的转让不包括农村集体土地承包经营权的转移。

3. 房屋买卖。房屋买卖是以货币为媒介，出卖者向购买者让渡房产所有权的行为。

以下几种特殊情况，视同买卖房屋：一是以房产抵债或实物交换房屋；二是以房产作投资或作股权转让；三是买房拆料或翻建新房。

4. 房屋赠与。房屋赠与是指房屋所有者将其房屋无偿转让给受赠者的行为。

5. 房屋交换。房屋交换是指房屋所有者之间互相交换房屋的行为。

6. 承受国有土地使用权支付的土地出让金。对承受国有土地使用权所应支付的土地出让金，要计征契税，不得因减免土地出让金而减免契税。

（二）契税的纳税人

契税的纳税人是境内转移土地、房屋权属，承受的单位和个人。境内是指中华人民共和国实际税收行政管辖范围内。土地、房屋权属是指土地使用权和房屋所有权。单位是指企业单位、事业单位、国家机关、军事单位和社会团体以及其他组织。个人是指个体经营者及其他个人，包括中国公民和外籍人员。

（三）契税的税率

契税实行3%～5%的幅度税率。各省、自治区、直辖市人民政府可以在规定的范围内，按照本地区的实际情况自行决定。从2008年11月1日起，对个人首次购买90平方米及以下住房，契税税率下调到1%。

（四）计税依据

契税的计税依据为不动产的价格。由于土地、房屋权属转移方式不同，计税依据有以下规定：

1. 国有土地使用权出让、土地使用权出售、房屋买卖，以成交价格为计税依据。成交价格是指土地、房屋权属转移合同确定的价格，包括承受者应交付的货币、实物、无形资产或者其他经济利益。

2. 土地使用权赠与、房屋赠与，由征收机关参照土地使用权出售、房屋买卖的市场价格核定。

3. 土地使用权交换、房屋交换，为所交换的土地使用权、房屋的价格差额。交换价格相等时，免征契税；交换价格不等时，由多交付货币、实物、无形资产或者其他经济利益的一方缴纳契税。

4. 以划拨方式取得土地使用权，经批准转让房地产时，由房地产转让者补交契税。计税依据为补交的土地使用权出让费用或者土地收益。

另外，税法规定，成交价格明显低于市场价格并且无正当理由的，或者所交换土地使用权、房屋价格的差额明显不合理并且无正当理由的，征收机关可以参照市场价格核定计税依据。

（五）契税的减免优惠

1. 国家机关、事业单位、社会团体、军事单位承受土地、房屋用于办公、教学、医疗、科研和军事设施的，免征契税。

2. 城镇职工按规定第一次购买公有住房，免征契税。该项规定仅限于第一次，并且是经县以上人民政府批准，在国家规定标准面积以内购买公有住房。

3. 因不可抗力灭失住房而重新购买住房的，酌情减免。不可抗力是指自然灾害、战争等不能预见、不可避免，并不能克服的客观情况。

4. 土地、房屋被县级以上人民政府征用、占用后，重新承受土地、房屋权属的，由省级人民政府确定是否减免。

5. 承受荒山、荒沟、荒丘、荒滩土地使用权，并用于农、林、牧、渔业生产的，免征契税。

6. 经外交部确认，依照我国有关法律规定以及我国缔结或参加的双边或多边条约或协定，应当予以免税的外国驻华使馆和领事馆、联合国驻华机构及其外交代表、领事官员和其他外交人员承受土地、房屋权属，免征契税。

以上经批准减免税的纳税人改变有关土地、房屋的用途，不再属于减免税范围的，应当补交已经减免的税款。纳税义务发生时间为改变有关土地、房屋用途的当天。

（六）契税的计算和征收管理

1. 应纳契税的计算。

契税采用的是比例税率，当计税依据确定后，应纳税额的计算比较简单。其计算公式为：

应纳税额=计税依据×税率

应纳税额以人民币为计算单位，若以外币结算的，可按照纳税义务发生之日中国人民银行公布的人民币市场汇率中间价折合成人民币进行计算。

2. 契税的征收管理。

纳税人在签订土地、房屋权属转移合同的当天，或者取得其他具有土地、房屋权属转移合同性质凭证的当天，为纳税义务发生时间。取得其他具有土地、房屋权属转移合同性质凭证是指具有合同效力的契约、协议、和约、单据、确认书以及由省、自治区、直辖市人民政府确定的其他凭证。

纳税人应当自纳税义务发生之日起10日内，向土地、房屋所在地的契税征收机关办理纳税申报，并在契税征收机关核定的期限内缴纳税款，索取完税凭证。

纳税人出具契税完税凭证，土地管理部门、房产管理部门才能给予办理变更登记手续。

二、契税的会计处理

《企业会计准则第6号——无形资产》第十二条规定：外购无形资产的成本，包括购买价款、相关税费以及直接归属于使该项资产达到预定用途所发生的其他支出。

企业缴纳契税，应设置“应交税费——应交契税”科目进行核算。该科目贷方反映企业应缴纳的税额，借方反映企业已缴纳的税额，期末贷方余额表示企业应交而未交的契税。企业计算提取应纳契税时，借记“固定资产”、“无形资产”等科目，贷记“应交税费——应交契税”科目。上缴契税时，借记“应交税费——应交契税”科目，贷记“银行存款”科目。

【例8-3】2014年3月8日，某公司购进办公楼一栋，支付金额2 000万元，已办完各种相关手续。假定契税税率为3%，公司计算处理如下：

1. 公司应纳契税=2 000×3%=60（万元）

2. 公司缴纳的契税应计入其固定资产的价值中，会计处理为：

（1）购房和计提税款时：

借：固定资产——办公楼　　　　20 600 000

贷：银行存款　20 000 000

　　应交税费——应交契税　600 000

（2）上交契税时：

借：应交税费——应交契税　600 000

　贷：银行存款　600 000

【例 8-4】2014 年 4 月 6 日，某房地产开发公司购买一宗土地使用权，支付金额5 000 万元，已办完各种相关手续并取得土地使用证。假定契税税率为 4%，公司计算契税并做会计分录如下：

1. 公司应纳契税 = 5 000×4% = 200（万元）

2. 公司缴纳的契税应计入土地的价值中，会计处理为：

（1）购地和计提税款时：

借：无形资产——土地　52 000 000

　贷：银行存款　50 000 000

　　应交税费——应交契税　2 000 000

（2）上交契税时：

借：应交税费——应交契税　2 000 000

　贷：银行存款　2 000 000

第三节　耕地占用税的核算

耕地占用税是对占用耕地建房或从事其他非农业建设的单位和个人，就其实际占用的耕地面积征收的一种税，它属于对特定土地资源占用课税。

耕地是土地资源中最重要的组成部分，是农业生产最基本的生产资料。我国人口众多，耕地资源相对较少，人多地少的矛盾十分突出。因此，我们必须十分注意保护耕地。由于过去长期实行非农业用地无偿使用制度，助长了乱占耕地的行为，浪费了大量的耕地，加剧了地少人多的矛盾。为了遏制并逐步改变这种状况，国家决定开征耕地占用税，运用税收经济杠杆与法律、行政等手段相配合，以便有效地保护耕地。

一、耕地占用税的基本规定

（一）纳税义务人

耕地占用税的纳税义务人，是占用耕地建房或从事非农业建设的单位和个人。

所称单位，包括国有企业、集体企业、私营企业、股份制企业、外商投资企业、外国企业以及其他企业和事业单位、社会团体、国家机关、军队以及其他单位；所称个人，包括个体工商户以及其他个人。

（二）征税范围

耕地占用税的征税范围包括纳税人为建房或从事其他非农业建设而占用的国家所有和集体所有的耕地。

所谓耕地，是指种植农业作物的土地，包括菜地、园地。其中，园地包括花圃、苗圃、茶园、果园、桑园和其他种植经济林木的土地。

占用鱼塘及其他农用土地建房或从事其他非农业建设，也视同占用耕地，必须依法征收耕地占用税。占用已开发从事种植、养殖的滩涂、草场、水面和林地等从事非农业建设，由省、自治区、直辖市本着有利于保护土地资源和生态平衡的原则，结合具体情况确定是否征收耕地占用税。

此外，在占用之前三年内属于上述范围的耕地或农用土地，也视为耕地。

（三）税率

由于在我国的不同地区之间人口和耕地资源的分布极不均衡，有些地区人烟稠密，耕地资源相对匮乏；而有些地区则人烟稀少，耕地资源比较丰富。各地区之间的经济发展水平也有很大差异。考虑到不同地区之间客观条件的差别以及与此相关的税收调节力度和纳税人负担能力方面的差别，耕地占用税在税率设计上采用了地区差别定额税率。税率规定如下：

1. 人均耕地不超过1亩的地区（以县级行政区域为单位，下同），每平方米为10～50元；

2. 人均耕地超过1亩但不超过2亩的地区，每平方米为8～40元；

3. 人均耕地超过2亩但不超过3亩的地区，每平方米为6～30元；

4. 人均耕地超过3亩的地区，每平方米为5～25元。

经济特区、经济技术开发区和经济发达、人均耕地特别少的地区，适用税额可以适当提高，但最高不得超过上述规定税额的50%（见表8-1）。

表8-1 **各省、自治区、直辖市耕地占用税平均税额** 单位：元

地　区	每平方米平均税额
上海	45
北京	40
天津	35
江苏、浙江、福建、广东	30
辽宁、湖北、湖南	25
河北、安徽、江西、山东、河南、重庆、四川	22.5
广西、海南、贵州、云南、陕西	20
山西、吉林、黑龙江	17.5
内蒙古、西藏、甘肃、青海、宁夏、新疆	12.5

（四）计税依据及税额的计算

耕地占用税以纳税人实际占用的耕地面积为计税依据，以每平方米土地为计税单位，按适用的定额税率计税。其计算公式为：

应纳税额=实际占用耕地面积（平方米）×适用定额税率

（五）耕地占用税的税收优惠

1. 免征耕地占用税

（1）军事设施占用耕地。

（2）学校、幼儿园、养老院、医院占用耕地。

2. 减征耕地占用税

（1）铁路线路、公路线路、飞机场跑道、停机坪、港口、航道占用耕地，减按每平方米2元的税额征收耕地占用税。

根据实际需要，国务院财政、税务主管部门商国务院有关部门并报国务院批准后，可以对前款规定的情形免征或者减征耕地占用税。

（2）农村居民占用耕地新建住宅，按照当地适用税额减半征收耕地占用税。

农村烈士家属、残疾军人、鳏寡孤独以及革命老根据地、少数民族聚居区和边远贫困山区生活困难的农村居民，在规定用地标准以内新建住宅缴纳耕地占用税确有困难的，经所在地乡（镇）人民政府审核，报经县级人民政府批准后，可以免征或者减征耕地占用税。

免征或者减征耕地占用税后，纳税人改变原占地用途，不再属于免征或者减征耕地占用税情形的，应当按照当地适用税额补缴耕地占用税。

（六）耕地占用税的征收管理

1. 耕地占用税由地方税务机关负责征收。土地管理部门在通知单位或者个人办理占用耕地手续时，应当同时通知耕地所在地同级地方税务机关。获准占用耕地的单位或者个人应当在收到土地管理部门的通知之日起30日内缴纳耕地占用税。土地管理部门凭耕地占用税完税凭证或者免税凭证和其他有关文件发放建设用地批准书。

2. 纳税人临时占用耕地，也应当依照规定缴纳耕地占用税。纳税人在批准临时占用耕地的期限内恢复所占用耕地原状的，全额退还已经缴纳的耕地占用税。

3. 占用林地、牧草地、农田水利用地、养殖水面以及渔业水域滩涂等其他农用地建房或者从事非农业建设的，比照税法规定征收耕地占用税。建设直接为农业生产服务的生产设施占用前款规定的农用地的，不征收耕地占用税。

二、耕地占用税的会计处理

企业缴纳耕地占用税，应设置“应交税费——应交耕地占用税”科目进行核算。该科目贷方反映企业应缴纳的税额，借方反映企业已缴纳的税额，期末贷方余额表示企业应交而未交的耕地占用税。企业计算提取应纳耕地占用税时，借记“无形资产”、“在建工程”等科目，贷记“应交税费——应交耕地占用税”科目。上缴耕地占用税时，借记“应交税费——应交耕地占用税”科目，贷记“银行存款”科目。

【例8-5】2014年5月10日，某生产企业购买一宗耕地使用权用于扩建厂房，该宗耕地共计60亩，支付金额1 200万元，已办完各种相关手续并取得土地使用证，厂房正在建设过程中。假定当地政府规定耕地占用税每平方米为20元，请计算该企业应缴纳的耕地占用税并做会计分录。

（1）公司应缴纳耕地占用税 = 60×666.67×20 = 800 004（元）

（2）购买耕地和计提税款时：

借：无形资产——土地使用权	12 000 000	
在建工程——厂房	800 004	
贷：应交税费——应交耕地占用税		800 004
银行存款		12 000 000

(3) 上交耕地占用税时：

借：应交税费——应交耕地占用税　　800 004

　贷：银行存款　　800 004

注：一般情况下，耕地占用税不通过“应交税费”科目核算，而是直接借记“无形资产”或“在建工程”科目，贷记“银行存款”科目。

如上例，也可做会计分录如下：

借：无形资产（或在建工程）　　12 800 004

　贷：银行存款　　12 800 004

第九章

关税的核算

关税是各主权国家根据本国的政治和经济的需要，对进出口的货物和物品所征收的一种税。关税是国际通行的一个税种，各国为了维护国家的主权和经济利益，都开征了关税。

第一节　关税核算的基本规定

一、关税的类型

由于各国的政治、经济各不相同，关税制度的规定也不相同。按照国际通行做法，可将关税分为以下几种类型：

(一) 以货物的流向为标准

以货物的流向为标准，可分为进口关税、出口关税和过境关税。

1. 进口关税。进口关税是海关对进口货物或物品所征收的一种税。通常在外国货物或物品进入关境或国境时征收，或者外国货物从保税仓库提出运往国内市场时征收。现今世界各国的关税，主要进口关税。一般国家征收进口关税的目的在于保护国内市场和增加财政收入，如有的国家对工业制成品采用高税率政策，以削弱外国商品的竞争能力。

2. 出口关税。出口关税是海关对出口货物或物品所征收的一种税。经济发达国家为了提高本国货物在国际市场的竞争能力，一般不征收出口关税。大部分发展中国家出于增加财政收入、保持垄断商品的垄断价格、保护本国资源或保证本国市场供应的考虑，还征收适量的出口关税，但有逐步减少的趋势。

3. 过境关税。过境关税亦称“通过税”，是指对通过本国国境或关境输往第三国的外国商品所征收的一种税。过境关税最早产生并流行于欧洲各国，征税的主要目的是增加国家的财政收入。由于过境货物对被通过国家的市场和生产并无任何影响，征收过境关税不利于国家间商品的交往和流通，因此，目前绝大多数国家都不征收过境关税，仅在外国货物通过时征收少量的准许费、签证费或统计费。

(二) 以征税的目的为标准

以征税的目的为标准，可分为财政关税和保护关税。

1. 财政关税。财政关税又称“收入关税”，是以增加国家财政收入为主要目的而征收的一种关税。封建社会早、中期的关税大多属于此种类型，随着社会生产力和经济的不断发展，财政关税的地位已被保护关税所代替。财政关税税率一般都低于保护关税的税率，否则就会阻碍进出口贸易的发展，达不到增加财政收入的目的。

2. 保护关税。保护关税是财政关税的对称，是指一个国家以保护本国经济发展为主要目的而征收的一种关税。保护关税以进口税为主，一般税率较高，通过征收高额进口税，使进口商品成本增大，以削弱其在进口国市场上的竞争能力。保护关税甚至能阻碍某些商品进口，以达到保护本国经济发展的目的。

（三）以进口货物的输出国的差别待遇为标准

以进口货物的输出国的差别待遇为标准，可分为互惠关税、普惠关税、特惠关税、报复关税。

1. 互惠关税。互惠关税是指两国在平等互利的基础上，相互给予优惠待遇的关税。根据两国签订的关税、贸易协定，一方对从对方进口的货物，给予免征关税或采用较低的进口关税税率。

2. 普惠关税。普惠关税简称“普惠制”，是指在国际贸易中经济发达国家单方面对来自发展中国家的制成品和半成品普遍给予优惠待遇的一种关税制度。实行普惠关税的目的是扩大发展中国家向经济发达国家出口制成品、半成品，增加发展中国家的财政收入，促进经济的发展。

3. 特惠关税。特惠关税是指两个或两个以上国家或地区缔结协定，单方提供或相互给予特定优惠关税待遇，其他国家不得享受的一种关税制度。

4. 报复关税。报复关税是指为报复他国对本国出口货物的关税歧视待遇而对相关国家进口货物征收的一种进口附加税。实行报复关税的范围常与对方实行歧视性关税的范围相当，一般在下列三种情况下采用：（1）在认为他国对本国货物或由本国船只运输的货物所征关税不恰当时；（2）在他国对另一些国家给予比本国优惠的待遇时；（3）在贸易条约或协定期届满，他国对续约或订立的新约提出不正当的要求时。一旦对方取消歧视待遇或撤回不正当要求，报复关税往往也随之取消。

二、关税的征税范围

关税的征税范围是指进出我国国境的货物和物品。货物是指贸易性商品；物品是指入境旅客随身携带的行李和物品，个人邮递物品，各种运输工具上的服务人员携带进口的自用物品、馈赠物品，以及以其他方式进入我国境内的其他物品。关税的具体征税范围是按关税税则、税目的规定执行的。

关税税则又称海关税则，是指一国根据其经济政策和关税政策，通过一定的国家立法程序制定、公布、实施的，对进出口商品计征关税的规章和对进出口的应税与免税商品加以系统分类的一览表。它是关税政策的具体体现，海关凭海关税则征收关税。

关税税则一般包括以下内容：（1）国家实施的该税则的法令，即该税则的实施细则以及使用税则的有关说明；（2）税则的归类总规则，即说明该税则中商品归类的原则；（3）各类、各章和税目的注释，说明它们各自应包括和不应包括的商品以及对一些商品的形态、功能、用途等方面的说明；（4）税目表，包括商品分类目录和税率栏两大部分。

随着国家经济管理体制和经济政策的变化，各国的关税税则也在不断地进行调整和完善。我国的关税税则几乎每年都有不同程度的变化和调整，《中华人民共和国海关进出口税则》是以《商品名称及编码协调制度》为基础，结合我国进出口商品的实际情况而编制的。自 2012 年 1 月 1 日起，我国进出口关税将进行部分调整。调整后，我国 2012 年进出口税目总数将由 2011 年的 7 977 个增至 8 194 个，2013 年增至 8 238 个，2014 年增至 8 277 个。

三、关税税率

（一）税率制定的原则

我国的关税税率是根据促进和保护国内生产、调节对外经济往来和为国家建设积累资金等基本政策制定的。根据这些基本政策制定关税税率时，应遵循以下各项原则：

1. 对进口国家建设和人民生活是必需的，而国内不能生产或供应不足的动植物良种、肥料、饲料、药剂、精密仪器、仪表、关键机器设备和粮食等，制定低税率或免税。

2. 原材料的进口税率一般比半成品、成品低，特别是对受自然条件制约，国内生产短期内不能迅速发展的原材料，制定的税率更低。

3. 国内不能生产的或质量不过关的机器设备和仪器、仪表的零件、部件，其进口税率比整机低，这有利于国内产品质量和生产技术水平的提高。

4. 对国内已能生产和非国计民生必需的物品制定较高的税率，以限制进口。

5. 对国内需要保护的和国内外差价大的商品制定较高的税率，以保护国内产品与国外产品的竞争。

6. 为鼓励出口，对于一般出口商品不征收出口税。对国内外差价大、在国际市场上容量有限、竞争性强的商品，以及需要限制出口的极少数原料和半成品，征收适当的出口税。

（二）进口货物的税率

《中华人民共和国海关进出口税则》所列的全部税目中，除规定免税的之外，都要征收进口关税。为了进一步扩大对外开放，促进对外贸易和国民经济的发展，鼓励企业参与国际竞争，我国在很大范围内调整了税率。2012 年，我国对 730 多种商品实施较低的进口暂定税率，平均税率为 4.4%，比最惠国税率低 50% 以上。2013 年我国对 780 多种进口商品实施低于最惠国税率的年度进口暂定税率；2014 年我国对 760 多种进口商品实施低于最惠国税率的年度进口暂定税率，平均优惠幅度达 60%。

（三）出口关税税率

出口关税税率没有普通和优惠之分，是一种差别比例税率。2012 年，我国继续以暂定税率的形式对煤炭、原油、化肥、铁合金等“两高一资”产品征收出口关税。2014 年，我国对出口关税进行部分调整。其中，适当降低了化肥出口关税税率。

四、关税的完税价格

按照《中华人民共和国海关审定进出口货物完税价格办法》的规定，海关以进出口货物的实际成交价格为基础审定完税价格，实际成交价格是一般贸易项目下进口或出口货物的买方为购买该项货物向卖方实际支付或应当支付的价格。纳税人向海关申报的价格并不一定等于完税价格，只有经过海关审核并接受的申报价格才能作为完税价格。对于不真实或申报不准确的申报价格，海关有权不予接受，并可依照税法规定对有关进出口货物的申报价格进行调整或另行估定完税价格。

（一）进口货物完税价格的确定

按照《中华人民共和国海关进出口税则》的规定，进口货物以海关审定的成交价格为基础的到岸价格为完税价格。到岸价格（CIF）包括货物的买价、货物运抵我国关境内输入地起卸前的包装、运输、保险和其他劳务等费用。

1. 成交价格的调整。

进口货物成交价格中未包括下列费用的，应将其计入关税的完税价格：

（1）进口人以在境内制造、使用、出版、发行或播映为目的而向境外卖方支付的与该进口货物有关的专利、商标、著作权、专有技术、计算机软件等费用。

（2）货物成交过程中，进口人向卖方支付的佣金。

（3）进口前发生的由买方支付的包装、运输、保险和其他劳务费用。

进口货物成交价格中已包括下列费用，且能单独分列的，可从完税价格中扣除：

（1）进口人向其境外代理人支付的佣金。

（2）卖方付给买方的正常价格回扣。

（3）工业设施、机械设备类货物进口后发生的基建、安装、调试、技术指导等费用。

2. 进口货物运费和保险费的计算。

以境外口岸离岸价格（FOB）成交的，应该另加该项货物从境外发货口岸或境外交货口岸运达我国境内目的口岸前实际支付的运费、保险费。其计算公式为：

$$完税价格=\frac{\text{FOB（离岸价格）+运费}}{1-保险费率}$$

【例 9-1】某进出口公司从美国进口一批货物 1 000 吨，进口时申报价格（FOB）为 60 000美元，运费每吨 30 美元，保险费率 2%，外汇牌价为 100 美元=650 元人民币。该批进口货物的完税价格计算如下：

（1）将申报的美元离岸价格折算成人民币：

60 000×6.5=390 000（元）

（2）计算运费并将其折算成人民币：

1 000×30×6.5=195 000（元）

（3）该批进口货物的完税价格为：

$$进口货物的完税价格=\frac{390\ 000+195\ 000}{1-2\%}=596\ 938.78\text{（元）}$$

以运抵我国境内口岸的货价加运费价格成交的（C&F），应另加保险费。其计算公式为：

$$完税价格=\frac{\text{C\&F（货价+运费）}}{1-保险费率}$$

3. 特殊进口货物的完税价格。

（1）国内电视台从境外购进或租用在国内播映的，内容为故事片、连续剧一类的录像制品，应以为获得使用、播映权而对外支付的版权费、租用费、播映费等作为完税价格。境外向国内电视台提供的电视广告制品，进口时应以对外收取的广告费作为完税价格。

（2）受海关监管的减免税进口货物，在管理年限内，经海关批准出售、转让或移作他用时，按其使用年限折旧作为完税价格补税。其计算公式为：

$$完税价格=原进口到岸价\times\left(1-\frac{实际使用月份}{管理年限\times12}\right)$$

（3）运往境外加工的货物，出境时向海关报明，并在海关规定期限内复运进境的，应当以加工后的货物进境时的到岸价格，与原出境货物或者与原出境货物相同的或类似的货物在进境时的到岸价格之间的差额，确定完税价格。

（4）对于运往境外修理的机械器具、运输工具或者其他货物，出境时已向海关报明并在海关规定期限内复运进境的，应当以审查确定的修理费和料件费作为完税价格。

（5）以租赁和租借方式进境的货物，以海关审查确定的货物的租金作为完税价格。

（6）准予暂时进口的施工机械、工程车辆、供安装使用的仪器和工具、电视或电影摄制机械，以及盛装货物的容器，如果超过半年仍留在境内使用的，应自第7个月起，按月征收进口关税，其完税价格按原货物进口时的到岸价格确定。

4. 进口货物海关估价的确定。

进口货物的成交价格无法确定的，海关以下列价格为基础依次估定完税价格：

（1）按该项货物的同一出口国或地区购进的成交价格确定。

（2）按该项货物的同一出口国或地区购进的类似进口货物的成交价格确定。

（3）按进口货物的相同或类似货物在国内市场的批发价格，减去进口关税和进口环节其他税费以及进口后的正常运输、储存、营业费用及利润后的价格确定。

（二）出口货物完税价格的确定

出口货物以海关审定的成交价格为基础的销售给境外的离岸价格（FOB价格），扣除出口关税后作为完税价格。其基本计算公式为：

$$完税价格=\frac{出口货物的离岸价格}{1+出口关税税率}$$

出口货物成交价格中含有支付给国外的佣金，如与货物的离岸价格分列，应予以扣除。如果未单独列明，则不予扣除。出口货物在离岸价格以外，如果买方还另行支付包装费，则应将其计入完税价格。

出口货物的离岸价格，应以该项货物运离关境前的最后一个口岸的离岸价格为实际离岸价格。如果该项货物从内地起运，则从内地口岸至最后出境口岸所支付的国内段运输费用应予扣除。

出口货物成交价格如为境外口岸的到岸价或货价加运费，应先扣除运费、保险费后，再按规定公式计算完税价格。

五、关税的减免优惠

我国海关法规定，减免进出口关税的权限属于中央。在未经中央许可的情况下，各地海关不得擅自减免关税。关税的减免主要有法定减免、特定减免和临时减免三种类型。

（一）法定减免

法定减免是指依照关税基本法规的规定，对列举的课税对象给予的减免规定。主要包括以下减免内容：

1. 下列货物经海关审查无讹，可以免税：

（1）关税税额在人民币50元以下的一票货物；

（2）无商业价值的广告品和货样；

（3）外国政府、国际组织无偿赠送的物资；

（4）进出境运输工具装载的途中必需的燃料、物料和饮食用品。

2. 有下列情形之一的进口货物，海关可以酌情减免关税：

（1）在境外运输途中或者起卸时，遭受损坏或者损失的；

（2）起卸后海关放行前，因不可抗力遭受损坏或者损失的；

（3）海关查验时已经破漏、损坏或者腐烂，经证明不是保管不慎造成的。

3. 为境外厂商加工、装配成品和为制造外销产品而进口的原材料、辅料、零件、部件、配套件和包装物料，海关按照实际加工出口的成品数量免征进口关税，或者对进口料、件先征进口关税，再按照实际加工出口的成品数量予以退税。

4. 经海关核准暂时进境或者暂时出境并在6个月内复运出境或者复运进境的货样、展览品、施工机械、工程车辆、工程船舶、供安装设备时使用的仪器和工具、电视或者电影摄制器械、盛装货物的容器以及剧团服装道具，在货物收发货人向海关缴纳相当于税款的保证金或者提供担保后，准予暂时免纳关税。

（二）特定减免

特定减免是指在关税基本法规确定的法定减免以外，由国务院或国务院授权的机关颁布法规、规章特别规定的减免税。例如，对进口科技教育用品和残疾人专用物品、外国驻华使领馆和有关国际机构及人员所需物品减免关税等。

（三）临时减免

临时减免是指在以上两项减免税以外，对某个纳税人由于特殊原因临时给予的减免。临时减免一般必须在货物进出口前，向所在地海关提出书面申请，并随附必要的证明资料，经所在地海关审核后，转报海关总署或海关总署会同国家税务总局、财政部审核批准。

六、关税的征收管理

（一）关税缴纳

关税缴纳是指关税的纳税人或其代理人应在规定的报关期限内向货物进（出）境地海关申报，经海关对实际货物进行查验后，根据货物的归类原则和完税价格计算应纳关税和进口环节代征税费，填发税款缴纳证。纳税义务人或其代理人应在海关填发税款缴纳证的次日起7日内，向指定银行缴纳，并由当地银行解交中央金库。

（二）关税缓缴

关税缓缴是指经海关批准的纳税人将其部分或全部应缴税款的纳税期限延长的一种制度。这项关税制度是针对纳税人缺乏纳税资金或由于其他原因而造成缴纳关税有困难，不能在关税缴纳期限内履行纳税义务等情况实施的。按照我国海关现行有关规定，关税缓缴仅适用于关税纳税义务人确有暂时的经济困难而不能按期缴纳关税的情况。

根据现行有关规定，申请关税缓缴的纳税义务人应于有关货物申报进口前或于申报进口之日起7日内（星期日或法定节假日除外），向主管海关提出书面申请，并递交关税缴纳计划和由其开户银行或上级主管机关出具的纳税担保函件。经海关审核批准关税缓缴的纳税义务人，应按海关批准的关税缴纳计划如期缴纳关税，并按月支付10‰的利息。逾期不缴纳关税，构成关税滞纳的，除依法追缴外，由海关按照关税滞纳的规定征收滞纳金。关税滞纳金自缴纳期限届满之日的次日起，至缴清税款之日止，按日征收所欠税款的0.5‰。其计算公式为：

关税滞纳金＝滞纳税额×0.5‰×滞纳天数

（三）关税追征和补征

关税追征和补征是海关在纳税义务人按海关核定的税额缴纳关税后，发现核定征收税额少于应征税额时，责令纳税义务人补缴所差税款的规定。根据造成少征关税原因的不同，可分为关税的追征和补征。

由于关税纳税义务人违反海关规定少缴税款而补税的，称为关税的追征。按照我国海关现行规定，进出口货物完税后，如发现少征或漏征税款，因收发货人或者其代理人违反规定而造成，海关应当自缴纳税款或者货物放行之日起，在3年内向收发货人或其代理人追征税款。

非因纳税义务人违反海关规定少缴税款而补税的，称为关税的补征。按照我国海关现行规定，进出口货物完税后，如发现少征或漏征税款，非因收发货人或者其代理人违反规定而造成，海关应当自缴纳税款或货物放行之日起，在1年内向收发货人和其代理人补征税款。

（四）关税退还

关税退还是关税纳税义务人按海关核定的税额缴纳关税后，因某种原因，海关将已缴纳关税的部分或全部退还给关税纳税义务人的一种规定。

按照《中华人民共和国海关进出口税则》的有关规定，有下列情形之一的，进出口货物的收发货人或者其代理人，可以自缴纳税款之日起1年内，书面声明理由，连同原纳税收据向海关申请退税，逾期不予受理：

1. 因海关误征，多缴纳税款的；
2. 海关核准免验的货物，在缴纳税款后，发现有短缺情况，经海关审查认可的；
3. 已征出口关税的货物，因故未装运出口，申报退关，经海关查验属实的。

进出口货物的收发货人或其代理人，申请退还关税时，海关应当自受理退税申请之日起，在30天内作出书面答复并通知退税申请人。

第二节　进口货物应纳关税的核算

一、工业企业进口货物应纳关税的核算

工业企业直接从国外进口原材料及其他设备，或者是通过外贸企业代理从国外进口原材料或其他设备，应缴纳的进口关税不通过“应交税费——应交关税”科目核算，而是将其与进口原材料或设备的价款、国外运输费、保险费以及国内有关费用一并直接计入进口原材料或设备的采购成本。具体核算有以下几种情况：

（一）直接进口原材料

工业企业直接进口原材料，按照规定将应缴纳的关税借记“材料采购”科目，贷记“银行存款”等科目。

【例 9-2】某工业企业本期进口一批甲材料，国外买价及运抵我国海关前的有关运输费、保险费等共计 100 000 美元，当日人民币市场汇价假定为 100 美元＝650 元人民币。甲材料的关税税率为 30%，材料已验收入库。企业进口甲材料及应缴纳的关税（代扣代缴的税金此处不予考虑）会计处理如下：

1. 企业以人民币支付进口材料的价款和有关费用时：

借：材料采购——甲材料　650 000

　贷：银行存款　650 000

2. 计算并缴纳关税时：

应纳关税＝650 000×30%＝195 000（元）

借：材料采购——甲材料　195 000

　贷：银行存款　195 000

3. 进口甲材料验收入库时：

借：原材料——甲材料　845 000

　贷：材料采购——甲材料　845 000

（二）工业企业委托外贸企业代理进口原材料

工业企业委托外贸企业代理进口原材料时，除了应负担进口材料的价款、相关费用和关税外，还要支付代理进口业务的手续费。按照规定，支付的代理手续费也应计入进口材料的采购成本中。

【例 9-3】某工业企业委托某外贸进出口公司从国外进口一批乙材料，该批进口材料入关前的买价和相关费用为 50 000 美元，人民币市场汇价假定为 100 美元＝650 元人民币，关税税率为 20%。另外，支付代理手续费为买价和相关费用的 4%。该工业企业已将全部款项支付给外贸公司，乙材料已验收入库。企业的有关会计处理如下：

1. 支付进口乙材料的买价和有关费用时：

借：材料采购——乙材料　325 000

　贷：银行存款　325 000

2. 支付应负担的进口关税时：

应纳关税＝325 000×20%＝65 000（元）

借：材料采购——乙材料　65 000

　贷：银行存款　65 000

3. 支付代理手续费时：

应支付手续费＝325 000×4%＝13 000（元）

借：材料采购——乙材料　13 000

　贷：银行存款　13 000

4. 进口乙材料验收入库时：

借：原材料——乙材料　403 000

　贷：材料采购——乙材料　403 000

（三）工业企业进口设备或固定资产

工业企业从国外引进设备或购进固定资产，如引进设备需要安装，其应负担的关税记入“在建工程——引进设备”科目；如外购的固定资产不需要安装，将其应负担的关税记入“固定资产”科目。

【例 9-4】某工业企业本期与某外商签订合同，引进专用设备一套，进入我国海关前的价款和相关费用为 300 000 美元，人民币的汇价假定为 100 美元 = 650 元人民币，设备已运抵企业，正在安装，买价和相关费用的款项按合同规定 2 年后予以支付。该设备的关税税率为 20%，另外支付国内运杂费 20 000 元。企业应作会计处理如下：

1. 计算引进设备的价款时：

借：在建工程——引进设备　　1 950 000

　贷：长期应付款——外商　　1 950 000

2. 计算并支付关税时：

应纳关税 = 1 950 000×20% = 390 000（元）

借：在建工程——引进设备　　390 000

　贷：银行存款　　390 000

3. 支付国内的运杂费时：

借：在建工程——引进设备（运费）　　20 000

　贷：银行存款　　20 000

二、商品流通企业进口货物应纳关税的核算

商品流通企业主要包括商业、粮食、外贸、物资、供销、医药商业、供销合作社等，按其经营方式不同，其进出口业务可分为自营进口和代理进口两大类。

（一）自营进口业务应纳关税的核算

按照规定，商品流通企业自营进出口业务应缴纳的关税，应设置“应交税费——进口关税”科目进行核算，同时，将应缴纳的关税计入进口商品的成本之中。计算应纳关税时，借记“材料采购”科目，贷记“应交税费——进口关税”科目；实际上缴进口关税时，借记“应交税费——进口关税”科目，贷记“银行存款”科目。

【例 9-5】某外贸企业本期从国外自营进口商品一批，进口商品经海关审定的完税价格为 CIF（到岸价）60 000 美元，人民币的汇价假定为 100 美元 = 650 元人民币，关税税率为 30%，有关款项以人民币付清，商品已验收入库。外贸企业应作会计处理如下：

1. 支付进口商品的价款及有关费用时：

借：材料采购——进口商品　　390 000

　贷：银行存款　　390 000

2. 计算应纳进口关税时：

应纳进口关税 = 390 000×30% = 117 000（元）

借：材料采购——进口商品　　117 000

　贷：应交税费——进口关税　　117 000

3. 上缴进口关税时：

借：应交税费——进口关税　　117 000

　贷：银行存款　　117 000

4. 进口商品验收入库时：

借：库存商品——进口商品　　507 000

贷：材料采购——进口商品　507 000

（二）代理进口业务应纳关税的核算

受托代理进口业务，一般由委托方出具资金，受托方不垫付货款，而只向委托方收取一定的代理手续费。因此，代理进口业务应缴纳的关税由委托方负担，受托方向海关缴纳的关税也只是代垫或代付，随后仍要从委托方收回。

受托方收到委托方给予的购货款时，借记“银行存款”科目，贷记“应付账款”科目；受托方计算应纳关税时，借记“应付账款”科目，贷记“应交税费——进口关税”科目。

以委托方的款项支付进口商品的价款和有关费用时，借记“应付账款”科目，贷记“银行存款”科目；向委托方收取代理手续费时，借记“应付账款”科目，贷记“代购代销收入”科目；将委托方多付的款项退回时，借记“应付账款”科目，贷记“银行存款”科目。

【例 9-6】甲企业委托某进出口外贸公司进口商品一批，预付外贸公司货款 2 000 000 元。该批进口商品我国口岸 CIF 价为 180 000 美元，人民币市场汇价假定为 100 美元=650 元人民币，关税税率为 20%，代理手续费按 CIF 价 3% 收取，外贸公司将进口货物转交甲企业并办清相关款项结算手续。外贸公司应作会计处理如下：

1. 外贸公司收到甲企业预付款项时：

借：银行存款　2 000 000

　贷：应付账款——甲企业　2 000 000

2. 支付该批进口商品货款时：

180 000×6.5=1 170 000（元）

借：应付账款——甲企业　1 170 000

　贷：银行存款　1 170 000

3. 计算并上缴应纳关税时：

应纳关税=1 170 000×20%=234 000（元）

借：应付账款——甲企业　234 000

　贷：应交税费——进口关税　234 000

同时：

借：应交税费——进口关税　234 000

　贷：银行存款　234 000

4. 外贸公司将商品交付委托方（甲企业）应收取代理手续费时：

应收代理手续费=1 170 000×3%=35 100（元）

借：应付账款——甲企业　35 100

　贷：代购代销收入——代理手续费　35 100

5. 外贸公司将甲企业多付的购货款退回时：

2 000 000-1 170 000-234 000-35 100=560 900（元）

借：应付账款——甲企业　560 900

　贷：银行存款　560 900

第三节　出口货物应纳关税的核算

一、工业企业自营出口业务应纳关税的核算

工业企业出口销售产品与国内销售产品相同，取得的均为产品销售收入，因此，工业企业出口销售产品应缴纳的出口关税，应记入“营业税金及附加”科目进行核算。计算出口销售产品的应纳关税时，借记“营业税金及附加”科目，贷记“应交税费——出口关税”科目；上缴出口关税时，借记“应交税费——出口关税”科目，贷记“银行存款”科目。

【例 9-7】某工业甲企业出口销售产品一批，国内港口 FOB 价 300 000 美元，人民币市场汇价假定为 100 美元=650 元人民币，产品出口关税税率为 20%，出口销售货款和出口关税已结算办理完毕。甲企业应作会计处理如下：

1. 取得销售收入时：

借：银行存款　　1 950 000

　贷：产品销售收入——出口产品销售收入　　1 950 000

2. 计算并缴纳出口关税时：

$$应纳出口关税=\frac{1\ 950\ 000}{1+20\%}\times 20\%=325\ 000（元）$$

借：营业税金及附加　　325 000

　贷：应交税费——出口关税　　325 000

同时：

借：应交税费——出口关税　　325 000

　贷：银行存款　　325 000

工业企业自营出口业务应纳的出口关税，也可以不通过“应交税费——出口关税”科目核算，而直接在“银行存款”科目核算，如例 9-7 应缴纳的出口关税可作会计处理如下：

借：营业税金及附加　　325 000

　贷：银行存款　　325 000

二、商品流通企业自营出口业务应纳关税的核算

商品流通企业自营出口业务，应缴纳的出口关税，应通过“应交税费——出口关税”科目和“营业税金及附加”科目核算。计算应缴纳的出口关税时，借记“营业税金及附加”科目，贷记“应交税费——出口关税”科目；上缴出口关税时，借记“应交税费——出口关税”科目，贷记“银行存款”科目。

【例 9-8】某外贸进出口公司本期自营出口商品一批，我国口岸 FOB 价格为 120 000 美元，人民币市场汇价假定为 100 美元=650 元人民币，出口关税税率为 20%，出口销售商品货款已收并按规定缴纳了出口关税。外贸公司应作会计处理如下：

1. 收到出口销售款时：

借：银行存款　　780 000

　贷：主营业务收入——出口销售收入　　780 000

2. 计算并缴纳出口关税时：

$$应纳出口关税=\frac{780\ 000}{1+20\%}\times 20\%=130\ 000\ (元)$$

借：营业税金及附加　　130 000

　贷：应交税费——出口关税　　130 000

上缴入库时：

借：应交税费——出口关税　　130 000

　贷：银行存款　　130 000

第十章 企业所得税的核算

第一节 企业所得税核算的基本规定

2007 年 3 月 16 日，第十届全国人民代表大会审议通过了《中华人民共和国企业所得税法》（简称《企业所得税法》），自 2008 年 1 月 1 日起施行，这标志着内资企业所得税和外资企业所得税“两税合并”。新企业所得税是以企业取得的生产经营所得和其他所得为征税对象的一种税，它是规范和处理国家与企业分配关系的重要形式。

按照《企业所得税法》及其实施条例的规定，企业所得税实行比例税率，分为两档：

1. 基本税率为 25%。它适用于居民企业和在中国境内设有机构、场所且所得与该机构、场所有关联的非居民企业。现行企业所得税基本税率设定为 25%，这与世界各国相比还是偏低的。据有关资料介绍，全世界近 160 个实行企业所得税的国家（地区）平均税率为 28.6%，我国周边 18 个国家（地区）的平均税率为 26.7%。现行税率的确定，既考虑了我国财政承受能力，又考虑了企业负担水平。

2. 低税率为 20%。它适用于在中国境内未设立机构、场所，或者虽设立机构、场所但取得的所得与其所设机构、场所没有实际联系的非居民企业。在实际征税时适用 20% 的税率。

此外，我国还设置了两档优惠税率：（1）国家需要重点扶持的高新技术企业减按 15% 的税率征收企业所得税；（2）小型微利企业减按 20% 的税率征收企业所得税。

为了实现新老税法的平稳过渡，对于老税法下享受低税率税收优惠的企业，在新税法施行后 5 年内逐步过渡到 25% 的法定税率，并继续执行西部大开发税收优惠政策。

应纳税所得额是企业所得税的计税依据，能否正确计算直接关系到国家财政收入和企业的税收负担，并且同企业的成本、费用核算关系密切。其计算公式为：

应纳税所得额 = 收入总额 − 不征税收入 − 免税收入 − 各项扣除 − 以前年度亏损

或 应纳税所得额 = 会计利润总额 ± 纳税调整项目金额

因为企业所得税是按年计征的，当每一纳税年度进行所得税汇算清缴时，企业的会计年度核算已经结束，因此，应纳税所得额的计算，一般都在企业会计利润总额的基础上进行调整后确定。纳税调整项目金额包括两方面内容：一是企业的财务会计处理和税收规定不一致的应予以调整的金额；二是企业按税法规定准予扣除的税收金额。

这样，应纳企业所得税税额的计算公式为：

应纳税额 = 应纳税所得额 × 适用税率 − 减免税额 − 抵免税额

可见，应纳税所得额的确定是计算企业应纳企业所得税税额的重心。

应纳税所得额的计算以权责发生制为原则，属于当期的收入和费用，不论款项是否收付，均作为当期的收入和费用；不属于当期的收入和费用，即使款项已经在当期收付，也不作为当期的收入和费用。《企业所得税法》及其实施条例对应纳税所得额的计算作了明确规定，主要内容包括：

一、收入总额

企业的收入总额包括以货币形式和非货币形式从各种来源取得的收入。纳税人以货币形式取得的收入包括现金、存款、应收账款、应收票据、准备持有至到期的债券投资以及债务的豁免等；以非货币形式取得的收入包括固定资产、生物资产、无形资产、股权投资、存货、不准备持有至到期的债券投资、劳务以及有关权益等，这些非货币资产和劳务应当按照公允价值确定收入额。

（一）一般收入及确认

1. 销售货物收入，是指企业销售商品、产品、原材料、包装物、低值易耗品以及其他存货取得的收入。

2. 劳务收入，是指企业从事建筑安装、修理修配、交通运输、仓储租赁、金融保险、邮电通信、咨询经纪、文化体育、科学研究、技术服务、教育培训、餐饮住宿、中介代理、卫生保健、社区服务、旅游、娱乐、加工以及其他劳务服务活动取得的收入。

3. 财产转让收入，是指企业转让固定资产、生物资产、无形资产、股权、债权等财产取得的收入。

4. 股息、红利等权益性投资收益，是指企业因权益性投资从被投资方取得的收入。股息、红利等权益性投资收益，除国务院财政、税务主管部门另有规定外，按照被投资方作出利润分配决定的日期确认收入的实现。

5. 利息收入，是指企业将资金提供给他人使用但不构成权益性投资，或者因他人占用本企业资金取得的收入，包括存款利息、贷款利息、债券利息、欠款利息等收入。利息收入，按照合同约定的债务人应付利息的日期确认收入的实现。

6. 租金收入，是指企业提供固定资产、包装物或者其他有形资产的使用权取得的收入。租金收入，按照合同约定的承租人应付租金的日期确认收入的实现。

7. 特许权使用费收入，是指企业提供专利权、非专利技术、商标权、著作权以及其他特许权的使用权取得的收入。特许权使用费收入，按照合同约定的特许权使用人应付特许权使用费的日期确认收入的实现。

8. 接受捐赠收入，是指企业接受的来自其他企业、组织或者个人无偿给予的货币性资产、非货币性资产。接受捐赠收入，按照实际收到捐赠资产的日期确认收入的实现。

9. 其他收入，是指上述收入以外的其他收入，包括企业资产溢余收入、逾期未退包装物押金收入、确实无法偿付的应付款项、已作坏账损失处理后又收回的应收款项、债务重组收入、补贴收入、违约金收入、汇兑收益等。

（二）特殊收入及确认

1. 分期确认收入。以分期收款方式销售货物的，按合同约定的收款日期确认收入的实现；企业受托加工制造大型机械设备、船舶、飞机，以及从事建筑、安装、装配工程业务或者提供其他劳务等，若持续时间超过 12 个月，按纳税年度内完工进度或完成的工作量确认收入的实现。

2. 采取产品分成方式取得的收入。按照产品的公允价值确定收入额，按照企业分得产品的日期确认收入的实现。

3. 企业发生非货币性资产交换，以及将货物、财产、劳务用于捐赠、偿债、赞助、集资、广告、样品、职工福利或者利润分配等用途，应视同销售货物、转让财产或提供劳务。

4. 企业以买一赠一等方式组合销售本企业商品的，“赠一”行为不属于捐赠，应将总销售额按各项商品的公允价值的比例来分摊确认各项销售收入。

5. 根据《企业所得税法实施条例》第二十条，对于供热企业取得的一次性入网费收入，按照合同约定的使用人支付一次性入网费的日期确认收入的实现；使用人提前付款或未约定付款日期的，以实际收到的一次性入网费的日期确认收入实现。

二、不征税收入和免税收入

国家为了扶持和鼓励某些特殊的纳税人和特定的项目，或者避免因征税影响企业的正常经营，对企业取得的某些收入予以不征税或免税的特殊政策，以减轻企业负担，促进经济协调发展。

（一）不征税收入

1. 财政拨款。它是指各级人民政府对纳入预算管理的事业单位、社会团体等组织拨付的财政资金。

2. 依法收取并纳入财政管理的行政事业性收费、政府性基金。企业按规定缴纳的、由国务院或财政部批准设立的政府性基金，由国务院和省、自治区、直辖市人民政府及其财政、价格主管部门批准设立的行政事业性收费，准予在计算应纳税所得额时扣除。

3. 国务院规定的其他不征税收入。这包括财政补助、补贴、贷款贴息、直接减免的增值税和即征即退、先征后退、先征后返的各种税收（不包括企业按规定取得的出口退税款）以及其他各类财政专项资金。

值得注意的是，不征税收入用于支出所形成的费用或所形成的资产的折旧额、摊销额，均不得在计算应纳税所得额时扣除。

（二）免税收入

1. 国债利息收入。为鼓励企业积极购买国债，支援国家建设，税法规定，企业因购买国债获得的利息收入，免征企业所得税。

2. 符合条件的居民企业之间的股息、红利等权益性投资收益。它是指居民企业直接投资于其他居民企业取得的投资收益，不包括连续持有居民企业公开发行并上市流通的股票不足12个月取得的投资收益。

3. 在中国境内设立机构、场所的非居民企业从居民企业取得与该机构、场所有实际联系的股息、红利等权益性投资收益，不包括连续持有居民企业公开发行并上市流通的股票不足12个月取得的投资收益。

4. 符合条件的非营利组织的收入，但一般不包括非营利组织从事营利性活动取得的收入。

三、准予扣除的项目

（一）税前扣除的原则

企业申报的扣除项目和金额要真实、合法。真实是指能提供证明有关支出确属已经实际发生的适当凭据；合法是指符合国家税法的规定，若其他法规规定与税收法规规定不一致，以税收法规的规定为准。税前扣除一般应遵循以下原则：

1. 权责发生制原则，即企业应在费用发生的所属期扣除，而不是实际支付时确认扣除。

2. 配比原则，即企业发生的费用应与收入相配比。除特殊规定外，企业发生的费用不得提前或滞后申报扣除。

3. 相关性原则，即企业可扣除的费用从性质和根源上必须与取得的应税收入相关。

4. 确定性原则，即企业可扣除的费用不论何时支付，其金额必须是确定的。

5. 合理性原则，即企业可扣除费用的计算和分配方法应符合生产经营活动常规，应当是计入当期损益或者有关资产成本的必要和正常的支出。

（二）扣除项目的范围

《企业所得税法》规定，准予在计算应纳税所得额时扣除的是企业实际发生的与取得收入有关的、合理的支出，包括成本、费用、税金、损失和其他支出。

1. 成本。它是指企业在生产经营活动中发生的销售成本、销货成本、业务支出以及其他耗费，即企业销售商品（产品、材料、下脚料、废料、废旧物资等）、提供劳务、转让固定资产和无形资产（包括技术转让）的成本。

2. 费用。它是指企业在生产经营活动中发生的销售费用、管理费用和财务费用。

3. 税金。纳税人在生产经营活动中，按照税法规定缴纳的消费税、营业税、城建税、资源税、土地增值税，准予扣除。教育费附加，视同税金扣除。

4. 损失。它是指企业在生产经营活动中发生的固定资产和存货的盘亏、毁损、报废损失，转让财产损失，呆账损失，坏账损失，自然灾害等不可抗力因素造成的损失以及其他损失。

（三）扣除项目及其标准

1. 工资、薪金支出。企业发生的合理的工资、薪金支出，准予据实扣除。工资、薪金支出是企业每一纳税年度支付给本企业任职或与其有雇佣关系的员工的所有现金或非现金形式的劳动报酬，包括基本工资、奖金、津贴、补贴、年终加薪、加班工资，以及与任职或者是受雇有关的其他支出。

合理的工资薪金是指企业按照股东大会、董事会、薪酬委员会或相关管理机构制定的工资薪金制度规定实际发放给员工的工资薪金。其金额是企业实际发放的工资薪金总和，不包括企业的职工福利费、职工教育经费、工会经费以及养老保险费、医疗保险费、失业保险费、工伤保险费、生育保险费等社会保险费和住房公积金。

属于国有性质的企业，其工资薪金不得超过政府有关部门给予的限定数额，超过部分不得计入企业工资薪金总额，也不得在计算企业应纳税所得额时扣除。

2. 职工福利费、工会经费、职工教育经费。企业发生的职工福利费、工会经费、职工教育经费按标准扣除，未超过标准的按实际数扣除，超过标准的只能按标准扣除。

(1) 企业发生的职工福利费支出，不超过工资薪金总额14%的部分准予扣除。企业发生的职工福利费，应该单独设置账册，进行准确核算。没有单独设置账册准确核算的，税务机关应责令企业在规定的期限内改正。逾期仍未改正的，税务机关可对企业发生的职工福利费进行合理的核定。

(2) 企业拨缴的工会经费，不超过工资薪金总额2%的部分准予扣除。

(3) 除国务院财政、税务主管部门另有规定外，企业发生的职工教育经费支出，不超过工资薪金总额2.5%的部分准予扣除，超过部分准予结转以后纳税年度扣除。软件生产企业发生的职工教育经费中的职工培训费用，可以全额在企业所得税前扣除。

3. 社会保险费。

(1) 企业依照国务院有关主管部门或者省级人民政府规定的范围和标准为职工缴纳的“五险一金”，即基本养老保险费、基本医疗保险费、失业保险费、工伤保险费、生育保险费五种基本社会保险费和住房公积金，准予扣除。

(2) 企业为投资者或者职工支付的补充养老保险费、补充医疗保险费，在国务院财政、税务主管部门规定的范围和标准内，准予扣除。

4. 利息费用。企业在生产经营活动中发生的利息费用，按下列规定扣除：

(1) 非金融企业向金融企业借款的利息支出、金融企业的各项存款利息支出和同业拆借利息支出、企业经批准发行债券的利息支出可据实扣除。

(2) 非金融企业向非金融企业借款的利息支出，不超过按照金融企业同期同类贷款利率计算的数额的部分可据实扣除，超过部分不许扣除。

(3) 企业接受关联方债权性投资利息支出，税前扣除标准为：

①企业如果能够按照《企业所得税法》及其实施细则的有关规定提供相关资料，并证明相关交易活动符合独立交易原则，或者企业实际税负不高于境内关联方的，该企业支付给境内关联方的利息支出，在计算应纳税所得额时准予扣除。

②如果不满足第一条，则金融企业接受关联方债权性投资与其权益性投资比例不超过5∶1，其他企业接受关联方债权性投资与其权益性投资比例不超过2∶1，并且企业实际支付给关联方的利息支出在《企业所得税法》及其实施细则规定的扣除标准内的部分，准予扣除，超过部分不得在发生当期及以后年度扣除。

(4) 企业向自然人借款的利息支出在企业所得税税前的扣除：

①企业向股东或其他与企业有关联关系的自然人借款的利息支出，应根据《企业所得税法》第四十六条及《财政部、国家税务总局关于企业关联方利息支出税前扣除标准有关税收政策问题的通知》（财税［2008］121号）规定的条件，计算企业所得税扣除额。

②企业向除①规定以外的内部职工或其他人员借款的利息支出，其借款情况同时符合以下条件的，其利息支出在不超过按照金融企业同期同类贷款利率计算的数额的部分，准予扣除：条件一：企业与个人之间的借贷是真实、合法、有效的，并且不具有非法集资目的或其他违反法律、法规的行为；条件二：企业与个人之间签订了借款合同。

5. 借款费用。

(1) 企业在生产经营活动中发生的合理的不需要资本化的借款费用，准予扣除。

(2) 企业为购置、建造固定资产、无形资产和经过12个月以上的建造才能达到预定可销售状态的存货发生借款的，在有关资产购置、建造期间发生的合理的借款费用，应予以资本化，作为资本性支出计入有关资产的成本；有关资产交付使用后发生的借款利息，可在发生当期扣除。

6. 汇兑损失。企业在货币交易中，以及纳税年度终了时将人民币以外的货币性资产、负债按照期末即期人民币汇率中间价折算为人民币时产生的汇兑损失，除已经计入有关资产成本以及与向所有者进行利润分配相关的部分外，准予扣除。

7. 业务招待费。企业发生的与生产经营活动有关的业务招待费支出，按照发生额的60%扣除，但最高不得超过当年销售（营业）收入的5‰。销售（营业）收入额应包括视同销售（营业）收入额。

对从事股权投资业务的企业（包括集团公司总部、创业投资企业等），其从被投资企业所分配的股息、红利以及股权转让收入，可以按规定的比例计算业务招待费扣除限额。

8. 广告费和业务宣传费。符合条件的广告费和业务宣传费支出，除国务院财政、税务主管部门另有规定外，不超过当年销售（营业）收入15%的部分，准予扣除；超过部分，准予结转以后纳税年度扣除。销售（营业）收入额应包括视同销售（营业）收入额。

9. 环境保护专项资金。企业依照法律、行政法规有关规定提取的用于环境保护、生态恢复等方面的专项资金，准予扣除。提取后改变用途的，不得扣除。

10. 保险费。

(1) 企业依照国家有关规定为特殊工种职工支付的人身安全保险费和符合国务院财政、税务主管部门规定可以扣除的商业保险费，准予扣除。

(2) 企业参加财产保险，按照规定缴纳的保险费，准予扣除。

(3) 企业为投资者或者职工支付的商业保险费，不得扣除。

11. 租赁费。

(1) 以经营租赁方式租入固定资产发生的租赁费支出，按照租赁期限均匀扣除。

(2) 以融资租赁方式租入固定资产发生的租赁费支出，按照规定构成融资租入固定资产价值的部分应当提取折旧费用，分期扣除。融资租赁是指与一项资产所有权有关的全部风险和报酬在实质上发生转移的一种租赁方式。

12. 劳动保护费。企业发生的合理的劳动保护支出，准予扣除。

13. 公益性捐赠支出。公益性捐赠是指企业通过公益性社会团体或者县级以上人民政府及其部门，用于《中华人民共和国公益事业捐赠法》规定的公益事业的捐赠。具体范围包括：(1) 救助灾害、救济贫困、扶助残疾人等困难的社会群体和个人的活动；(2) 教育、科学、文化、卫生、体育事业；(3) 环境保护、社会公共设施建设；(4) 促进社会发展和进步的其他社会公共和福利事业。

企业发生的公益性捐赠支出，不超过年度利润总额12%的部分，准予扣除。年度利润总额是指企业依照国家统一会计制度的规定计算的年度会计利润。

14. 有关资产的费用。企业转让各类固定资产发生的费用，允许扣除。企业按规定计算的固定资产折旧费、无形资产和递延资产的摊销费，准予扣除。

15. 总机构分摊的费用。非居民企业在中国境内设立的机构、场所，就其中国境外总机构发生的与该机构、场所生产经营有关的费用，能够提供总机构出具的费用汇集范围、定额、分配依据和方法等证明文件，并合理分摊的，准予扣除。

16. 资产损失。资产损失是指企业在生产经营活动中实际发生的，与取得应税收入有关的资产损失，包括现金损失，存款损失，坏账损失，贷款损失，股权投资损失，固定资产和存货的盘亏、毁损、报废、被盗损失，自然灾害等不可抗力因素造成的损失以及其他损失。

17. 依照有关法律、行政法规和国家有关税法规定准予扣除的其他项目，如会员费、合理的会议费、差旅费、违约金、诉讼费用等。

（四）不得扣除的项目

在计算应纳税所得额时，下列支出不得扣除：

1. 由企业税后利润承担的支出，包括向投资者支付的股息、红利等权益性投资收益款项和企业所得税税款。

2. 不合法或违法支出，包括税收滞纳金、罚金、罚款和被没收财物的损失。

3. 与企业生产经营无关或超标准的支出，包括赞助支出、超过规定标准的捐赠支出以及未经核定的准备金支出。

4. 有可能涉及关联交易的支出，包括企业之间支付的管理费、企业内营业机构之间支付的租金和特许权使用费，以及非银行企业内营业机构之间支付的利息。

5. 与取得收入无关的其他支出。

四、亏损弥补

亏损是企业依照《企业所得税法》及其实施细则的规定，将每一纳税年度的收入总额减去不征税收入、免税收入和各项扣除后小于零的数额。税法规定，企业某一纳税年度发生的亏损可以用下一年度的所得弥补，下一年度的所得不足以弥补的，可以逐年延续弥补，但最长不得超过 5 年。此外，企业在汇总计算缴纳企业所得税时，其境外营业机构的亏损不得抵减境内营业机构的盈利。

税务机关对企业以前年度纳税情况进行检查时调增的应纳税所得额，凡企业以前年度发生亏损，且该亏损属于《企业所得税法》规定允许弥补的，应允许调增的应纳税所得额弥补该亏损。弥补该亏损后仍有余额的，按照《企业所得税法》规定计算缴纳企业所得税。对检查调增的应纳税所得额，应根据其情节，依照《税收征收管理法》有关规定进行处理或处罚。

第二节　企业所得税核算的会计科目与报表

一、会计科目的设置

由于税收法规的规定与财务会计制度的规定在计算口径或计算时间上的差异，产生了会计所得（即会计利润）与应税所得两个概念。会计所得是指按照财务会计制度的规定和计算方法在一定期间内计算的所得；应税所得是指按照税收法规的规定和计算方法在一定期间内计算的所得。在一定期间内两种所得往往不相等，按照税法规定，在缴纳所得税时，企业应当按照税收法规对税前会计所得进行调整，并按照调整后的数额（即应纳税所得额）申报纳税。在所得税会计的处理上，需设置以下会计科目：

1. 设置“应交税费——应交所得税”科目，该科目属于负债类科目。贷方登记按税法规定计算出当期应缴纳的所得税税额，借方登记已经缴纳的所得税税额。如期末余额在贷方，表示当期应缴而尚未缴纳的所得税；如期末余额在借方，表示当期多缴纳的所得税。

2. 设置“所得税费用”科目，该科目属于损益类科目，核算应计入企业利润表中的所得税税额数。期末将“所得税费用”科目的借方余额转入“本年利润”科目，以反映期末企业生产经营所获得的净利润，结转后“所得税费用”科目应无余额。

3. 设置“递延所得税负债”科目，该科目属于负债类科目，核算资产负债表债务法下，企业应纳税暂时性差异所产生的递延所得税负债数额。期末余额在贷方，反映企业已确认的递延所得税负债。

4. 设置“递延所得税资产”科目，该科目属于资产类科目，核算资产负债表债务法下，企业可抵扣暂时性差异所产生的递延所得税资产数额。期末余额在借方，反映企业已确认的递延所得税资产。

5. 设置“资本公积——其他资本公积”明细科目，该科目属于所有者权益类科目，核算与直接计入所有者权益的交易或事项相关的递延所得税负债。

6. 设置“以前年度损益调整”科目，该科目属于损益类科目，核算企业本年度发生的调整以前年度损益的事项。“以前年度损益调整”科目的借方发生额，反映企业以前年度多计收益、少计费用而调整本年度损益的数额；贷方发生额，反映企业以前年度少计收益、多计费用而调整本年度损益的数额。期末，企业应将“以前年度损益调整”科目的余额转入“利润分配——未分配利润”科目，结转后该科目应无余额。调整企业以前年度损益影响企业缴纳所得税的，可视为当年损益，按照规定计算缴纳企业所得税并进行所得税会计处理。

二、企业所得税的纳税申报表

中华人民共和国企业所得税年度纳税申报表（A 类，2014 年版）（以下简称申报表）适用于实行查账征收企业所得税的居民纳税人（以下简称纳税人）填报。

（一）企业所得税年度纳税申报表填报表单（见表 10-1）

表 10-1　　企业所得税年度纳税申报表填报表单

表单编号	表单名称	选择填报情况	
		填报	不填报
A000000	企业基础信息表	√	×
A100000	中华人民共和国企业所得税年度纳税申报表（A 类）	√	×
A101010	一般企业收入明细表	□	□
A101020	金融企业收入明细表	□	□
A102010	一般企业成本支出明细表	□	□
A102020	金融企业支出明细表	□	□
A103000	事业单位、民间非营利组织收入、支出明细表	□	□
A104000	期间费用明细表	□	□

续表

表单编号	表单名称	选择填报情况	
		填报	不填报
A105000	纳税调整项目明细表	□	□
A105010	视同销售和房地产开发企业特定业务纳税调整明细表	□	□
A105020	未按权责发生制确认收入纳税调整明细表	□	□
A105030	投资收益纳税调整明细表	□	□
A105040	专项用途财政性资金纳税调整明细表	□	□
A105050	职工薪酬纳税调整明细表	□	□
A105060	广告费和业务宣传费跨年度纳税调整明细表	□	□
A105070	捐赠支出纳税调整明细表	□	□
A105080	资产折旧、摊销情况及纳税调整明细表	□	□
A105081	固定资产加速折旧、扣除明细表	□	□
A105090	资产损失税前扣除及纳税调整明细表	□	□
A105091	资产损失（专项申报）税前扣除及纳税调整明细表	□	□
A105100	企业重组纳税调整明细表	□	□
A105110	政策性搬迁纳税调整明细表	□	□
A105120	特殊行业准备金纳税调整明细表	□	□
A106000	企业所得税弥补亏损明细表	□	□
A107010	免税、减计收入及加计扣除优惠明细表	□	□
A107011	符合条件的居民企业之间的股息、红利等权益性投资收益优惠明细表	□	□
A107012	综合利用资源生产产品取得的收入优惠明细表	□	□
A107013	金融、保险等机构取得的涉农利息、保费收入优惠明细表	□	□
A107014	研发费用加计扣除优惠明细表	□	□
A107020	所得减免优惠明细表	□	□
A107030	抵扣应纳税所得额明细表	□	□
A107040	减免所得税优惠明细表	□	□
A107041	高新技术企业优惠情况及明细表	□	□
A107042	软件、集成电路企业优惠情况及明细表	□	□
A107050	税额抵免优惠明细表	□	□
A108000	境外所得税收抵免明细表	□	□
A108010	境外所得纳税调整后所得明细表	□	□
A108020	境外分支机构弥补亏损明细表	□	□
A108030	跨年度结转抵免境外所得税明细表	□	□
A109000	跨地区经营汇总纳税企业年度分摊企业所得税明细表	□	□
A109010	企业所得税汇总纳税分支机构所得税分配表	□	□

说明：企业应当根据实际情况选择需要填表的表单。

企业所得税年度纳税申报表填报表单填报说明

本表列示申报表全部表单名称及编号。纳税人在填报申报表之前，请仔细阅读这些表单，并根据企业的涉税业务，选择“填报”或“不填报”。选择“填报”的，需完成该表格相关内容的填报；选择“不填报”的，可以不填报该表格。对选择“不填报”的表格，可以不上报税务机关。有关项目填报说明如下：

1. 企业基础信息表（A000000）。本表为必填表。主要反映纳税人的基本信息，包括纳税人基本信息、主要会计政策、股东结构和对外投资情况等。纳税人填报申报表时，首先填报此表，为后续申报提供指引。

2. 中华人民共和国企业所得税年度纳税申报表（A 类）（A100000）。本表为必填表。是纳税人计算申报缴纳企业所得税的主表。

3. 一般企业收入明细表（A101010）。本表适用于除金融企业、事业单位和民间非营利组织外的企业填报，反映一般企业按照国家统一会计制度规定取得收入情况。

4. 金融企业收入明细表（A101020）。本表仅适用于金融企业（包括商业银行、保险公司、证券公司等金融企业）填报，反映金融企业按照企业会计准则规定取得收入情况。

5. 一般企业成本支出明细表（A102010）。本表适用于除金融企业、事业单位和民间非营利组织外的企业填报，反映一般企业按照国家统一会计制度的规定发生成本费用支出情况。

6. 金融企业支出明细表（A102020）。本表仅适用于金融企业（包括商业银行、保险公司、证券公司等金融企业）填报，反映金融企业按照企业会计准则规定发生成本支出情况。

7. 事业单位、民间非营利组织收入、支出明细表（A103000）。本表适用于事业单位和民间非营利组织填报，反映事业单位、社会团体、民办非企业单位、非营利性组织等按照有关会计制度规定取得收入、发生成本费用支出情况。

8. 期间费用明细表（A104000）。本表由纳税人根据国家统一会计制度规定，填报期间费用明细项目。

9. 纳税调整项目明细表（A105000）。本表填报纳税人财务、会计处理办法（以下简称会计处理）与税收法律、行政法规的规定（以下简称税法规定）不一致，需要进行纳税调整的项目和金额。

10. 视同销售和房地产开发企业特定业务纳税调整明细表（A105010）。本表填报纳税人发生视同销售行为、房地产企业销售未完工产品、未完工产品转完工产品特定业务，会计处理与税法规定不一致，需要进行纳税调整的项目和金额。

11. 未按权责发生制确认收入纳税调整明细表（A105020）。本表填报纳税人发生会计上按照权责发生制确认收入，而税法规定不按照权责发生制确认收入，需要按照税法规定进行纳税调整的项目和金额。

12. 投资收益纳税调整明细表（A105030）。本表填报纳税人发生投资收益，会计处理与税法规定不一致，需要进行纳税调整的项目和金额。

13. 专项用途财政性资金纳税调整明细表（A105040）。本表填报纳税人发生符合不征税收入条件的专项用途财政性资金，会计处理与税法规定不一致，需要进行纳税调整的金额。

14. 职工薪酬纳税调整明细表（A105050）。本表填报纳税人发生的职工薪酬（包括工资薪金、职工福利费、职工教育经费、工会经费、各类基本社会保障性缴款、住房公积金、补充养老保险、补充医疗保险等支出），会计处理与税法规定不一致，需要进行纳税调整的项目和金额。

15. 广告费和业务宣传费跨年度纳税调整明细表（A105060）。本表填报纳税人本年发生的广告费和业务宣传费支出，会计处理与税法规定不一致，需要进行纳税调整的金额。

16. 捐赠支出纳税调整明细表（A105070）。本表填报纳税人发生捐赠支出，会计处理与税法规定不一致，需要进行纳税调整的项目和金额。

17. 资产折旧、摊销情况及纳税调整明细表（A105080）。本表填报纳税人资产折旧、摊销情况及会计处理与税法规定不一致，需要进行纳税调整的项目和金额。

18. 固定资产加速折旧、扣除明细表（A105081）。本表填报纳税人符合《财政部 国家税务总局关于完善固定资产加速折旧税收政策有关问题的通知》（财税［2014］75 号）规定，2014 年及以后年度新增固定资产加速折旧及允许一次性计入当期成本费用税前扣除的项目和金额。

19. 资产损失税前扣除及纳税调整明细表（A105090）。本表填报纳税人发生资产损失，以及由于会计处理与税法规定不一致，需要进行纳税调整的项目和金额。

20. 资产损失（专项申报）税前扣除及纳税调整明细表（A105091）。本表填报纳税人发生的货币资产、非货币资产、投资、其他资产损失，以及由于会计处理与税法规定不一致，需要进行纳税调整的项目和金额。

21. 企业重组纳税调整明细表（A105100）。本表填报纳税人发生企业重组所涉及的所得或损失，会计处理与税法规定不一致，需要进行纳税调整的项目和金额。

22. 政策性搬迁纳税调整明细表（A105110）。本表填报纳税人发生政策性搬迁所涉及的所得或损失，由于会计处理与税法规定不一致，需要进行纳税调整的项目和金额。

23. 特殊行业准备金纳税调整明细表（A105120）。本表填报保险公司、证券行业等特殊行业纳税人发生特殊行业准备金，会计处理与税法规定不一致，需要进行纳税调整的项目和金额。

24. 企业所得税弥补亏损明细表（A106000）。本表填报纳税人以前年度发生的亏损，需要在本年度结转弥补的金额，本年度可弥补的金额以及可继续结转以后年度弥补的亏损额。

25. 免税、减计收入及加计扣除优惠明细表（A107010）。本表填报纳税人本年度所享受免税收入、减计收入、加计扣除等优惠的项目和金额。

26. 符合条件的居民企业之间的股息、红利等权益性投资收益优惠明细表（A107011）。本表填报纳税人本年度享受居民企业之间的股息、红利等权益性投资收益免税项目和金额。

27. 综合利用资源生产产品取得的收入优惠明细表（A107012）。本表填报纳税人本年度发生的综合利用资源生产产品取得的收入减计收入的项目和金额。

28. 金融、保险等机构取得的涉农利息、保费收入优惠明细表（A107013）。本表填报纳税人本年度发生的金融、保险等机构取得的涉农利息、保费收入减计收入项目和金额。

29. 研发费用加计扣除优惠明细表（A107014）。本表填报纳税人本年度享受研发费加计扣除情况和金额。

30. 所得减免优惠明细表（A107020）。本表填报纳税人本年度享受减免所得额（包括农、林、牧、渔项目和国家重点扶持的公共基础设施项目、环境保护、节能节水项目以及符合条件的技术转让项目等）的项目和金额。

31. 抵扣应纳税所得额明细表（A107030）。本表填报纳税人本年度享受创业投资企业抵扣应纳税所得额优惠金额。

32. 减免所得税优惠明细表（A107040）。本表填报纳税人本年度享受减免所得税（包括小微企业、高新技术企业、民族自治地方企业、其他专项优惠等）的项目和金额。

33. 高新技术企业优惠情况及明细表（A107041）。本表填报纳税人本年度享受高新技术企业优惠的情况和金额。

34. 软件、集成电路企业优惠情况及明细表（A107042）。本表填报纳税人本年度享受软件、集成电路企业优惠的情况和金额。

35. 税额抵免优惠明细表（A107050）。本表填报纳税人本年度享受购买专用设备投资额抵免税额情况和金额。

36. 境外所得税收抵免明细表（A108000）。本表填报纳税人本年度来源于或发生于不同国家、地区的所得，按照我国税法规定计算应缴纳和应抵免的企业所得税税额。

37. 境外所得纳税调整后所得明细表（A108010）。本表填报纳税人本年度来源于或发生于不同国家、地区的所得，按照我国税法规定计算调整后的所得。

38. 境外分支机构弥补亏损明细表（A108020）。本表填报纳税人境外分支机构本年度及以前年度发生的税前尚未弥补的非实际亏损额和实际亏损额、结转以后年度弥补的非实际亏损额和实际亏损额。

39. 跨年度结转抵免境外所得税明细表（A108030）。本表填报纳税人本年度发生的来源于不同国家或地区的境外所得按照我国税收法律、法规的规定可以抵免的所得税税额。

40. 跨地区经营汇总纳税企业年度分摊企业所得税明细表（A109000）。本表填报跨地区经营汇总纳税企业总机构，按规定计算总分机构每一纳税年度应缴的企业所得税，总、分机构应分摊的企业所得税。

41. 企业所得税汇总纳税分支机构所得税分配表（A109010）。本表填报总机构所属年度实际应纳所得税税额以及所属分支机构在所属年度应分摊的所得税税额。

（二）企业基础信息表（表 A000000）（见表 10-2）

表 10-2　　**企业基础信息表（表 A000000）**

正常申报□		更正申报□	补充申报□
100 基本信息			
101 汇总纳税企业	是（总机构□　按比例缴纳总机构□）　否□		
102 注册资本（万元）		106 境外中资控股居民企业	是□　否□
103 所属行业明细代码		107 从事国家非限制和禁止行业	是□　否□
104 从业人数		108 存在境外关联交易	是□　否□
105 资产总额（万元）		109 上市公司	是（境内□境外□）　否□

200 主要会计政策和估计			
201 适用的会计准则或会计制度	企业会计准则（一般企业□ 银行□ 证券□ 保险□ 担保□） 小企业会计准则□ 企业会计制度□ 事业单位会计准则（事业单位会计制度□　科学事业单位会计制度□　医院会计制度□　高等学校会计制度□　中小学校会计制度□　彩票机构会计制度□） 民间非营利组织会计制度□ 村集体经济组织会计制度□ 农民专业合作社财务会计制度（试行）□ 其他□		
202 会计档案的存放地		203 会计核算软件	
204 记账本位币	人民币□　其他□	205 会计政策和估计是否发生变化	是□　否□
206 固定资产折旧方法	年限平均法□　工作量法□　双倍余额递减法□　年数总和法□　其他□		
207 存货成本计价方法	先进先出法□　移动加权平均法□　月末一次加权平均法□ 个别计价法□　毛利率法□　零售价法□　计划成本法□　其他□		
208 坏账损失核算方法	备抵法□　直接核销法□		
209 所得税计算方法	应付税款法□　资产负债表债务法□　其他□		

300 企业主要股东及对外投资情况

301 企业主要股东（前 5 位）

股东名称	证件种类	证件号码	经济性质	投资比例	国籍（注册地址）

302 对外投资（前 5 位）

被投资者名称	纳税人识别号	经济性质	投资比例	投资金额	注册地址

企业基础信息表表（A000000）填报说明

纳税人在填报申报表前，首先填报基础信息表，为后续申报提供指引。基础信息表主要内容包括表头、基本信息、主要会计政策和估计、企业主要股东及对外投资情况等部分。有关项目填报说明如下：

1. 纳税人根据具体情况选择“正常申报”、“更正申报”或“补充申报”。

正常申报：申报期内，纳税人第一次年度申报为“正常申报”；

更正申报：申报期内，纳税人对已申报内容进行更正申报的为“更正申报”；

补充申报：申报期后，由于纳税人自查、主管税务机关评估等发现以前年度申报有误而更改申报为“补充申报”。

2. “101 汇总纳税企业”：纳税人根据情况选择。纳税人为《国家税务总局关于印发〈跨地区经营汇总纳税企业所得税征收管理办法〉的公告》（国家税务总局公告2012 第57号）规定的跨地区经营企业总机构的，选择“总机构”，选择的纳税人需填报表 A109000和 A109010；纳税人根据相关政策规定按比例缴纳的总机构，选择“按比例缴纳总机构”；其他纳税人选择“否”。

3. “102 注册资本”：填报全体股东或发起人在公司登记机关依法登记的出资或认缴的股本金额（单位：万元）。

4. “103 所属行业明细代码”：根据《国民经济行业分类》（GB/4754—2011）标准填报纳税人的行业代码。如所属行业代码为 7010 的房地产开发经营企业，可以填报表 A105010 中第 21 行至第 29 行；所属行业代码为 06××至 50××，小型微利企业优惠判断为工业企业；所属行业代码为 66××的银行业，67××的证券和资本投资，68××的保险业，填报表 A101020、A102020。

5. “104 从业人数”：填报纳税人全年平均从业人数，从业人数是指与企业建立劳动关系的职工人数和企业接受的劳务派遣用工人数之和；从业人数指标，按企业全年月平均值确定，具体计算公式如下：

月平均值=（月初值+月末值）÷2

全年月平均值=全年各月平均值之和÷12

全年从业人数=月平均值×12

年度中间开业或者终止经营活动的，以其实际经营期作为一个纳税年度确定上述相关指标。

6. “105 资产总额（万元）”：填报纳税人全年资产总额平均数，依据和计算方法同“从业人数”口径，资产总额单位为万元，小数点后保留 2 位小数。

7. “106 境外中资控股居民企业”：根据《国家税务总局关于境外注册中资控股企业依据实际管理机构标准认定为居民企业有关问题的通知》（国税发［2009］82 号）规定，境外中资控股企业被税务机关认定为实际管理机构在中国境内的居民企业选择“是”。其他选择“否”。

8. “107 从事国家非限制和禁止行业”：纳税人从事国家非限制和禁止行业，选择“是”，其他选择“否”。

9. “108 境外关联交易”：纳税人存在境外关联交易，选择“是”，不存在选择“否”。

10. “109 上市公司”：纳税人根据情况，在境内上市的选择“境内”；在境外（含香港）上市的选择“境外”；其他选择“否”。

11. “201 适用的会计准则或会计制度”：纳税人根据采用的会计准则或会计制度选择。

12. “202 会计档案存放地”：填报会计档案的存放地。

13. “203 会计核算软件”：填报会计电算化系统的会计核算软件，如 ERP。

14. “204 记账本位币”：纳税人根据实际情况选择人民币或者其他币种。

15. “205 会计政策和估计是否发生变化”：纳税人本年会计政策和估计与上年度发生变更的选择“是”，未发生的选择“否”。

16. “206 固定资产折旧方法”：纳税人根据实际情况选择，可选择多项。

17. “207 存货成本计价方法”：纳税人根据实际情况选择，可选择多项。

18. “208 坏账损失核算方法”：纳税人根据实际情况选择。

19. “209 所得税计算方法”：纳税人根据实际情况选择。

20. “301 企业主要股东（前 5 位）”，填报本企业投资比例前 5 位的股东情况。包括股东名称，证件种类（税务登记证、组织机构代码证、身份证、护照等），证件号码（纳税人识别号、组织机构代码号、身份证号、护照号等），经济性质（单位投资的，按其登记注册类型填报；个人投资的，填报自然人），投资比例，国籍（注册地址）。

国外非居民企业证件种类和证件号码可不填写。

21. “302 对外投资（前 5 位）”，填报本企业对境内投资金额前 5 位的投资情况。包括被投资者名称、纳税人识别号、经济性质、投资比例、投资金额、注册地址。

（三）中华人民共和国企业所得税年度纳税申报表（A 类）（表 A100000）（见表 10-3）

表 10-3　　**中华人民共和国企业所得税年度纳税申报表（A 类）（表 A100000）**

行次	类别	项　目	金　额
1	利润总额计算	一、营业收入（填写 A101010 \ 101020 \ 103000）	
2		减：营业成本（填写 A102010 \ 102020 \ 103000）	
3		营业税金及附加	
4		销售费用（填写 A104000）	
5		管理费用（填写 A104000）	
6		财务费用（填写 A104000）	
7		资产减值损失	
8		加：公允价值变动收益	
9		投资收益	
10		二、营业利润（1-2-3-4-5-6-7+8+9）	
11		加：营业外收入（填写 A101010 \ 101020 \ 103000）	
12		减：营业外支出（填写 A102010 \ 102020 \ 103000）	
13		三、利润总额（10+11-12）	

续表

行次	类别	项　目	金　额
14	应纳税所得额计算	减：境外所得（填写 A108010）	
15		加：纳税调整增加额（填写 A105000）	
16		减：纳税调整减少额（填写 A105000）	
17		减：免税、减计收入及加计扣除（填写 A107010）	
18		加：境外应税所得抵减境内亏损（填写 A108000）	
19		四、纳税调整后所得（13-14+15-16-17+18）	
20		减：所得减免（填写 A107020）	
21		减：抵扣应纳税所得额（填写 A107030）	
22		减：弥补以前年度亏损（填写 A106000）	
23		五、应纳税所得额（19-20-21-22）	
24	应纳税额计算	税率（25%）	
25		六、应纳所得税税额（23×24）	
26		减：减免所得税税额（填写 A107040）	
27		减：抵免所得税税额（填写 A107050）	
28		七、应纳税额（25-26-27）	
29		加：境外所得应纳所得税税额（填写 A108000）	
30		减：境外所得抵免所得税税额（填写 A108000）	
31		八、实际应纳所得税税额（28+29-30）	
32		减：本年累计实际已预缴的所得税税额	
33		九、本年应补（退）所得税税额（31-32）	
34		其中：总机构分摊本年应补（退）所得税税额（填写 A109000）	
35		财政集中分配本年应补（退）所得税税额（填写 A109000）	
36		总机构主体生产经营部门分摊本年应补（退）所得税税额（填写 A109000）	
37	附列资料	以前年度多缴的所得税税额在本年抵减额	
38		以前年度应缴未缴在本年入库所得税税额	

中华人民共和国企业所得税年度纳税申报表（A 类）（表 A100000）填报说明

本表为年度纳税申报表主表，企业应该根据《中华人民共和国企业所得税法》及其实施条例（以下简称税法）、相关税收政策，以及国家统一会计制度（企业会计准则、小企业会计准则、企业会计制度、事业单位会计准则和民间非营利组织会计制度等）的规定，计算填报纳税人利润总额、应纳税所得额、应纳税额和附列资料等有关项目。

企业在计算应纳税所得额及应纳所得税时，企业财务、会计处理办法与税法规定不一致的，应当按照税法规定计算。税法规定不明确的，在没有明确规定之前，暂按企业财务、会计规定计算。

一、有关项目填报说明

（一）表体项目

本表是在纳税人会计利润总额的基础上，加减纳税调整等金额后计算出“纳税调整后所得”（应纳税所得额）。会计与税法的差异（包括收入类、扣除类、资产类等差异）通过纳税调整项目明细表（A105000）集中填报。

本表包括利润总额计算、应纳税所得额计算、应纳税额计算、附列资料四个部分。

1. “利润总额计算”中的项目，按照国家统一会计制度口径计算填报。实行企业会计准则、小企业会计准则、企业会计制度、分行业会计制度纳税人其数据直接取自利润表；实行事业单位会计准则的纳税人其数据取自收入支出表；实行民间非营利组织会计制度纳税人其数据取自业务活动表；实行其他国家统一会计制度的纳税人，根据本表项目进行分析填报。

2. “应纳税所得额计算”和“应纳税额计算”中的项目，除根据主表逻辑关系计算的外，通过附表相应栏次填报。

（二）行次说明

第1～13行参照企业会计准则利润表的说明编写。

1. 第1行“营业收入”：填报纳税人主要经营业务和其他经营业务取得的收入总额。本行根据“主营业务收入”和“其他业务收入”的数额填报。一般企业纳税人通过一般企业收入明细表（A101010）填报；金融企业纳税人通过金融企业收入明细表（A101020）填报；事业单位、社会团体、民办非企业单位、非营利组织等纳税人通过事业单位、民间非营利组织收入、支出明细表（A103000）填报。

2. 第2行“营业成本”项目：填报纳税人主要经营业务和其他经营业务发生的成本总额。本行根据“主营业务成本”和“其他业务成本”的数额填报。一般企业纳税人通过一般企业成本支出明细表（A102010）填报；金融企业纳税人通过金融企业支出明细表（A102020）填报；事业单位、社会团体、民办非企业单位、非营利组织等纳税人，通过事业单位、民间非营利组织收入、支出明细表（A103000）填报。

3. 第3行“营业税金及附加”：填报纳税人经营活动发生的营业税、消费税、城市维护建设税、资源税、土地增值税和教育费附加等相关税费。本行根据纳税人相关会计科目填报。纳税人在其他会计科目核算的本行不得重复填报。

4. 第4行“销售费用”：填报纳税人在销售商品和材料、提供劳务的过程中发生的各种费用。本行通过期间费用明细表（A104000）中对应的“销售费用”填报。

5. 第5行“管理费用”：填报纳税人为组织和管理企业生产经营发生的管理费用。本行通过期间费用明细表（A104000）中对应的“管理费用”填报。

6. 第6行“财务费用”：填报纳税人为筹集生产经营所需资金等发生的筹资费用。本行通过期间费用明细表（A104000）中对应的“财务费用”填报。

7. 第7行“资产减值损失”：填报纳税人计提各项资产准备发生的减值损失。本行根据企业“资产减值损失”科目上的数额填报。实行其他会计准则等的比照填报。

8. 第8行“公允价值变动收益”：填报纳税人在初始确认时划分为以公允价值计量且其变动计入当期损益的金融资产或金融负债（包括交易性金融资产或负债，直接指定为以公允价值计量且其变动计入当期损益的金融资产或金融负债），以及采用公允价值模式计量的投资性房地产、衍生工具和套期业务中公允价值变动形成的应计入当期损益的利得或损失。本行根据企业“公允价值变动损益”科目的数额填报。（损失以“-”号填列）

9. 第9行“投资收益”：填报纳税人以各种方式对外投资确认所取得的收益或发生的损失。根据企业“投资收益”科目的数额计算填报；实行事业单位会计准则的纳税人根据“其他收入”科目中的投资收益金额分析填报（损失以“-”号填列）。实行其他会计准则等的比照填报。

10. 第10行“营业利润”：填报纳税人当期的营业利润。根据上述项目计算填列。

11. 第11行“营业外收入”：填报纳税人取得的与其经营活动无直接关系的各项收入的金额。一般企业纳税人通过一般企业收入明细表（A101010）填报；金融企业纳税人通过金融企业收入明细表（A101020）填报；实行事业单位会计准则或民间非营利组织会计制度的纳税人通过事业单位、民间非营利组织收入、支出明细表（A103000）填报。

12. 第12行“营业外支出”：填报纳税人发生的与其经营活动无直接关系的各项支出的金额。一般企业纳税人通过一般企业成本支出明细表（A102010）填报；金融企业纳税人通过金融企业支出明细表（A102020）填报；实行事业单位会计准则或民间非营利组织会计制度的纳税人通过事业单位、民间非营利组织收入、支出明细表（A103000）填报。

13. 第13行“利润总额”：填报纳税人当期的利润总额。根据上述项目计算填列。

14. 第14行“境外所得”：填报纳税人发生的分国（地区）别取得的境外税后所得计入利润总额的金额。填报境外所得纳税调整后所得明细表（A108010）第14列减去第11列的差额。

15. 第15行“纳税调整增加额”：填报纳税人会计处理与税法规定不一致，进行纳税调整增加的金额。本行通过纳税调整项目明细表（A105000）“调增金额”列填报。

16. 第16行“纳税调整减少额”：填报纳税人会计处理与税法规定不一致，进行纳税调整减少的金额。本行通过纳税调整项目明细表（A105000）“调减金额”列填报。

17. 第17行“免税、减计收入及加计扣除”：填报属于税法规定免税收入、减计收入、加计扣除金额。本行通过免税、减计收入及加计扣除优惠明细表（A107010）填报。

18. 第18行“境外应税所得抵减境内亏损”：填报纳税人根据税法规定，选择用境外所得抵减境内亏损的数额。本行通过境外所得税收抵免明细表（A108000）填报。

19. 第19行“纳税调整后所得”：填报纳税人经过纳税调整、税收优惠、境外所得计算后的所得额。

20. 第20行“所得减免”：填报属于税法规定所得减免金额。本行通过所得减免优惠明细表（A107020）填报，本行<0时，填写负数。

21. 第21行“抵扣应纳税所得额”：填报根据税法规定应抵扣的应纳税所得额。本行通过抵扣应纳税所得额明细表（A107030）填报。

22. 第22行“弥补以前年度亏损”：填报纳税人按照税法规定可在税前弥补的以前年度亏损的数额，本行根据企业所得税弥补亏损明细表（A106000）填报。

23. 第23行“应纳税所得额”：金额等于本表第19-20-21-22行计算结果。本行不得为负数。本表第19行或者按照上述行次顺序计算结果本行为负数，本行金额填零。

24. 第24行“税率”：填报税法规定的税率25%。

25. 第25行“应纳所得税税额”：金额等于本表第23×24行。

26. 第26行“减免所得税税额”：填报纳税人按税法规定实际减免的企业所得税税额。本行通过减免所得税优惠明细表（A107040）填报。

27. 第27行“抵免所得税税额”：填报企业当年的应纳所得税税额中抵免的金额。本行通过税额抵免优惠明细表（A107050）填报。

28. 第28行“应纳税额”：金额等于本表第25-26-27行。

29. 第29行“境外所得应纳所得税税额”：填报纳税人来源于中国境外的所得，按照我国税法规定计算的应纳所得税税额。本行通过境外所得税收抵免明细表（A108000）填报。

30. 第30行“境外所得抵免所得税税额”：填报纳税人来源于中国境外所得依照中国境外税收法律以及相关规定应缴纳并实际缴纳（包括视同已实际缴纳）的企业所得税性质的税款（准予抵免税款）。本行通过境外所得税收抵免明细表（A108000）填报。

31. 第31行“实际应纳所得税税额”：填报纳税人当期的实际应纳所得税税额。金额等于本表第28+29-30行。

32. 第32行“本年累计实际已预缴的所得税税额”：填报纳税人按照税法规定本纳税年度已在月（季）度累计预缴的所得税税额，包括按照税法规定的特定业务已预缴（征）的所得税税额，建筑企业总机构直接管理的跨地区设立的项目部按规定向项目所在地主管税务机关预缴的所得税税额。

33. 第33行“本年应补（退）的所得税税额”：填报纳税人当期应补（退）的所得税税额。金额等于本表第31-32行。

34. 第34行“总机构分摊本年应补（退）所得税税额”：填报汇总纳税的总机构按照税收规定在总机构所在地分摊本年应补（退）所得税款。本行根据跨地区经营汇总纳税企业年度分摊企业所得税明细表（A109000）填报。

35. 第35行“财政集中分配本年应补（退）所得税税额”：填报汇总纳税的总机构按照税收规定财政集中分配本年应补（退）所得税款。本行根据跨地区经营汇总纳税企业年度分摊企业所得税明细表（A109000）填报。

36. 第36行“总机构主体生产经营部门分摊本年应补（退）所得税税额”：填报汇总纳税的总机构所属的具有主体生产经营职能的部门按照税收规定应分摊的本年应补（退）所得税税额。本行根据跨地区经营汇总纳税企业年度分摊企业所得税明细表（A109000）填报。

37. 第37行“以前年度多缴的所得税税额在本年抵减额”：填报纳税人以前纳税年度汇算清缴多缴的税款尚未办理退税、并在本纳税年度抵缴的所得税税额。

38. 第38行“以前年度应缴未缴在本年入库所得额”：填报纳税人以前纳税年度应

缴未缴在本纳税年度入库所得税税额。

二、表内、表间关系

（一）表内关系

1. 第 10 行=第 1-2-3-4-5-6-7+8+9 行。

2. 第 13 行=第 10+11-12 行。

3. 第 19 行=第 13-14+15-16-17+18 行。

4. 第 23 行=第 19-20-21-22 行。

5. 第 25 行=第 23×24 行。

6. 第 28 行=第 25-26-27 行。

7. 第 31 行=第 28+29-30 行。

8. 第 33 行=第 31-32 行。

（二）表间关系

1. 第 1 行=表 A101010 第 1 行或表 A101020 第 1 行或表 A103000 第 2+3+4+5+6 行或表 A103000 第 11+12+13+14+15 行。

2. 第 2 行=表 A102010 第 1 行或表 A102020 第 1 行或表 A103000 第 19+20+21+22 行或表 A103000 第 25+26+27 行。

3. 第 4 行=表 A104000 第 25 行第 1 列。

4. 第 5 行=表 A104000 第 25 行第 3 列。

5. 第 6 行=表 A104000 第 25 行第 5 列。

6. 第 11 行=表 A101010 第 16 行或表 A101020 第 35 行或表 A103000 第 9 行或第 17 行。

7. 第 12 行=表 A102010 第 16 行或表 A102020 第 33 行或表 A103000 第 23 行或第 28 行。

8. 第 14 行=表 A108010 第 10 行第 14 列-第 11 列。

9. 第 15 行=表 A105000 第 43 行第 3 列。

10. 第 16 行=表 A105000 第 43 行第 4 列。

11. 第 17 行=表 A107010 第 27 行。

12. 第 18 行=表 A108000 第 10 行第 6 列（当本表第 13-14+15-16-17 行≥0 时，本行=0）。

13. 第 20 行=表 A107020 第 40 行第 7 列。

14. 第 21 行=表 A107030 第 7 行。

15. 第 22 行=表 A106000 第 6 行第 10 列。

16. 第 26 行=表 A107040 第 29 行。

17. 第 27 行=表 A107050 第 7 行第 11 列。

18. 第 29 行=表 A108000 第 10 行第 9 列。

19. 第 30 行=表 A108000 第 10 行第 19 列。

20. 第 34 行=表 A109000 第 12+16 行。

21. 第 35 行=表 A109000 第 13 行。

22. 第 36 行=表 A109000 第 15 行。

（四）一般企业收入明细表（表 A101010）（见表 10-4）

表 10-4 一般企业收入明细表（表 A101010）

行次	项 目	金 额
1	一、营业收入（2+9）	
2	（一）主营业务收入（3+5+6+7+8）	
3	1. 销售商品收入	
4	其中：非货币性资产交换收入	
5	2. 提供劳务收入	
6	3. 建造合同收入	
7	4. 让渡资产使用权收入	
8	5. 其他	
9	（二）其他业务收入（10+12+13+14+15）	
10	1. 材料销售收入	
11	其中：非货币性资产交换收入	
12	2. 出租固定资产收入	
13	3. 出租无形资产收入	
14	4. 出租包装物和商品收入	
15	5. 其他	
16	二、营业外收入（17+18+19+20+21+22+23+24+25+26）	
17	（一）非流动资产处置利得	
18	（二）非货币性资产交换利得	
19	（三）债务重组利得	
20	（四）政府补助利得	
21	（五）盘盈利得	
22	（六）捐赠利得	
23	（七）罚没利得	
24	（八）确实无法偿付的应付款项	
25	（九）汇兑收益	
26	（十）其他	

一般企业收入明细表（表 A101010）填报说明

本表适用于执行除事业单位会计准则、非营利企业会计制度以外的其他国家统一会计制度的非金融居民纳税人填报。纳税人应根据国家统一会计制度的规定，填报“主营业务收入”、“其他业务收入”和“营业外收入”。

一、有关项目填报说明

1. 第 1 行“营业收入”：根据主营业务收入、其他业务收入的数额计算填报。

2. 第 2 行“主营业务收入”：根据不同行业的业务性质分别填报纳税人核算的主营业务收入。

3. 第 3 行“销售商品收入”：填报从事工业制造、商品流通、农业生产以及其他商品销售的纳税人取得的主营业务收入。房地产开发企业销售开发产品（销售未完工开发产品除外）取得的收入也在此行填报。

4. 第 4 行“其中：非货币性资产交换收入”：填报纳税人发生的非货币性资产交换按照国家统一会计制度应确认的主营业务收入。

5. 第5行“提供劳务收入”：填报纳税人从事建筑安装、修理修配、交通运输、仓储租赁、邮电通信、咨询经纪、文化体育、科学研究、技术服务、教育培训、餐饮住宿、中介代理、卫生保健、社区服务、旅游、娱乐、加工以及其他劳务活动取得的主营业务收入。

6. 第6行“建造合同收入”：填报纳税人建造房屋、道路、桥梁、水坝等建筑物，以及生产船舶、飞机、大型机械设备等取得的主营业务收入。

7. 第7行“让渡资产使用权收入”：填报纳税人在主营业务收入核算的，让渡无形资产使用权而取得的使用费收入以及出租固定资产、无形资产、投资性房地产取得的租金收入。

8. 第8行“其他”：填报纳税人按照国家统一会计制度核算、上述未列举的其他主营业务收入。

9. 第9行：“其他业务收入”：填报根据不同行业的业务性质分别填报纳税人核算的其他业务收入。

10. 第10行“材料销售收入”：填报纳税人销售材料、下脚料、废料、废旧物资等取得的收入。

11. 第11行“其中：非货币性资产交换收入”：填报纳税人发生的非货币性资产交换按照国家统一会计制度应确认的其他业务收入。

12. 第12行“出租固定资产收入”：填报纳税人将固定资产使用权让与承租人获取的其他业务收入。

13. 第13行“出租无形资产收入”：填报纳税人让渡无形资产使用权取得的其他业务收入。

14. 第14行“出租包装物和商品收入”：填报纳税人出租、出借包装物和商品取得的其他业务收入。

15. 第15行“其他”：填报纳税人按照国家统一会计制度核算、上述未列举的其他业务收入。

16. 第16行“营业外收入”：填报纳税人计入本科目核算的与生产经营无直接关系的各项收入。

17. 第17行“非流动资产处置利得”：填报纳税人处置固定资产、无形资产等取得的净收益。

18. 第18行“非货币性资产交换利得”：填报纳税人发生非货币性资产交换应确认的净收益。

19. 第19行“债务重组利得”：填报纳税人发生的债务重组业务确认的净收益。

20. 第20行“政府补助利得”：填报纳税人从政府无偿取得货币性资产或非货币性资产应确认的净收益。

21. 第21行“盘盈利得”：填报纳税人在清查财产过程中查明的各种财产盘盈应确认的净收益。

22. 第22行“捐赠利得”：填报纳税人接受的来自企业、组织或个人无偿给予的货币性资产、非货币性资产捐赠应确认的净收益。

23. 第23行“罚没利得”：填报纳税人在日常经营管理活动中取得的罚款、没收收入应确认的净收益。

24. 第 24 行"确实无法偿付的应付款项"：填报纳税人因确实无法偿付的应付款项而确认的收入。

25. 第 25 行"汇兑收益"：填报纳税人取得企业外币货币性项目因汇率变动形成的收益应确认的收入。（该项目为执行小企业准则企业填报）

26. 第 26 行"其他"：填报纳税人取得的上述项目未列举的其他营业外收入，包括执行企业会计准则纳税人按权益法核算长期股权投资对初始投资成本调整确认的收益，执行小企业会计准则纳税人取得的出租包装物和商品的租金收入、逾期未退包装物押金收益等。

二、表内、表间关系

（一）表内关系

1. 第 1 行 = 第 2+9 行。

2. 第 2 行 = 第 3+5+6+7+8 行。

3. 第 9 行 = 第 10+12+13+14+15 行。

4. 第 16 行 = 第 17+18+19+20+21+22+23+24+25+26 行。

（二）表间关系

1. 第 1 行 = 表 A100000 第 1 行。

2. 第 16 行 = 表 A100000 第 11 行。

（五）一般企业成本支出明细表（表 A102010）（见表 10-5）

表 10-5　　一般企业成本支出明细表（表 A102010）

行次	项　　目	金　额
1	一、营业成本（2+9）	
2	（一）主营业务成本（3+5+6+7+8）	
3	1. 销售商品成本	
4	其中：非货币性资产交换成本	
5	2. 提供劳务成本	
6	3. 建造合同成本	
7	4. 让渡资产使用权成本	
8	5. 其他	
9	（二）其他业务成本（10+12+13+14+15）	
10	1. 材料销售成本	
11	其中：非货币性资产交换成本	
12	2. 出租固定资产成本	
13	3. 出租无形资产成本	
14	4. 包装物出租成本	
15	5. 其他	
16	二、营业外支出（17+18+19+20+21+22+23+24+25+26）	
17	（一）非流动资产处置损失	
18	（二）非货币性资产交换损失	
19	（三）债务重组损失	
20	（四）非常损失	
21	（五）捐赠支出	
22	（六）赞助支出	
23	（七）罚没支出	
24	（八）坏账损失	
25	（九）无法收回的债券股权投资损失	
26	（十）其他	

一般企业成本支出明细表（表A102010）填报说明

本表适用于执行除事业单位会计准则、非营利企业会计制度以外的其他国家统一会计制度的查账征收企业所得税非金融居民纳税人填报。纳税人应根据国家统一会计制度的规定，填报“主营业务成本”、“其他业务成本”和“营业外支出”。

一、有关项目填报说明

1. 第1行“营业成本”：填报纳税人主要经营业务和其他经营业务发生的成本总额。本行根据“主营业务成本”和“其他业务成本”的数额计算填报。

2. 第2行“主营业务成本”：根据不同行业的业务性质分别填报纳税人核算的主营业务成本。

3. 第3行“销售商品成本”：填报从事工业制造、商品流通、农业生产以及其他商品销售企业发生的主营业务成本。房地产开发企业销售开发产品（销售未完工开发产品除外）发生的成本也在此行填报。

4. 第4行“其中：“非货币性资产交换成本”：填报纳税人发生的非货币性资产交换按照国家统一会计制度应确认的主营业务成本。

5. 第5行“提供劳务成本”：填报纳税人从事建筑安装、修理修配、交通运输、仓储租赁、邮电通信、咨询经纪、文化体育、科学研究、技术服务、教育培训、餐饮住宿、中介代理、卫生保健、社区服务、旅游、娱乐、加工以及其他劳务活动发生的的主营业务成本。

6. 第6行“建造合同成本”：填报纳税人建造房屋、道路、桥梁、水坝等建筑物，以及生产船舶、飞机、大型机械设备等发生的主营业务成本。

7. 第7行“让渡资产使用权成本”：填报纳税人在主营业务成本核算的，让渡无形资产使用权而发生的使用费成本以及出租固定资产、无形资产、投资性房地产发生的租金成本。

8. 第8行“其他”：填报纳税人按照国家统一会计制度核算、上述未列举的其他主营业务成本。

9. 第9行：“其他业务成本”：根据不同行业的业务性质分别填报纳税人按照国家统一会计制度核算的其他业务成本。

10. 第10行“材料销售成本”：填报纳税人销售材料、下脚料、废料、废旧物资等发生的成本。

11. 第11行“非货币性资产交换成本”：填报纳税人发生的非货币性资产交换按照国家统一会计制度应确认的其他业务成本。

12. 第12行“出租固定资产成本”：填报纳税人将固定资产使用权让与承租人形成的出租固定资产成本。

13. 第13行“出租无形资产成本”：填报纳税人让渡无形资产使用权形成的出租无形资产成本。

14. 第14行“包装物出租成本”：填报纳税人出租、出借包装物形成的包装物出租成本。

15. 第15行“其他”：填报纳税人按照国家统一会计制度核算，上述未列举的其他业务成本。

16. 第 16 行“营业外支出”：填报纳税人计入本科目核算的与生产经营无直接关系的各项支出。

17. 第 17 行“非流动资产处置损失”：填报纳税人处置非流动资产形成的净损失。

18. 第 18 行“非货币性资产交换损失”：填报纳税人发生非货币性资产交换应确认的净损失。

19. 第 19 行“债务重组损失”：填报纳税人进行债务重组应确认的净损失。

20. 第 20 行“非常损失”：填报填报纳税人在营业外支出中核算的各项非正常的财产损失。

21. 第 21 行“捐赠支出”：填报纳税人无偿给予其他企业、组织或个人的货币性资产、非货币性资产的捐赠支出。

22. 第 22 行“赞助支出”：填报纳税人发生的货币性资产、非货币性资产赞助支出。

23. 第 23 行“罚没支出”：填报纳税人在日常经营管理活动中对外支付的各项罚没支出。

24. 第 24 行“坏账损失”：填报纳税人发生的各项坏账损失（该项目为使用小企业准则企业填报）。

25. 第 25 行“无法收回的债券股权投资损失”：填报纳税人各项无法收回的债券股权投资损失（该项目为使用小企业准则企业填报）。

26. 第 26 行“其他”：填报纳税人本期实际发生的在营业外支出核算的其他损失及支出。

二、表内、表间关系

（一）表内关系

1. 第 1 行=第 2+9 行。

2. 第 2 行=第 3+5+6+7+8 行。

3. 第 9 行=第 10+12+13+14+15 行。

4. 第 16 行=第 17+18+…+26 行。

（二）表间关系

1. 第 1 行=表 A100000 第 2 行。

2. 第 16 行=表 A100000 第 12 行。

（六）期间费用明细表（表 A104000）（见表 10-6）

表 10-6　**期间费用明细表（表 A104000）**

行次	项　　目	销售费用	其中：境外支付	管理费用	其中：境外支付	财务费用	其中：境外支付
		1	2	3	4	5	6
1	一、职工薪酬		*		*	*	*
2	二、劳务费					*	*
3	三、咨询顾问费					*	*
4	四、业务招待费		*		*	*	*
5	五、广告费和业务宣传费		*		*	*	*

续表

行次	项目	销售费用	其中：境外支付	管理费用	其中：境外支付	财务费用	其中：境外支付
		1	2	3	4	5	6
6	六、佣金和手续费						
7	七、资产折旧摊销费		*		*	*	*
8	八、财产损耗、盘亏及毁损损失		*		*	*	*
9	九、办公费		*		*	*	*
10	十、董事会费		*		*	*	*
11	十一、租赁费					*	*
12	十二、诉讼费		*		*	*	*
13	十三、差旅费		*		*	*	*
14	十四、保险费		*		*	*	*
15	十五、运输、仓储费					*	*
16	十六、修理费					*	*
17	十七、包装费		*		*	*	*
18	十八、技术转让费					*	*
19	十九、研究费用					*	*
20	二十、各项税费		*		*	*	*
21	二十一、利息收支	*	*	*	*		
22	二十二、汇兑差额	*	*	*	*		
23	二十三、现金折扣	*	*	*	*		*
24	二十四、其他						
25	合计（1+2+3+…24）						

期间费用明细表（表 A104000）填报说明

本表适用于执行企业会计准则、小企业会计准则、企业会计制度、分行业会计制度的查账征收居民纳税人填报。纳税人应根据企业会计准则、小企业会计准则、企业会计制度、分行业会计制度规定，填报“销售费用”、“管理费用”和“财务费用”等项目。

一、有关项目填报说明

1. 第 1 列“销售费用”：填报在销售费用科目进行核算的相关明细项目的金额，其中金融企业填报在业务及管理费科目进行核算的相关明细项目的金额。

2. 第 2 列“其中：境外支付”：填报在销售费用科目进行核算的向境外支付的相关明细项目的金额，其中金融企业填报在业务及管理费科目进行核算的相关明细项目的金额。

3. 第 3 列“管理费用”：填报在管理费用科目进行核算的相关明细项目的金额。

4. 第 4 列“其中：境外支付”：填报在管理费用科目进行核算的向境外支付的相关明细项目的金额。

5. 第 5 列“财务费用”：填报在财务费用科目进行核算的有关明细项目的金额。

6. 第 6 列“其中：境外支付”：填报在财务费用科目进行核算的向境外支付的有关明细项目的金额。

7. 第 1 行至第 24 行：根据费用科目核算的具体项目金额进行填报，如果贷方发生额大于借方发生额，应填报负数。

8. 第 25 行第 1 列：填报第 1 行至第 24 行第 1 列的合计数。

9. 第 25 行第 2 列：填报第 1 行至第 24 行第 2 列的合计数。

10. 第 25 行第 3 列：填报第 1 行至第 24 行第 3 列的合计数。

11. 第 25 行第 4 列：填报第 1 行至第 24 行第 4 列的合计数。

12. 第 25 行第 5 列：填报第 1 行至第 24 行第 5 列的合计数。

13. 第 25 行第 6 列：填报第 1 行至第 24 行第 6 列的合计数。

二、表内、表间关系

（一）表内关系

1. 第 25 行第 1 列＝第 1 列第 1+2+…+20+24 行。

2. 第 25 行第 2 列＝第 2 列第 2+3+6+11+15+16+18+19+24 行。

3. 第 25 行第 3 列＝第 3 列第 1+2+…+20+24 行。

4. 第 25 行第 4 列＝第 4 列第 2+3+6+11+15+16+18+19+24 行。

5. 第 25 行第 5 列＝第 5 列第 6+21+22+23+24 行。

6. 第 25 行第 6 列＝第 6 列第 6+21+22+24 行。

（二）表间关系

1. 第 25 行第 1 列＝表 A100000 第 4 行。

2. 第 25 行第 3 列＝表 A100000 第 5 行。

3. 第 25 行第 5 列＝表 A100000 第 6 行。

（七）纳税调整项目明细表（表 A105000）（见表 10-7）

表 10-7　　**纳税调整项目明细表（表 A105000）**

行次	项　目	账载金额	税收金额	调增金额	调减金额
		1	2	3	4
1	一、收入类调整项目（2+3+4+5+6+7+8+10+11）	*	*		
2	（一）视同销售收入（填写 A105010）	*			*
3	（二）未按权责发生制原则确认的收入（填写 A105020）				
4	（三）投资收益（填写 A105030）				
5	（四）按权益法核算长期股权投资对初始投资成本调整确认收益	*	*	*	
6	（五）交易性金融资产初始投资调整	*	*		*
7	（六）公允价值变动净损益		*		
8	（七）不征税收入	*	*		
9	其中：专项用途财政性资金（填写 A105040）	*	*		
10	（八）销售折扣、折让和退回				
11	（九）其他				
12	二、扣除类调整项目（13+14+15+16+17+18+19+20+21+22+23+24+26+27+28+29）	*	*		

续表

行次	项目	账载金额	税收金额	调增金额	调减金额
		1	2	3	4
13	（一）视同销售成本（填写 A105010）	*		*	
14	（二）职工薪酬（填写 A105050）				
15	（三）业务招待费支出				*
16	（四）广告费和业务宣传费支出（填写 A105060）	*	*		
17	（五）捐赠支出（填写 A105070）				*
18	（六）利息支出				
19	（七）罚金、罚款和被没收财物的损失		*		*
20	（八）税收滞纳金、加收利息		*		*
21	（九）赞助支出		*		*
22	（十）与未实现融资收益相关在当期确认的财务费用				
23	（十一）佣金和手续费支出				*
24	（十二）不征税收入用于支出所形成的费用	*	*		*
25	其中：专项用途财政性资金用于支出所形成的费用（填写 A105040）	*	*		*
26	（十三）跨期扣除项目				
27	（十四）与取得收入无关的支出		*		*
28	（十五）境外所得分摊的共同支出	*	*		*
29	（十六）其他				
30	三、资产类调整项目（31+32+33+34）	*	*		
31	（一）资产折旧、摊销（填写 A105080）				
32	（二）资产减值准备金		*		
33	（三）资产损失（填写 A105090）				
34	（四）其他				
35	四、特殊事项调整项目（36+37+38+39+40）	*	*		
36	（一）企业重组（填写 A105100）				
37	（二）政策性搬迁（填写 A105110）	*	*		
38	（三）特殊行业准备金（填写 A105120）				
39	（四）房地产开发企业特定业务计算的纳税调整额（填写 A105010）	*			
40	（五）其他	*	*		
41	五、特别纳税调整应税所得	*	*		
42	六、其他	*	*		
43	合计（1+12+30+35+41+42）	*	*		

纳税调整项目明细表（表 A105000）填报说明

本表适用于会计处理与税法规定不一致需纳税调整的纳税人填报。纳税人根据税法、相关税收政策，以及国家统一会计制度的规定，填报会计处理、税法规定，以及纳税调整情况。

一、有关项目填报说明

本表纳税调整项目按照“收入类调整项目”、“扣除类调整项目”、“资产类调整项目”、“特殊事项调整项目”、“特别纳税调整应税所得”、“其他”六大项分类填报汇总，并计算出纳税“调增金额”和“调减金额”的合计数。

数据栏分别设置“账载金额”、“税收金额”、“调增金额”、“调减金额”四个栏次。“账载金额”是指纳税人按照国家统一会计制度规定核算的项目金额。“税收金额”是指纳税人按照税法规定计算的项目金额。

“收入类调整项目”：“税收金额”减“账载金额”后余额为正数的，填报在“调增金额”；余额为负数的，将绝对值填报在“调减金额”。

“扣除类调整项目”、“资产类调整项目”：“账载金额”减“税收金额”后余额为正数的，填报在“调增金额”；余额为负数的，将其绝对值填报在“调减金额”。

“特殊事项调整项目”、“其他”分别填报税法规定项目的“调增金额”、“调减金额”。

“特别纳税调整应税所得”：填报经特别纳税调整后的“调增金额”。

对需填报下级明细表的纳税调整项目，其“账载金额”、“税收金额”、“调增金额”、“调减金额”根据相应附表进行计算填报。

（一）收入类调整项目

1. 第1行“一、收入类调整项目”：根据第2行至第11行进行填报。

2. 第2行“（一）视同销售收入”：填报会计处理不确认为销售收入，税法规定确认应税收入的收入。根据视同销售和房地产开发企业特定业务纳税调整明细表（A105010）填报，第2列“税收金额”为表A105010第1行第1列金额；第3列“调增金额”为表A105010第1行第2列金额。

3. 第3行“（二）未按权责发生制原则确认的收入”：根据未按权责发生制确认收入纳税调整明细表（A105020）填报，第1列“账载金额”为表A105020第14行第2列金额；第2列“税收金额”为表A105020第14行第4列金额；表A105020第14行第6列，若≥0，填入本行第3列“调增金额”；若<0，将绝对值填入本行第4列“调减金额”。

4. 第4行“（三）投资收益”：根据投资收益纳税调整明细表（A105030）填报，第1列“账载金额”为表A105030第10行第1+8列的金额；第2列“税收金额”为表A105030第10行第2+9列的金额；表A105030第10行第11列，若≥0，填入本行第3列“调增金额”；若<0，将绝对值填入本行第4列“调减金额”。

5. 第5行“（四）按权益法核算长期股权投资对初始投资成本调整确认收益”：第4列“调减金额”填报纳税人采取权益法核算，初始投资成本小于取得投资时应享有被投资单位可辨认净资产公允价值份额的差额计入取得投资当期的营业外收入的金额。

6. 第6行“（五）交易性金融资产初始投资调整”：第3列“调增金额”填报纳税人根据税法规定确认交易性金融资产初始投资金额与会计核算的交易性金融资产初始投资账面价值的差额。

7. 第7行“（六）公允价值变动净损益”：第1列“账载金额”填报纳税人会计核算的以公允价值计量的金融资产、金融负债以及投资性房地产类项目，计入当期损益的公允价值变动金额；第1列<0，将绝对值填入第3列“调增金额”；若第1列≥0，填入第4列“调减金额”。

8. 第8行“（七）不征税收入”：填报纳税人计入收入总额但属于税法规定不征税的

财政拨款、依法收取并纳入财政管理的行政事业性收费以及政府性基金和国务院规定的其他不征税收入。第3列“调增金额”填报纳税人以前年度取得财政性资金且已作为不征税收入处理，在5年（60个月）内未发生支出且未缴回财政部门或其他拨付资金的政府部门，应计入应税收入额的金额；第4列“调减金额”填报符合税法规定不征税收入条件并作为不征税收入处理，且已计入当期损益的金额。

9. 第9行“其中：专项用途财政性资金”：根据专项用途政财政性资金纳税调整明细表（A105040）填报。第3列“调增金额”为表A105040第7行第14列金额；第4列“调减金额”为表A105040第7行第4列金额。

10. 第10行“（八）销售折扣、折让和退回”：填报不符合税法规定的销售折扣和折让应进行纳税调整的金额，和发生的销售退回因会计处理与税法规定有差异需纳税调整的金额。第1列“账载金额”填报纳税人会计核算的销售折扣和折让金额及销货退回的追溯处理的净调整额。第2列“税收金额”填报根据税法规定可以税前扣除的折扣和折让的金额及销货退回业务影响当期损益的金额。第1列减第2列，若余额≥0，填入第3列“调增金额”；若余额<0，将绝对值填入第4列“调减金额”，第4列仅为销货退回影响损益的跨期时间性差异。

11. 第11行“（九）其他”：填报其他因会计处理与税法规定有差异需纳税调整的收入类项目金额。若第2列≥第1列，将第2-1列的余额填入第3列“调增金额”，若第2列<第1列，将第2-1列余额的绝对值填入第4列“调减金额”。

（二）扣除类调整项目

12. 第12行“二、扣除类调整项目”：根据第13行至第29行填报。

13. 第13行“（一）视同销售成本”：填报会计处理不作为销售核算，税法规定作为应税收入的同时，确认的销售成本金额。根据视同销售和房地产开发企业特定业务纳税调整明细表（A105010）填报，第2列“税收金额”为表A105010第11行第1列金额；第4列“调减金额”为表A105010第11行第2列金额的绝对值。

14. 第14行“（二）职工薪酬”：根据职工薪酬纳税调整明细表（A105050）填报，第1列“账载金额”为表A105050第13行第1列金额；第2列“税收金额”为表A105050第13行第4列金额；表A105050第13行第5列，若≥0，填入本行第3列“调增金额”；若<0，将绝对值填入本行第4列“调减金额”。

15. 第15行“（三）业务招待费支出”：第1列“账载金额”填报纳税人会计核算计入当期损益的业务招待费金额；第2列“税收金额”填报按照税法规定允许税前扣除的业务招待费支出的金额，即“本行第1列×60%”与当年销售（营业收入）×5‰的孰小值；第3列“调增金额”为第1-2列金额。

16. 第16行“（四）广告费和业务宣传费支出”：根据广告费和业务宣传费跨年度纳税调整明细表（A105060）填报，表A105060第12行，若≥0，填入第3列“调增金额”；若<0，将绝对值填入第4列“调减金额”。

17. 第17行“（五）捐赠支出”：根据捐赠支出纳税调整明细表（A105070）填报。第1列“账载金额”为表A105070第20行第2+6列金额；第2列“税收金额”为表A105070第20行第4列金额；第3列“调增金额”为表A105070第20行第7列金额。

18. 第18行“（六）利息支出”：第1列“账载金额”填报纳税人向非金融企业借款，

会计核算计入当期损益的利息支出的金额；第 2 列“税收金额”填报按照税法规定允许税前扣除的的利息支出的金额；若第 1 列≥第 2 列，将第 1 列减第 2 列余额填入第 3 列“调增金额”；若第 1 列<第 2 列，将第 1 列减第 2 列余额的绝对值填入第 4 列“调减金额”。

19. 第 19 行“（七）罚金、罚款和被没收财物的损失”：第 1 列“账载金额”填报纳税人会计核算计入当期损益的罚金、罚款和被罚没财物的损失，不包括纳税人按照经济合同规定支付的违约金（包括银行罚息）、罚款和诉讼费；第 3 列“调增金额”等于第 1 列金额。

20. 第 20 行“（八）税收滞纳金、加收利息”：第 1 列“账载金额”填报纳税人会计核算计入当期损益的税收滞纳金、加收利息。第 3 列“调增金额”等于第 1 列金额。

21. 第 21 行“（九）赞助支出”：第 1 列“账载金额”填报纳税人会计核算计入当期损益的不符合税法规定的公益性捐赠的赞助支出的金额，包括直接向受赠人的捐赠、赞助支出等（不含广告性的赞助支出，广告性的赞助支出在表 A105060 中调整）；第 3 列“调增金额”等于第 1 列金额。

22. 第 22 行“（十）与未实现融资收益相关在当期确认的财务费用”：第 1 列“账载金额”填报纳税人会计核算的与未实现融资收益相关并在当期确认的财务费用的金额；第 2 列“税收金额”填报按照税法规定允许税前扣除的金额；若第 1 列≥第 2 列，将第 1–2列余额填入第 3 列，“调增金额”；若第 1 列<第 2 列，将第 1–2 列余额的绝对值填入第 4 列“调减金额”。

23. 第 23 行“（十一）佣金和手续费支出”：第 1 列“账载金额”填报纳税人会计核算计入当期损益的佣金和手续费金额；第 2 列“税收金额”填报按照税法规定允许税前扣除的佣金和手续费支出金额；第 3 列“调增金额”为第 1–2 列的金额。

24. 第 24 行“（十二）不征税收入用于支出所形成的费用”：第 3 列“调增金额”填报符合条件的不征税收入用于支出所形成的计入当期损益的费用化支出金额。

25. 第 25 行“其中：专项用途财政性资金用于支出所形成的费用”：根据专项用途财政性资金纳税调整明细表（A105040）填报。第 3 列“调增金额”为表 A105040 第 7 行第 11 列金额。

26. 第 26 行“（十三）跨期扣除项目”：填报维简费、安全生产费用、预提费用、预计负债等跨期扣除项目调整情况。第 1 列“账载金额”填报纳税人会计核算计入当期损益的跨期扣除项目金额；第 2 列“税收金额”填报按照税法规定允许税前扣除的金额；若第 1 列≥第 2 列，将第 1–2 列余额填入第 3 列“调增金额”；若第 1 列<第 2 列，将第 1–2列余额的绝对值填入第 4 列“调减金额”。

27. 第 27 行“（十四）与取得收入无关的支出”：第 1 列“账载金额”填报纳税人会计核算计入当期损益的与取得收入无关的支出的金额。第 3 列“调增金额”等于第 1 列金额。

28. 第 28 行“（十五）境外所得分摊的共同支出”：第 3 列“调增金额”，为境外所得纳税调整后所得明细表（A108010）第 10 行第 16+17 列的金额。

29. 第 29 行“（十六）其他”：填报其他因会计处理与税法规定有差异需纳税调整的扣除类项目金额。若第 1 列≥第 2 列，将第 1–2 列余额填入第 3 列“调增金额”；若第 1

列<第 2 列，将第 1-2 列余额的绝对值填入第 4 列“调减金额”。

（三）资产类调整项目

30. 第 30 行“三、资产类调整项目”：填报资产类调整项目第 31 行至第 34 行的合计数。

31. 第 31 行“（一）资产折旧、摊销”：根据资产折旧、摊销情况及纳税调整明细表（A105080）填报。第 1 列“账载金额”为表 A105080 第 27 行第 2 列金额；第 2 列“税收金额”为表 A105080 第 27 行第 5+6 列金额；表 A105080 第 27 行第 9 列，若≥0，填入本行第 3 列“调增金额”；若<0，将绝对值填入本行第 4 列“调减金额”。

32. 第 32 行“（二）资产减值准备金”：填报坏账准备、存货跌价准备、理赔费用准备金等不允许税前扣除的各类资产减值准备金纳税调整情况。第 1 列“账载金额”填报纳税人会计核算计入当期损益的资产减值准备金金额（因价值恢复等原因转回的资产减值准备金应予以冲回）；第 1 列，若≥0，填入第 3 列“调增金额”；若<0，将绝对值填入第 4 列“调减金额”。

33. 第 33 行“（三）资产损失”：根据资产损失税前扣除及纳税调整明细表（A105090）填报。第 1 列“账载金额”为表 A105090 第 14 行第 1 列金额；第 2 列“税收金额”为表 A105090 第 14 行第 2 列金额；表 A105090 第 14 行第 3 列，若≥0，填入本行第 3 列“调增金额”；若<0，将绝对值填入本行第 4 列“调减金额”。

34. 第 34 行“（四）其他”：填报其他因会计处理与税法规定有差异需纳税调整的资产类项目金额。若第 1 列≥第 2 列，将第 1-2 列余额填入第 3 列“调增金额”；若第 1 列<第 2 列，将第 1-2 列余额的绝对值填入第 4 列“调减金额”。

（四）特殊事项调整项目

35. 第 35 行“四、特殊事项调整项目”：填报特殊事项调整项目第 36 行至第 40 行的合计数。

36. 第 36 行“（一）企业重组”：根据企业重组纳税调整明细表（A105100）填报。第 1 列“账载金额”为表 A105100 第 14 行第 1+4 列金额；第 2 列“税收金额”为表 A105100 第 14 行第 2+5 列金额；表 A105100 第 14 行第 7 列，若≥0，填入本行第 3 列“调增金额”；若<0，将绝对值填入本行第 4 列“调减金额”。

37. 第 37 行“（二）政策性搬迁”：根据政策性搬迁纳税调整明细表（A105110）填报。表 A105110 第 24 行，若≥0，填入本行第 3 列“调增金额”；若<0，将绝对值填入本行第 4 列“调减金额”。

38. 第 38 行“（三）特殊行业准备金”：根据特殊行业准备金纳税调整明细表（A105120）填报。第 1 列“账载金额”为表 A105120 第 30 行第 1 列金额；第 2 列“税收金额”为表 A105120 第 30 行第 2 列金额；表 A105120 第 30 行第 3 列，若≥0，填入本行第 3 列“调增金额”；若<0，将绝对值填入本行第 4 列“调减金额”。

39. 第 39 行“（四）房地产开发企业特定业务计算的纳税调整额”：根据视同销售和房地产开发企业特定业务纳税调整明细表（A105010）填报。第 2 列“税收金额”为表 A105010 第 21 行第 1 列金额；表 A105010 第 21 行第 2 列，若≥0，填入本行第 3 列“调增金额”；若<0，将绝对值填入本行第 4 列“调减金额”。

40. 第 40 行“（五）其他”：填报其他因会计处理与税法规定有差异需纳税调整的特

殊事项金额。

（五）特殊纳税调整所得项目

41. 第 41 行“五、特别纳税调整应税所得”：第 3 列“调增金额”填报纳税人按特别纳税调整规定自行调增的当年应税所得；第 4 列“调减金额”填报纳税人依据双边预约定价安排或者转让定价相应调整磋商结果的通知，需要调减的当年应税所得。

（六）其他

42. 第 42 行“六、其他”：其他会计处理与税法规定存在差异需纳税调整的项目金额。

43. 第 43 行“合计”：填报第 1+12+30+35+41+42 行的金额。

二、表内、表间关系

（一）表内关系

1. 第 1 行=第 2+3+4+5+6+7+8+10+11 行。

2. 第 12 行=第 13+14+15…24+26+27+…+29 行。

3. 第 30 行=第 31+32+33+34 行。

4. 第 35 行=第 36+37+38+39+40 行。

5. 第 43 行=第 1+12+30+35+41+42 行。

（二）表间关系

1. 第 2 行第 2 列=表 A105010 第 1 行第 1 列；第 2 行第 3 列=表 A105010 第 1 行第 2 列。

2. 第 3 行第 1 列=表 A105020 第 14 行第 2 列；第 3 行第 2 列=表 A105020 第 14 行第 4 列；若表 A105020 第 14 行第 6 列≥0，填入第 3 行第 3 列；若表 A105020 第 14 行第 6 列<0，将绝对值填入第 3 行第 4 列。

3. 第 4 行第 1 列=表 A105030 第 10 行第 1+8 列；第 4 行第 2 列=表 A105030 第 10 行第 2+9 列；若表 A105030 第 10 行第 11 列≥0，填入第 4 行第 3 列；若表 A105030 第 10 行第 11 列<0，将绝对值填入第 4 行第 4 列。

4. 第 9 行第 3 列=表 A105040 第 7 行第 14 列；第 9 行第 4 列=表 A105040 第 7 行第 4 列。

5. 第 13 行第 2 列=表 A105010 第 11 行第 1 列；第 13 行第 4 列=表 A105010 第 11 行第 2 列的绝对值。

6. 第 14 行第 1 列=表 A105050 第 13 行第 1 列；第 14 行第 2 列=表 A105050 第 13 行第 4 列；若表 A105050 第 13 行第 5 列≥0，填入第 14 行第 3 列；若表 A105050 第 13 行第 5 列<0，将绝对值填入第 14 行第 4 列。

7. 若表 A105060 第 12 行≥0，填入第 16 行第 3 列；若表 A105060 第 12 行<0，将绝对值填入第 16 行第 4 列。

8. 第 17 行第 1 列=表 A105070 第 20 行第 2+6 列；第 17 行第 2 列=表 A105070 第 20 行第 4 列；第 17 行第 3 列=表 A105070 第 20 行第 7 列。

9. 第 25 行第 3 列=表 A105040 第 7 行第 11 列。

10. 第 31 行第 1 列=表 A105080 第 27 行第 2 列；第 31 行第 2 列=表 A105080 第 27 行第 5+6 列；若表 A105080 第 27 行第 9 列≥0，填入第 31 行第 3 列；若表 A105080 第 27 行

第 9 列<0，将绝对值填入第 31 行第 4 列。

11. 第 33 行第 1 列=表 A105090 第 14 行第 1 列；第 33 行第 2 列=表 A105090 第 14 行第 2 列；若表 A105090 第 14 行第 3 列≥0，填入第 33 行第 3 列，若表 A105090 第 14 行第 3 列<0，将绝对值填入第 33 行第 4 列。

12. 第 36 行第 1 列=表 A105100 第 14 行第 1+4 列；第 36 行第 2 列=表 A105100 第 14 行第 2+5 列；若表 A105100 第 14 行第 7 列≥0，填入第 36 行第 3 列，若表 A105100 第 14 行第 7 列<0，将绝对值填入第 36 行第 4 列。

13. 若表 A105110 第 24 行≥0，填入第 37 行第 3 列；若表 A105110 第 24 行<0，将绝对值填入第 37 行第 4 列。

14. 第 38 行第 1 列=表 A105120 第 30 行第 1 列；第 38 行第 2 列=表 A105120 第 30 行第 2 列；若表 A105120 第 30 行第 3 列≥0，填入第 38 行第 3 列；若表 A105120 第 30 行第 3 列<0，将绝对值填入第 38 行第 4 列。

15. 第 39 行第 2 列=表 A105010 第 21 行第 1 列；若表 A105010 第 21 行第 2 列≥0，填入第 39 行第 3 列；若表 A105010 第 21 行第 2 列<0，将绝对值填入第 39 行第 4 列。

16. 第 43 行第 3 列=表 A100000 第 15 行；第 43 行第 4 列=表 A100000 第 16 行。

17. 第 28 行第 3 列=表 A108010 第 10 行第 16+17 列。

（八）核定征收企业所得税纳税申报表（表 10-8）

表 10-8　　企业所得税纳税申报表（适用于核定征收企业）

税款所属期间：　　年　　月至　　年　　月

金额单位：元（列至角分）

纳税人识别码			
纳税人名称			
纳税申报栏			
项　目	行次	本期数	累计数
收入总额	1		
成本费用	2		
应税所得率	3		
应纳税所得额	4		
适用税率	5		
应缴所得税税额（4×5）	6		
减：实际已预缴的所得税税额	7		
应补（退）的所得税税额（8=6-7）	8		
纳税人公章： 经办人（签章）： 申报日期：　　年　　月　　日			主管税务机关受理专用章： 受理人： 受理日期：　　年　　月　　日

备注：本表一式三份，主管税务机关受理后退还纳税人保存一份，由主管税务机关留存两份。

企业所得税纳税申报表（适用于核定征收企业）填报说明

一、本表为按照核定征收办法（包括核定应税所得率和核定税额征收方式）缴纳企业所得税的纳税人在季度（月）和年度申报缴纳企业所得税时使用

二、具体项目填报说明

1. 第 1 行“收入总额”：填报当期取得的各项收入的合计金额（按照收入总额核定应

税所得率的纳税人填报）。

2. 第 2 行“成本费用”：填报计入当期的成本费用的合计金额（按照成本费用核定应税所得率的纳税人填报）。

3. 第 3 行“应税所得率”：填报主管税务机关核定的应税所得率。

4. 第 4 行：“应纳税所得额”：

（1）按照收入总额核定应税所得率的纳税人，计算公式为：

应纳税所得额=收入总额×应税所得率

（2）按照成本费用核定应税所得率的纳税人，计算公式为：

应纳税所得额=成本费用支出额÷（1-应税所得率）×应税所得率

5. 第 5 行“适用税率”：根据第 4 行“应纳税所得额”金额确定的适用税率或者所得税政策规定的适用税率。

6. 第 7 行“实际已预缴的所得税税额”：填报当年累计已预缴的企业所得税税额。

7. 实行核定应纳所得税税额的纳税人，可填第 6 行、第 7 行、第 8 行。其中，第 6 行填报主管税务机关核定的当期累计应纳所得税税额。

第三节　企业所得税核算

一、企业所得税核算的一般程序

我国企业所得税会计的发展历程见证了税法与会计准则的分离。1994 年以前，税法与会计制度在收入、费用、利润等方面的确认与计量基本一致。1994 年以后，两者之间产生了较大差异。1994 年，财政部专门公布了《财政部关于企业所得税会计处理的暂行规定》，对企业所得税会计处理方法进行了如下规定：一是企业可以选择采用“应付税款法”或“纳税影响会计法”，采用“纳税影响会计法”的企业，可以选择采用“递延法”或“债务法”；二是明确了企业所得税的性质是一项费用，可以在计算净利润时扣除；三是企业采用“纳税影响会计法”核算时，要确认时间性差异对未来纳税的影响，并反映于资产负债表中。2006 年会计准则的颁布，进一步明确了我国企业所得税会计处理实行“资产负债表债务法”。至此，我国企业所得税会计核算基本与国际接轨。

在“资产负债表债务法”下，企业一般应于每一资产负债表日进行所得税的核算。企业合并等特殊交易或事项发生时，在确认因交易或事项取得的资产、负债时也应确认相关的所得税影响。企业所得税核算一般程序如图 10-1 所示。

1. 按照相关会计准则规定确定资产负债表中除递延所得税资产和递延所得税负债以外的其他资产和负债项目的账面价值。资产、负债的账面价值，是指企业按照相关会计准则的规定进行核算后在资产负债表中列示的金额。对于计提了减值准备的各项资产，是指其账面余额减去已计提的减值准备后的金额。例如，企业持有的应收账款账面余额为 1 000万元，企业对该应收账款计提了 50 万元的坏账准备，其账面价值为 950 万元。

2. 以税收法规为基础，确定资产负债表中有关资产、负债项目的计税基础。应予说明的是，计税基础是会计上的定义，但其确定应当遵循税法的规定进行。

3. 比较资产、负债的账面价值与计税基础，对于两者之间存在差异的，分析其性质，

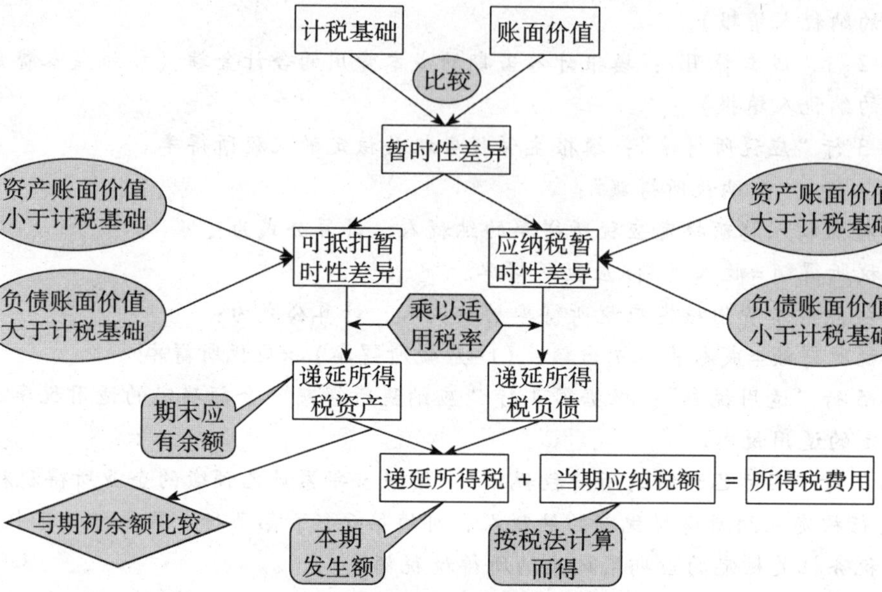

图 10-1　企业所得税核算一般程序

除准则中规定的特殊情况外，将差异分为应纳税暂时性差异和可抵扣暂时性差异，乘以适用所得税税率，分别得到资产负债表日递延所得税负债和递延所得税资产的应有金额，与期初递延所得税负债和递延所得税资产的余额相比，确定当期应予进一步确认的递延所得税资产和递延所得税负债金额或应予转销的金额，作为递延所得税。

4. 按照税法规定计算确定当期应纳税所得额，将应纳税所得额乘以适用的所得税税率计算的结果确认为当期应交所得税。

5. 将当期应交所得税和递延所得税之和确认为利润表中的所得税费用。

二、资产、负债的计税基础

所得税会计的关键在于确定资产、负债的计税基础。在确定资产、负债的计税基础时，应严格遵循税法中关于资产的税务处理以及税前准予扣除的费用等的规定进行。下面介绍资产、负债计税基础确定的一般方法，以及几种主要的资产、负债计税基础的确定。

（一）资产的计税基础

资产的计税基础，是指企业收回资产账面价值过程中，计算应纳税所得额时按照税法规定可以从应税经济利益中抵扣的金额，也即某一项资产在未来期间计税时按照税法规定可以税前扣除的金额。

一般情况下，资产在初始确认时，其计税基础为取得成本，也就是说，企业为取得某项资产支付的成本在未来期间准予税前扣除；在资产持续持有的过程中，其计税基础是资产的取得成本减去以前期间按税法规定已经税前扣除的金额后的余额，如固定资产在某一资产负债表日的计税基础是其取得成本扣除按照税法规定已在以前期间税前扣除的累计折旧额后的金额。

1. 固定资产。以各种方式取得的固定资产，初始确认时，其账面价值一般等于计税基础。固定资产在持有期间进行后续计量时，就折旧范围、折旧方法、折旧年限、净残值以及固定资产减值准备的提取等方面的处理，会计与税法的规定存在差异，由此可能造成固定资产的账面价值与计税基础的差异。

（1）折旧范围。会计准则规定，企业应当对所有的固定资产计提折旧，但是，已提足折旧仍继续使用的固定资产和单独计价入账的土地除外。税法规定，在计算应纳税所得额时，企业按照规定计算的固定资产折旧准予扣除，下列固定资产不得计提折旧扣除：房屋、建筑物以外未投入使用的固定资产；以经营租赁方式租入的固定资产；以融资租赁方式租出的固定资产；已足额提取折旧但仍继续使用的固定资产；与经营活动无关的固定资产；单独估价作为固定资产入账的土地；其他不得计算折旧扣除的固定资产。

（2）折旧方法。会计准则规定，企业应当根据与固定资产有关的经济利益的预期实现方式合理选择折旧方法，可以选用的折旧方法包括年限平均法、工作量法、双倍余额递减法和年数总和法。《企业所得税法》中则强调固定资产应按照直线法计提折旧，同时，在企业所得税税收优惠政策中规定，对于技术进步、产品更新换代较快的固定资产和常年处于强震动、高腐蚀状态的固定资产，可以采取双倍余额递减法或年数总和法的加速折旧方法。

（3）折旧年限。会计处理时，固定资产折旧年限是企业根据固定资产的性质和使用情况合理确定的，并且企业至少应于每年年度终了，对固定资产使用寿命进行复核。税法则就每一类固定资产的最低折旧年限作出具体规定：房屋、建筑物，为20年；飞机、火车、轮船、机器、机械和其他生产设备，为10年；与生产经营活动有关的器具、工具、家具等，为5年；飞机、火车、轮船以外的运输工具，为4年；电子设备，为3年。

（4）净残值。会计处理中，企业应根据固定资产所处的经济环境、技术环境等，按照一定的程序，确定净残值，报有关方面备案。每年年末，对净残值应进行复核与调整。税法规定企业应根据固定资产的性质和使用情况，合理确定固定资产的预计净残值，并且一经确定，不得变更。

（5）固定资产减值准备。持有固定资产的期间内，会计上可以对固定资产计提减值准备，但税法规定企业计提的资产减值准备在发生实质性损失前不允许税前扣除。

【例10-1】某企业于2012年12月22日取得某项生产用固定资产，原价为750万元，预计使用年限为10年，采用年限平均法计提折旧，净残值为零。按税法规定，该类固定资产由于技术进步、产品更新换代快，采用加速折旧法计提折旧，该企业在计税时采用双倍余额递减法，净残值为零。2014年12月31日，企业估计该项固定资产的可收回金额为550万元。2014年资产负债表日，该项固定资产的账面余额为600万元（750-750÷10×2），大于其可收回金额550万元，两者之间的差额应计提50万元的固定资产减值准备。会计分录为：

借：资产减值损失——固定资产减值损失	500 000	
贷：固定资产减值准备		500 000

2014年12月31日，该项固定资产的账面价值调整为550万元。其计税基础为480万元（750-750×20%-（750-750×20%）×20%）。该项固定资产的账面价值550万元与其计税基础480万元之间产生70万元的差额，将对企业未来应纳企业所得税税额产生影响。

2. 无形资产。除内部研究开发形成的无形资产以外，以其他方式（外购、接受捐赠等）取得的无形资产初始确认时入账价值与计税成本之间一般不存在差异。

（1）内部研究开发形成的无形资产。企业会计准则规定，开发阶段符合资本化条件以后至达到预定用途前发生的支出应予资本化，其他支出应予费用化计入损益；税法规定，自行开发的无形资产，以开发过程中符合资本化条件后至达到预定用途前发生的支出为计税基础，此外税法中还有加计扣除的规定，企业为开发新技术、新产品、新工艺发生的研究开发费用，按照无形资产成本的150%摊销。

从无形资产初始确认时账面价值和计税基础的定义看，两者的界定一致，不存在差异。但是，对于享受税收优惠的研究开发支出，其计税基础应在账面价值的基础上多计50%，这就产生了账面价值与计税基础在初始确认上的差异。不过，如果该无形资产的确认不是产生于合并交易，同时在确认时既不影响会计利润（损益）也不影响应纳税所得额，则不需确认有关暂时性差异的所得税影响。

【例10-2】某企业某年为开发新工艺的研发支出计1 000万元，其中研究阶段支出400万元，开发阶段符合资本化条件后至达到预定用途前发生的支出为600万元。假定开发形成的无形资产在当年年末已达到预定用途，则年末所形成无形资产的账面价值为600万元，所形成无形资产在未来期间可予税前扣除的金额为900万元（600×150%），其计税基础为900万元，形成暂时性差异300万元。但是，如果该无形资产的确认不是在合并交易时产生，同时在确认时不影响损益、不影响应纳税所得额，则不需确认暂时性差异的所得税影响。

（2）使用寿命不确定的无形资产。会计上根据无形资产的使用寿命，将无形资产区分为使用寿命有限的无形资产与使用寿命不确定的无形资产。对于使用寿命不确定的无形资产，不要求摊销，但持有期间每年应进行减值测试。税法规定，企业取得的无形资产（除外购商誉外），其成本均应在不得低于10年的期限内采用直线法进行摊销，按照税法规定确定的摊销额允许税前扣除，因此该类无形资产账面价值与计税基础会存在差异。

（3）无形资产减值准备。会计准则规定企业可以计提无形资产减值准备，税法规定计提的减值准备在转变为实质性损失前不允许税前扣除，从而可能造成无形资产账面价值与计税基础的差异。

【例10-3】乙企业于2014年1月1日取得某项无形资产，取得成本为1 500万元。取得该项无形资产后，根据各方面情况判断，乙企业无法合理预计其使用期限，将其作为使用寿命不确定的无形资产。2014年12月31日，对该项无形资产进行减值测试，发现其未发生减值。企业在计税时，对该项无形资产按照10年的期限采用直线法摊销，摊销金额允许税前扣除。

会计上将该项无形资产作为使用寿命不确定的无形资产，因未发生减值，其在2014年12月31日的账面价值为取得成本1 500万元。该项无形资产在2014年12月31日的计税基础为1 350万元（成本1 500万元 -按照税法规定可予税前扣除的摊销额150万元）。该项无形资产的账面价值1 500万元与其计税基础1 350万元之间的差额150万元将计入未来期间企业的应纳税所得额。

3. 以公允价值计量且其变动计入当期损益的金融资产以及企业持有的可供出售金融资产。会计准则规定，上述两种金融资产在某一会计期末的账面价值是其在该时点的公允价值。税法规定，该类金融资产持有期间市价的波动在计税时不予考虑，即在某一会计期末其计税基础仍为取得成本。在公允价值变动的情况下，该类金融资产账面价值与计税基础之间会产生差异。

【例 10-4】2014 年 9 月 10 日，某公司自公开市场取得一项基金投资，支付价款1 000 万元，作为可供出售金融资产核算。2014 年 12 月 31 日，该投资的市价为 1 500 万元。按照会计准则规定，该项金融资产在会计期末账面价值为 1 500 万元，但其计税基础等于取得时的成本 1 000 万元，产生了 500 万元的暂时性差异，将会增加未来该资产处置期间的应纳税所得额。

4. 其他资产。

（1）投资性房地产。会计准则规定，可以采用两种模式对企业持有的投资性房地产进行后续计量：一种是成本模式，其账面价值与计税基础的确定与固定资产、无形资产相同；另一种是公允价值模式，其计税基础的确定类似于以公允价值计量且其变动计入当期损益的金融资产。税法则规定以资产的历史成本作为计税基础。

【例 10-5】某公司 2010 年 12 月建成一套房屋，成本为 600 万元，预计使用年限 20 年，按照年限平均法计提折旧，预计净残值为零。2014 年 1 月 1 日，公司将其对外出租，成为投资性房地产。该公司采用公允价值模式对该投资性房地产进行后续计量。假定税法规定的折旧方法、折旧年限及净残值与会计规定相同，该投资性房地产在 2014 年 12 月 31 日公允价值为 650 万元。在 2014 年资产负债表日，该投资性房地产账面价值为 650 万元，计税基础为 480 万元（600-600÷20×4），该投资性房地产的账面价值与计税基础之间产生了 170 万元的暂时性差异，会增加企业未来期间的应纳税所得额。

（2）其他计提了减值准备的资产。会计上确认计提的减值准备（如存货跌价准备、坏账准备等），税法规定在发生实质性损失之前，减值准备不允许税前扣除，造成资产的账面价值与计税基础的差异。

（二）负债的计税基础

负债的计税基础的计算公式是：

负债的计税基础=账面价值-未来期间按照税法规定可予税前扣除的金额

一般情况下，负债的确认与偿还既不影响企业损益，也不影响应纳税所得额，因此未来期间计算应纳税所得额时可予税前抵扣的金额为零，计税基础等于账面价值。但是，某些情况除外。

1. 预计负债。会计准则规定，企业对于预计提供售后服务将发生的支出在满足有关确认条件时，销售当期确认为费用，同时确认预计负债。如果税法规定，与销售产品相关的支出应于未来实际发生时扣除，则该预计负债未来期间可税前扣除的金额等于账面价值，计税基础为零；如果税法规定，费用支出按照权责发生制原则确定，则未来期间可税前扣除的金额为零，计税基础等于账面价值。对于税法规定其支出无论是否实际发生均不允许税前扣除的预计负债，如债务担保，其未来期间按照税法规定可予税前扣除的金额为零，账面价值等于计税基础。

【例 10-6】甲企业 2014 年因销售产品承诺提供 3 年的保修服务，在当年度利润表中确认了 500 万元的销售费用，同时确认为预计负债，当年度未发生任何保修支出。假定按照税法规定，与产品售后服务相关的费用在实际发生时允许税前扣除。该项预计负债在甲企业 2014 年 12 月 31 日资产负债表中的账面价值为 500 万元，该项预计负债的计税基础=账面价值-未来期间计算应纳税所得额时按照税法规定可予抵扣的金额= 500- 500=0。该项负债的账面价值500万元与其计税基础零之间产生的500万元暂时性差异会减少企业未来期间的应纳税所得额。

2. 预收账款。会计处理中预收账款因不符合收入确认条件，一般确认为负债。税法中对于收入的确认原则与会计基本相同，但在某些情况下，税法规定，会计上未确认为收入的预收款项，应确认为应税收入，计入当期应纳税所得额。那么，该预收账款当期作为收入计税，未来期间可全额税前扣除，其计税基础为零。

【例10-7】甲企业2014年12月20日收到客户一笔合同预付款，金额为2 500万元，作为预收账款核算。按照税法规定，该款项应计入取得当期应纳税所得额计算交纳企业所得税。该预收账款在甲企业2014年12月31日资产负债表中的账面价值为2 500万元，该预收账款的计税基础=账面价值2 500万元-未来期间计算应纳税所得额时按照税法规定可予抵扣的金额2 500万元=0。该项负债的账面价值2 500万元与其计税基础零之间产生的2 500万元暂时性差异，会减少企业未来期间的应纳税所得额。

3. 应付职工薪酬。会计准则规定，企业为获得职工提供的服务给予的各种形式的报酬以及其他相关支出均应在未支付之前确认为负债。税法中对于合理的职工薪酬允许税前扣除，超过部分应进行纳税调整。但是，超过部分在未来期间也不能税前扣除，即未来期间税前扣除的金额为零，因此，应付职工薪酬的计税基础等于账面价值，不形成暂时性差异，超过部分实质上形成永久性差异。

【例10-8】甲企业2014年12月计入成本费用的职工工资总额为4 000万元，至2014年12月31日尚未支付。按照税法规定，当期计入成本费用的4 000万元工资支出中，可予税前扣除的合理部分为3 000万元。该项应付职工薪酬负债2014年12月31日的账面价值为4 000万元，该项应付职工薪酬负债2014年12月31日的计税基础=账面价值4 000万元-未来期间计算应纳税所得额时按照税法规定可予抵扣的金额0=4 000万元。该项负债的账面价值4 000万元与其计税基础4 000万元相同，不形成暂时性差异。

4. 其他负债。企业应交未交的罚款和滞纳金等，按照会计规定确认为费用，同时确认为负债。而税法规定，罚款和滞纳金不得在税前扣除，即未来期间可予税前扣除的金额为零，计税基础等于账面价值。其他交易或事项产生的负债，计税基础的确定应当按照适用税法的相关规定确定。

【例10-9】甲企业2014年12月因违反当地有关环保法规的规定，接到环保部门的处罚通知，要求其支付罚款500万元。税法规定，企业因违反国家有关法律法规支付的罚款和滞纳金，计算应纳税所得额时不允许税前扣除。至2014年12月31日，该项罚款尚未支付。应支付罚款产生的负债账面价值为500万元，该项负债的计税基础=账面价值500万元-未来期间计算应纳税所得额时按照税法规定可予抵扣的金额0=500万元。该项负债的账面价值500万元与其计税基础500万元相同，不形成暂时性差异。

三、暂时性差异

资产、负债的账面价值与其计税基础不同所产生的差额形成暂时性差异。根据暂时性差异对未来期间应纳税所得额的影响，分为应纳税暂时性差异和可抵扣暂时性差异。

（一）应纳税暂时性差异

应纳税暂时性差异，是指在确定未来收回资产或清偿负债期间的应纳税所得额时，将导致产生应税金额的暂时性差异，即在未来期间转回该暂时性差异，会进一步增加转回期间的应纳税所得额。应纳税暂时性差异通常产生于以下两种情况：

1. 资产的账面价值大于计税基础。资产的账面价值代表企业在持续使用或最终出售该项资产时将取得的经济利益的总和，计税基础代表资产在未来期间可予税前扣除的金额。资产的账面价值大于计税基础，表明该资产未来期间产生的经济利益不能全部予以税前抵扣，两者间的差额需要缴税，产生应纳税暂时性差异。

2. 负债的账面价值小于计税基础。负债的账面价值代表企业预计在未来期间清偿该负债时的经济利益流出，而计税基础代表账面价值在扣除未来期间允许税前扣除的金额之后的差额。两者之间的暂时性差异，实质上是税法规定与该负债相关的费用支出在未来期间可以税前扣除的金额。负债的账面价值小于其计税基础，表明该负债在未来期间可以税前抵扣的金额为负数，即增加未来期间的应纳税所得额和应交所得税税额，产生应纳税暂时性差异。

（二）可抵扣暂时性差异

可抵扣暂时性差异，是指在确定未来收回资产或清偿负债期间的应纳税所得额时，将导致产生可抵扣金额的暂时性差异，该差异在未来期间转回时会减少转回期间的应纳税所得额。对应地，可抵扣暂时性差异一般产生于以下两种情况：

1. 资产的账面价值小于计税基础。

2. 负债的账面价值大于计税基础。负债产生的暂时性差异实质上就是按照税法规定就该负债可以在未来期间税前扣除的金额。

（三）特殊项目产生的暂时性差异

1. 未作为资产、负债确认的项目所产生的暂时性差异。某些项目虽然不是资产负债表中的资产或负债，但按照税法规定能够确定其计税基础，这时我们可以将其账面价值确认为零，账面价值与计税基础之间的差异形成暂时性差异。例如，企业发生的符合条件的广告费和业务宣传费支出，会计上在发生时计入当期损益，不形成资产负债表中的资产或负债。税法则规定不超过当年销售收入15%的部分准予扣除，超过部分准予在以后纳税年度结转扣除。该类费用结转以后纳税年度扣除的部分，将会增加未来期间准予税前扣除的金额，形成可抵扣暂时性差异。

2. 亏损及税款抵减产生的暂时性差异。税法规定可以结转以后年度弥补的亏损及税款抵减，虽然也不是由资产、负债的账面价值与计税基础不同产生的，但同样会减少未来期间的应纳税所得额，形成可抵扣暂时性差异。

四、递延所得税负债及递延所得税资产

应纳税暂时性差异会增加未来期间的应纳税所得额，在发生当期，应当确认为递延所得税负债；可抵扣暂时性差异会减少未来期间的应纳税所得额，在发生当期，应当确认为递延所得税资产。不过，确认因可抵扣暂时性差异产生的递延所得税资产应以未来期间可能取得的应纳税所得额为限。在可抵扣暂时性差异转回的未来期间内，企业无法产生足够的应纳税所得额的，不应确认递延所得税资产。资产负债表日，应当根据适用税法规定，以相关暂时性差异转回期间的适用税率计量。在适用税率变动的情况下，应对原已确认的递延所得税资产及递延所得税负债的金额进行调整，调整金额应确认为税率变化当期的所

得税费用或收益。下面我们通过一个例题进行说明。

【例 10-10】某公司于2009 年 12 月底外购一台机器设备，成本为600 000 元，预计使用年限为5 年，预计净残值为0。会计上按直线法计提折旧，计税时因该设备符合税法规定的税收优惠条件采用双倍余额递减法计提折旧，税法规定的使用年限及净残值均与会计相同，该公司各会计期间均未对固定资产计提减值准备。

不考虑其他事项会计与税收的差异，该公司因固定资产账面价值与计税基础不同应予确认的递延所得税情况见表10-9。

表 10-9　　**某公司递延所得税情况**　　金额单位：元

年份	2010	2011	2012	2013	2014
实际成本	600 000	600 000	600 000	600 000	600 000
折旧累计（会计）	120 000	240 000	360 000	480 000	600 000
账面价值	480 000	360 000	240 000	120 000	0
折旧累计（税收）	240 000	384 000	470 400	535 200	600 000
计税基础	360 000	216 000	129 600	64 800	0
暂时性差异	120 000	144 000	110 400	55 200	0
适用税率（%）	25	25	25	25	25
递延所得税负债余额	30 000	36 000	27 600	13 800	0

（1）2010 年资产负债表日：

账面价值＝实际成本－会计折旧＝600 000－120 000＝480 000（元）

计税基础＝实际成本－税法规定的折旧额＝600 000－240 000＝360 000（元）

账面价值大于计税基础，两者之间产生 120 000 元的应纳税暂时性差异，确认递延所得税负债为 30 000 元（120 000×25%），账务处理如下：

借：所得税费用　　30 000

　贷：递延所得税负债　　30 000

（2）2011 年资产负债表日，账面价值 360 000 元，计税基础 216 000 元，两者之间产生 144 000 元的应纳税暂时性差异，确认递延所得税负债 36 000 元，但递延所得税负债的期初余额为 30 000 元，当期只需进一步确认递延所得税负债 6 000 元，账务处理如下：

借：所得税费用　　6 000

　贷：递延所得税负债　　6 000

（3）2012 年资产负债表日，账面价值 240 000 元，计税基础 129 600 元，账面价值大于计税基础，产生 110 400 元的应纳税暂时性差异，应确认递延所得税负债 27 600 元，但递延所得税负债的期初余额为 36 000 元，当期应转回原已确认的递延所得税负债 8 400 元，账务处理如下：

借：递延所得税负债　　8 400

　贷：所得税费用　　8 400

（4）2013 年资产负债表日，账面价值 120 000 元，计税基础 64 800 元，应纳税暂时性差异 55 200 元，确认递延所得税负债 13 800 元，但递延所得税负债的期初余额为

27 600元，当期应转回原已确认的递延所得税负债13 800元，账务处理如下：

借：递延所得税负债　　13 800

　贷：所得税费用　　13 800

（5）2014年资产负债表日，账面价值及计税基础均为零，两者之间不存在暂时性差异，原已确认的与该资产相关的递延所得税负债应予全额转回，账务处理如下：

借：递延所得税负债　　13 800

　贷：所得税费用　　13 800

五、所得税费用

在资产负债表债务法下，利润表中的“所得税费用”包括当期所得税和递延所得税两个部分。用公式表示为：

所得税费用=当期所得税+递延所得税

$$\text{递延所得税}=\left(\text{递延所得税负债的期末余额}-\text{递延所得税负债的期初余额}\right)-\left(\text{递延所得税资产的期末余额}-\text{递延所得税资产的期初余额}\right)$$

当期所得税，即当期应交所得税税额，是企业按照税法规定计算确定的针对当期发生的交易和事项，应缴纳给税务部门的所得税金额。递延所得税是按照所得税准则规定当期应予确认的递延所得税资产和递延所得税负债金额，但不包括计入所有者权益的交易或事项的所得税。

企业因确认递延所得税资产和递延所得税负债产生的递延所得税，一般应记入“所得税费用”科目，但有两种情况除外：一是某项交易或事项按照会计准则规定应计入所有者权益的，由该交易或事项产生的递延所得税资产或递延所得税负债及其变化也应计入所有者权益，对利润表中的所得税费用不产生影响；二是企业合并中取得的资产、负债，与之相关的递延所得税的确认影响合并中产生的商誉或是计入当期损益的金额，也不影响所得税费用。

对于第一种情况，举个简单的例子：某公司持有某项可供出售金融资产，成本为100万元，会计期末公允价值为120万元，该企业适用的所得税税率为25%。假设递延所得税资产和递延所得税负债不存在期初余额。

会计期末，应确认20万元的公允价值变动，账务处理如下：

借：可供出售金融资产　　200 000

　贷：资本公积——其他综合收益　　200 000

应纳税暂时性差异20万元，应确认递延所得税负债50 000元，账务处理如下：

借：资本公积——其他综合收益　　50 000

　贷：递延所得税负债　　50 000

对于整个所得税会计处理程序，我们通过一个综合例题予以说明。

【例10-11】某公司2014年度利润总额1 500万元，该公司适用的所得税税率为25%。递延所得税资产的期初余额25万元，递延所得税负债期初余额50万元。本年度发生的交易和事项中，会计处理与税收处理存在差异的有5项：

（1）本年度1月份开始计提折旧的一项固定资产，成本为600万元，使用年限为5年，净残值为0。会计上按双倍余额递减法计提折旧，不符合固定资产折旧的税收优惠条件。税法规定的使用年限及净残值与会计规定相同。

(2) 期末对持有的存货计提了50万元的存货跌价准备，未经核定。

(3) 取得作为交易性金融资产核算的股票投资成本为500万元，12月31日公允价值为800万元。

(4) 向关联企业捐赠现金100万元。

(5) 违反有关规定应支付罚款50万元。

注：(1) 计算2014年应交所得税。按照税法规定，以公允价值计量且其变动计入当期损益的金融资产持有期间市价变动不计入应纳税所得额，企业向关联方的捐赠、罚款、未经核定的准备金支出不允许税前扣除。

应纳税所得额＝1 500+120+50-300+100+50＝1 520（万元）

应交所得税＝1 520×25%＝380（万元）

(2) 确认暂时性差异。2014年资产负债表日，固定资产账面价值360万元，计税基础480万元，产生120万元的可抵扣暂时性差异；计提存货跌价准备，产生50万元的可抵扣暂时性差异；交易性金融资产账面价值800万元，计税基础500万元，两者之间存在300万元的应纳税暂时性差异；向关联企业捐赠现金涉及损益，在资产负债表债务法下，不考虑暂时性差异；应付未付的罚款在“其他应付款”会计科目中核算，由于罚款在税前不得扣除，账面价值等于计税基础，暂时性差异为0。综合起来，应纳税暂时性差异300万元，可抵扣暂时性差异170万元。

(3) 确认当期递延所得税资产和递延所得税负债。

递延所得税资产余额＝170×25%＝42.5（万元）

当期递延所得税资产＝42.5-25＝17.5（万元）

递延所得税负债余额＝300×25%＝75（万元）

当期递延所得税负债＝75-50＝25（万元）

递延所得税＝25-17.5＝7.5（万元）

(4) 利润表中应确认的所得税费用387.5万元（380+7.5），确认所得税费用的账务处理如下：

借：所得税费用	3 875 000	
递延所得税资产	175 000	
贷：应交税费——应交所得税		3 800 000
递延所得税负债		250 000

第四节　特殊事项的税务处理

近年来，随着《企业会计制度》及相关会计准则（简称“会计制度及相关准则”）的陆续发布实施，有关会计要素的确认和计量原则发生了一些变化，同时，《企业所得税法》的公布实施，使得会计制度及相关准则中就收益、费用和损失的确认、计量标准与《企业所得税法》的规定产生了某些差异。这些差异要求纳税人在纳税过程中进行纳税调整。对于因会计制度及相关准则导致有关收益、费用或损失的确认、计量标准与税法规定的差异，处理原则为：企业在会计核算时，应当按照会计制度及相关准则的规定对各项会计要素进行确认、计量、记录和报告，会计制度及相关准则规定的确认、计量标准与税法不一致的，不得调整会计账簿记录和会计报表相关项目的金额。企业在计算当期应交所得税时，应在按照会计制度及相关准则计算的利润总额（即利润表中的“利润总额”，下同）的基础上，加上或减去会计制度及相关准则与税法规定就某项收益、费用或损失确认和计量等的差异后，调整为应纳税所得额，并据以计算当期应交所得税。

一、或有事项的税务处理

（一）或有事项概述

或有事项，是指过去的交易或者事项形成的，其结果须由某些未来事项的发生或不发生才能决定的不确定事项。常见的或有事项有：未决诉讼、未决仲裁、债务担保、产品质量保证（含产品安全保证）、亏损合同、重组义务、承诺、环境污染治理等。

1. 或有事项的基本特征有：

（1）或有事项是过去的交易或事项形成的一种状况。

（2）或有事项的结果具有不确定性。

（3）或有事项的结果须由未来发生的事项决定。

（4）影响或有事项结果的不确定因素不能由企业控制。

2. 会计上或有事项的确认。或有事项的确认所涉及的问题是，与或有事项相关的义务应在什么条件下确认为负债。根据相关规定，如果与或有事项相关的义务同时符合以下条件，企业应将其确认为负债：

（1）该义务是企业承担的现时义务而非潜在义务。

（2）该义务的履行很可能导致经济利益流出企业。“很可能”指发生的可能性为“大于50%但小于或等于95%”。与可能性相关的含义还有：“基本确定”指发生的可能性为“大于95%但小于100%”；“可能”指发生的可能性为“大于5%但小于或等于50%”；“极小可能”指发生的可能性为“大于0但小于或等于5%”。

（3）该义务的金额能够可靠地计量。这句话的含义是指因或有事项产生的现时义务的金额能够合理地估计。

（二）或有事项的会计处理与税务处理

1. 或有事项的会计处理。或有事项准则规定，与或有事项相关的义务符合确认为负债的条件时，应当将其确认为预计负债，并按清偿该负债所需支出的最佳估计数进行初始计量，企业因履行或有事项所形成的义务，还可能从第三方或其他方获得补偿。因此，或有事项的会计处理主要涉及两个问题：

（1）最佳估计数的确定。所需支出存在一个连续范围，且在该范围内各种结果发生的可能性是相同的，最佳估计数应当按照该范围内的中间值确定。在其他情况下，最佳估计数应当分别下列情况处理：①或有事项涉及单个项目的，按照最可能发生金额确定；②或有事项涉及多个项目的，按照各种可能结果及相关概率计算确定。

（2）预期可获得补偿的处理。会计制度规定，如果清偿因或有事项而确认的负债所需支出全部或部分预期由第三方或其他方补偿，则补偿金额只能在基本确定能收到时，作为资产单独确认，且确认的补偿金额不应超过所确认负债的账面价值。可能获得补偿的情况通常有：①发生交通事故等情况时，企业通常可以从保险公司获得合理的赔偿；②在某些索赔中，企业可以通过反诉的方式对索赔人或第三方提出赔偿要求；③在债务担保业务中，企业在履行担保义务的同时，通常可以向被担保企业提出追偿要求。

会计上确认或有事项时，可以借记“管理费用——诉讼费”、“管理费用——赔偿支出”、“销售费用——产品质量保证”、“营业外支出——罚息支出”、“营业外支出——赔偿支出”等科目，贷记“预计负债——未决诉讼”、“预计负债——产品质量保证”等科目。

2. 或有事项的税务处理。按照税法规定，税前扣除项目应遵循真实合法原则，估计的、尚未发生的损失、支出不能在税前扣除，因此，对纳税人按会计准则确认的预计负债，应相应调整所得税，借记“所得税费用”科目，贷记“应交税费——应交所得税 ”科目。

【例 10-12】2013 年 11 月 10 日，某银行批准甲房地产公司的贷款（无担保、无抵押）申请，同意向其贷款 1 000 万元，期限 1 年，年利率 8%。2014 年 11 月 10 日，甲房地产公司的借款到期。甲房地产公司具有还款能力，但因与该银行存在其他经济纠纷，未按时归还借款。该银行遂与甲房地产公司协商，但没有达成协议。2014 年 12 月 22 日，该银行向法院提起诉讼。截至 2014 年 12 月 31 日，法院尚未对该银行提起的诉讼进行审理。如无特殊情况，甲公司很可能败诉。为此，甲公司不仅须偿还贷款本金和利息，还需支付罚息、诉讼费等费用。假定甲公司预计要支付的罚息、诉讼费等费用估计数为 27 万元，其中支付的诉讼费为 5 万元。2014 年 12 月 31 日，甲公司应确认一项预计负债 27 万元，同时在附注中进行披露。有关账务处理如下：

（1）会计处理：

借：管理费用——诉讼费　　50 000
　　营业外支出——罚息支出　　220 000
　贷：预计负债——未决诉讼　　270 000

（2）税务处理：计提的预计负债不得在税前扣除，应调增所得税 6.75 万元（27×25%）。

借：所得税费用　　67 500
　贷：应交税费——应交所得税　　67 500

【例 10-13】乙公司为空调生产和销售企业。某年度销售柜式空调 10 000 台，每台售价 1 万元。该公司对消费者的服务质量承诺如下：空调售出后 5 年内如出现非意外事件造成的空调故障和质量问题，甲公司免费负责保修（含零部件更换）。根据以往的经验，发生的保修费一般为销售额的 1%～1.8%。乙公司该年度实际发生的维修费用为 120 万元，该公司“预计负债——产品质量保证”科目上年度年末无余额。

（1）会计处理。发生产品质量保证费用（维修费）时：

借：预计负债——产品质量保证　　1 200 000
　贷：银行存款（或原材料等）　　1 200 000

该年度应确认的产品质量保证负债金额为 140 万元（10 000×1×（1%+1.8%）÷2）。

借：销售费用——产品质量保证　　1 400 000
　贷：预计负债——产品质量保证　　1 400 000

（2）税务处理：

应调增所得税=（预计负债期末余额-预计负债期初余额）×适用税率

预计负债期末余额为 20 万元（140-120），期初余额为 0，故应调增所得税 5 万元（20×25%）。

借：所得税费用　　50 000

　贷：应交税费——应交所得税　　50 000

二、债务重组的税务处理

（一）债务重组概述

债务重组，是指在债务人发生财务困难的情况下，债权人按照其与债务人达成的协议或者法院的裁定作出让步的事项。债务重组的定义表明只有债务人发生财务困难时，债权人才会考虑作出让步。债务重组主要有以下四种方式：（1）以资产清偿债务；（2）债务转为资本；（3）修改其他债务条件，如减少债务人部分债务本金或减免应付未付的利息、降低利率等；（4）以上三种方式的组合。

（二）债务重组的会计处理与税务处理

对于债务重组的会计处理，从债务人角度看，债务人应将重组债务的账面价值超过清偿债务的现金、转让的非现金资产的公允价值、所转让股份的公允价值、重组后债务账面价值的部分，确认为债务重组利得，记入"营业外收入"科目。相关重组债务在满足金融负债终止确认条件时终止确认。

从债权人角度看：（1）债务人以现金清偿债务的，债权人应将重组债权的账面余额与收到的现金之间的差额确认为债务重组损失，记入"营业外支出"科目；（2）债务人转让非现金资产清偿债务的，债权人应将重组债权的账面余额与受让的非现金资产公允价值之间的差额确认为债务重组损失，记入"营业外支出"科目；（3）债务人将债务转为资本的，债权人应将重组债权的账面价值与受让股权的公允价值之间的差额确认为债务重组损失，记入"营业外支出"科目；（4）修改其他债务条件的，当不附或有条件时，债权人以重组债权的账面余额与重组后债权账面价值之间的差额确认为债务重组损失，记入"营业外支出"科目，当附加或有条件时，只有在或有应收金额实际发生时，才计入当期损益。

注意区别两个概念：账面价值和账面余额。账面价值，是指某科目的账面余额减去相关备抵项目后的净额；账面余额是指某科目的账面实际余额，不扣除作为该科目备抵的项目。备抵项目指累计折旧、坏账准备、各类资产的减值准备等。

为了加强对企业债务重组业务的所得税管理，财政部、国家税务总局于 2009 年 4 月 30 日发布了财税［2009］59 号《关于企业重组业务企业所得税处理若干问题的通知》，规定从 2010 年 1 月 1 日起执行，同时具有追溯力。其中，债务重组的定义、方式、税务处理和会计准则基本一致，差别在于会计处理淡化公允价值，突出账面价值，强调在债务重组日以账面价值为入账基准。税法处理中重视收入和所得的确认，使用计税基础来确定债务重组中非货币性资产的税收属性。

下面我们对债务重组的几种方式，分别比较说明每种方式下的会计处理和税务处理。

（1）以资产清偿债务。税法规定，在债务重组业务中，债务人应当将重组债务的计税成本与支付的现金金额或非现金资产的公允价值（包括与转让非现金资产相关的税费）

的差额，确认为债务重组利得，计入企业当期的应纳税所得额；债权人应当将重组债权的计税成本与收到的现金或非现金资产的公允价值之间的差额，确认为当期的债务重组损失，冲减应纳税所得额。如果债务重组所得数额较大，一次性纳税有困难的，经主管税务机关核准，可以在不超过5个纳税年度的期间内均匀计入各年度的应纳税所得额。

以现金清偿债务的过程中，会计和税法的规定基本一致。债务人按照应付债务的计税成本（即债务的账面余额）账面余额借记“应付账款——×公司”科目，按照支付的现金贷记“银行存款”或“库存现金”科目，将重组债务的账面余额与支付的现金之间的差额，记入“营业外收入”科目。债权人借记“银行存款”或“库存现金”、“营业外支出——债务重组损失”、“坏账准备”科目，贷记“应收账款”科目。

【例10-14】2014年3月，甲企业因购进商品而欠乙企业货款及税款合计110万元。因甲企业发生财务困难不能按时支付货款，于2014年4月10日经协商，乙企业同意甲企业支付100万元货款，余款不再偿还。甲企业随即用银行存款支付了100万元货款。乙企业已对该项应收账款计提8万元的坏账准备。

①企业的会计处理及纳税调整：

借：应付账款——乙企业	1 100 000	
贷：银行存款		1 000 000
营业外收入——债务重组利得		100 000

甲企业应将10万元债务重组所得计入当年应纳税所得额，因会计和税法的规定一致，不用进行纳税调整。

②乙企业的会计处理及纳税调整：

借：银行存款	1 000 000	
坏账准备	80 000	
营业外支出——债务重组损失	20 000	
贷：应收账款——甲企业		1 100 000

乙企业将重组债权的计税成本（账面价值）与收到的现金之间的差额2万元，在报经主管税务机关批准后，确认为当期的债务重组损失，冲减应纳税所得额。由于《企业所得税法》规定，企业实际发生的坏账在报主管税务机关批准后才可扣除，因此，在年终进行纳税申报时，还需对坏账准备的金额进行纳税调整。

债务人以非现金资产清偿债务，应区分不同种类的非现金资产进行会计处理：

①以库存材料、商品抵偿债务。债务人可将该业务分为两项业务：一是视同正常销售业务进行会计核算；二是以取得的货款清偿债务。借记“应付账款”科目，贷记“主营业务收入”、“应交税费——应交增值税（销项税额）”、“营业外收入——债务重组利得”科目，同时，按成本结转存货。注意，“主营业务收入”科目的入账金额为该存货的公允价值。

债权人应按材料或商品的公允价值借记“库存商品”科目，按可抵扣的增值税税额借记“应交税费——应交增值税（进项税额）”科目，按计提的坏账准备金额借记“坏账准备”科目，按债务账面价值和收到存货的公允价值及相关税费的差额借记“营业外支出——债务重组损失”科目，按应收账款的账面余额贷记“应收账款”科目。

②以固定资产抵偿债务。债务人应先将固定资产进行清理，借记“固定资产清理”、

"累计折旧"科目，贷记"固定资产"科目；再按债务账面价值转销债务，将债务账面价值扣除固定资产净值和清理费用（减去残值收入）等之后的余额确认为损益，借记"应付账款"科目，贷记"固定资产清理"、"营业外收入——债务重组利得"等科目。债权人借记"固定资产"、"坏账准备"、"营业外支出——债务重组损失"等科目，贷记"应收账款"科目。

③以无形资产清偿债务的，债务人应按债务账面价值转销债务，同时按无形资产的账面净值结转无形资产，将债务账面价值扣除无形资产账面净值与相关税费之和后的余额确认为当期损益。借记"应付账款"科目，贷记"无形资产"、"应交税费——应交营业税"、"营业外收入——债务重组利得"等科目。债权人借记"无形资产"、"坏账准备"等科目，贷记"应收账款"等科目。

④以金融资产抵偿债务。债务人应将相关金融资产的公允价值与其账面价值的差额，作为转让金融资产的损益处理；相关金融资产的公允价值与债务的账面价值的差额，作为债务重组利得。借记"应付账款"、"投资损益"（转让金融资产为损失时）科目，贷记"交易性金融资产"、"营业外收入——债务重组利得"、"投资损益"（转让金融资产为利得时）科目。

债务人以非现金资产清偿债务的税务处理，应分解为按公允价值转让非现金资产，再以与非现金资产公允价值相当的金额偿还债务两项经济业务进行所得税处理，债务人应确认有关资产的转让所得（或损失）。一方面对偿债资产视同销售或转让；另一方面为避免重复计算应税所得，依规定按其公允价值计算抵债金额和重组所得。债权人取得的非现金资产，应按该有关资产的公允价值与相关税费确定其计税成本，据以计算可在企业所得税前扣除的固定资产折旧费用、无形资产摊销费用或结转商品销售成本等。

【例 10-15】甲企业因购买原材料而欠乙企业的货款及税款合计 120 万元。由于甲企业资金周转发生困难，不能按时支付该笔欠款。后经协商，甲企业以其产品偿还债务。该产品的销售价格 100 万元，实际成本 80 万元。甲企业为一般纳税人，增值税税率为 17%。不考虑其他税费。

①企业的会计处理：

借：应付账款——乙企业　　1 200 000
　贷：主营业务收入　　1 000 000
　　　应交税费——应交增值税（销项税额）　　170 000
　　　营业外收入——债务重组利得　　30 000
借：主营业务成本　　800 000
　贷：库存商品　　800 000

在企业所得税处理上，甲企业一方面确认资产转让所得20 万元（100-80），另一方面按规定确认实现债务重组所得 3 万元（120-（100+17））。会计处理与税务处理相同，无需作纳税调整。

②乙企业的会计处理：

借：库存商品　　1 000 000
　　应交税费——应交增值税（进项税额）　　170 000
　　营业外支出——债务重组损失　　30 000

贷：应收账款——甲企业 12 000 000

乙企业取得甲企业的产品，其计税成本为不含税的公允价值100万元。在债务重组日，乙企业债务重组损失3万元，冲减当期应纳税所得额，不用作纳税调整。

（2）以债务转化为资本方式清偿债务。在这种情况下，债务人和债权人的会计处理分别为：

①债务人。债务人应将债权人因放弃债权而享有股份的面值（股权份额）确认为股本（实收资本），贷记“股本”或“实收资本”科目，股份（股权份额）的公允价值与股本（实收资本）之间的差额确认为资本公积，贷记“资本公积——股本溢价”科目。重组债务账面价值与股份的公允价值之间的差额作为债务重组利得，记入“营业外收入”科目。

②债权人。债权人应将重组债权的账面余额与因放弃债权而享有的股权的公允价值之间的差额，先冲减已提取的减值准备，差额确认为债务重组损失。债权人放弃债权而享有的股权应按公允价值计量，借记“长期股权投资”科目。

以债务转换为资本方式进行的债务重组中，债务人应将重组债务账面价值与债权人因放弃债权而享有的股权公允价值的差额，确认为债务重组所得，计入当期应纳税所得；债权人应将享有的股权公允价值确认为该项投资的计税成本。

【例10-16】甲企业为股份有限公司，因购买一批商品而应付乙企业货款及税款合计200万元。由于甲企业无法按时支付该笔欠款，双方达成协议，甲企业以其增发的普通股90万股偿还该笔债务，该股每股市价2元，面值1元，不考虑其他税费。乙企业对该笔应收账款计提了1万元的坏账准备。假定乙企业将债权转为股权后，长期股权投资按照成本法核算。

① 企业的会计处理：

借：应付账款——乙企业	2 000 000	
贷：股本		900 000
资本公积——股本溢价		900 000
营业外收入——债务重组利得		200 000

在企业所得税处理上，股本溢价不征收企业所得税，甲企业应确认的债务重组所得为20万元，应并入当期所得征税。

②乙企业的会计处理：

借：长期股权投资	1 800 000	
坏账准备	10 000	
营业外支出——债务重组损失	190 000	
贷：应收账款——甲企业		2 000 000

乙企业应确认的债务重组损失19万元，可以在税前扣除。冲减的坏账准备将在期末对该项目进行纳税调整时一并处理。

（3）修改其他债务条件的债务重组。这应分别两种情况进行会计处理：

①不附或有条件的债务重组，债务人应将修改条件后债务的公允价值作为重组后债务的入账价值，重组债务的账面价值与重组后债务的账面价值之间的差额计入债务重组利得；债权人以重组债权的账面价值与重组后债权账面价值之间的差额确认为债务重组损

失，记入“营业外支出”科目。

②附或有条件的债务重组，对于债务人，修改后的债务条款涉及或有应付金额，且符合或有事项中有关预计负债确认条件的，债务人应先将或有应付金额确认为预计负债。重组债务的账面价值与重组后债务的入账价值及预计负债之和的差额，记入“营业外收入——债务重组利得”科目；对于债权人，修改后的债务条款涉及或有应收金额，根据会计谨慎性原则，不应当确认该或有资产，只有或有应收金额实际发生时，才计入当期损益。

在税务处理上，以修改其他债务条件进行债务重组的，债务人应将重组债务的计税成本减计至未来应付金额，减计的金额确认为当期债务重组利得。债权人应将债权的计税成本减计至未来应收金额，减计的金额确认为当期债务重组损失。可以看出，不附或有条件的债务重组，重组利得或损失的税务处理与会计处理基本一致；附或有条件的债务重组，对于债务人而言，会计上确认债务重组利得时可以扣除预计负债的金额，而税法中根据税前扣除的确定性原则，预计负债只有在实际发生时才能据实扣除，因此重组后债务的账面价值与计税基础之间会形成暂时性差异。

【例 10-17】2010 年 6 月 30 日，甲公司从某银行取得年利率为 8%、两年期的贷款 100 万元，现因甲公司发生财务困难，于 2012 年 12 月 31 日进行债务重组，银行同意延长贷款到期日至 2014 年 12 月 31 日，利息按年支付，利率改为 6%，免除积欠利息 20 万元，本金降至 90 万元。但重组协议中附有一条件：债务重组后，如果甲公司自 2013 年起有盈利，则利率恢复至 8%；若无盈利，则仍为 6%。

①在债务重组日，甲公司重组债务的账面价值为 120 万元（100×（1+8%×2.5）），会计处理如下：

借：长期借款——某银行	1 200 000	
贷：长期借款——债务重组		900 000
预计负债		36 000
营业外收入——债务重组利得		264 000

在企业所得税处理上：

甲公司债务重组所得＝重组债务计税基础－重组后债务计税基础
＝120－90
＝30（万元）

因此，2012 年计税时应调增应纳税所得为 3.6 万元（30－26.4）。

②假设甲公司自 2013 年开始一直盈利，甲公司每年应按 8% 的利率支付利息 72 000 元，2013 年 12 月 31 日，会计处理如下：

借：财务费用	54 000	
预计负债	18 000	
贷：银行存款		72 000

2014 年 12 月 31 日，按 8% 的利率还本付息，会计处理如下：

借：长期借款——债务重组	900 000	
财务费用	54 000	
预计负债	18 000	

贷：银行存款　　972 000

2013 年和 2014 年甲公司的财务费用据实扣除，不需作纳税调整。因或有支出已成为实际支出，可以据实扣除，因此，甲公司 2013 年和 2014 年应分别调减应纳税所得额 1.8 万元。

③假设甲企业一直处于亏损状态，甲公司到期按 6% 利率支付银行利息，2013 年 12 月 31 日，会计处理如下：

借：财务费用　　54 000

预计负债　　18 000

贷：银行存款　　54 000

营业外收入——债务重组利得　　18 000

2014 年 12 月 31 日，按 6% 的利率还本付息，会计处理如下：

借：长期借款——债务重组　　900 000

财务费用　　54 000

预计负债　　18 000

贷：银行存款　　954 000

营业外收入——债务重组利得　　18 000

2013 年和 2014 年甲公司的财务费用据实扣除，不需作纳税调整。因甲公司在债务重组日计提的预计负债没有在税前扣除，调增了应纳税所得额，故在 2013 年和 2014 年转回预计负债时，应分别调减应纳税所得额 1.8 万元。

（4）混合重组方式。混合重组方式主要有以下五种情况：

①以现金、非现金资产两种方式的组合清偿某项债务；

②以现金、非现金资产、债务转为资本方式的组合清偿某项债务；

③以现金、债务转为资本两种方式的组合清偿某项债务；

④以非现金资产、债务转为资本两种方式的组合清偿某项债务；

⑤以现金、非现金资产、债务转为资本等方式清偿某项债务的一部分，并对该项债务的另一部分以修改其他债务条件进行债务重组。

对于混合重组方式，在会计处理上应说明两点：

①债务人和债权人在进行账务处理时，应依据债务清偿的顺序。一般情况下，应先考虑以现金清偿，然后是以非现金资产清偿或以债务转为资本方式清偿，最后是修改其他债务条件。债务人按照这一顺序依次冲减重组债务的账面价值，债权人也按照收到的现金、受让非现金资产的公允价值、因放弃债权而享有股权的公允价值的顺序依次冲减重组债权的账面价值，会计处理方法与单项债务重组的处理方法一致。

②存在以非现金资产、债务转为资本清偿债务的，债权人应考虑采用两者的公允价值相对比例确定各自的入账价值；如果非现金资产或股权不止一项，则须再按同样的方法确定各项非现金资产或股权的入账价值。如果重组协议本身已经明确规定了非现金资产或股权的清偿债务金额或比例，就按协议规定进行账务处理。

混合重组方式下的税务处理基本方法不变。混合重组方式下应按照以上顺序进行纳税处理，同时就每一类偿债资产冲减重组债务和重组债权的计税成本，再分别适用相应规定。

【例 10-18】甲企业因为现金流量严重不足，不能按时支付所欠乙企业的货款 400 万元。与乙企业达成协议，于2014年5月31日进行债务重组，甲企业以银行存款支付20万元，以其用作固定资产的一台设备偿还80万元的债务，其余部分转为乙企业对甲企业的投资，甲企业普通股面值10元，以200 000股进行抵偿，该股票每股市价13元。该设备原值为120万元，已提折旧50万元，公允价值为75万元，乙企业接受该设备后也作固定资产用。假定乙企业未对该项债权计提坏账准备，且不考虑双方相关交易费用。

①甲企业的会计处理如下：

借：固定资产清理	700 000	
累计折旧	500 000	
贷：固定资产		1 200 000
借：应付账款——乙企业	4 000 000	
贷：银行存款		200 000
固定资产清理		750 000
实收资本		2 000 000
资本公积——股本溢价		600 000
营业外收入——债务重组利得		450 000
借：固定资产清理	50 000	
贷：营业外收入——处置固定资产利得		50 000

在企业所得税处理上，甲企业应确认设备转让所得为5万元（75-（120-50））。同时，应确认甲企业的债务重组所得为45万元（400-（20 +75 + 260））。两者金额之和50万元计入应纳税所得额。

②乙企业的会计处理如下：

借：银行存款	200 000	
固定资产	750 000	
长期股权投资	2 600 000	
营业外支出——债务重组损失	450 000	
贷：应收账款——甲企业		4 000 000

在企业所得税处理上，乙企业的债务重组损失为45万元（400-（20+260+75）），会计核算也确认了这笔债务重组损失，因此，无需调整当期的应纳税所得额。

三、非货币性资产交换的税务处理

（一）非货币性资产交换概述

非货币性资产交换，是指交易双方主要以存货、固定资产、无形资产和长期股权投资等非货币性资产进行的交换。该交换不涉及或只涉及少量的货币性资产（即补价）。非货币性资产交换主要有以下几个特点：

1. 非货币性资产交换的交易对象主要是非货币性资产。非货币性资产，是指货币性资产以外的资产。所谓货币性资产，是指企业将以固定或可确定金额的货币收取的资产，包括现金、银行存款、应收账款和应收票据以及准备持有至到期的债券投资等。货币性资产以外的资产为非货币性资产。

2. 非货币性资产交换是以非货币性资产进行交换的行为。非货币性资产交换是一种互惠转让，即企业以换出资产为代价换入资产。

3. 非货币性资产交换有时也可能涉及少量的货币性资产。非货币性资产交换中一方有可能支付或收到一定金额的货币性资产，此时收到或支付的货币性资产称为补价。这里所称“少量的货币性资产”，是指补价占整个资产交换金额的比例必须低于25%，即支付的货币性资产占换入资产公允价值（或占换出资产公允价值与支付的货币性资产之和）的比例低于25%（不含25%）。若该比例大于或等于25%，则适用收入准则，按照货币性资产交换处理。

（二）非货币性资产交换的会计处理与税务处理

1. 非货币性资产交换的会计处理。

（1）采用公允价值模式计量。非货币性资产交换采用公允价值模式计量必须具备两个条件：一是具有商业实质，即换入资产的未来现金流量在风险、时间和金额方面与换出资产显著不同，换入、换出资产预计未来现金流量现值不同，且其差额与换入、换出资产的公允价值相比是重大的。在关联方交易中，很可能发生的非货币性资产交换不具有商业实质。二是换入资产或换出资产的公允价值能够可靠计量。

在非货币性资产交换的会计处理中，最关键的是关于换入资产入账价值的确定：

①不涉及补价时，应当以换出资产的公允价值和应支付的相关税费作为换入资产的成本，除非有确凿证据表明换入资产的公允价值比换出资产公允价值更加可靠。换出资产公允价值与其账面价值之间如果有差额，计入当期损益。会计上应视换出资产的类别不同而区别处理：换出资产为存货的，视同销售处理，按公允价值确认销售收入，结转销售成本；换出资产为固定资产、无形资产的，换出资产公允价值和账面价值的差额，计入营业外收入或营业外支出；换出资产为长期股权投资、可供出售金融资产的，换出资产公允价值和账面价值的差额，计入投资收益。换入资产与换出资产涉及相关税费的，按有关税收规定计算确定。

②涉及补价时，分两种情况：

支付补价方：

换入资产入账价值=换出资产公允价值+补价+应支付的相关税费

换入资产的公允价值=换出资产公允价值+补价

换入资产入账价值与换出资产账面价值、补价以及应支付的相关税费之和的差额，计入当期损益。

收到补价方：

换入资产入账价值=换出资产公允价值-补价+应支付的相关税费

换入资产入账价值加收到的补价之和与换出资产账面价值加应支付的相关税费之和的差额，计入当期损益。

（2）采用账面价值模式计量。如果非货币性资产交换不满足采用公允价值模式计量必须具备的两个条件，则应当以换出资产账面价值加上应支付的相关税费确定换入资产的成本，无论是否支付补价，均不确认损益。

①不涉及补价时，应当以换出资产的账面价值和应支付的相关税费作为换入资产的成本。

②涉及补价时，支付补价方：

换入资产入账价值=换出资产账面价值+补价+应支付的相关税费

收到补价方：

换入资产入账价值=换出资产账面价值-补价+应支付的相关税费

（3）涉及多项非货币性资产交换。涉及多项非货币性资产交换的，企业首先应判断是否符合公允价值计量的两个条件。对于资产交换具有商业实质、换入资产和换出资产的公允价值均能够可靠计量或者换入资产、换出资产中只有一方资产的公允价值能够可靠计量的，换入资产的成本都是按照公允价值模式计量。在同时换入多项资产的情况下，应当按照各项换入资产的公允价值占换入资产公允价值总额的比例，对换入资产的总成本进行分配，确定各项换入资产的成本。当换入资产的公允价值不能可靠计量时，应按照各项换入资产的原账面价值占换入资产原账面价值总额的比例，对按照换出资产公允价值总额确定的换入资产总成本进行分配，以确定各项换入资产的成本；其他不符合公允价值计量条件的情况，按照账面价值计量。

2. 非货币性资产交换的税务处理。

非货币性资产交换的税务处理，在流转税方面，随着换出资产的类别不同而各有差别：

（1）如果纳税人以自产、外购或委托加工的货物进行易货贸易或对外投资，则视同销售，按同期或最近时期同类存货的加权平均价格，如果无同期或最近时期售价，按组成计税价格，计算缴纳增值税。如果用于交换或投资的货物属于应交消费税的消费品，还需缴纳消费税，但计算消费税时，应按最高售价计税。

（2）当纳税人以使用过的机器设备等动产进行实物交换时，如果交易价格（公允价值）低于原值，可免征增值税；反之，则应按4%的征收率计征增值税并减征50%。

（3）以无形资产、不动产、投资性房地产进行非货币性资产交换时，应当视同销售，计算缴纳营业税、土地增值税。

（4）增值税一般纳税人换入存货或设备，取得增值税专用发票，符合抵扣条件的，可以依法抵扣进项税额。

在所得税方面，《企业所得税法实施条例》第二十五条规定，除国务院财政、税务主管部门另有规定外，企业发生非货币性资产交换，应当视同销售货物、转让财产。第五十八条、六十二条、六十六条、七十一条和七十二条规定，以非现金资产交换方式取得的固定资产、生物资产、无形资产、投资资产和存货，以该资产的公允价值和支付的相关税费为计税基础（成本）。可以看出，非货币性资产交换按照公允价值计量时，资产转让的计税收入和换入资产入账价值的确定在税收处理和会计处理上一致。

【例10-19】甲企业是一设备生产厂家，经协商，以自己生产的1台设备换入乙企业生产的A产品一批。该设备的市场价格为20万元、生产成本为12万元。该批A产品的市场价格为24万元、生产成本为18万元。同时，甲企业向乙企业支付银行存款4万元。甲企业将换入的A产品作为存货，乙企业将换入的设备作为固定资产。假设甲企业和乙企业均未对存货计提存货跌价准备，甲、乙企业各自开具增值税专用发票。

甲企业的会计处理：

$$\frac{4}{4+20}\times100\% = 16.67\% < 25\%$$

甲企业可以判定此项交易属于非货币性资产交换。

借：库存商品——A 产品	233 200	
应交税费——应交增值税（进项税额）	40 800	
贷：主营业务收入——×设备		200 000
应交税费——应交增值税（销项税额）		34 000
银行存款		40 000
借：主营业务成本	120 000	
贷：库存商品——×设备		120 000

甲企业作会计处理时应注意：该交易无论是否开具增值税专用发票，均应计算增值税销项税额，而只有当乙公司开来增值税专用发票时，甲企业才能抵扣增值税进项税额。视同销售确认 8 万元的净收益计入当期应纳税所得额，无需作纳税调整。

乙企业的会计处理：

$$\frac{4}{24}\times 100\% = 16.67\% < 25\%$$

对乙企业来说，此项交易也是非货币性资产交换。

借：固定资产——×设备	206 800	
银行存款	40 000	
应交税费——应交增值税（进项税额）	34 000	
贷：主营业务收入——A 产品		240 000
应交税费——应交增值税（销项税额）		40 800
借：主营业务成本	180 000	
贷：库存商品——A 产品		180 000

同理，乙企业也无需作纳税调整。

四、关联企业往来业务的会计处理与税务处理

会计准则中公布的关联方披露准则主要是为了明确关联方关系的认定、交易类型以及相关信息披露，为会计报表使用者提供更为可靠的信息；《企业所得税法》及其实施条例在第六章“特别纳税调整”中专门对关联方关系的认定、关联方交易的原则、纳税调整等问题进行说明，目的是防止纳税人利用关联交易避税。

（一）关联方关系的认定

关联方披露准则规定：一方控制、共同控制另一方或对另一方施加重大影响，以及两方或两方以上同受一方控制、共同控制或施加重大影响的，构成关联方。关联方关系往往存在于控制或被控制、共同控制或被共同控制、施加重大影响或被施加重大影响的各方之间。在判断是否存在关联方关系时，应遵循实质重于形式的原则。

《企业所得税法实施条例》第一百零九条规定，关联方是指与企业有下列关联关系之一的企业、其他组织或者个人：

1. 在资金、经营、购销等方面存在直接或者间接的控制关系；
2. 直接或者间接地同为第三者控制；
3. 在利益上具有相关联的其他关系。

税法与会计准则对关联方关系的认定既有相同的地方，又有不同之处。差异主要在于：(1) 对“控制”的理解及认定标准不同；(2) 税收意义上的“关联方”没有包括主要投资者个人（除存在控制关系的）、关键管理人员或与其关系密切的家庭成员，但是包括在经营、购销等方面存在直接或间接控制关系的企业、其他组织和个人，会计上的关联方则相反；(3) 会计准则中的关联方关系强调“财务管理权”，而税法则从反避税的角度强调与关联方有业务往来的资金、经营、购销方面。

(二) 关联方交易的确认及纳税调整

会计准则中规定，关联方交易是指关联方之间转移资源、劳务或义务的行为，而不论是否收取价款。关联方的交易类型主要有：购买或销售商品、购买或销售除商品以外的其他资产、提供或接受劳务、担保、提供资金、租赁、代理、研究与开发项目的转移、许可协议、代表企业或由企业代表另一方进行债务结算、关键管理人员薪酬等。

独立交易原则，是指没有关联关系的交易各方，按照公平成交价格和营业常规进行业务往来遵循的原则，包括：

1. 可比非受控价格法，是指按照没有关联关系的交易各方进行相同或者类似业务往来的价格进行定价的方法。

2. 再销售价格法，是指按照从关联方购进商品再销售给没有关联关系的交易方的价格，减除相同或者类似业务的销售毛利进行定价的方法。

3. 成本加成法，是指按照成本加合理的费用和利润进行定价的方法。

4. 交易净利润法，是指按照没有关联关系的交易各方进行相同或者类似业务往来取得的净利润水平确定利润的方法。

5. 利润分割法，是指将企业与其关联方的合并利润或者亏损在各方之间采用合理标准进行分配的方法。

6. 其他符合独立交易原则的方法。

税务机关在具体选择纳税调整方法时，可参考下列标准：(1) 方法的运用应满足方法本身对可比性条件的要求；(2) 同等信息资料条件下，没有其他更适当的方法；(3) 方法的运用能够被税务机关和纳税人所接受。

此外，借鉴国际经验，《企业所得税法》中还增列了“预约定价安排”的内容，企业可以向税务机关提出与其关联方之间业务往来的定价原则和计算方法，税务机关与企业协商、确定后，达成预约定价安排。借鉴国际反避税立法经验，增加了成本分摊协议、一般反避税、防止资本弱化、防止避税地避税、补征税款加收利息等内容。

(三) 关联方的披露

会计准则要求，企业应在财务报表中披露所有关联方关系及其交易的相关信息，包括：

1. 企业无论是否发生关联方交易，均应在附注中披露与该企业之间存在控制关系的母公司和子公司有关的信息。

2. 企业与关联方发生关联方交易的，应在附注中披露该关联方关系的性质、交易类型及交易要素。

3. 对外提供合并财务报表的，不予披露已经包括在合并范围内各企业之间的交易。

五、取得境外所得的税务处理

国家对企业来自境外所得依法征收所得税时，允许企业将其已在境外缴纳的所得税税额从其应向本国缴纳的所得税税额中扣除，这是避免国际间对同一所得重复征税的一项重要措施。

为实施“走出去”战略，提高我国企业国际竞争力，《企业所得税法》保留了对境外所得直接负担的税收采取抵免法，规定下列境外所得实行税额抵免：（1）居民企业来源于中国境外的应税所得；（2）居民企业从其直接或间接控制的外国企业分得的来源于中国境外的股息、红利等权益性投资收益，外国企业在境外实际缴纳的所得税税额中属于该项所得负担的部分；（3）非居民企业在中国境内设立机构、场所，取得发生在中国境外但与该机构、场所有实际联系的所得。

对于来源于境外的股息、红利负担的税收，引入了间接抵免方式，规定居民企业直接持有或间接持有外国企业20%以上股份，可以实行间接抵免。从国际惯例看，实行间接抵免一般要求以居民企业对外国公司有实质性股权参与为前提。如美国、加拿大、英国、澳大利亚、墨西哥等规定，本国公司直接或间接拥有外国公司10%以上有表决权的股票，日本、西班牙规定的比例为25%以上。

已在境外缴纳的所得税税额，可以从其当期应纳税额中抵免；超过抵免限额的部分，可以在以后5个年度内，用每年度抵免限额抵免当年应抵税额后的余额进行抵补。

抵免限额应当分国（地区）不分项计算，其计算公式是：

$$抵免限额=\frac{境内、外所得按税法}{计算的应纳税总额}\times\frac{来源于某外国（地区）所得}{中国境内、境外所得总额}$$

【例10-20】某外商投资企业2014年度来源于中国境内的应纳税所得为200万元，适用25%的企业所得税税率。该企业在A国设有分支机构（我国与A国已经缔结避免双重征税协定），来源于A国分支机构的应纳税所得额为60万元，A国税率为20%；来源于B国直接控股公司的股息90万元，该企业在B国公司的控股比例为25%，B国预提所得税税率为10%，企业所得税税率为30%，税后利润全部分配。计算该企业汇总在我国应缴纳的企业所得税税额。

（1）A国所得的扣除限额为15万元（60×25%），已纳税额为12万元（60×20%），低于扣除限额15万元，可全额扣除。

（2）对B国直接控股公司控股比例25%，超过20%，采用间接抵免法。税后股息90万元，税前股息为100万元（90÷（1-10%））。B国企业所得税税率为30%，税后利润全部分配，故税前利润为142.86万元（100÷（1-30%）），在B国已纳税额为42.86万元（142.86×30%）。

B国所得抵免限额为35.71万元（142.86×25%），在B国缴纳的所得税为42.86万元，高于扣除限额，其超过扣除限额的部分不能扣除。

（3）应纳税额为53万元（（200+60+142.86）×25%-12-35.71）。

六、永久性差异的税务处理

永久性差异是指企业在一定会计期间，由于会计制度和税法在计算收益、费用或损失时的口径不同，所产生的税前会计利润与应税所得之间的差异。这种差额在本期发生，并不能在以后各期转回。在现行所得税会计中，由于采用“资产负债表债务法”核算，只确认暂时性差异对未来纳税的影响，所以没有专门提及永久性差异的会计处理。但是，税法和会计在某些事项的处理方面确实存在永久性差异，这种差异在未来一段期间并不能转回，而只能在当期确认。例如，某企业 2014 年度应付未付职工薪酬 1 000 万元，合理的职工薪酬为 800 万元，会计上在“应付职工薪酬”科目确认 1 000 万元，税法上可抵扣的工资、薪金为 800 万元，会计处理和税务处理存在 200 万元的差异。按照所得税会计准则，“应付职工薪酬”作为一项负债，其账面价值和计税基础有 200 万元的差异，但是由于该差异在未来期间并不能转回，即 200 万元并不能在未来继续抵扣，故暂时性差异为零。事实上，这 200 万元的差异就是永久性差异。具体来说，根据永久性差异对应纳税所得额的影响，我们将某些项目列示如下（见表 10-10）。

表 10-10　**永久性差异对应纳税所得额的影响**

调增项目	调减项目
（1）税收滞纳金、罚款（会计：营业外支出） （2）赞助支出（会计：营业外支出） （3）商业保险费（会计：管理费用） （4）非金融企业向非金融企业的借款利息支出超标部分（会计：财务费用） （5）“三费”超标部分 （6）业务招待费超标部分 （7）公益救济性捐赠超标部分	（1）国债利息收入 （2）居民企业之间的权益性投资收益 （3）持有居民企业公开发行并上市流通的股票 12 个月以上取得的投资收益 （4）转让技术所有权收入 （5）研发费用

【例 10-21】龙华公司（居民企业）2014 年度经营成果见表 10-11，适用企业所得税税率 25%，设该年度内未预缴企业所得税。

表 10-11　**利润表**

编制单位：龙华公司　　2014 年度　　单位：元

项目	行次	本月数	本年累计数
一、主营业务收入	1	略	8 800 000
减：主营业务成本	4		7 490 000
营业税金及附加	5		324 000
二、主营业务利润（亏损以“-”号填列）	10		986 000
加：其他业务利润（亏损以“-”号填列）	11		50 000
减：营业费用	14		86 000
管理费用	15		140 000
财务费用	16		90 000
三、营业利润（亏损以“-”号填列）	18		720 000
加：投资收益（亏损以“-”号填列）	19		120 000
营业外收入	22		40 000
营业外支出	23		80 000
四、利润总额（亏损总额以“-”号填列）	25		800 000
减：所得税（按税法计算）	27		206 812. 5
五、净利润（净亏损以“-”号填列）	28		593 187. 5

该公司财务人员根据《企业所得税法》的有关规定进行税务会计核算时，发现其有

关财务核算的项目中包括以下核算内容：

1. 管理费用项目中，列支的业务招待费用超标准12 000元。

2. 财务费用项目中，列支的借款利息支出超标准15 000元。

3. 投资收益项目中，从其他居民企业分回直接投资股息50 000元，购买国债利息收入20 000元。

4. 营业外支出项目中，列支非公益、救济捐赠支出20 000元，非广告性赞助支出10 000元，缴纳税收滞纳金5 000元。

5. 发生职工福利费、工会经费、职工教育经费超标准35 250元。

该公司应缴纳入库的企业所得税按税法规定计算处理如下：

1. 纳税调整增加额（永久性差异）为：

12 000+15 000+20 000+10 000+5 000+35 250=97 250（元）

2. 纳税调整减少额（永久性差异）为：

50 000+20 000=70 000（元）

3. 应纳税所得额为：

应纳税所得额=会计利润±按税法规定调整项目金额=800 000+97 250-70 000=827 250（元）

4. 公司应纳所得税税额为：

公司应纳所得税税额=827 250×25%=206 812.5（元）

会计处理如下：

借：所得税费用　　206 812.5

　贷：应交税费——应交所得税　　206 812.5

公司转销所得税费用时：

借：本年利润　　206 812.5

　贷：所得税费用　　206 812.5

公司上缴所得税时：

借：应交税费——应交所得税　　206 812.5

　贷：银行存款　　206 812.5

该年度公司实现的净利润为593 187.5元（800 000-206 812.5），利润表中的所得税和净利润项目金额也作相应调整。

七、所得税调整的税务处理

（一）调整账务的意义

调整账务是指依据国家税收法规的规定和财务会计核算的基本原理，对企业财务核算影响纳税的有关账务进行必要的调整。调整账务一般有两种情况：一是由于税前会计利润与纳税所得之间存在计算标准和计算口径不同对纳税有影响；二是由于企业在财务核算处理上难免会出现差错对纳税有影响。

调账的根本意义在于按照国家税收法规和财务制度的规定，真实地反映企业生产经营成果，正确履行纳税义务，为下期核算和征纳税款创造良好条件。如果企业的错账不进行必要的调整和纠正，一方面会使企业的经营成果失去真实性；另一方面以前的错账还会导致新的错账和错漏税的发生，给日后企业的财务核算和税务稽查工作增加不必要的难度和麻烦。

（二）调整账务的基本原则

调整账务应根据各企业的具体情况来进行，以保证调账的正确性、科学性和实效性。调账既要对企业财务核算错误对纳税的影响进行纠正，又要有利于加强企业财务管理。在调账过程中应遵循以下原则：

1. 与税收法规相一致的原则。调账必须依据税收法规和财务制度的规定来进行，但在纳税问题上财务制度规定与税收法规不一致的，必须按照税收法规的规定来执行。

2. 与会计核算原理相符合的原则。调账是对财务核算错误以及错误对纳税的影响进行调整。在作新的调整账务处理时，既要符合税收法规和财务制度的规定，又要符合财务会计核算的基本原理。会计科目的运用和会计分录的处理，既要有利于真实反映企业的经营成果，又要有利于企业正确履行纳税义务，同时还要保持企业上下期之间会计核算的连续性和整体性。

3. 准确性原则。准确性原则是指调账过程中要实事求是地反映和纠正企业的错账情况。直接费用调减的要反映利润的增加，直接费用调增的要反映利润的减少。间接费用的调减或调增，不能直接反映利润的增加或者减少的，应按一定的分摊方法进行分配。

（三）调账的基本方法

由于企业处于各自不同的行业，执行不同的财务会计制度，再加上各企业的错误千差万别，因此，具体的调账方法也各不相同。调账结果是否正确可以进行检验，其方法是将调整的账务处理与原错误的账务处理进行合并，合并后的会计处理是各业务内容发生时的正确的账务处理，即调账正确。

调账的具体方法，根据所处的时段不同可以分为两大类：

第一类：年度内（企业未进行决算以前）的调账方法。

年度内调账也称为平时调账，由于企业核算过程中产生的错误对经营成果和纳税的影响直接涉及当期损益，不递延到以后各期，因此，年度内调账比较简单，主要方法有：

1. 红字更正法。红字更正法是采取先用红字冲销错误的原会计分录，再重新编制正确会计分录的一种调账方法。该方法主要适用于错账所反映的会计科目的对应关系有误的会计事项。平时企业的财务主管人员和税务机关的稽查人员，随时发现错误，可要求会计人员随时进行调账。调账时要说明理由，注意冲销错误会计分录与编制正确会计分录的对应衔接关系。

2. 补充登记法。补充登记法是采用相同会计分录或转账会计分录直接进行补充登记纠正错账的一种调账方法。该方法主要适用于错账所涉及的会计科目之间对应关系没有错误，只是在数据上有误的会计事项。

【例 10-22】某企业本期应摊销的无形资产费用为 2 000 元，假定摊销的会计处理实际只记了 1 200 元，账务处理如下：

借：管理费用	1 200	
贷：累计摊销		1 200

当该错误账务处理被发现后，可用“补充登记法”进行调账，将原来少记费用的 800 元进行补充调整。会计处理如下：

借：管理费用	800	

贷：累计摊销 800

假定原会计处理数据记为 2 200 元，多记费用 200 元，在这种情况下，将 200 元以红字补充登记即可。

第二类：年终（或次年）的调账方法。

年终是指当年已经结束，企业在财务会计处理上已作了决算，相关会计事项和会计实务已经作了处理。如再用平时的调账方法，将会更改决算的全部账务处理及相关的报表资料，影响相关的会计实务，实际上再按平时的调账处理已不可能。因此，年终或次年的调账具有特殊性。调整上年度或以往年度的错账要从实际出发，区别不同情况处理。凡具有递延性的错账都必须调整。所谓递延性错账，是指直接与下期财务核算和征税有密切联系，并影响下期核算成果和征税的错账，如原材料、在产品、产成品、待摊费用结存以及固定资产折旧等错账，都涉及下期的财务核算和征税问题。

按照规定，调整上年度或以往年度的账务处理，凡直接与损益有关的错账，均通过“以前年度损益调整”科目进行调整，实际上是将属于上年度或以往年度的损益转入本年度进行核算；凡与损益没有直接关系的错账，以其相对应的科目进行调整；只与税收核算有关，而财务核算处理是正确的，直接调整应纳税所得额，不调账。举例说明如下：

【例 10-23】某市龙华公司为综合生产经营公司，甲产品增值税税率 17%，消费税税率 10%，营业税税率 3%，企业所得税税率 25%，公司已按其财务核算的结果缴纳了上年度的各种税费。本年度 6 月对其检查时，发现上年度有关生产经营业务处理为：

1. 少计经营收入。

少计经营收入是指企业有意隐瞒经营成果或少缴纳税款，将收入记入“往来”账户、“基金”账户，或直接冲减“费用”账户等。

（1）上年度 10 月 5 日，销售甲产品一批给某使用单位，开具普通发票，取得收入 23 400元存入银行。公司会计处理如下：

借：银行存款 23 400

贷：其他应付款 23 400

公司将销售收入直接计入其他应付款，影响了增值税、消费税、城建税、教育费附加、经营成果及所得税，虚增了其他应付款。计算调账如下：

应补增值税＝23 400÷（1+17%）×17%＝3 400（元）

应补消费税＝23 400÷（1+17%）×10%＝2 000（元）

应补城建税＝（3 400+2 000）×7%＝378（元）

应补教育费附加＝（3 400+2 000）×3%＝162（元）

影响经营成果＝23 400－3 400－2 000－378－162＝17 460（元）

调账会计处理如下：

借：其他应付款 23 400

贷：应交税费——应交增值税（销项税额） 3 400

——应交消费税 2 000

——应交城建税 378

——应交教育费附加 162

以前年度损益调整 17 460

(2) 上年度11月8日，取得交通运输营业收入6 000元存入银行。公司会计处理如下：

借：银行存款 6 000

贷：资本公积 6 000

公司将营业收入直接计入资本公积，影响了营业税、城建税、教育费附加、经营成果及所得税，虚增了资本公积。计算调账如下：

应补营业税=6 000×3%=180（元）

应补城建税=180×7%=12.6（元）

应补教育费附加=180×3%=5.4（元）

影响经营成果=6 000-180-12.6-5.4=5 802（元）

调账会计处理如下：

借：资本公积 6 000

贷：应交税费——应交营业税 180

——应交城建税 12.6

——应交教育费附加 5.4

以前年度损益调整 5 802

(3) 上年度12月4日，取得建筑安装费营业收入8 000元存入银行，公司会计处理如下：

借：银行存款 8 000

贷：管理费用 8 000

公司将营业收入直接冲减管理费用，影响了营业税、城建税、教育费附加、经营成果的真实性，计算调账如下：

应补营业税=8 000×3%=240（元）

应补城建税=240×7%=16.8（元）

应补教育费附加=240×3%=7.2（元）

影响经营成果=240+16.8+7.2=264（元）

调账会计处理如下：

借：以前年度损益调整 264

贷：应交税费——应交营业税 240

——应交城建税 16.8

——应交教育费附加 7.2

2. 多列期间费用。

(1) 上年度8月20日，公司支付建造办公楼的借款利息费用10 000元，公司会计处理如下：

借：财务费用——借款利息 10 000

贷：银行存款 10 000

公司将应由工程负担的利息费用计入财务费用，影响了经营成果。调账处理如下：

借：在建工程（或固定资产） 10 000

贷：以前年度损益调整 10 000

(2) 上年度12月25日，发生三笔支出：工会为职工购电影票支付现金500元，以银行存款为公司技术员支付培训费1 000元，去医院看望住院职工以现金买礼品60元。公司会计处理如下：

借：管理费用　　1 560
　贷：银行存款　　1 000
　　　库存现金　　560

“三费”金额直接记入“管理费用”科目，不会影响经营成果。

3. 多计成本费用。

(1) 上年度12月15日，公司建造职工宿舍领用甲原材料20 000元，生产车间领用乙原材料30 000元。公司会计处理如下：

借：生产成本　　50 000
　贷：原材料——甲材料　　20 000
　　　　　　——乙材料　　30 000

经核查，建造职工宿舍领用的甲材料应从生产成本中转出；生产车间领用的乙材料多结转材料费用金额1 500元，分别由期末在产品、完工产品各负担60%、40%。因公司多计的乙材料费用对上年度的损益无直接关系，不涉及“以前年度损益调整”科目，直接调整相对应的材料科目即可。计算调账处理如下：

在产品负担的多转乙材料费用 = 1 500×60% = 900（元）

完工产品负担的多转乙材料费用 = 1 500×40% = 600（元）

调账会计处理如下：

借：在建工程　　23 400
　　原材料——乙材料　　1 500
　贷：生产成本　　20 900
　　　应交税费——应交增值税（进项税额转出）　　3 400
　　　库存商品　　600

(2) 以例(1)生产车间领用乙材料为例，多转的乙材料费用1 500元，假定由在产品负担30%、完工产品负担20%、销售产品成本负担50%。计算调账处理如下：

在产品负担的多转乙材料费用 = 1 500×30% = 450（元）

完工产品负担的多转乙材料费用 = 1 500×20% = 300（元）

销售产品成本负担的多转乙材料费用 = 1 500×50% = 750（元）

销售产品成本负担的多转乙材料费用，影响上年度的经营成果及所得税。

调账会计处理如下：

借：原材料——乙材料　　1 500
　贷：生产成本　　450
　　　库存商品　　300
　　　以前年度损益调整　　750

4. 纳税调整项目。

假定龙华公司上年度有关纳税调整项目有：

(1) 全年业务招待费用支出超标准20 000元。

(2) 实发工资总额超标准60 000元，职工福利费、工会经费、职工教育经费共计超标准11 100元。

(3)“营业外支出”账户中列支有：对外直接捐赠10 000元；超过公益、救济捐赠标准的有5 000元；上缴的工商部门罚款3 000元；上缴税收滞纳金2 000元。

(4) 全年取得购买国债利息收入50 000元。

以上各项目，由于税法规定与财务会计制度规定的计算标准不同，涉及税收的调整，财务会计处理本身无误。因此，不作账务调整，只调整应纳税所得额。

调整应纳税所得额=20 000+60 000+11 100+10 000+5 000+3 000+2 000-50 000=61 100（元）

综合检查结果：

(1) 应补增值税=3 400+3 400=6 800（元）

(2) 应补消费税=2 000元

(3) 应补营业税=180+240=420（元）

(4) 应补城建税=378+12.6+16.8=407.4（元）

(5) 应补教育费附加=162+5.4+7.2=174.6（元）

借：应交税费——补交增值税	6 800	
——补交消费税	2 000	
——补交营业税	420	
——补交城建税	407.4	
——补交教育费附加	174.6	
贷：银行存款		9 802

5. 应补缴企业所得税：

(1) 调账增加所得额=17 460+5 802-264+10 000+750=33 748（元）

(2) 纳税调整增加所得额=61 100元

(3) 应补所得税=（33 748+61 100）×25%=23 712（元）

(4) 计算应缴所得税时：

借：以前年度损益调整	23 712	
贷：应交税费——应交所得税		23 712

(5) 上缴所得税时：

借：应交税费——应交所得税	23 712	
贷：银行存款		23 712

(6) 将“以前年度损益调整”账户的贷方余额转入“利润分配——未分配利润”账户时：

贷方余额=33 748-23 712=10 036（元）

借：以前年度损益调整	10 036	
贷：利润分配——未分配利润		10 036

(7) 以前年度税后净收益计提10%盈余公积时：

借：利润分配——未分配利润	1 003.6	
贷：盈余公积		1 003.6

上述所补所得税，补税时间在本年度，实际税款应属于上年度。对上年度的以前年度损益调整金额，转入未分配利润后，已构成企业未分配利润总额，与检查年度的损益没有直接关系。

第十一章 个人所得税的核算

第一节 个人所得税核算的基本规定

个人所得税是对在中国境内有住所，或者无住所而在境内居住满1年的个人，从中国境内、境外取得的所得，以及对在中国境内无住所又不居住或者无住所而在境内居住不满1年的个人，从中国境内取得的所得征收的一种税。

一、纳税义务人

个人所得税的纳税义务人，包括中国公民和外籍人员。根据我国个人所得税法的规定，纳税义务按照时间和住所两个标准，可分为居民纳税义务人和非居民纳税义务人。

（一）居民纳税义务人

居民纳税义务人负有无限纳税义务，对其取得的境内、境外的全部所得缴纳个人所得税。居民纳税义务人是指在中国境内有住所，或者无住所而在中国境内居住满1年的个人。

（二）非居民纳税义务人

非居民纳税义务人，是指在中国境内无住所又不居住，或无住所且居住不满1年的个人，主要包括外籍人员、华侨或我国香港、澳门、台湾同胞。

二、个人所得税的征税对象

个人所得税的征税对象是个人取得的各种应税所得。按照《中华人民共和国个人所得税法》（以下简称《个人所得税法》）的规定，具体的征税项目如下：

1. 工资、薪金所得。工资、薪金所得是指个人因任职或者受雇而取得的工资、薪金、奖金、年终加薪、劳动分红、津贴、补贴以及与任职或者受雇有关的其他所得。

2. 个体工商户的生产经营所得。个体工商户的生产经营所得主要包括：

（1）个体工商户从事工业、手工业、建筑业、交通运输业、商业、饮食业、服务业、修理业及其他行业取得的所得。

（2）个人经政府有关部门批准，取得执照，从事办学、医疗、咨询以及其他有偿活动取得的所得。

（3）其他个人从事个体工商生产经营取得的所得。

（4）上述个体工商户和个人取得的与生产、经营有关的各项应纳税所得。

3. 对企事业单位的承包经营、承租经营所得。对企事业单位的承包经营、承租经营所得是指个人承包经营或者承租经营以及转租、转包取得的所得，包括个人按月或者按次取得的工资、薪金性质的所得。在实际承包、承租过程中，经营形式较多，分配方式也不尽相同。

4. 劳务报酬所得。劳务报酬所得是指个人独立从事各种非雇佣性质的劳务所取得的所得，主要包括：从事设计、装潢、安装、制图、化验、测试、医疗、法律、会计、咨询、讲学、新闻、广播、翻译、审稿、书画、雕刻、影视、录音、录像、演出、表演、广告、展览、技术服务、介绍服务、经纪服务、代办服务以及其他劳务取得的所得。

5. 稿酬所得。稿酬所得是指个人因其作品以图书、报刊形式出版、发表而取得的所得。

6. 特许权使用费所得。特许权使用费所得是指个人提供专利权、商标权、著作权、非专利技术以及其他特许权的使用权取得的所得。提供著作权的使用权取得的所得，不包括稿酬所得。

7. 利息、股息、红利所得。利息、股息、红利所得是指个人拥有债权、股权而取得的利息、股息、红利所得。

利息是指个人拥有债权而取得的利息，包括存款利息、贷款利息和各种债券的利息。除国家规定的储蓄存款利息、国债利息和国家发行的金融债券利息外，其他的利息所得均应按照税法缴纳个人所得税。

8. 财产租赁所得。财产租赁所得是指个人出租建筑物、土地使用权、机器设备、车船以及其他财产取得的所得。财产租赁所得中，不包括对该项财产购买的价款。如果租金中包含不属于租金的分期支付的财产价款，计算缴纳税款时应将其扣除。

9. 财产转让所得。财产转让所得是指个人转让有价证券、股权、建筑物、土地使用权、机器设备、车船以及其他财产取得的所得。

10. 偶然所得。偶然所得是指个人得奖、中奖、中彩以及其他偶然性质的所得。除了税法规定的得奖、中奖、中彩等所得外，其他偶然性质的所得是否征税，需要税务机关具体认定。

11. 经国务院财政部门确定征税的其他所得。

除上述列举的各项个人应税所得外，其他确有必要征税的个人所得，由国务院财政部门确定。个人取得的所得，难以界定应纳税所得项目的，由主管税务机关确定。

三、个人所得税税率

按照《个人所得税法》及有关规定，个人所得税税率按照不同的所得项目有一般规定和特殊规定之分。

（一）个人所得税税率的一般规定

1. 工资、薪金所得，适用七级超额累进税率，税率为3% ~45%（见表11-1）。

2. 个体工商户生产经营所得和对企事业单位的承包经营、承租经营所得，适用五级超额累进税率，税率为5% ~35%（见表11-2）。

3. 劳务所得，稿酬所得，特许权使用费所得，财产租赁所得，财产转让所得，利息、股息、红利所得，偶然所得和其他所得，适用比例税率，税率为20%。

表 11-1　　工资、薪金个人所得税税率表

级数	全月应纳税所得额（含税）	全月应纳税所得额（不含税）	税率（%）	速算扣除数（元）
1	不超过 1 500 元的部分	不超过 1 455 元的部分	3	0
2	超过 1 500～4 500 元的部分	超过 1 455～4 155 元的部分	10	105
3	超过 4 500～9 000 元的部分	超过 4 155～7 755 元的部分	20	555
4	超过 9 000～35 000 元的部分	超过 7 755～27 255 元的部分	25	1 005
5	超过 35 000～55 000 元的部分	超过 27 255～41 255 元的部分	30	2 755
6	超过 55 000～80 000 元的部分	超过 41 255～57 505 元的部分	35	5 505
7	超过 80 000 元的部分	超过 57 505 元的部分	45	13 505

注：表中的应纳税所得额，是指每月的工资、薪金收入总额，减除按税法规定的费用后的余额。

表 11-2　　个体工商户和承包经营、承租经营个人所得税税率表

级数	年应纳税所得额（含税）	年应纳税所得额（不含税）	税率（%）	速算扣除数（元）
1	不超过 15 000 元的部分	不超过 14 250 元的部分	5	0
2	超过 15 000～30 000 元的部分	超过 14 250～27 750 元的部分	10	750
3	超过 30 000～60 000 元的部分	超过 27 750～51 750 元的部分	20	3 750
4	超过 60 000～100 000 元的部分	超过 51 750～79 750 元的部分	30	9 750
5	超过 100 000 元的部分	超过 79 750 元的部分	35	14 750

注：表中的应纳税所得额，是指一个纳税年度的收入总额，减除按税法规定的费用后的余额。

（二）个人所得税税率的特殊规定

1. 稿酬所得，按照 20% 的税率计算出应纳税额后，再按其应纳税额减征 30%，故稿酬所得的实际税负为 14%。

2. 承包、承租人对企业经营成果不拥有所有权，仅按合同规定取得一定所得的，其所得按照工资、薪金所得项目征税，适用 3%～45% 的七级超额累进税率。

承包、承租人按照合同规定，只向发包或者出租方缴纳一定费用后，经营成果归其所有的，按对企事业单位的承包经营、承租经营所得项目征税，适用 5%～35% 的五级超额累进税率。

3. 劳务报酬所得。劳务报酬所得适用比例税率。一次取得劳务报酬，其应纳税所得额不超过 20 000 元的部分，税率为 20%；一次取得劳务报酬，其应纳税所得额超过 20 000元至 50 000 元的部分，按其应纳税额加征五成，其实际税率为 30%；一次取得劳务报酬，其应纳税所得额超过 50 000 元的部分，按其应纳税额加征十成，其实际税率为 40%（见表 11-3）。

表 11-3　　劳务报酬所得个人所得税税率表

级数	应纳税所得额（含税不含费用）	税率（%）	速算扣除数（元）
1	不超过 20 000 元的部分	20	0
2	超过 20 000～50 000 元的部分	30	2 000
3	超过 50 000 元的部分	40	7 000

注：表中应纳税所得额，是指每次收入额，减除按税法规定的费用后的余额。

四、个人所得税的减免优惠

（一）法定免税项目

1. 省级人民政府、国务院各部委和中国人民解放军军以上单位，以及外国组织颁发的科学、教育、技术、文化、卫生、体育、环境保护等方面的奖金。

2. 国债和国家发行的金融债券利息。

3. 按照国家统一规定发放的津贴、补贴。

国家统一规定发放的津贴、补贴，是指按照国务院规定发给的政府特殊津贴、院士津贴、资深院士津贴，以及国务院规定免纳个人所得税的津贴、补贴。

4. 福利费、抚恤金、救济金。福利费是指根据国家有关规定，从企业、事业单位、国家机关、社会团体提留的福利费或者工会经费中支付给个人的生活补助费；抚恤金是指国家机关、企事业单位、集体经济组织对死者家属或伤残职工发给的费用；救济金是指国家民政部门支付给个人的生活困难补助费。

5. 保险赔款。

6. 军人的转业费、复员费。

7. 按照国家统一规定发给干部、职工的安家费、退职费、退休工资、离休工资、离休生活补助费。

8. 依照我国有关法律规定应予免税的各国驻华使馆、领事馆的外交代表、领事官员和其他人员的所得。

9. 中国政府参加的国际公约以及签订的协议中规定免税的所得。

10. 关于发给见义勇为者的奖金问题。对乡、镇（含乡、镇）以上人民政府或经县（含县）以上人民政府主管部门批准成立的有机构、有章程的见义勇为基金会或者类似性质组织，奖励见义勇为者的奖金或奖品，经主管税务机关核准，免征个人所得税。

11. 企业和个人按照省级以上人民政府规定的比例提取并缴付的住房公积金、医疗保险金、基本养老保险金、失业保险金，不计入个人当期的工资、薪金收入，免予征收个人所得税。超过规定的比例缴付的部分计征个人所得税。

个人领取原提存的住房公积金、医疗保险金、基本养老保险金时，免予征收个人所得税。

12. 对个人取得的教育储蓄存款利息所得以及国务院财政部门确定的其他专项储蓄存款或者储蓄性专项基金存款的利息所得，免征个人所得税。

13. 储蓄机构内从事代扣代缴工作的办税人员取得的扣缴利息税、手续费所得，免征个人所得税。

14. 经国务院财政部门批准的免税所得。

（二）经批准可以减征个人所得税的项目

1. 残疾、孤老人员和烈属的所得。

2. 因严重自然灾害造成重大损失的。

3. 其他经国务院财政部门批准减税的。

（三）在中国境内无住所，但在中国境内居住不满 1 年或者满 1 年以上不到 5 年的纳税人的减免税优惠

1. 在中国境内无住所，而在 1 个纳税年度内在中国境内连续或累计工作不超过 90 日，或者在税收协定规定的期间内在中国境内连续或累计居住不超过 183 日的个人，由中国境外雇主支付并且不是由该雇主设在中国境内机构负担的工资、薪金所得，免予缴纳个人所得税。仅就其实际在中国境内工作期间由中国境内企业或个人雇主支付或者由中国境内机构负担的工资、薪金所得，缴纳个人所得税。

2. 在中国境内无住所，但在 1 个纳税年度内在中国境内连续或累计工作超过 90 日，或在税收协定规定的期间内在中国境内连续或累计居住超过 183 日但不满 1 年的个人，其实际在中国境内工作期间取得的由中国境内企业或个人雇主支付和由境外企业或个人雇主支付的工资、薪金所得，均应缴纳个人所得税。

3. 在中国境内无住所，但居住 1 年以上 5 年以下的个人，其来源于中国境外的所得，经主管税务机关批准，可以只就由中国境内公司、企业以及其他经济组织或者个人支付的部分缴纳个人所得税；居住超过 5 年的个人，从第 6 年起，应当就其来源于中国境外的全部所得缴纳个人所得税。

如该个人在第 6 年起以后的某一纳税年度内在中国境内居住不足 90 天，从再次居住满 1 年的年度起重新计算 5 年期限。

在中国境内无住所，在中国境内具体居住时间所取得的所得，是否缴纳个人所得税的情况见表 11-4。

表 11-4　　**在中国境内无住所的纳税人个人所得税的征税范围**

在境内居住的时间	来源于中国境内		来源于中国境外	
	境内公司支付并负担	境外公司支付并负担	境内公司支付并负担	境外公司支付并负担
居住时间≤90 天	征	不征	不征	不征
90 天<居住时间≤1 年	征	征	不征	不征
1 年<居住时间≤5 年	征	征	征	不征
5 年<居住时间	征	征	征	征

五、境外个人所得已纳税额的扣除

为了避免重复征税，我国《个人所得税法》规定，纳税义务人从中国境外取得的所得，对该所得在境外已缴纳的税款，准予其在境内应纳税额中扣除已在境外缴纳的个人所得税税额。

1. 税法所指的已在境外缴纳的个人所得税税额，是指纳税义务人从中国境外取得的所得，依照该所得来源国或地区的法律应当缴纳并且实际已经缴纳的税额。

2. 税法所指的依照《个人所得税法》规定计算的应纳税额，是指纳税义务人从中国境外取得的所得，区别不同国家或地区和不同的应纳税项目，依照我国税法规定的费用扣除标准和适用税率计算的应纳税额；同一国家或地区内不同应税项目，依照我国税法计算的应纳税之和，为该国家或地区的扣除限额。

3. 纳税义务人在中国境外一个国家或地区实际已缴纳的个人所得税税额，低于依照我国规定计算出的该国或地区扣除限额的，应在中国缴纳差额部分的税款；超过该国家或地区扣除限额的，其超过部分不得在本纳税年度的应纳税额中扣除，但可以在以后纳税年度的该国家或地区扣除限额的余额中补扣，补扣期限最长不得超过5年。

六、个人所得税的征收管理

按照我国《个人所得税法》的规定，个人所得税有自行申报纳税和代扣代缴两种征管办法。

（一）自行申报纳税

自行申报纳税，是由纳税人自行在税法规定的纳税期限内，向税务机关申报其取得的应税所得项目和数额，如实填写个人所得税纳税申报表，并按照税法规定计算应纳税额，据此缴纳个人所得税的一种方法。

1. 自行申报纳税的主要范围是：

（1）年所得12万元以上的；

（2）从中国境内两处或者两处以上取得工资、薪金所得的；

（3）从中国境外取得所得的；

（4）取得应纳税所得，没有扣缴义务人的；

（5）国务院规定的其他情形。

2. 自行申报纳税的期限。按照税法规定，除特殊情况外，纳税人应在取得应纳税所得的次月7日内向主管税务机关申报所得并缴纳税款。具体规定如下：

（1）账册健全的个体工商户的生产经营所得的应纳税款，按年计算、分月预缴，由纳税人在次月7日内预缴，年度终了后3个月内汇算清缴，多退少补。账册不健全的个体工商户的生产经营所得的应纳税款，由各地税务机关依据《税收征收管理法》及其实施细则的有关规定，自行确定征收方式。

（2）纳税人年终一次性取得承包经营、承租经营所得的，自取得收入之日起30日内申报纳税；在1年内分次取得承包经营、承租经营所得的，应在取得每次所得后的7日内申报预缴，年度终了后3个月内汇算清缴，多退少补。

（3）从中国境外取得所得的纳税人，其来源于中国境外的应纳税所得，如在境外以纳税年度计算缴纳个人所得税的，应在所得来源国的纳税年度终了，结清税款后的30天内，向中国主管税务机关申报纳税；如在取得境外所得时结清税款的，或者在境外按所得来源国税法规定免予缴纳个人所得税的，应在次年1月1日起30日内向中国主管税务机关申报纳税。

3. 自行申报纳税的申报方式。纳税人可采用本人申报、委托他人申报、邮寄申报等方式，在规定的申报期限内申报纳税。邮寄申报纳税的，以寄出地的邮戳日期为实际申报日期。

纳税人确有困难，不能按期办理纳税申报的，经主管税务机关核准，可以延期申报。纳税期限的最后一日是法定休假日的，以休假日的次日为期限最后一日。

4. 自行申报纳税的申报地点。申报地点一般应为收入来源地的主管税务机关。纳税人从两处或者两处以上取得工资、薪金所得的，可选择并固定在其中一地税务机关申报纳税；从境外取得所得的，应向境内户籍所在地或经常居住地税务机关申报纳税。纳税人要求变更申报纳税地点的，须经原主管税务机关批准。

（二）代扣代缴

1. 代扣代缴的含义。代扣代缴是指按照税法规定负有扣缴税款义务的单位或者个人，在向个人支付应纳税所得额时，先计算出应纳税额，从其所得中扣除，同时向税务机关报送扣缴个人所得税报告表，并将税款缴入国库的一种源泉扣缴征收方法。

2. 代扣代缴期限。扣缴义务人每月所扣的税款，应当在次月 7 日内缴入国库，并向主管税务机关报送扣缴个人所得税报告表、代扣代收税款凭证和包括每一纳税人姓名、单位、职务、收入、税款等内容的支付个人收入明细表，以及税务机关要求报送的其他有关资料。支付个人收入明细表见表 11-5。

表 11-5 **支付个人收入明细表**

姓名	身份证或护照号码	收入额	收入项目					备注
			工资薪金	承包承租	劳务报酬	利息、股息、红利	其他各项	
1	2	3	4	5	6	7	8	9
合计								

扣缴义务人违反税法规定不报送或者报送虚假纳税资料的，一经查实，其未在支付个人收入明细表中反映的向个人支付的款项，在计算扣缴义务人应纳税所得额时不得作为成本、费用扣除。

第二节 个人所得税的计算

一、工资、薪金所得应纳税额的计算

（一）计征期限

按照税法规定，工资、薪金所得按月计征，但对于特殊行业（采掘业、远洋运输业、远洋捕捞业），可以按月预缴，年终进行汇算，多退少补。

（二）费用扣除标准

工资、薪金所得，以每月收入额减除费用 3 500 元后的余额，为应纳税所得额。但对于在中国境内无住所而在中国境内取得工资、薪金所得的纳税义务人和在中国境内有住所而在中国境外取得工资、薪金所得的纳税义务人，可以根据其平均收入水平、生活水平以及汇率变化情况确定附加减除费用，在每月工资、薪金所得减除 3 500 元费用的基础上，再减除附加减除费用 1 300 元。附加减除费用适用的范围是：

1. 在中国境内的外商投资企业和外国企业中工作的外籍人员；

2. 应聘在中国境内的企业、事业单位、社会团体、国家机关中工作的外籍专家；

3. 在中国境内有住所而在中国境外任职或者受雇取得工资、薪金所得的个人；

4. 国务院财政、税务主管部门确定的其他人员。

（三）应纳税额的计算

计算应纳税额的基本公式为：

应纳税所得额=月工资、薪金收入-3 500（或者 4 800）

应纳税额=应纳税所得额×适用税率-速算扣除数

1. 一般情况下取得工资、薪金所得应纳税额的计算。

【例 11-1】某经理为中国公民，2014 年 12 月份在境内取得工资收入 4 500 元人民币。该月应缴纳工薪个人所得税为：

应纳税所得额=4 500-3 500=1 000（元）

应纳税额=1 000×3%-0=30（元）

【例 11-2】在一家外商投资企业工作的外籍专家，2014 年 12 月份在境内取得工资收入 12 000 元人民币。该月应缴纳工薪个人所得税为：

应纳税所得额=12 000-4 800=7 200（元）

应纳税额=7 200×20%-555=885（元）

2. 雇主为其雇员负担个人所得税税额的计算。

在实际工作中，有的雇主（单位或个人）常常为纳税人负担税款，即支付给纳税人的报酬（包括工资、薪金、劳务报酬等所得）是不含税的净所得或称为税后所得，纳税人的应纳税额由雇主代为缴纳。在这种情况下，就不能以纳税人实际取得的收入直接乘以适用税率计算应纳税额；否则，就会缩小税基，降低适用税率。正确的方法是，将纳税人的不含税收入换算为应纳税所得额，即含税收入，然后再计算应纳税额。具体分三种情况处理：

（1）雇主全额为雇员负担税款。应将雇员取得的不含税收入换算成应纳税所得额后，计算单位或个人应当代付的税款。计算公式为：

应纳税所得额=（不含税收入额-费用扣除标准-速算扣除数）÷（1-税率）

应纳税额=应纳税所得额×适用税率-速算扣除数

应纳税所得额计算公式中的税率，是指不含税所得，按不含税级距对应的税率（见表 11-6）；应纳税额计算公式中的税率，是指应纳税所得额，按含税级距对应的税率（见表 11-1）。对此，在计算过程中应特别注意，不能混淆。

表 11-6　**工资、薪金不含税收入适用税率表**

级数	不含税收入级距	税率（%）	速算扣除数（元）
1	不超过 1 455 元的部分	3	0
2	超过 1 455 ~4 155 元的部分	10	105
3	超过 4 155 ~7 755 元的部分	20	555
4	超过 7 755 ~27 255 元的部分	25	1 005
5	超过 27 255 ~41 255 元的部分	30	2 755
6	超过 41 255 ~57 505 元的部分	35	5 505
7	超过 57 505 元的部分	45	13 505

【例 11-3】境内某公司代其雇员（中国居民）缴纳个人所得税。2014 年 1 月支付给陈某的不含税工资为 4 000 元人民币。计算该公司为陈某代付的个人所得税。

由于陈某的工资收入为不含税收入，应换算为含税的应纳税所得额后，再计算应代付的个人所得税。

代付个人所得税的应纳税所得额 = （4 000−3 500−0）÷（1−3%）

= 515.46（元）

应代付的个人所得税 = 515.46×3% −0

= 15.46（元）

（2）雇主为其雇员负担部分税款。它又可分为定额负担部分税款和定率负担部分税款两种情形。

第一种：雇主为其雇员定额负担部分税款的，应将雇员取得的工资、薪金所得换算成应纳税所得额后，计算单位应当代扣代缴的税款。计算公式为：

应纳税所得额 = 雇员取得的工资+雇主代雇员负担的税款−费用扣除标准

应纳税额 = 应纳税所得额×适用税率−速算扣除数

第二种：雇主为其雇员定率负担部分税款，是指雇主为雇员负担一定比例的工资应纳的税款或负担一定比例的实际应纳税款。当发生这种情况时，应将应纳税所得额公式中雇员取得的“工资”替换为“未含雇主负担的税款的收入额”，同时，将应纳税额公式中的适用税率和速算扣除数分别乘以雇主为雇员负担税款的比例，从而将未含雇主负担的税款的收入额换算成应纳税所得额，计算单位应当代扣代缴的税款。计算公式为：

$$\text{应纳税所得额} = \left(\text{未含雇主负担的税款的收入额} - \text{费用扣除标准} - \text{速算扣除数} \times \text{负担比例}\right) \div \left(1 - \text{税率} \times \text{负担比例}\right)$$

应纳税额 = 应纳税所得额×适用税率−速算扣除数

【例 11-4】某外商投资企业雇员（外国居民）12 月工资收入 12 000 元，雇主负担其工资所得 30% 部分的税款。计算该纳税人当月应纳的个人所得税。

应纳税所得额 = （12 000−4 800−555×30%）÷（1−20%×30%）= 7 482.45（元）

应缴纳个人所得税 = 7482.45×20% −555 = 941.49（元）

3. 对个人取得全年一次性奖金等计算征收个人所得税的方法。

全年一次性奖金是指行政机关、企事业单位等扣缴义务人根据其全年经济效益和对雇员全年工作业绩的综合考核情况，向雇员发放的一次性奖金。一次性奖金也包括年终加薪、实行年薪制和绩效工资办法的单位根据考核情况兑现的年薪和绩效工资。

纳税人取得全年一次性奖金，单独作为一个月工资、薪金所得计算纳税，自 2005 年 1 月 1 日起按以下计税办法，由扣缴义务人在发放时代扣代缴：

（1）先将雇员当月内取得的全年一次性奖金，除以 12 个月，按其商数确定适用税率和速算扣除数。

如果在发放年终一次性奖金的当月，雇员当月工资、薪金所得低于税法规定的费用扣除额，应将全年一次性奖金减除“雇员当月工资薪金所得与费用扣除额的差额”后的余额，按上述办法确定全年一次性奖金的适用税率和速算扣除数。

（2）将雇员个人当月内取得的全年一次性奖金，按上述第 1 条确定的适用税率和速算扣除数计算征税，计算公式如下：

①如果雇员当月工资、薪金所得高于（或等于）税法规定的费用扣除额的，适用公

式为：

应纳税额=雇员当月取得全年一次性奖金×适用税率-速算扣除数

②如果雇员当月工资薪金所得低于税法规定的费用扣除额的，适用公式为：

应纳税额=（雇员当月取得全年一次性奖金-雇员当月工资、薪金所得与费用扣除额的差额）×适用税率-速算扣除数

（3）在一个纳税年度内，对每一个纳税人，该计税办法只允许采用一次。

（4）实行年薪制和绩效工资的单位，个人取得年终兑现的年薪和绩效工资按上述第2条、第3条规定执行。

（5）雇员取得除全年一次性奖金以外的其他各种名目奖金，如半年奖、季度奖、加班奖、先进奖、考勤奖等，一律与当月工资、薪金收入合并，按税法规定缴纳个人所得税。

（6）对无住所个人取得上述第5条所述的各种名目奖金，如果该个人当月在我国境内没有纳税义务，或者该个人由于出入境原因导致当月在我国工作时间不满一个月的，仍按照《国家税务总局关于在中国境内无住所的个人取得奖金征税问题的通知》（国税发［1996］183号）计算纳税。

【例11-5】假定中国公民李某2014年在我国境内1至12月每月的绩效工资为4 000元，12月31日又一次性领取年终奖金（兑现的绩效工资）55 200元。请计算李某取得该笔奖金应缴纳的个人所得税（速算扣除数见表10-1）。

（1）该笔奖金适用的税率和速算扣除数为：

按12个月分摊后：

每月的奖金=55 200÷12=4 600（元）

根据工资、薪金税法修改后七级超额累进税率的规定，适用的税率和速算扣除数分别为20%、555元。

（2）该笔奖金应缴纳个人所得税为：

应纳税额=雇员当月取得全年一次性奖金×适用税率-速算扣除数

=55 200×20%-555

=10 485（元）

4. 取得不含税全年一次性奖金收入个人所得税的计算方法。

（1）按照不含税全年一次性奖金收入除以12的商数，查找相应适用税率A和速算扣除数A。

（2）这种计算方法可用公式表达如下：

含税全年一次性奖金收入=（不含税的全年一次性奖金收入-速算扣除数A）÷（1-适用税率A）

（3）按含税全年一次性奖金收入除以12的商数，重新查找适用税率B和速算扣除数B。

（4）这种计算方法可用公式表达如下：

应纳税额=含税的全年一次性奖金收入×适用税率B-速算扣除数B

（5）如果纳税人取得不含税全年一次性奖金收入的当月工资薪金所得，低于税法规定的费用扣除额，应先将不含税全年一次性奖金减去当月工资薪金所得低于税法规定费用扣除额的差额部分后，再按照上述第1条规定处理。

【例11-6】张某为中国公民，假定2014年1至12月工资均为3 600元，12月31日

取得不含税全年一次性奖金收入 33 600 元。请计算张某取得的全年一次性奖金应缴纳多少个人所得税?

(1) 由于12月的工资已超过扣除费用标准，可直接用不含税奖金除以12的商来确定适用税率和速算扣除数。

每月的不含税奖金为 2 800 元（33 600÷12），适用税率和速算扣除数分别为10%和105元。

(2) 含税全年一次性奖金收入为 37 216.67 元（（33 600−105）÷（1−10%））。

(3) 用含税全年一次性奖金收入除以12的商来确定适用税率和速算扣除数。每月的含税奖金为 3 101.39 元（37 216.67÷12），适用税率和速算扣除数分别为10%和105元。

(4) 张某的不含税全年一次性奖金应缴纳的个人所得税为 3 616.67 元（37 216.67×10%−105）。

5. 取得不满一个月的工资、薪金所得应纳税额的计算。

在中国境内无住所的个人，凡在中国境内不满一个月并仅就不满一个月期间的工资、薪金申报纳税的，均应按全月工资、薪金所得计算实际应纳税额。其计算公式为：

$$\text{应纳税额}=\left(\text{当月工资、薪金应纳税所得额}\times\text{适用税率}-\text{速算扣除数}\right)\times\text{当月实际在中国天数}\div\text{当月天数}$$

如果属于上述情况的个人取得的是日工资、薪金，应以日工资、薪金乘以当月天数换算成月工资、薪金后，按上述公式计算应纳税额。

【例11-7】假定日本某公司派其雇员大佐来我国某企业安装、调试电器生产线，大佐于2014年3月1日来华，工作时间为8个月，其中10月份仅在我国居住20天。其工资由日方企业支付，月工资合人民币 40 000 元。计算大佐10月份在我国应缴纳的个人所得税。

(1) 应纳税所得额＝40 000−4 800＝35 200（元）

(2) 应纳税所得额＝（35 200×20%−2 755）×20÷31＝2 764.52（元）

6. 对个人因解除劳动合同取得经济补偿金的计税方法。

根据《财政部、国家税务总局关于个人与用人单位解除劳动关系取得的一次性补偿收入征免个人所得税问题的通知》和《国家税务总局关于国有企业职工因解除劳动合同取得一次性补偿收入征免个人所得税问题的通知》精神，自2001年10月1日起，按以下规定处理：

(1) 企业依照国家有关法律规定宣告破产，企业职工从该破产企业取得的一次性安置费收入，免征个人所得税。

(2) 个人因与用人单位解除劳动关系而取得的一次性补偿收入（包括用人单位发放的经济补偿金、生活补助费和其他补助费用），其收入在当地上年职工平均工资3倍数额以内的部分，免征个人所得税；超过3倍数额部分的一次性补偿收入，可视为一次取得数月的工资、薪金收入，允许在一定期限内平均计算。方法为：以超过3倍数额部分的一次性补偿收入，除以个人在本企业的工作年限数（超过12年的按12年计算），以其商数作为个人的月工资、薪金收入，按照税法规定计算缴纳个人所得税。个人在解除劳动合同后又再次任职、受雇的，已纳税的一次性补偿收入不再与再次任职、受雇的工资、薪金所得合并计算补缴个人所得税。

（3）个人领取一次性补偿收入时按照国家和地方政府规定的比例实际缴纳的住房公积金、医疗保险费、基本养老保险费、失业保险费，可以在计征其一次性补偿收入的个人所得税时予以扣除。

7. 特定行业取得工资、薪金应纳税额的计算。

对于采掘业、远洋运输业和远洋捕捞业的职工取得的工资、薪金所得，可按月预缴，年度终了后30日内，合计全年工资、薪金所得，再按12个月平均并计算实际应缴纳的税款，多退少补。全年应纳税额的计算公式为：

全年应纳税额＝［（全年工资、薪金收入÷12－费用扣除标准）×适用税率－速算扣除数］×12

【例11－8】某纳税人为远洋运输职工，假定2014年全年的工资收入为60 000元，1至12月份已预交个人所得税480元。年终应补（退）的个人所得税为：

全年应纳税额＝［（60 000÷12－3 500）×3%］×12＝540（元）

年终应补个人所得税＝540－480＝60（元）

8. 在外商投资企业、外国企业和驻华机构工作的中方人员取得的工资、薪金所得应纳税额的计算。

按照税法规定，在外商投资企业、外国企业和驻华机构工作的中方工作人员取得的工资、薪金收入，凡是由雇用单位和派遣单位分别支付的，支付单位应按税法规定代扣代缴个人所得税。扣缴税款规定，只由雇用单位在支付工资、薪金时，按税法规定减除费用后，计算应扣缴的个人所得税；派遣单位支付工资、薪金不再减除费用，以支付金额直接确定税率，计算应扣缴个人所得税。

同时，税法规定，纳税义务人应以每月全部工资、薪金收入减除规定费用后的余额为应纳税所得额，计算应缴纳的税款。因此，该纳税义务人在月终应持两处支付单位提供的原始明细工资、薪金单和完税凭证原件，选择并固定到一地税务机关申报每月工资、薪金收入，汇算清缴其工资、薪金收入的个人所得税。

【例11－9】赵某为派遣单位派往境内某外国公司工作的中方工作人员，某年12月份该外国公司支付给赵某薪金10 000元人民币，同月，派出单位又发给赵某工资3 000元人民币。外国公司、派遣单位扣缴个人所得税和赵某实际应缴纳个人所得税为：

（1）外国公司应扣缴个人所得税为：

代扣代缴税额＝（每月收入额－3 500）×适用税率－速算扣除数

＝（10 000－3 500）×20%－555＝745（元）

（2）派遣单位应扣缴的个人所得税为：

代扣代缴税额＝每月收入额×适用税率－速算扣除数

＝3 000×3%－0＝90（元）

（3）赵某本月实际应缴纳个人所得税为：

实际应纳税额＝（全月收入总额－3 500）×适用税率－速算扣除数

＝（10 000＋3 000－3 500）×25%－1 005＝1 370（元）

（4）赵某自行申报纳税时，应补缴个人所得税为：

应补缴税额＝1 370－745－90＝535（元）

对派往外商投资企业、外国企业和外国驻华机构工作的中方人员，从雇用单位取得的工资、薪金收入需上交一部分给派遣单位的，能提供有效合同和有关凭证，在纳税人实际申报缴纳个人所得税时，可以扣除其实际上交的部分，按其余额计算征收个人所得税。

9. 对退职人员一次取得较高退职费收入的计税方法。

对于个人取得的不符合《国务院关于工人退休、退职的暂行办法》规定的退职条件和退职费标准的退职费收入，不属于免税“退职费”的范围，应按照工资、薪金所得在领取所得的当月计算缴纳个人所得税。但是，考虑到作为雇主给予退职人员经济补偿的退职费，通常一次性发给，数额较大，以及退职人员有可能在一段时间内没有固定收入等实际情况，依照税法有关工资、薪金所得计算征税的规定，对退职人员一次取得较高退职费收入的，可视为其一次取得数月的工资、薪金收入，并以原每月工资、薪金收入总额为标准，划分为若干月份的工资、薪金收入后，计算应纳税所得额和应纳税额。如果按照上述方法划分超过了 6 个月工资、薪金收入的，应按 6 个月平均划分计算。

个人取得全部退职费收入的应纳税额，应由其原雇主在支付退职费时负责代扣代缴。个人退职后 6 个月又再次任职、受雇的，对于个人已缴纳个人所得税的退职费收入，不再与再次任职、受雇取得的工资、薪金所得合并计算补缴个人所得税。

10. 对非居民个人不同纳税义务计算应纳税额的适用公式。

自 2004 年 7 月 1 日起，以前规定与以下规定不一致的，按以下规定为准：

（1）在中国境内无住所而在一个纳税年度中在中国境内连续或累计居住不超过 90 日或在税收协定规定的期间在中国境内连续或累计居住不超过 183 日的个人，负有纳税义务的应适用下述公式：

$$\text{应纳税额}=\left(\text{当月境内外工资、薪金应纳税所得额}\times\text{适用税率}-\text{速算扣除数}\right)\times\text{当月境内支付工资}\div\text{当月境内外支付工资总额}\times\text{当月境内工作天数}\div\text{当月天数}$$

（2）在中国境内无住所而在一个纳税年度中在中国境内连续或累计居住超过 90 日或在税收协定规定的期间在中国境内连续或累计居住超过 183 日但不满 1 年的个人，负有纳税义务的应适用下述公式：

$$\text{应纳税额}=\left(\text{当月境内外工资、薪金应纳税所得额}\times\text{适用税率}-\text{速算扣除数}\right)\times\text{当月境内工作天数}\div\text{当月天数}$$

（3）在中国境内无住所但在境内居住满 1 年而不超过 5 年的个人，其在中国境内工作期间取得的由中国境内企业或个人雇主支付和由中国境外企业或个人雇主支付的工资、薪金，均应申报缴纳个人所得税；其在《个人所得税实施条例》第三条所说临时离境工作期间的工资、薪金所得，仅就由中国境内企业或个人雇主支付的部分申报纳税，凡是该中国境内企业、机构属于采取核定利润方法计征企业所得税或没有营业收入而不征收企业所得税的，在该中国境内企业、机构任职、受雇的个人取得的工资、薪金，不论是否在中国境内企业、机构会计账簿中有记载，均应视为由其任职的中国境内企业、机构支付。

上述个人，在 1 个月中既有在中国境内工作期间的工资、薪金所得，也有在临时离境期间由境内企业或个人雇主支付的工资、薪金所得的，应合并计算当月应纳税款，并按税法规定的期限申报缴纳。在中国境内无住所但在境内居住满 1 年而不超过 5 年的个人，负有纳税义务的应适用下述公式：

$$\text{应纳税额}=\left(\text{当月境内外工资、薪金应纳税所得额}\times\text{适用税率}-\text{速算扣除数}\right)\times\left(1-\text{当月境外支付工资}\div\text{当月境内外支付工资总额}\times\text{当月境外工作天数}\div\text{当月天数}\right)$$

如果上款所述各类个人取得的是日工资、薪金或者不满 1 个月工资、薪金，仍应以日工资、薪金乘以当月天数换算成月工资、薪金后，按照上述公式计算其应纳税额。

11. 单位对离退休人员发放退休工资以外的奖金补贴。

离退休人员除按规定领取离退休工资或养老金外，另从原任职单位取得的各类补贴、奖金、实物，不属于《个人所得税法》第四条规定可以免税的退休工资、离休工资、离休生活补助费。

根据《个人所得税法》及其实施条例的有关规定，离退休人员从原任职单位取得的各类补贴、奖金、实物，应在减除费用扣除标准后，按“工资、薪金所得”应税项目缴纳个人所得税。

12. 高级专家延长离休、退休期间取得的工资、薪金所得。

高级专家延长离休、退休期间取得的工资、薪金所得，其免征个人所得税政策口径按下列标准执行：

（1）对高级专家从其劳动人事关系所在单位取得的，单位按国家有关规定向职工统一发放的工资、薪金、奖金、津贴、补贴等收入，视同离休、退休工资，免征个人所得税。

（2）除上述第（1）项所述收入以外各种名目的津贴、补贴收入等，以及高级专家从其劳动人事关系所在单位之外的其他地方取得的培训费、讲课费、顾问费、稿酬等各种收入，依法计征个人所得税。

离休、退休年龄的高级专家是指：①享受国家发放的政府特殊津贴的专家、学者；②中国科学院、中国工程院院士。

13. 个人股票期权所得个人所得税的征税方法。

企业员工股票期权（以下简称股票期权）是指上市公司按照规定的程序授予本公司及其控股企业员工的一项权利，该权利允许被授权员工在未来时间内以某一特定价格购买本公司一定数量的股票。

上述“某一特定价格”被称为“授予价”或“施权价”，即根据股票期权计划可以购买股票的价格，一般为股票期权授予日的市场价格或该价格的折扣价格，也可以是按照事先设定的计算方法约定的价格；“授予日”也称“授权日”，是指公司授予员工上述权利的日期；“行权”也称“执行”，是指员工根据股票期权计划选择购买股票的过程；员工行使上述权利的当日为“行权日”，也称“购买日”。

（1）股票期权所得性质的确认及具体征税规定。

①员工接受实施股票期权计划企业授予的股票期权时，除另有规定外，一般不作为应税所得征税。

②员工行权时，其从企业取得股票的实际购买价（施权价）低于购买日公平市场价（指该股票当日的收盘价，下同）的差额，是因员工在企业的表现和业绩情况而取得的与任职、受雇有关的所得，应按“工资、薪金所得”适用的规定计算缴纳个人所得税。

对因特殊情况，员工在行权日之前将股票期权转让的，以股票期权的转让净收入，作为工资、薪金所得征收个人所得税。

员工行权日所在期间的工资、薪金所得，应按下列公式计算工资、薪金应纳税所得额：

$$\text{股票期权形式的工资、薪金应纳税所得额}=\left(\text{行权股票的每股市场价}-\text{员工取得该股票期权支付的每股施权价}\right)\times\text{股票数量}$$

③员工将行权后的股票再转让时获得的高于购买日公平市场价的差额，是因个人在证券二级市场上转让股票等有价证券而获得的所得，应按照“财产转让所得”适用的征免规定计算缴纳个人所得税。

④员工因拥有股权而参与企业税后利润分配取得的所得，应按照“利息、股息、红利所得”适用的规定计算缴纳个人所得税。

（2）工资、薪金所得境内外来源划分。

按照《国家税务总局关于在中国境内无住所个人以有价证券形式取得工资薪金所得确定纳税义务有关问题的通知》（国税函［2000］190号）的有关规定，需对员工因参加企业股票期权计划而取得的工资、薪金所得确定境内或境外来源的，应按照该员工据以取得上述工资、薪金所得的境内、外工作期间月份数比例计算划分。

（3）应纳税款的计算。

①认购股票所得（行权所得）的税款计算。员工因参加股票期权计划而从中国境内取得的所得，根据国税函［2000］190号规定应按工资、薪金所得计算纳税的，对该股票期权形式的工资、薪金所得可区别于所在月份的其他工资、薪金所得，单独按下列公式计算当月应纳税款：

$$应纳税额=\left(\frac{股票期权形式的工资、薪金应纳税所得额}{规定月份数}\times适用税率-速算扣除数\right)\times规定月份数$$

公式中的规定月份数，是指员工取得来源于中国境内的股票期权形式的工资、薪金所得的境内工作期间月份数，长于12个月的，按12个月计算；公式中的适用税率和速算扣除数，以股票期权形式的工资、薪金应纳税所得额除以规定月份数后的商数，对照《国家税务总局关于印发〈征收个人所得税若干问题〉的通知》（国税发［1994］089号）所附税率表确定。

值得特别说明的是，由于从2011年9月1日起，个人所得税的工资、薪金所得适用七级超额累进税率，所以计算应纳税额时要注意股票期权形式的工资、薪金所得发生的时间。在该时间以前的按九级超额累进税率确定适用税率，在该时间以后的按七级超额累进税率确定适用税率。

②转让股票（销售）取得所得的税款计算。对于员工转让股票等有价证券取得的所得，应按现行税法和政策规定征免个人所得税。个人将行权后的境内上市公司股票再行转让而取得的所得，暂不征收个人所得税；个人转让境外上市公司的股票而取得的所得，应按税法的规定计算应纳税所得额和应纳税额，依法缴纳税款。

③参与税后利润分配取得所得的税款计算。员工因拥有股权参与税后利润分配而取得的股息、红利所得，除依照有关规定可以免税或减税的外，应全额按规定税率计算纳税。

（4）部分股票期权在授权时即约定可以转让，且在境内或境外存在公开市场及挂牌价格（以下称可公开交易的股票期权）。员工接受该可公开交易的股票期权时，应作为《财政部、国家税务总局关于个人股票期权所得征收个人所得税问题的通知》（财税［2005］35号）文件第二条第（一）项所述的另有规定情形，按以下规定进行税务处理：

①员工取得可公开交易的股票期权，属于员工已实际取得有确定价值的财产，应按授权日股票期权的市场价格，作为员工授权日所在月份的工资、薪金所得，并按财税［2005］35号文件第四条第（一）项规定计算缴纳个人所得税。如果员工以折价购入方

式取得股票期权，可以授权日股票期权的市场价格扣除折价购入股票期权时实际支付的价款后的余额，作为授权日所在月份的工资、薪金所得。

②员工取得上述可公开交易的股票期权后，转让该股票期权所取得的所得，属于财产转让所得，按财税［2005］35号文件第四条第（二）项规定进行税务处理。

③员工取得本条第（一）项所述可公开交易的股票期权后，实际行使该股票期权购买股票时，不再计算缴纳个人所得税。

（5）员工以在一个公历月份中取得的股票期权形式工资、薪金所得为一次。员工在一个纳税年度中多次取得股票期权形式工资、薪金所得的，其在该纳税年度内首次取得股票期权形式的工资、薪金所得应按财税［2005］35号文件第四条第（一）项规定的公式计算应纳税款；本年度内以后每次取得股票期权形式的工资、薪金所得，应按以下公式计算应纳税款：

$$\text{应纳税款}=\left(\begin{array}{c}\text{本纳税年度内取得的}\\\text{股票期权形式工资、}\\\text{薪金所得累计应纳税所得额}\end{array}\div\begin{array}{c}\text{规定}\\\text{月份数}\end{array}\times\begin{array}{c}\text{适用}\\\text{税率}\end{array}-\begin{array}{c}\text{速算}\\\text{扣除数}\end{array}\right)\times\begin{array}{c}\text{规定}\\\text{月份数}\end{array}-\begin{array}{c}\text{本纳税年度内股票期}\\\text{权形式的工资、薪金}\\\text{所得累计已纳税款}\end{array}$$

公式中的本纳税年度内取得的股票期权形式工资、薪金所得累计应纳税所得额，包括本次及本次以前各次取得的股票期权形式工资、薪金所得应纳税所得额；公式中的规定月份数，是指员工取得来源于中国境内的股票期权形式工资、薪金所得的境内工作期间月份数，长于12个月的，按12个月计算；公式中的适用税率和速算扣除数，以本纳税年度内取得的股票期权形式工资、薪金所得累计应纳税所得额除以规定月份数后的商数，对照《国家税务总局关于印发〈征收个人所得税若干问题的规定〉的通知》（国税发［1994］089号）所附税率表确定（按前述“特别值得说明”的方法处理）；公式中的本纳税年度内股票期权形式的工资、薪金所得累计已纳税款，不含本次股票期权形式的工资、薪金所得应纳税款。

（6）员工多次取得或者一次取得多项来源于中国境内的股票期权形式工资、薪金所得，而且各次或各项股票期权形式工资、薪金所得的境内工作期间月份数不相同的，以境内工作期间月份数的加权平均数为财税［2005］35号文件第四条第（一）项规定公式和《国家税务总局关于个人股票期权所得缴纳个人所得税有关问题的补充通知》（国税函［2006］902号）第七条规定公式中的规定月份数，但最长不超过12个月。其计算公式如下：

$$\begin{array}{c}\text{规定}\\\text{月份数}\end{array}=\sum\begin{array}{c}\text{各次或各项股票期权形式工资、薪金应纳税所得额}\\\text{与该次或该项所得境内工作期间月份数的乘积}\end{array}\div\sum\begin{array}{c}\text{各次或各项股票期权形式}\\\text{工资、薪金应纳税所得额}\end{array}$$

（7）公司雇员以非上市公司股票期权形式取得的所得征收个人所得税问题。

①按照财税［2005］35号文件第一条的规定，现行有关个人股票期权所得征收个人所得税的规定，仅适用于以上市发行的股票为内容，按照规定的程序对员工实施的期权奖励计划。因此，公司雇员以非上市公司股票期权形式取得的工资、薪金所得，不能按照财税［2005］35号文件规定缴纳个人所得税。

②公司雇员以非上市公司股票期权形式取得的工资、薪金所得，在计算缴纳个人所得税时，因一次收入较多，可比照《国家税务总局关于调整个人取得全年一次性奖金等计算征收个人所得税方法问题的通知》（国税发［2005］9号）规定的全年一次性奖金的征税办法，计算征收个人所得税。

③公司雇员以非上市股票期权形式取得所得的纳税义务发生时间，按雇员的实际购买日确定，其所得额为其从公司取得非上市股票的实际购买价低于购买日该股票价值的差额。

由于非上市公司股票没有可参考的市场价格，为便于操作，除存在实际或约定的交易价格，或存在与该非上市股票具有可比性的相同或类似股票的实际交易价格情形外，购买日股票价值可暂按其境外非上市母公司上一年度经中介机构审计的会计报告中每股净资产数额来确定。

（8）税款的征收管理。

①扣缴义务人。实施股票期权计划的境内企业为个人所得税的扣缴义务人，应按税法规定履行代扣代缴个人所得税的义务。

②自行申报纳税。员工从两处或两处以上取得股票期权形式的工资、薪金所得和没有扣缴义务人的，该个人应在《个人所得税法》规定的纳税申报期限内自行申报缴纳税款。

③报送有关资料。实施股票期权计划的境内企业，应在股票期权计划实施之前，将企业的股票期权计划或实施方案、股票期权协议书、授权通知书等资料报送主管税务机关；应在员工行权之前，将股票期权行权通知书和行权调整通知书等资料报送主管税务机关。

扣缴义务人和自行申报纳税的个人在申报纳税或代扣代缴税款时，应在税法规定的纳税申报期限内，将个人接受或转让的股票期权以及认购的股票情况（包括种类、数量、施权价格、行权价格、市场价格、转让价格等）报送主管税务机关。

④处罚。实施股票期权计划的企业和因股票期权计划而取得应税所得的自行申报员工，未按规定报送上述有关报表和资料，未履行申报纳税义务或者扣缴税款义务的，按照《税收征收管理法》及其实施细则的有关规定进行处理。

14. 纳税人收回转让的股权征收个人所得税的方法。

（1）股权转让合同履行完毕、股权已作变更登记，且所得已经实现的，转让人取得的股权转让收入应当依法缴纳个人所得税。转让行为结束后，当事人双方签订并执行解除原股权转让合同、退回股权的协议，是另一次股权转让行为，对前次转让行为征收的个人所得税款不予退回。

（2）股权转让合同未履行完毕，因执行仲裁委员会做出的解除股权转让合同及补充协议的裁决、停止执行原股权转让合同，并原价收回已转让股权的，由于其股权转让行为尚未完成、收入未完全实现，随着股权转让关系的解除，股权收益不复存在，根据《个人所得税法》和《税收征收管理法》的有关规定，以及从行政行为合理性原则出发，纳税人不应缴纳个人所得税。

15. 企业向个人支付不竞争款项征收个人所得税。

不竞争款项是指资产购买方企业与资产出售方企业自然人股东之间在资产购买交易中，通过签订保密和不竞争协议等方式，约定资产出售方企业自然人股东在交易完成后一定期限内，承诺不从事有市场竞争的相关业务，并负有相关技术资料的保密义务，资产购买方企业则在约定期限内，按一定方式向资产出售方企业自然人股东所支付的款项。

根据《个人所得税法》第二条第十一项有关规定，鉴于资产购买方企业向个人支付的不竞争款项，属于个人因偶然因素取得的一次性所得，为此，资产出售方企业自然人股东取得的所得，应按照《个人所得税法》第二条第十项“偶然所得”项目计算缴纳个人所得税，税款由资产购买方企业在向资产出售方企业自然人股东支付不竞争款项时代扣代缴。

16. 个人取得拍卖收入征收个人所得税。

（1）自2007年5月1日起，个人通过拍卖市场拍卖个人财产，对其取得所得按以下规定征税：

①根据《国家税务总局关于印发〈征收个人所得税若干问题的规定〉的通知》（国税发［1994］089号），作者将自己的文字作品手稿原件或复印件拍卖取得的所得，应以其转让收入额减除800元（转让收入额4 000元以下）或者20%（转让收入额4 000元以上）后的余额为应纳税所得额，按照“特许权使用费”所得项目适用20%税率缴纳个人所得税。

②个人拍卖除文字作品原稿及复印件外的其他财产，应以其转让收入额减除财产原值和合理费用后的余额为应纳税所得额，按照“财产转让所得”项目适用20%税率缴纳个人所得税。

（2）对个人财产拍卖所得征收个人所得税时，以该项财产最终拍卖成交价格为其转让收入额。

个人财产拍卖所得适用“财产转让所得”项目计算应纳税所得额时，纳税人凭合法有效凭证（税务机关监制的正式发票、相关境外交易单据或海关报关单据、完税证明等），从其转让收入额中减除相应的财产原值、拍卖财产过程中缴纳的税金及有关合理费用。

①财产原值，是指售出方个人取得该拍卖品的价格（以合法有效凭证为准）。具体为：通过商店、画廊等途径购买的，为购买该拍卖品时实际支付的价款；通过拍卖行拍得的，为拍得该拍卖品实际支付的价款及缴纳的相关税费；通过祖传收藏的，为其收藏该拍卖品而发生的费用；通过赠送取得的，为其受赠该拍卖品时发生的相关税费；通过其他形式取得的，参照以上原则确定财产原值。

②拍卖财产过程中缴纳的税金，是指在拍卖财产时纳税人实际缴纳的相关税金及附加。

③有关合理费用，是指拍卖财产时纳税人按照规定实际支付的拍卖费（佣金）、鉴定费、评估费、图录费、证书费等费用。

（3）纳税人如不能提供合法、完整、准确的财产原值凭证，不能正确计算财产原值，按转让收入额的3%征收率计算缴纳个人所得税；拍卖品为经文物部门认定是海外回流文物的，按转让收入额的2%征收率计算缴纳个人所得税。

（4）纳税人的财产原值凭证内容填写不规范，或者一份财产原值凭证包括多件拍卖品且无法确认每件拍卖品一一对应的原值的，不得将其作为扣除财产原值的计算依据，应视为不能提供合法、完整、准确的财产原值凭证，并按上述规定的征收率计算缴纳个人所得税。

（5）纳税人能够提供合法、完整、准确的财产原值凭证，但不能提供有关税费凭证的，不得按征收率计算纳税，应当就财产原值凭证上注明的金额据实扣除，并按照税法规定计算缴纳个人所得税。

（6）个人财产拍卖所得应纳的个人所得税税款，由拍卖单位负责代扣代缴，并按规定向拍卖单位所在地主管税务机关办理纳税申报。

（7）拍卖单位代扣代缴个人财产拍卖所得应纳的个人所得税税款时，应给纳税人填开完税凭证，并详细标明每件拍卖品的名称、拍卖成交价格、扣缴税款额。

（8）主管税务机关应加强对个人财产拍卖所得的税收征管工作，在拍卖单位举行拍卖活动期间派工作人员进入拍卖现场，了解拍卖的有关情况，宣传辅导有关税收政策，审核鉴定原值凭证和费用凭证，督促拍卖单位依法代扣代缴个人所得税。

17. 个人取得有奖发票奖金征免个人所得税。

个人取得单张有奖发票奖金所得不超过 800 元（含 800 元）的，暂免征收个人所得税；个人取得单张有奖发票奖金所得超过 800 元的，应全额按照《个人所得税法》规定的“偶然所得”项目征收个人所得税。税务机关或其指定的有奖发票兑奖机构，是有奖发票奖金所得个人所得税的扣缴义务人，应依法认真做好个人所得税代扣代缴工作。

18. 个人转让限售股征收个人所得税规定。

自 2010 年 1 月 1 日起，对个人转让限售股取得的所得，按照“财产转让所得”，适用 20% 的比例税率征收个人所得税。

（1）限售股定义范围。

①上市公司股权分置改革完成后股票复牌日之前股东所持原非流通股股份，以及股票复牌日至解禁日期间由上述股份孳生的送、转股（以下统称股改限售股）。

②2006 年股权分置改革新老划断后，首次公开发行股票并上市的公司形成的限售股，以及上市首日至解禁日期间由上述股份孳生的送、转股（以下统称新股限售股）。

③个人从机构或其他个人受让的未解禁限售股。

④个人因依法继承或家庭财产依法分割取得的限售股。

⑤个人持有的从代办股份转让系统转到主板市场（或中小板、创业板市场）的限售股。

⑥上市公司吸收合并中，个人持有的原被合并方公司限售股所转换的合并方公司股份。

⑦上市公司分立中，个人持有的被分立方公司限售股所转换的分立后公司股份。

⑧财政部、国家税务总局、法制办和证监会共同确定的其他限售股。

（2）限售股在解禁前被多次转让的，转让方对每一次转让所得均应按规定缴纳个人所得税。对具有下列情形的，应按规定征收个人所得税：

①个人通过证券交易所集中交易系统或大宗交易系统转让限售股。

②个人用限售股认购或申购交易型开放式指数基金（ETF）份额。

③个人用限售股接受要约收购。

④个人行使现金选择权将限售股转让给提供现金选择权的第三方。

⑤个人协议转让限售股。

⑥个人持有的限售股被司法扣划。

⑦个人用限售股偿还上市公司股权分置改革中由大股东代其向流通股股东支付的对价。

⑧其他具有转让实质的情形。

（3）个人转让限售股，以每次限售股转让收入，减除股票原值和合理税费后的余额，为应纳税所得额。

应纳税所得额＝限售股转让收入－（限售股原值+合理税费）

应纳税额＝应纳税所得额×20%

上述所称限售股转让收入，是指转让限售股股票实际取得的收入。限售股原值，是指限售股买入时的买入价及按照规定缴纳的有关费用。合理税费，是指转让限售股过程中发生的印花税、佣金、过户费等与交易相关的税费。

如果纳税人未能提供完整、真实的限售股原值凭证的，不能准确计算限售股原值的，主管税务机关一律按限售股转让收入的15%核定限售股原值及合理税费。

（4）限售股转让所得个人所得税，以限售股持有者为纳税义务人，以个人股东开户的证券机构为扣缴义务人。限售股个人所得税由证券机构所在地主管税务机关负责征收管理。

（5）限售股转让所得个人所得税，采取证券机构预扣预缴、纳税人自行申报清算和证券机构直接扣缴相结合的方式征收。证券机构预扣预缴的税款，于次月7日内以纳税保证金形式向主管税务机关缴纳。主管税务机关在收取纳税保证金时，应向证券机构开具“中华人民共和国纳税保证金收据”，并纳入专户存储。

根据证券机构技术和制度准备完成情况，对不同阶段形成的限售股，采取不同的征收管理办法。

①证券机构技术和制度准备完成前形成的限售股，证券机构按照股改限售股股改复牌日收盘价，或新股限售股上市首日收盘价计算转让收入，按照计算出的转让收入的15%确定限售股原值和合理税费，以转让收入减去原值和合理税费后的余额，适用20%税率，计算预扣预缴个人所得税税额。

纳税人按照实际转让收入与实际成本计算出的应纳税额，与证券机构预扣预缴税额有差异的，纳税人应自证券机构代扣并解缴税款的次月1日起3个月内，持加盖证券机构印章的交易记录和相关完整、真实凭证，向主管税务机关提出清算申报并办理清算事宜。主管税务机关审核确认后，按照重新计算的应纳税额，办理退（补）税手续。纳税人在规定期限内未到主管税务机关办理清算事宜的，税务机关不再办理清算事宜，已预扣预缴的税款从纳税保证金账户全额缴入国库。

②证券机构技术和制度准备完成后新上市公司的限售股，按照证券机构事先植入结算系统的限售股成本原值和发生的合理税费，以实际转让收入减去原值和合理税费后的余额，适用20%税率，计算直接扣缴个人所得税税额。

（6）纳税人同时持有限售股及该股流通股的，其股票转让所得，按照限售股优先原则，即转让股票视同为先转让限售股，按规定计算缴纳个人所得税。

（7）证券机构等应积极配合税务机关做好各项征收管理工作，并于每月15日前，将上月限售股减持的有关信息传递至主管税务机关。限售股减持信息包括：股东姓名、公民身份证号码、开户证券公司名称及地址、限售股股票代码、本期减持股数及减持取得的收入总额。证券机构有义务向纳税人提供加盖印章的限售股交易记录。

（8）对个人在上海证券交易所、深圳证券交易所转让从上市公司公开发行和转让市场取得的上市公司股票所得，继续免征个人所得税。

19. 个人终止投资经营收回款项征收个人所得税规定。

个人因各种原因终止投资、联营、经营合作等行为，从被投资企业或合作项目、被投资企业的其他投资者以及合作项目的经营合作人取得股权转让收入、违约金、补偿金、赔偿金及以其他名目收回的款项等，均属于个人所得税应税收入，应按照“财产转让所得”项目适用的规定计算缴纳个人所得税。应纳税所得额的计算公式如下：

$$\text{应纳税所得额}=\text{个人取得的股权转让收入、违约金、补偿金、赔偿金及以其他名目收回款项合计数}-\text{原实际出资额（投入额）及相关税费}$$

应纳税额=应纳税所得额×20%

20. 个人提前退休取得补贴收入征收个人所得税规定。

自2011年1月1日起，个人提前退休取得一次性补贴收入征收个人所得税按以下规定执行：

（1）机关、企事业单位对未达到法定退休年龄、正式办理提前退休手续的个人，按照统一标准向提前退休工作人员支付一次性补贴，不属于免税的离退休工资收入，应按照“工资、薪金所得”项目征收个人所得税。

（2）个人因办理提前退休手续而取得的一次性补贴收入，应按照办理提前退休手续至法定退休年龄之间所属月份平均分摊计算个人所得税。计算公式为：

$$\text{应纳税额}=\left[\left(\text{一次性补贴收入}\div\text{办理提前退休手续至法定退休年龄的实际月份数}-\text{费用扣除标准}\right)\times\text{适用税率}-\text{速算扣除数}\right]\times\text{提前办理退休手续至法定退休年龄的实际月份数}$$

21. 企业年金个人所得税征收管理的规定。

根据国税函［2009］694号、国家税务总局公告2011年第9号的相关规定，企业年金是指企业及其职工按照《企业年金试行办法》的规定，在依法参加基本养老保险的基础上，自愿建立的补充养老保险。对个人取得规定之外的其他补充养老保险收入，应全额并入当月工资、薪金所得依法征收个人所得税。具体规定为：

（1）月工资收入低于费用扣除标准的职工缴存企业年金的征税问题。

①企业年金的企业缴费部分计入职工个人账户时，当月个人工资、薪金所得与计入个人年金账户的企业缴费之和未超过个人所得税费用扣除标准的，不征收个人所得税。

②个人当月工资、薪金所得低于个人所得税费用扣除标准，但加上计入个人年金账户的企业缴费后超过个人所得税费用扣除标准的，其超过部分按照“工资、薪金所得”项目计算当期应缴纳的个人所得税，并由企业在缴费时代扣代缴。

（2）关于以前年度企业缴费部分未扣缴税款的计算补税问题。

①将以前年度未扣缴税款的企业缴费累计额按所属纳税年度分别计算每一职工应补缴税款，在此基础上汇总计算企业应扣缴税款合计数。

②在计算应补缴税款时，首先应按照每一职工月平均工资额减去费用扣除标准后的差额确定职工个人适用税率，企业已按规定对企业缴费部分依法扣缴个人所得税的，税务机关不再退税；企业未扣缴企业缴费部分个人所得税的，税务机关应限期责令企业按以下方法计算扣缴税款：以每年度未扣缴企业缴费部分为应纳税所得额，以当年每个职工月平均工资额的适用税率为所属期企业缴费的适用税率，汇总计算各年度应扣缴税款。

第一，职工月平均工资额的计算公式为：

$$\text{职工月平均工资额}=\text{当年企业为每一职工据以计算缴纳年金费用的工资合计数}\div\text{企业实际缴纳年金费用的月份数}$$

上式中工资合计数不包括未计提企业年金的奖金、津补贴等。

第二，职工个人应补缴税款的计算公式为：

纳税年度内每一职工应补缴税款=当年企业未扣缴税款的企业缴费合计数×适用税率-速算扣除数

上式计算结果如小于0，适用税率调整为5%（2011年9月1日后应为3%），据此计算应补缴税款。

第三，企业应补扣缴个人所得税合计数计算公式为：

$$企业应补扣缴税额 = \sum 各纳税年度企业应补扣缴税额$$

$$各纳税年度企业应补扣缴税额 = \sum 纳税年度内每一职工应补缴税款$$

（3）设立企业年金计划的企业，应按照《个人所得税法》和《税收征收管理法》的有关规定，实行全员全额扣缴明细申报制度。企业要加强与其受托人的信息传递，并按照主管税务机关的要求提供相关信息。对违反有关税收法律法规规定的，按照《税收征收管理法》的有关规定予以处理。

22. 企业促销展业赠送礼品个人所得税的规定。

自2011年6月9日起，企业和单位（包括企业、事业单位、社会团体、个人独资企业、合伙企业和个体工商户等，以下简称企业）在营销活动中以折扣折让、赠品、抽奖等方式，向个人赠送现金、消费券、物品、服务等（以下简称礼品）有关个人所得税的具体规定如下：

（1）企业在销售商品（产品）和提供服务过程中向个人赠送礼品，属于下列情形之一的，不征收个人所得税：

①企业通过价格折扣、折让方式向个人销售商品（产品）和提供服务；

②企业在向个人销售商品（产品）和提供服务的同时给予赠品，如通信企业对个人购买手机赠话费、入网费，或者购话费赠手机等；

③企业对累积消费达到一定额度的个人按消费积分反馈礼品。

（2）企业向个人赠送礼品，属于下列情形之一的，取得该项所得的个人应依法缴纳个人所得税，税款由赠送礼品的企业代扣代缴：

①企业在业务宣传、广告等活动中，随机向本单位以外的个人赠送礼品，对个人取得的礼品所得，按照“其他所得”项目，全额适用20%的税率缴纳个人所得税。

②企业在年会、座谈会、庆典以及其他活动中向本单位以外的个人赠送礼品，对个人取得的礼品所得，按照“其他所得”项目，全额适用20%的税率缴纳个人所得税。

③企业对累积消费达到一定额度的顾客，给予额外抽奖机会，个人的获奖所得，按照“偶然所得”项目，全额适用20%的税率缴纳个人所得税。

（3）企业赠送的礼品是自产产品（服务）的，按该产品（服务）的市场销售价格确定个人的应税所得；是外购商品（服务）的，按该商品（服务）的实际购置价格确定个人的应税所得。

二、个体工商户、个人独资企业和合伙企业经营所得应纳税额的计算

（一）计征期限

按照税法规定，个体工商户应缴纳的个人所得税，按年计征，按主管税务机关规定的期限预缴，年终汇算，多退少补。如生产经营的期限不到一个纳税年度，在汇算其应纳税

额时，应将其所得换算成年度所得后，按照适用税率计算出年度应纳税额，再将其年度应纳税额换算成实际应纳税额。

（二）费用扣除标准

个体工商户的费用扣除标准和雇员的工资扣除标准，由各省、自治区、直辖市税务机关确定。具体规定如下：

1. 准予在所得税前列支的其他项目及列支标准。

（1）个体工商户、个人独资企业和合伙企业在生产经营中的借款利息支出，未超过中国人民银行规定的同类同期贷款利率计算的数额部分，准予扣除。

（2）个体工商户、个人独资企业和合伙企业拨缴的工会经费、发生的职工福利费、职工教育经费支出分别在工资、薪金总额2%、14%、2.5%的标准内据实扣除。

（3）个体工商户、个人独资企业和合伙企业发生的与生产经营有关的修理费用，可以据实扣除。修理费用发生不均衡或数额较大的，应分期扣除。

（4）个体工商户、个人独资企业和合伙企业按规定缴纳的工商管理费、个体劳动者协会会费、摊位费，按实际发生数扣除。缴纳的其他规费，其扣除项目和扣除标准，由各省、自治区、直辖市地方税务局根据当地实际情况确定。

（5）个体工商户、个人独资企业和合伙企业每一纳税年度发生的广告费和业务宣传费用不超过当年销售（营业）收入15%的部分，可据实扣除；超过部分，准予在以后纳税年度结转扣除。

（6）个体工商户、个人独资企业和合伙企业向其从业人员实际支付的合理的工资、薪金支出，允许在税前据实扣除。

（7）个体工商户、个人独资企业和合伙企业在生产经营过程中发生的固定资产和流动资产盘亏即毁损净损失，由个体工商户、个人独资企业和合伙企业提供清查盘存资料，经主管税务机关审核后，可以在当期扣除。

（8）个体工商户、个人独资企业和合伙企业在生产经营过程中发生的以外币结算的往来款项增减变动时，由于汇率变动而发生的人民币的差额，作为汇兑损益，计入当期所得或在当期扣除。

（9）个体工商户、个人独资企业和合伙企业发生的与生产经营有关的无法收回的账款（包括因债务人破产或死亡，以其破产财产或者遗产清偿后，仍然不能收回的应收账款，或者因债务人逾期未履行还债义务，超过3年仍然不能收回的应收账款），应由其提供有效证明，报经主管税务机关审核后，按实际发生数扣除。

（10）个体工商户、个人独资企业和合伙企业每一纳税年度发生的与其生产经营业务直接相关的业务招待费支出，按照发生额的60%扣除，但最高不得超过当年销售（营业）收入的5‰。

（11）对个体工商户业主、个人独资企业和合伙企业投资者的生产经营所得依法计征个人所得税时，个体工商户业主、个人独资企业和合伙企业投资者本人的费用扣除标准，2011年9月1日以后统一确定为42 000元/年（3 500元/月）。

（12）个体工商户、个人独资企业和合伙企业在生产经营过程中发生的与家庭生活混用的费用，由主管税务机关核定分摊比例，据此计算确定的属于生产经营过程中发生的费用，准予扣除。

（13）个体工商户、个人独资企业和合伙企业的年度经营亏损，经申报主管税务机关审核后，允许用下一年度的经营所得弥补。下一年度所得不足弥补的，允许逐年延续弥补，但最长不得超过5年。

（14）个体工商户、个人独资企业和合伙企业购入低值易耗品的支出，原则上一次摊销，但一次性购入价值较大的，应分期摊销。分期摊销的价值标准和期限由各省、自治区、直辖市地方税务局确定。

2. 不得在所得税前列支的项目。

（1）资本性支出，包括为购置和建造固定资产、无形资产以及其他资产的支出，对外投资的支出；

（2）被没收的财物、支付的罚款；

（3）缴纳的个人所得税、固定资产投资方向调节税，以及各种税收的滞纳金、罚金和罚款；

（4）各种赞助支出；

（5）自然灾害或者意外事故损失有赔偿的部分；

（6）分配给投资者的股利；

（7）用于个人和家庭的支出；

（8）个体工商户、个人独资企业和合伙企业业主的工资支出；

（9）与生产经营无关的其他支出；

（10）国家税务总局规定不准扣除的其他支出。

3. 个体工商户或个人专营种植业、养殖业、饲养业、捕捞业，已按规定免征农业税、牧业税的，不再计算征收个人所得税。不属于免征农业税、牧业税征税范围的，对其所得应计征个人所得税。兼营上述四业并单独核算的，原则上比照上述规定征税，对属于征收个人所得税的，应与其他生产经营所得合并征收个人所得税；对于四业所得不能单独核算的，应就其全部所得计征个人所得税。

4. 个体工商户与企业联营而分得的利润，按利息、股息、红利所得项目单独计算征收个人所得税；取得与生产经营活动无关的其他各项应税所得，应分别适用各应税项目的规定，计算征收个人所得税。

5. 合伙企业应纳税所得的确定。

合伙企业以每一个合伙人为纳税义务人。合伙企业合伙人是自然人的，缴纳个人所得税；合伙人是法人和其他组织的，缴纳企业所得税。

（1）合伙企业生产经营所得和其他所得采取“先分后税”的原则。

（2）合伙企业的生产经营所得和其他所得，包括合伙企业分配给所有合伙人的所得和企业当年留存的所得（利润）。

（3）合伙企业的合伙人按照下列原则确定应纳税所得额：

①合伙企业的合伙人以合伙企业的生产经营所得和其他所得，按照合伙协议约定的分配比例确定应纳税所得额。

②合伙协议未约定或者约定不明确的，以全部生产经营所得和其他所得，按照合伙人协商决定的分配比例确定应纳税所得额。

③协商不成的，以全部生产经营所得和其他所得，按照合伙人实缴出资比例确定应纳

税所得额。

④无法确定出资比例的，以全部生产经营所得和其他所得，按照合伙人数量平均计算每个合伙人的应纳税所得额。

合伙协议不得约定将全部利润分配给部分合伙人。

（4）合伙企业的合伙人是法人和其他组织的，合伙人在计算其应缴纳企业所得税时，不得用合伙企业的亏损抵减其盈利。

6. 以企业资金为个人购房。

（1）根据《个人所得税法》和《财政部、国家税务总局关于规范个人投资者个人所得税征收管理的通知》（财税［2003］158号）的有关规定，符合以下情形的房屋或其他财产，不论所有权人是否将财产无偿或有偿交付企业使用，其实质均为企业对个人进行了实物性质的分配，应依法计征个人所得税：

①企业出资购买房屋及其他财产，将所有权登记为投资者个人、投资者家庭成员或企业其他人员的。

②企业投资者个人、投资者家庭成员或企业其他人员向企业借款用于购买房屋及其他财产，将所有权登记为投资者、投资者家庭成员或企业其他人员，且借款年度终了后未归还借款的。

（2）对个人独资企业、合伙企业的个人投资者或其家庭成员取得的上述所得，视为企业对个人投资者的利润分配，按照“个体工商户的生产经营所得”项目计征个人所得税。

对除个人独资企业、合伙企业以外其他企业的个人投资者或其家庭成员取得的上述所得，视为企业对个人投资者的红利分配，按照“利息、股息、红利所得”项目计征个人所得税；对企业其他人员取得的上述所得，按照“工资、薪金所得”项目计征个人所得税。

7. 应纳税额的计算。

计算应纳税额的基本公式为：

应纳税所得额=年生产经营收入总额-成本、费用、税金、损失

应纳税额=应纳税所得额×适用税率-速算扣除数

【例11-10】某装饰个体工商户假定在2014年度取得营业收入684 000元，支付成本、费用共计476 000元（其中含个体工商户业主全年工资60 000元），上交各种税金及附加32 000元，1—12月份每月预缴个人所得税2 000元。根据所给数据计算该个体工商户年终应补或退的个人所得税。

（1）全年应纳税所得额=684 000-476 000-32 000=176 000（元）

个体工商户业主全年工资超标准=60 000-42 000=18 000（元）

应调增应纳税所得额。

（2）全年应缴纳个人所得税=（176 000+18 000）×35%-14 750=53 150（元）

（3）年终应补缴个人所得税=53 150-2 000×12=29 150（元）

三、对企事业单位承包经营、承租经营所得应纳税额的计算

（一）计征期限

按照税法规定，对企事业单位承包经营、承租经营所得，以每一纳税年度的收入总

额，减除必要费用后的余额为应纳税所得额。收入总额是指纳税人按照承包经营、承租经营合同规定分得的经营利润和工资、薪金性质的所得。个人的承包经营、承租经营所得，既有工资、薪金性质，又含生产经营性质，但考虑到个人按承包经营、承租经营合同规定分到的是经营利润，涉及的生产经营成本费用已经扣除，所以，税法规定，“减除必要费用”是指按月减除 3 500 元，实际减除的是相当于个人的生计及其他费用。

在一个纳税年度中，承包经营或者承租经营期限不足 1 年的，以其实际经营期限为纳税年度。

（二）应纳税额的计算

应纳税额计算的基本公式为：

应纳税所得额＝个人承包经营、承租经营收入总额－每月 3 500 元×12

应纳税额＝应纳税所得额×适用税率－速算扣除数

【例 11－11】假定王某 2014 年度承包本单位某项工程，按规定扣除有关税费后，年终取得与承包有关的利润 50 000 元（假定经营成果归承包者所有）。另外，在承包期间每月领取工资 4 000 元。计算王某 2014 年度应缴纳多少个人所得税？

2014 年度应纳税所得额＝50 000＋4 000×12－3 500×12＝56 000（元）

2014 年度应纳个人所得税＝56 000×20%－3 750＝7 450（元）

四、劳务报酬所得应纳税额的计算

（一）计征方法

劳务报酬所得按次计征，以纳税人每次收入定额或定率减除规定费用后的余额为应纳税所得额。劳务报酬所得因其一般具有不固定、不经常性，不便于按月计算，所以，规定凡属于一次性收入的，以取得该项收入为一次，按次确定应纳税所得额；凡属于同一项目连续性收入的，以一个月内取得的收入为一次，据以确定应纳税所得额。考虑属地管辖与时间划定有交叉的特殊情况，统一规定以县（含县级市、区）为一地，其管辖内的一个月内的劳务服务为一次；当月跨县地域的，则应分别计算。

上述劳务报酬所得中的“同一项目”，是指劳务报酬所得列举 29 项具体劳务项目中的某一单项，如果个人兼有不同的劳务报酬所得，应当分别按不同的项目所得定额或定率减除费用。

此外，获得劳务报酬所得的纳税人从其收入中支付给中介人和相关人员的报酬，在定率扣除 20% 的费用后，一律不再扣除。对中介人和相关人员取得的报酬，应分别计征个人所得税。

（二）费用扣除标准

劳务报酬所得每次收入不超过 4 000 元的，定额减除费用 800 元；每次收入在 4 000 元以上的，定率减除 20% 的费用。

（三）应纳税额的计算

1. 取得劳务报酬所得自行申报或代扣代缴应纳税额计算的基本公式：

（1）每次收入不超过 4 000 元的：

应纳税所得额＝每次收入－800 元

（2）每次收入在 4 000 元以上的：

应纳税所得额=每次收入额×（1-20%）

（3）应纳税额的计算公式为：

应纳税额=应纳税所得额×适用税率-速算扣除数

【例 11-12】某歌星某 2014 年 3 月参加营业性演出，一次取得出场报酬 80 000 元。该歌星本次劳务报酬所得应缴纳多少个人所得税？

应纳税所得额=80 000×（1-20%）=64 000（元）

应纳税额=64 000×40%-7 000=18 600（元）

2. 单位或个人为纳税义务人的劳务报酬所得代付税款的计算公式：

（1）不含税收入额为 3 360 元（即含税收入 4 000 元）以下的：

应纳税所得额=（不含税收入额-800）÷（1-税率）

（2）不含税收入额为 3 360 元（即含税收入 4 000 元）以上的：

应纳税所得额=［（不含税收入额-速算扣除数）×（1-20%）］÷［1-税率×（1-20%）］

（3）应纳税额的计算公式为：

应纳税额=应纳税所得额×适用税率-速算扣除数

上述第（1）、（2）项公式中的税率，是按不含税级距对应的税率；第（3）项公式中的税率，是按含税级距对应的税率（见表 10-3）。

五、稿酬所得应纳税额的计算

（一）计征方法

稿酬所得按次征收，以每次出版、发表取得的收入为一次。具体规定为：

1. 同一作品再版取得的所得，应视为另一次稿酬所得计算征收个人所得税。

2. 同一作品先在报刊上连载，然后再出版，或先出版，再在报刊上连载的，应视为两次稿酬所得征税。连载作为一次，出版作为另一次。

3. 同一作品在报刊上连载取得收入的，以连载完成后取得的所有收入合并为一次，计算征收个人所得税。

4. 同一作品在出版和发表时，以预付稿酬或分次支付稿酬等形式取得的稿酬收入，应合并计算为一次。

5. 同一作品出版、发表后，因增加印数而追加稿酬的，应与以前出版、发表时取得的稿酬合并计算为一次，计算征收个人所得税。

6. 几人合并出版、发表著作取得稿酬分发给个人的，以每个人为纳税义务人分别计算征收个人所得税。

（二）费用扣除标准和计算公式

1. 每次收入不足 4 000 元的：

应纳税所得额=每次收入额-800 元

2. 每次收入在 4 000 元以上的：

应纳税所得额=每次收入额×（1-20%）

3. 应纳税额的计算公式为：

应纳税额=应纳税所得额×20%×（1-30%）

【例 11-13】某作家出版一本小说，取得稿酬收入 30 000 元。该次稿酬收入应缴纳多少个人所得税？

应纳税所得额 = 30 000×（1-20%）= 24 000（元）

应纳税额 = 24 000×20%×（1-30%）= 3 360（元）

六、利息、股息、红利所得和偶然所得应纳税额的计算

1. 利息、股息、红利所得和偶然所得，按次计征个人所得税。以每次取得的收入额为应纳税所得额，不扣除任何费用。

根据《对储蓄存款利息所得征收个人所得税的实施办法》，从 1999 年 11 月 1 日起开始征收个人所得税。具体规定是：

（1）个人储蓄存款取得的利息，是指个人从中华人民共和国境内的储蓄机构取得人民币、外币储蓄存款利息。储蓄机构，是指经中国人民银行及其分支机构批准的商业银行、城市信用合作社和农村信用合作社办理储蓄业务的机构以及邮政企业依法办理储蓄业务的机构。

（2）征收个人所得税的计税依据，为纳税人每次取得的人民币、外币储蓄存款利息。1999 年 10 月 31 日前孳生的利息所得，不征收个人所得税；储蓄存款在 1999 年 11 月 1 日（含 1 日）后孳生的利息所得，按实施办法的规定征收个人所得税。

储蓄存款在 1999 年 10 月 31 日前孳生的利息所得，不征收个人所得税；储蓄存款在 1999 年 11 月 1 日至 2007 年 8 月 14 日孳生的利息所得，按照 20% 的比例税率征收个人所得税；储蓄存款在 2007 年 8 月 15 日至 2008 年 10 月 8 日孳生的利息所得，按照 5% 的比例税率征收个人所得税；储蓄存款在 2008 年 10 月 9 日后（含 10 月 9 日）孳生的利息所得，暂免征收个人所得税。

对个人取得的教育储蓄存款利息所得以及国务院财政部门确定的其他专项储蓄存款或者储蓄性专项基金（住房公积金、医疗保险金、基本养老保险金、失业保险基金）存款的利息所得免征个人所得税。

教育储蓄存款，是指个人按照国家有关规定在指定银行开户，存入规定数额资金，用于教育目的的专项储蓄。

（3）计征管理，由国家税务局征收管理，以结付利息的储蓄机构实行代扣代缴。扣缴义务人代扣税款，应当在给储户的利息结付单上注明。

2. 应纳税额的计算方法。

利息、股息、红利所得适用 20% 的比例税率，个人从上市公司取得的股息、红利所得按规定税率减征 50%。其应纳税额的计算公式为：

应纳税额 = 应纳税所得额（每次收入额）×适用税率

七、特许权使用费所得应纳税额的计算

特许权使用费所得按次计征。每次收入不足 4 000 元的，减除费用 800 元后的余额为应纳税所得额；每次收入在 4 000 元以上的，按比例扣除 20% 的费用后的余额为应纳税所得额。应纳税额的计算公式为：

应纳税额 = 应纳税所得额×20%

八、财产租赁所得应纳税额的计算

财产租赁所得按次征收，以一个月内取得的租赁收入为一次。每次所得不足 4 000 元

的，定额减除费用800元后的余额为应纳税所得额；每次所得在4 000元以上的，定率减除20%的费用后的余额为应纳税所得额。

每次所得，是指每月的收入减除国家规定的有关税费和纳税人出租财产实际开支的修缮费。允许扣除的修缮费用，以每次800元为限，一次扣除不完的，准予下一次扣除，直至扣完为止。有关计算公式为：

每次所得=每次（月）收入-有关税费-有关修缮费用

每次所得不足4 000元的：

应纳税所得额=每次所得-800元

每次所得在4 000元以上的：

应纳税所得额=每次所得×（1-20%）

应纳税额=应纳税所得额×20%

【例11-14】郑某于2014年1月1日将其自有的150平方米的房屋出租给张某居住，租期1年。郑某每月取得租金收入2 500元，全年租金收入30 000元，每月缴纳其他税费165元。

郑某每月及全年应纳税额为：

每月应纳税额=（2 500-165-800）×10%=153.5（元）

全年应纳税额=153.5×12=1 842（元）

注：从2001年1月1日起，对个人出租房屋取得的所得按10%税率征税，2008年（财税［2008］24号）重申，对个人出租住房取得的所得减按10%的税率征收个人所得税。

在例11-14中，如果当年12月份因下水道堵塞找人修理，发生修理费用400元，有维修部门的正式收据，则12月份的应纳税额为：

应纳税额=（2 500-165-400-800）×10%=113.5（元）

全年应纳税额=153.5×11+113.5=1 802（元）

房地产开发企业与商店购买者个人签订协议规定，房地产开发企业按优惠价格出售其开发的商店给购买者个人，但购买者个人在一定期限内必须将购买的商店无偿提供给房地产开发企业对外出租使用，其实质是购买者个人以所购商店交由房地产开发企业出租而取得的房屋租赁收入支付了部分购房价款。

根据《个人所得税法》有关规定的精神，对上述情形的购买者个人少支出的购房价款，应视同个人财产租赁所得，按照“财产租赁所得”项目征收个人所得税。每次财产租赁所得的收入额，按照少支出的购房价款和协议规定的租赁月份数平均计算确定。

九、财产转让所得应纳税额的计算

财产转让所得，以个人转让财产的收入额减除财产原值和合理的费用后的余额为应纳税所得额。减除原值的有关规定为：

1. 建筑物：其原值为建造费或购进价格以及其他有关费用。

2. 机械设备、车船：其原值为购进价格、运输费、安装费以及其他有关费用。

3. 有价证券：其原值为买入价及买入时按规定缴纳的有关税费。

4. 土地使用权：其原值为取得土地使用权所支付的金额、开发土地的费用以及其他有关费用。

个人通过网络销售虚拟货币取得收入的有关规定为：

1. 个人通过网络收购玩家的虚拟货币，加价后向他人出售取得的收入，属于个人所得税应税所得，应按照"财产转让所得"项目计算缴纳个人所得税。

2. 个人销售虚拟货币的财产原值为其收购网络虚拟货币所支付的价款和相关税费。

3. 对于个人不能提供有关财产原值凭证的，由主管税务机关核定其财产原值。

其他财产的原值参照以上方法确定。

计算应纳税额的有关公式为：

应纳税所得额=每次转让财产的收入额-财产原值-有关合理费用

应纳税额=应纳税所得额×20%

十、个人捐赠款项目应纳税额的计算

按照税法规定，个人将其所得对教育事业和其他公益事业捐赠的部分，允许在应纳税所得额中扣除其规定的捐赠限额。捐赠具体是指个人将其所得通过中国境内的社会团体、国家机关向教育和其他公益事业以及遭受严重自然灾害地区、贫困地区的捐赠。捐赠额的扣除以不超过纳税人申报的应纳税所得额的30%为限。实际捐赠额大于或等于限额的，按其限额扣除；实际捐赠额小于限额的，按实际捐赠额扣除。其计算公式为：

捐赠限额=应纳税所得额×30%

应纳税额=（应纳税所得额-允许扣除的捐赠额）×适用税率-速算扣除数

【例11-15】某歌星取得一次演唱会收入50 000元，当即通过某民政部门向贫困地区捐赠20 000元。计算该歌星本次演唱会应缴纳的个人所得税。

应纳税所得额=50 000×（1-20%）=40 000（元）

捐赠扣除限额=40 000×30%=12 000（元）

因实际捐赠额大于扣除限额，因此，只能按限额扣除。

该歌星应缴纳个人所得税=（40 000-12 000）×30%-2 000=6 400（元）

十一、个人所得税综合计算

【例11-16】假定某电视节目主持人林某2014年度取得收入的情况如下：

1. 所在单位全年支付工资总额72 000元。

2. 应邀参加两次大型文艺演出，主办单位分别支付报酬80 000元和100 000元。

3. 为一企业产品作电视广告，取得收入150 000元，并将其中的30 000元通过当地县级政府捐助给企业所在地的一所"希望小学"。

4. 自有轿车因交通事故报损，而获保险公司赔偿80 000元。

5. 购买国家发行的金融债券而获得利息5 000元。

6. 2月份出版一本小说，取得稿酬40 000元；8月份又加印取得稿酬6 000元；在9—12月期间，该小说在报纸上连载，取得稿酬18 000元。

7. 出售自有住房一套，取得转让收入540 000元，房屋原价为260 000元，售房过程中支付有关税费29 000元、广告费5 000元。

8. 从上市公司取得投资股息45 000元。

该电视节目主持人2014年应纳的个人所得税计算如下：

1. 工资薪金所得。全年为72 000元，换算为月薪是6 000元。

工资全年应纳税额=［（72 000÷12-3 500）×10%-105］×12=1 740（元）

2. 两次文艺演出属于劳务收入，应分次计税。

共计应纳税额=［80 000×（1-20%）×40%-7 000］+［100 000×（1-20%）×40%-7 000］
=43 600（元）

3. 广告收入属于劳务报酬，允许扣除20%的费用后，以其余额作为应纳税所得额，按规定税率和加成计征率征税；捐赠款允许在应纳税所得额30%的限额内扣除。

广告收入应纳税所得额=150 000×（1-20%）=120 000（元）

捐赠款可扣除限额=120 000×30%=36 000（元）

因扣除限额大于捐赠额，实际抵扣数额为30 000元。

广告收入应纳税额=（120 000-30 000）×40%-7 000=29 000（元）

4. 保险赔偿收入免税。

5. 国家金融债券利息收入免税。

6. 根据税法规定，稿酬按照法定税率减征30%。加印作品稿酬应与出版时稿酬合并为一次征税；出版后连载应视同再版稿酬分次征税。

出版稿酬应纳税额=（40 000+6 000）×（1-20%）×20%×（1-30%）=5 152（元）

连载稿酬应纳税额=18 000×（1-20%）×20%×（1-30%）=2 016（元）

7. 转让房屋应纳税额=（540 000-260 000-29 000-5 000）×20%=49 200（元）

8. 股息收入应纳税额=45 000×20%×50%=4 500（元）

9. 该电视节目主持人全年应纳税额=1 740+43 600+29 000+5 152+2 016+49 200+4 500
=135 208（元）

第三节　个人所得税核算及会计处理

纳税人自行申报缴纳个人所得税，除个体工商户外，一般不需作任何账务处理；只有扣缴义务人扣缴税款和雇主等单位为纳税人代付税款时，才进行账务处理。

一、会计科目的设置

个人所得税设置“应交税费”一级会计科目进行核算，根据自行申报、代扣代缴和代付税款，分别设置“应交个人所得税”、“代扣代缴个人所得税”和“代付个人所得税”三个明细会计科目。该科目的贷方余额表示本期应缴未缴的个人所得税税额，借方余额表示已多缴的个人所得税税额。

根据缴纳个人所得税的不同项目，涉及借方的主要会计科目有：单位和个人代扣工资所得个人所得税时，借记“应付职工薪酬”科目；代扣支付的利息、股息所得个人所得税时，借记“应付利息”、“应付股利”、“应付利润”科目；代扣劳务所得个人所得税时，借记“销售费用”、“管理费用”等科目。单位和雇主为纳税人代付个人所得税时，借记“生产成本”、“管理费用”、“销售费用”等科目。

二、个人所得税核算报表

个人所得税核算报表是纳税义务人和扣缴义务人缴纳税款时必须填报的申报表。按照规定，个人所得税申报表设置了6类9种，其中常用的有6种：（1）个人所得税月份申报表；（2）个人所得税年度申报表；（3）个人所得税扣缴税款报告表；（4）特种行业个人所得税月份申报表；（5）特种行业个人所得税年度申报表；（6）个体工商户所得税年度申报表。

（一）个人所得税月份申报表

个人所得税月份申报表适用于自行申报纳税的个人办理纳税申报手续，除特定行业个人的工薪所得、个体工商户生产经营所得和个人承包经营、承租经营所得外，其他征税项目均适用本表，其格式见表11-7。

表11-7　**个人所得税月份申报表**

纳税人识别号：□□□□□□□□□□□□□□□

填表日期：　　年　　月　　日　　　　　　　　　　金额单位：元（列至角分）

<table>
<tr><td colspan="5">纳税人姓名：</td><td colspan="5">国籍：</td><td colspan="5">抵华日期：</td></tr>
<tr><td colspan="15">在中国境内住址：</td></tr>
<tr><td colspan="10">在中国境内通讯地址（如非上述住址）：</td><td colspan="3">邮编：</td><td colspan="2">电话：</td></tr>
<tr><td colspan="4">职业：</td><td colspan="7">服务单位：</td><td colspan="4">服务地点：</td></tr>
<tr><td rowspan="3">所得项目</td><td rowspan="3">税款所属期</td><td colspan="6">收入额</td><td rowspan="3">减费用额</td><td rowspan="3">应纳税所得额</td><td rowspan="3">税率</td><td rowspan="3">速算扣除数</td><td rowspan="3">应纳税额</td><td rowspan="3">已扣缴税款</td><td rowspan="3">应补（退）税款</td></tr>
<tr><td rowspan="2">人民币</td><td colspan="4">外　币</td><td rowspan="2">人民币合计</td></tr>
<tr><td>货币名称</td><td>金额</td><td>外汇牌价</td><td>折合人民币</td></tr>
<tr><td></td><td></td><td></td><td></td><td></td><td></td><td></td><td></td><td></td><td></td><td></td><td></td><td></td><td></td><td></td></tr>
<tr><td></td><td></td><td></td><td></td><td></td><td></td><td></td><td></td><td></td><td></td><td></td><td></td><td></td><td></td><td></td></tr>
<tr><td></td><td></td><td></td><td></td><td></td><td></td><td></td><td></td><td></td><td></td><td></td><td></td><td></td><td></td><td></td></tr>
<tr><td></td><td></td><td></td><td></td><td></td><td></td><td></td><td></td><td></td><td></td><td></td><td></td><td></td><td></td><td></td></tr>
<tr><td></td><td></td><td></td><td></td><td></td><td></td><td></td><td></td><td></td><td></td><td></td><td></td><td></td><td></td><td></td></tr>
<tr><td></td><td></td><td></td><td></td><td></td><td></td><td></td><td></td><td></td><td></td><td></td><td></td><td></td><td></td><td></td></tr>
<tr><td>授权代理人</td><td colspan="7">（如果你已委托代理申报人，请填写下列资料）
为代理一切税务事宜，现授权________（地址）为本人代理申报人，任何与本申报表有关的往来文件都可寄与此人。
授权人签字：________</td><td>声明</td><td colspan="6">我声明：此纳税申报表是根据《中华人民共和国个人所得税法》的规定填报的，我确信它是真实的、可靠的、完整的。
声明人签字：________</td></tr>
<tr><td colspan="8">纳税人（签字或盖章）：</td><td colspan="7">代理申报人（签字）：</td></tr>
<tr><td colspan="3">收到申报表日期</td><td colspan="5"></td><td colspan="7">接收人</td></tr>
</table>

个人所得税月份申报表的填报方法：

1. “所得项目”，填写《个人所得税法》规定的应填入本表的具体项目，如工薪所得、劳务报酬所得、稿酬所得等。

2. “应纳税所得额”，填写按税法规定的扣除有关费用后的作为计税依据的金额，如纳税义务人个人负担税款，为取得的含税收入减除税前扣除费用后的余额；如为单位和个人代纳税人负担税款，应按本章前述的公式将不含税收入换算成应纳税所得后填写。

3. “应纳税额”，分别按比例税率和适用累进税率计算的数据填写。

4. “已扣缴税款”，填写纳税人取得所得时已由支付人代缴的税款。

5. “应补（退）税款”，为本月应纳税款与已扣缴税款的差额。

（二）个人所得税年度申报表

个人所得税年度申报表由在中国境外取得所得的在中国境内有住所或者无住所而在境内居住满 1 年的个人于年度终了后 30 日内向主管税务机关报送，各栏目内容按所得项目分别进行汇总填报，其格式见表 11-8。

表 11-8　　**个人所得税年度申报表**

纳税人识别号：□□□□□□□□□□□□□□□

填表日期：　　年　　月　　日　　　　金额单位：元（列至角分）

<table>
<tr><td colspan="2">纳税人姓名</td><td colspan="4"></td><td colspan="2">国籍</td><td></td><td colspan="2">抵华日期</td><td colspan="2"></td></tr>
<tr><td colspan="2">在中国境内住址</td><td colspan="11"></td></tr>
<tr><td colspan="5">在中国境内通讯地址（如非上述住址）</td><td colspan="3"></td><td>邮编</td><td></td><td>电话</td><td colspan="2"></td></tr>
<tr><td>职业</td><td colspan="2"></td><td>服务单位</td><td colspan="3"></td><td>服务地点</td><td colspan="5"></td></tr>
<tr><td colspan="4">中国境内所得已纳税额</td><td colspan="9">中国境外所得应纳税额</td></tr>
<tr><td>所得项目</td><td>所得期间</td><td>应纳税所得额</td><td>已纳税所得额</td><td>自缴或扣缴</td><td>所得项目</td><td>收入额</td><td>减除费用额</td><td>应纳税所得额</td><td>税率</td><td>速算扣除数</td><td>应纳税额</td><td>境外已缴税额</td></tr>
<tr><td></td><td></td><td></td><td></td><td></td><td></td><td></td><td></td><td></td><td></td><td></td><td></td><td></td></tr>
<tr><td></td><td></td><td></td><td></td><td></td><td></td><td></td><td></td><td></td><td></td><td></td><td></td><td></td></tr>
<tr><td></td><td></td><td></td><td></td><td></td><td></td><td></td><td></td><td></td><td></td><td></td><td></td><td></td></tr>
<tr><td></td><td></td><td></td><td></td><td></td><td></td><td></td><td></td><td></td><td></td><td></td><td></td><td></td></tr>
<tr><td></td><td></td><td></td><td></td><td></td><td></td><td></td><td></td><td></td><td></td><td></td><td></td><td></td></tr>
<tr><td></td><td></td><td></td><td></td><td></td><td></td><td></td><td></td><td></td><td></td><td></td><td></td><td></td></tr>
<tr><td>授权代理人</td><td colspan="6">（如果你已委托代理人，请填写下列资料）为代理一切税务事宜，现授权________（地址）为本人代理申报人，任何与本申报表有关的来往文件都可寄与此人。
授权人签字：__________</td><td>声明</td><td colspan="5">我声明：此纳税申报表是根据《中华人民共和国个人所得税法》的规定填报的，我确信它是真实的、可靠的、完整的。
声明人签字：__________</td></tr>
</table>

个人所得税年度申报表的填报方法：

1. “中国境内所得已纳税额”，各项填报要求与月份申报表相同，只要求说明是自行申报或是代扣代缴。

2. “中国境外所得应纳税额”，反映中国境外所得全年纳税情况的汇总。其中具体项目填写如下：（1）“收入额”，填写本年中国境外取得的全部收入额。（2）“应纳税所得额”，填写境外所得按我国税法规定应缴纳的个人所得税税额。（3）将应纳税额与纳税人实际缴纳的税额相比，如境外实际已缴税款小于应纳税额（抵免限额），境外实际已纳税额全部从应纳税额中抵扣，其差额部分为在中国境内应补缴的税款。

3. 将中国境内所得和境外所得应纳、已纳和抵免税款汇算填表后，可在规定的期限内办理全年税款多退少补手续。

（三）扣缴个人所得税报告表

扣缴个人所得税报告表由扣缴义务人申报扣缴所得税时填报，其格式见表 11-9。

表 11-9　　扣缴个人所得税报告表

填表日期：　　年　　月　　日

纳税人识别号：□□□□□□□□□□□□□□□　　　　金额单位：人民币元

根据《中华人民共和国个人所得税法》第九条的规定制定本表，扣缴义务人应将本月扣缴的税款在次月 7 日内缴入国库，并向当地税务机关报送本表。

扣缴义务人名称		地址		电话	

纳税义务人姓名	纳税人识别号	工作单位及地址	所得项目	所得期间	收入额						减费用额	应纳税所得额	税率	速算扣除数	扣缴所得税额	完税证号	纳税日期
					人民币	外币				人民币合计							
						货币名称	金额	外汇牌价	折合人民币								

如果由扣缴义务人填写完税证，应在报送此表时附完税证副联＿＿＿＿份

扣缴义务人声明	我声明，此扣缴申报表是根据《中华人民共和国个人所得税法》的规定填报的，我确信它是真实的、可靠的、完整的。 声明人签字：

会计主管人签字：　　　　负责人签字：　　　　扣缴单位（或个人）盖章：

以下由税务机关填写

收到申报日期		接收人		审核日期	
审核记录			主管税务机关（公章）： 主管税务官员签字：		

扣缴个人所得税报告表的填列方法：

1. “所得项目”，按人分税目填写。

2. “所得期间”，按扣缴义务人支付该项所得的时间填写。

3. “扣缴所得税税额”，填写本期实际上已扣缴的税额。

（四）其他申报表（略）

三、代扣代缴个人所得税的会计处理

代扣代缴个人所得税是个人所得税缴纳的最主要方法之一。代扣代缴个人所得税的范围十分广泛，只要有纳税义务的个人取得个人所得，按规定应该缴纳个人所得税的，支付所得方均可按照税法规定进行代扣代缴。

（一）代扣代缴工资、薪金个人所得税

单位和个体雇主扣缴工资、薪金所得税时，按照规定计算应缴纳的个人所得税，借记“应付职工薪酬”科目，贷记“应交税费——代扣代缴个人所得税”科目；上缴代扣的税款时，借记“应交税费——代扣代缴个人所得税”科目，贷记“银行存款”科目。

【例 11-17】某单位本月发放工资时，有5位高级工程师（均为中国公民），每人每月工资为8 000元。单位扣缴个人工资、薪金所得税计算处理如下：

1. 计算代扣代缴应纳个人所得税时：

应纳个人所得税税额＝［（8 000-3 500）×10%-105］×5＝1 725（元）

会计处理如下：

借：应付职工薪酬——×××　　1 725

　贷：应交税费——代扣代缴个人所得税　　1 725

2. 上缴代扣的个人所得税时：

借：应交税费——代扣代缴个人所得税　　1 725

　贷：银行存款　　1 725

（二）代扣代缴利息、股息个人所得税

代扣代缴利息、股息个人所得税时，借记“应付利息”、“应付股利”科目，贷记“应交税费——代扣代缴个人所得税”科目；上缴代扣代缴税款时的会计处理与例10-17相同。

【例 11-18】某上市公司年终支付本单位职工集资利息共计50 000元、支付个人股东的股息共计200 000元。公司代扣代缴利息、股息个人所得税，税务机关按扣缴入库的税款支付扣缴义务人2%的手续费。扣缴税款计算处理如下：

1. 扣缴利息个人所得税＝50 000×20%＝10 000（元）

2. 扣缴股息个人所得税＝200 000×20%×50%＝20 000（元）

3. 提取扣缴个人所得税时：

借：应付利息　　10 000

　　应付股利　　20 000

　贷：应交税费——代扣代缴个人所得税　　30 000

4. 上缴代扣代缴个人所得税时：

借：应交税费——代扣代缴个人所得税　　30 000

　贷：银行存款　　30 000

5. 公司收到代扣代缴手续费时：

应收手续费＝30 000×2%＝600（元）